Education & Study

“教与学的革命”珞珈论坛

深化教育技术改革 提升课堂教学质量

武汉大学2020年“教与学的革命”珞珈论坛优秀论文集

周叶中　主编

WUHAN UNIVERSITY PRESS
武汉大学出版社

图书在版编目(CIP)数据

深化教育技术改革　提升课堂教学质量:武汉大学 2020 年“教与学的革命”珞珈论坛优秀论文集/周叶中主编．—武汉：武汉大学出版社,2021.10
“教与学的革命”珞珈论坛
ISBN 978-7-307-22551-0

Ⅰ.深…　Ⅱ.周…　Ⅲ.高等学校—课堂教学—教学改革—文集
Ⅳ.G642.421-53

中国版本图书馆 CIP 数据核字(2021)第 185401 号

责任编辑:陈　红　　　责任校对:汪欣怡　　　版式设计:马　佳

出版发行：**武汉大学出版社**　(430072　武昌　珞珈山)
(电子邮箱：cbs22@whu.edu.cn　网址：www.wdp.com.cn)
印刷:武汉中远印务有限公司
开本:787×1092　1/16　印张:24.5　字数:563 千字　插页:2
版次:2021 年 10 月第 1 版　　2021 年 10 月第 1 次印刷
ISBN 978-7-307-22551-0　　定价:88.00 元

深化教育技术改革　提升课堂教学质量

武汉大学2020年“教与学的革命”珞珈论坛优秀论文集

编　委　会

主　编　周叶中

副主编　张绍东　姜　昕

编　委　（以姓氏拼音为序）

陈学敏　傅功成　姜　昕　邱　超

王　福　吴　丹　吴　奕　胥青山

张绍东　周叶中　朱智敏

序

本科教育是大学的根和本，在高等教育中具有战略地位。一流大学建设必须聚焦本科教育和人才培养，把本科教育放在新时代高等教育发展的前沿地位。众所周知，“教”与“学”是人才培养最基本的两大环节。因此，我们必须以“教”和“学”为关键，一方面积极引导教师潜心教书育人，担当起学生健康成长指导者和引路人的责任；另一方面努力激发学生学习的动力和潜能，培养学生主动学习的自觉与能力，从而不断提高课堂教学质量和人才培养质量。当前，中国特色社会主义进入新时代，中国高等教育也开启了新的历史发展进程，本科教育迎来了改革创新的攻坚期。面对世界百年未有之大变局，面对国家发展、民族复兴的迫切需求，面对知识获取和传授方式的革命性变化，我们必须在思想上进行再认识、观念上进行再调整，以进一步深化本科教育教学改革。

在我国，传统的课堂教学模式一直以“教”为主导，以知识传授为核心，但在信息技术广泛运用，学生们获取知识的途径和方式已日益多样化的今天，这种教学模式已很难激发学生的学习动能。因此，高校必须“以课堂为中心”，不断推进“教与学的革命”，对教学模式进行根本性调整，全面助推育人质量提升。通过推动课堂教学革命，不断改进教学形态，更新教学内容，创新教学方法，将探究式、个性化、参与式教学模式融入课堂，全面提升人才培养能力和水平，推进高校本科教育迈上新台阶。

为进一步推进以课堂为中心，创新人才培养模式，全面深化本科教育教学改革，武汉大学于 2020 年 6 月起在全校范围内举办了首届“教与学的革命”珞珈论坛活动。本届论坛以“促进信息技术与课堂教学深度融合，推动课堂教学革命”为主题，号召全校师生结合疫情期间线上教学的亲身经历，通过学习交流、专题报告、座谈研讨、撰写论文等方式积极研讨如何通过信息化教学方式助力课堂革命，用“革命精神”推进“教育革新”。论坛的举办影响长远，它既是落实“两个根本”的必然要求，是遵循教学规律的必然要求，是弘扬武汉大学优良教学传统的必然要求，也是响应新时代全国高等学校本科教育工作会议精神，强化人才培养工作中心地位的创新之举。这一活动不仅增进了师生交流，激发了教学动力，给传统的“教”与“学”带来一场革命，而且通过国内外专家齐聚分享前沿知识，开阔了师生的眼界、活跃了师生的思维，为学校深入利用信息技术促进教育流程再造，奠定了一定的基础。

本论文集收录了本届论坛获奖的优秀师生论文，从师生角度重点探讨了疫情对学校本科教学带来的机遇和挑战，并针对疫情结束后，如何吸取在线教学的优点和改进在线教学的不足，构建新常态下教师“教”与学生“学”的新模式进行研讨，为完善学校人才培养机制，提高课堂教学质量，打造一流本科教育积累了宝贵经验，营造出师生重视本科教学工作的浓厚氛围，体现了颇具武汉大学特色的本科教育教学文化和革新精神。衷心希望本书的出版能进一步加强与其他高校的交流研讨，共同推进本科人才培养和教育教学改革深化。

周叶中

目　　录

教师编

学 生 编

教师编

新文科背景下人才数据思维与数据能力的培养

马费成　刘政昊　赵一鸣　宋恩梅
（武汉大学　信息管理学院，湖北　武汉　430072）

【摘　要】在分析新文科背景下人才培养需求的基础上，提出由“领域认知—问题理解—求解应用—融通创新”四个环节组成的新文科“人才素质链”，阐述了面向新文科“人才素质链”的数据思维与数据能力培养模式，并对信息管理人才培养的探索与实践进行了探讨，以期为新文科背景下的人才培养与教学改革提供新的思路。

【关键词】新文科；人才培养；数据思维；数据能力；人才素质链

【作者简介】马费成（1947— ），武汉大学信息管理学院教授，武汉大学大数据研究院院长，研究方向：情报学理论与方法，信息资源规划与管理，大数据分析，E-mail：fchma@ whu. edu. cn；刘政昊（1997— ），武汉大学信息管理学院硕士研究生，研究方向：数据科学，知识组织，知识图谱，E-mail：zhenghaoliu@ whu. edu. cn；赵一鸣（1986— ），博士，武汉大学信息管理学院副教授，研究方向：数据分析与可视化，信息组织与检索，E-mail：zhaoyiming@ whu. edu. cn；宋恩梅（1978— ），博士，武汉大学信息管理学院副教授，研究方向：情报学理论与方法，用户信息行为，E-mail：enmeisong@ whu. edu. cn.

一、新文科建设背景下的人才培养需求

习近平总书记在 2016 年 5 月 17 日哲学社会科学工作座谈会上指出，“一个没有繁荣的哲学社会科学的国家不可能走在世界前列”，并强调要实施以育人育才为中心的哲学社会科学整体发展战略，构筑学生、学术、学科一体的综合发展体系。2019 年 4 月 29 日，教育部、科技部等 13 个部门联合启动了“六卓越一拔尖”计划 2. 0，全面推进包括“新文科”建设在内的发展规划，并正式提出“新文科”的概念。[1]2020 年 11 月 3 日，教育部新文科建设工作主办的新文科建设工作会议发布了《新文科建设宣言》（以下简称《宣言》），为我国哲学社会科学的发展指明了新的方向。[2]《宣言》指出，新文科建设要坚持走中国特色的文科教育发展之路，并依托强化价值引领、促进专业优化、夯实课程体系、推动模式创新、打造质量文化等具体路径构建起具有世界水平、中国特色的文科人才培养体系。

文科的发展与人才培养面临着“守正创新”的双重任务，传统文科重视文化与思想的渗入式培养，因此更重“守正”而“创新”不足。从学科特点来看，传统文科定性描述多、

定量描述少；思辨讨论多，科学方法引入少；主观认知多、客观论证少；文字阐述多，数据分析少；归纳演绎多，数据应用少。[3]从人才培养来看，传统文科专业人才培养力求实现“宽口径，厚基础”的培养目标，但缺乏明确的改革路径和贯穿课程形成体系的创新要素，从而造成专业体系不清晰、知识面广却就业难的人才培养现状。在此背景下，新文科建设面临着重塑学科思维体系、变革人才培养模式的新要求。相较传统文科而言，新文科要求既保留“求善”“求美”的人文精神，又要在“求真”中突破传统文科的思维模式，强调学科发展中的继承与创新、交叉与融合、协同与共享。[4]

近年来，随着我国进入新发展阶段，一些传统文科领域已有打破专业壁垒、协同创新发展之势。在数据驱动的第四研究范式带动下，数字人文、社会计算、金融科技等具有“文科学科+计算”特征的跨学科研究方向快速发展，反映出新文科对于数据素养和数据能力的迫切需求。与此同时，社会对人文社会科学领域人才素养要求也发生了很大变化，以往的文科教育在专业人才数据思维与能力培养方面存在一定的短板，新文科建设需要借此契机，依托新的教学方法和理念，重点探索“数据+专业领域”的全面人才培养新路径。

二、面向新文科“人才素质链”的数据思维与数据能力培养

(一)数智环境对新文科建设的影响

数智时代的到来使得信息和实体交错融合，整个社会的智慧网络化带来了生产生活方式与思维方式的深刻变革，全新的技术环境连同理念的创新将会对人文科学与社会科学产生深远且不可忽视的影响。

其一，数智环境促使人文社科研究范式发生改变。数智时代带来了新的数据获取来源和超强的计算能力，大数据成为人文社会科学研究与真实世界之间的拟态环境，社会科学的实证研究正在转变为“数据+模型+分析”的“数据密集型研究”。数据思维与能力在社会经济与文化发展中的重要性日渐体现，对促进文化遗产形成数字记忆、助力现代企业组织与文化变革、推动社会结构重组产生了重大影响，已成为新文科人才培养的必备能力和核心竞争力。[5]

其二，数智环境引发了文科教育的新一轮革命。新知识与新技术的快速发展产生了对知识复合、学科融合、实践能力强的新型人才的迫切需求，催生交叉新专业，推进育人新模式探索，也促进文科学术视野的拓展和思维范式的变化，推动文科研究内容与方法的数字化融合创新。与传统文科相比，新文科背景下各学科之间的界限不再泾渭分明，学科之间的交叉融合成为必然趋势。

其三，数智环境带来的潜在社会文化问题需要多学科协同解决。大数据、人工智能、云计算等新技术的兴起大大提升科学研究效率的同时，也引发了前所未有的法律、道德和伦理等深层次社会文化问题。这些问题本质上是哲学社会科学的研究范畴，但也需要依靠跨越技术和专业鸿沟的多学科协同才可能得以有效解决。

综上，在需要理论和思想创新的社会大变革时代，传统文科应当拥抱新技术，适应数

据驱动的思维范式并掌握相应的数据能力；新文科建设需要突出文科教育的质量发展，并强调思维、素质和能力的全方位提升，构建以新型人才为目标的人才培养新体系。

(二)新文科“人才素质链”的提出

新文科强调综合性、跨学科与融通性，其“新”既体现在学科交叉与融合、研究范式向数据驱动的第四范式转变的学科建设“新”思路；也体现在以育人、育才为中心的哲学社会科学发展“新”格局。为了有效提升新文科人才的综合素质，本文以“专业素质链”为参照，[6]进而提出面向新文科的“人才素质链”。

“人才素质链”由“领域认知—问题理解—求解应用—融通创新”四个环节构成，既是面向人文社会科学领域科学问题的研究步骤，也反映出了新文科人才培养的四个阶段与层次。其中，领域认知强调对源学科专业理论和原理的感性认识，掌握源学科的基础体系和研究模式是新文科立足的根本；问题理解是指通过对某一具体研究问题的广泛调研和深入思考，将其内化为自己的知识的过程，其前提是对专业理论和方法的系统学习和掌握；求解应用指将所学专业知识应用于实际问题的分析和解决，在传统文科“思学并重”的基础上更加重视“学以致用”；融通创新作为人才素质链的顶端，是人才培养的根本目的，也是素质教育的核心。该层次需要将源学科问题与新应用领域相融通，利用新思想、新方法和新技术提出具有创新性的专业知识应用模式并将其付诸实践。

从新文科“人才素质链”的各个环节可以看出，传统的学科导向型培养模式已向问题导向型转变，并突出了学科思维的交叉与融合、应用方法的协同与共享，旨在培养高校文科生聚焦领域问题、跨越学科限制、融合多种思路、创造应用价值的多维度能力与素质。文理交叉、通专融合的培养体系已成为未来文科人才培养的重要改革方向，通过新的培养体系增加文科生的科学技术素养，真正做到文科的“守正创新”。

(三)数据思维与数据能力对“人才素质链”的影响

数据思维是一种收集、处理大数据，发现大数据的价值，并应用大数据来看待问题、解决问题的认知和思维模式，而非根据个人的先见经验、理论知识或逻辑常识来对事物的发生、发展做出判断，形成主观结论。从广义来讲，数据思维既是一种思维方式，也是一种行为、决策方式，主要包括全数据思维、相关性思维和容错性思维三大模式。[7]以全数据思维模式为例，传统的文科研究多采用案例分析和内容分析的方法，由于样本的选择可能存在偶然性与片面性，因此得出的结论往往具有较强的主观性，其总结的思想内涵或揭示的社会现象换一个场景可能并不适用；而大数据的全样本分析方法拓展了内容分析的规模、范畴和对象，使得看待问题更具有全局观，并促进了学科向实证化、定量化的思路转变。[8]随着 2007 年 Jim Gray 提出科学研究的第四范式以来，数据密集型科学发现范式就成为数据思维的科学方法论，并与强调严密论证结果的科学思维形成了互补。与科学思维相比，数据思维更加注重事物间的相关关系，这不仅为自然科学的发展提供了新的研究范式，而且给人文社会科学的研究提供了新的思路。传统文科强调“发散性思维”的培养，数据思维则强调从大量的数据和信息中总结和发现一般性的规律，是一种注重逻辑性的

"收敛性思维"。正如 Daniel Kahneman 提出的双系统模型中对直觉和理性两种思维模式的描述，直觉代表的发散性思维是快速而情绪化的，它凝结成关于世界的认知模式却又不够深刻和严谨；而理性代表的收敛性思维虽然缓慢且耗费资源，但可以借助逻辑推理来对认知进行修复。[9]从本质上来说，新文科不是简单的"文科+新技术"或"文科+新领域"，而是上述两种思维模式的交融。

数据能力是数据素养的重要组成部分，目前学术界尚没有明确统一的定义。综合科学研究和工业落地两方面来看，数据能力可以被视为一种利用(大)数据，通过抽象建模与分析以解决现实问题的实践能力，主要包括数据采集、存储、提取、挖掘、分析、展现、应用七大要求。这七大要求也构成了数据处理的全流程。具体来说，数据采集能力是对学生有效检索并获取多源异构数据的要求，数据采集的意义在于真正了解数据的原始面貌，因此还需要了解数据生产和采集过程中的异常情况。数据存储能力是利用数据库等数据管理工具或系统将采集到的数据进行集中管理的能力，涉及数据结构、数据库原理等基础知识，还需要了解数据存储内部的工作机制和流程。数据提取能力可以被看作技术与艺术的结合，是一种筛选有用数据及其特征的技能。数据挖掘能力是面对海量数据时进行数据价值发现与提炼的关键，需要掌握相应的统计分析和机器学习等算法。数据分析能力则更偏重于对研究结果或实际业务的理解与解读，当数据挖掘算法得出结论后，如何解释算法在结果、可信度、显著程度等方面的实际意义是数据分析的核心。数据展现能力即可视化能力，是集统计分析与美工艺术于一体的一种技能，需要在对数据呈现的结果有深入了解的基础上利用可视化工具将其呈现。数据应用能力是对前六大要求的综合，是数据具有落地价值的直接体现，除对方法、工具的掌握外，往往还需要具备数据沟通与管理的综合技能。在数智时代背景下，数据能力如同计算机操作技能一样，已逐渐成为学生实践的必备基本素质。

(四)面向新文科"人才素质链"的数据思维与数据能力培养模式

以数据思维为代表的理性思维是贯穿新文科"人才素质链"领域认知层面与问题理解层面的重要线索，"发散思维+数据思维"的双思维模式对于应用创新也具有启发作用；而数据能力则对应于新文科"人才素质链"求解应用和融通创新层面，旨在弥补文科生在实践能力方面的短板。图 1 展示了面向新文科"人才素质链"的数据思维与数据能力培养模式。

数据思维是认知和理解层面的一种思考模式，也是理论教学环节中应当给学生普及的一种基本素养。数据思维的构建需要从分析本领域的特定现象与问题入手，在构建解决问题的研究思路过程中逐步建立起数据思维模式，依托对谈讲座、在线课堂等教学手段帮助学生普及数据思维，引导学生发现实际的社会问题并通过问题构建与积累起包含数据思维在内的正确思维模式。数据思维的一大特征就是"量化关联性"，但这并不代表可以量化一切。新文科的教学革命中加强数据思维的引导与构建对于文科学生的思维提升有很大程度的正向作用，但人文社会科学的传统与魅力还在于以"人"为中心的人文精神，因此需要警惕不考虑实际情况、刻意寻找数据的关联性而得出不负责任的结论。

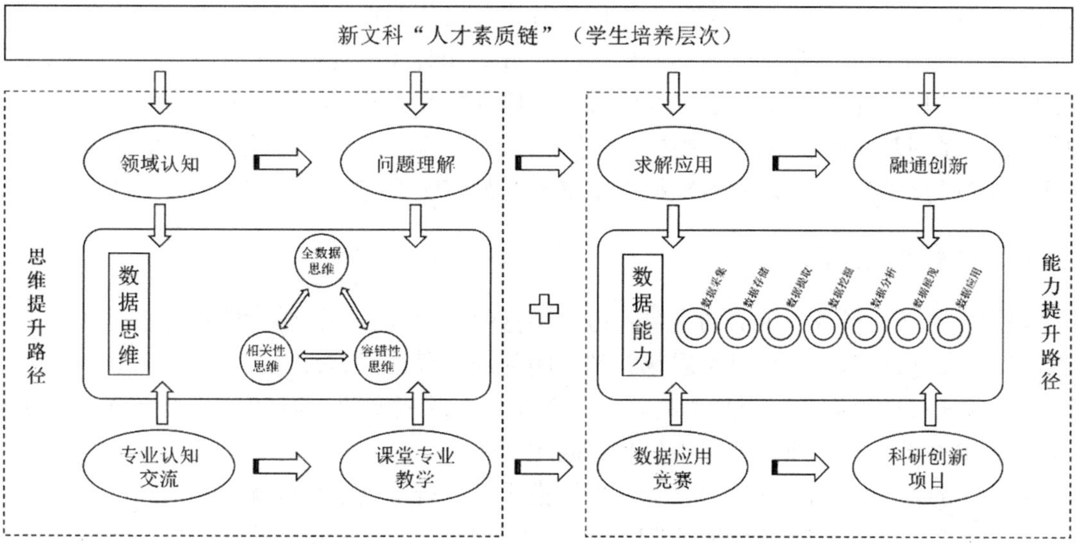

图1　面向新文科“人才素质链”的数据思维与数据能力培养模式

对于数据能力的培养，需要特别强调动手实践与团队合作的重要性。因此，通过在教学环节中引导学生加入数据竞赛、科创项目等体验利用数据分析并解决问题的重要性与价值所在，从而逐步构建起数据能力。对于人文社科的学生并不要求必须全面掌握这些能力背后的技术实现方法，而是希望其在基本了解数据生命周期各阶段的技术概要之后，根据自身的学习与研究需要，重点掌握面向研究问题的数据处理方法及其应用工具。

三、信息管理人才培养的探索与实践

信息管理作为最早一批拥抱新技术的文科专业，重视理论思维与技术实践能力的全面培养使其在新文科建设战略的影响下具有先发优势。得益于新文科“人才素质链”的培养层次和多元化的教学措施，信息管理新文科人才培养已呈现出融入数智逻辑、突破专业疆界、与社会融合共创等具有时代特色的新特征，[10]对于新文科的学科建设与教学改革具有一定的启示意义。

（一）专业认知交流

专业认知交流是一种全新的教学互动方式，通过师生对话与交流、业界人士/校友专业对谈和互动座谈、实地参访等方式，帮助学生建立对自身专业的全方位认知。专业认知交流作为教学中的重要环节，对高校学生能够起到教化启蒙的作用。

目前，O2O的教学模式与师生交流机制为学生培养数据思维、促进专业认知提供了良好的环境。例如，武汉大学信息管理学院百年院庆之际开展的“知名企业云参观”“大咖院友云访谈”“师生互动云课堂”等一系列“云模式”专业认知交流活动，从企业宣传、专家启迪、教师引导等多个维度帮助学生对数智环境下的人文社会科学领域前沿有了感性全面的认识，这些教学创新为高校改革人才培养方式、优化课程体系提供了有益的参考。

此外，通识类的专家讲堂或学术讲座在经过有针对性的策划和设计之后也可以提高学生的数据意识与数据思维。如武汉大学大数据研究院开办的“珞珈方法训练营”和“珞珈大数据讲坛”系列互动讲座邀请多领域专家学者围绕“大数据+人文社会科学”的前沿理论与应用方法进行讲解，对于新文科数据思维培养的教育实践起到了示范作用。

（二）课堂专业教学

课堂仍是新文科教学革命的重要阵地，丰富的课程资源和科学的课程体系是加速学生认知与理解的重要因素，也是发展智能教育的关键。根据《教育部高等教育司2019年工作要点》，新文科建设需要实施具备高阶性、创新性、挑战度的“金课”。[11] 如何设置合理的学科课程群是新文科专业建设面临的热点问题。

在数智环境下，信息管理课堂专业教学模式也进行了进一步的优化与变革。基于新文科“人才素质链”形成的“专业课程链”更加注重对学生信息意识与数据思维、信息应用与数据能力的培养，并强调“数据驱动+领域应用”对信息管理人才培养的重要性。信息管理专业课程链以“信息管理学基础”作为门户导入课程，以信息管理流程为逻辑线索贯通了后续的相关课程，通过与专业课程配套的训练项目全方位指导和协助学生在专业应用层面上的拓展，并进一步向融通创新层次提升。在新文科导向下，信息管理课程群将学科应用扩展到金融、历史、政务、传媒等多个领域与方向，依托“领域大数据研讨课程”“领域数据挖掘与应用”等跨学科精品课程兼顾“技术”与“人文”特色。

对于哲学社会科学的其他专业而言，虽然学科性质和专业内容差异明显，但“数据驱动+领域应用”的课程改革思路可作为突破“小文科”思维、构建“大文科”视野的实践尝试。图2中所示的“数据+哲学社会科学源专业”双课程链在原有的课程基础上，依托“人才素质链”的培养层次，适当加入大数据等信息技术在源专业领域中的应用实例与方法，以培养学生形成独特的跨学科视野和思维方式。如在传统教学培养方案中适时引入“领域大数据研讨课程”以培养学生的数据思维和对数据的敏感性；设置“领域数据挖掘与应用”课程以培养学生的数据理解与动手实践能力等。此外，还要积极探索传统课程与数据科学的关联，如数字人文、社会计算等跨学科课程的开设更加体现了专业融通的新文科特征，也是“数据+哲学社会科学源专业”双课程链走向融合并实现“1+1>2”效果的有效探索。

（三）数据应用竞赛

数据竞赛作为学生“第二课堂”的重要选修课程，能够激发学生的自主学习热情和应用创新能力。通过参加以培养数据能力为主导的数据应用类竞赛，文科学生可以直面“数据”，借助实际的大数据项目案例训练相关技能，并在数据采集、分析与挖掘等方面得到有效锻炼；同时可以拓宽学科视野，并进一步提升自己的数据思维与跨学科解决问题的能力。

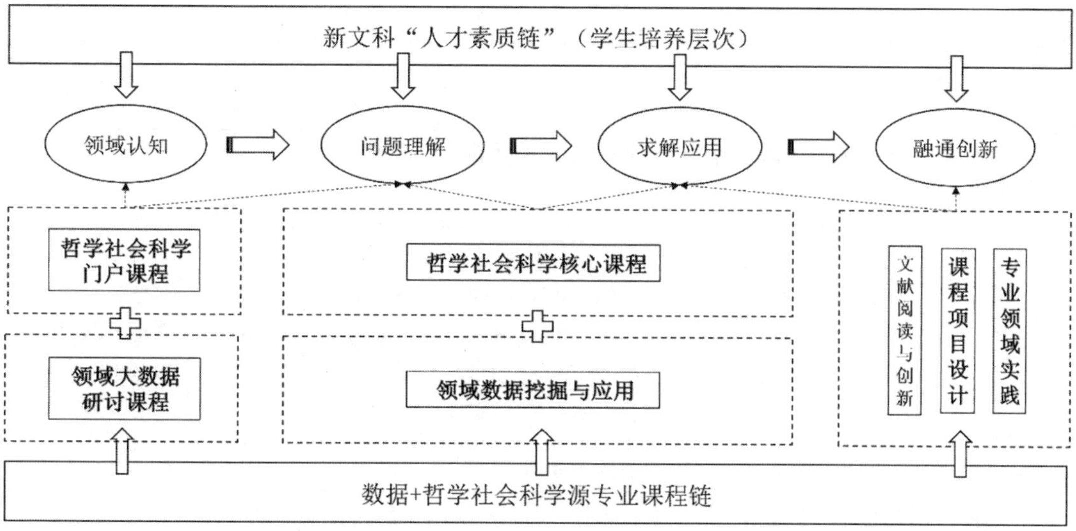

图 2 “数据+哲学社会科学源专业”双“专业课程链”模式

表 1 展示了部分国内外数据建模算法与挖掘应用相关的知名赛事，从中可以看出目前的数据竞赛已不再局限于专业的数据建模与智能算法，而更加强调数据思维与能力在各个领域中的应用与赋能。如 2021 年首次举办的“数字中国创新大赛”开通了数字党建、数字政府、金融科技、智慧医疗等八大赛道，强调数字经济时代“新工科”“新文科”等的融会贯通；以北京大学图书馆主办的数据驱动研究大赛和复旦大学图书馆主办的高校开放数据创新研究大赛为代表的数字人文开放数据竞赛则更强调通过领域数据资源的汇集、管理、共享和开放为国家科技创新、经济社会发展提供支撑；而传播数据挖掘竞赛、老子研究文献知识发现数据竞赛等专题赛事更是直接对标哲学社会科学领域。

表 1　　国内外重要数据应用竞赛(部分)

竞赛名称		主办单位	首届举办时间	相关说明
数据建模与算法类	美国大学生数学建模竞赛(MCM/ICM)	美国数学及其应用联合会	MCM 1985; ICM 1999	唯一的国际性数学建模竞赛
	中国大学生数学建模竞赛(CUMCM)	中国工业与应用数学学会	1992	首批列入“高校学科竞赛排行榜”的 19 项竞赛之一
	CCF 大数据与计算智能大赛	中国计算机学会	2013	
	MathorCup 高校数学建模挑战赛	中国优选法统筹法与经济数学研究会	2010	

续表

竞赛名称		主办单位	首届举办时间	相关说明
数据挖掘与应用类	国际知识发现和数据挖掘竞赛（KDD-CUP）	ACM 的数据挖掘及知识发现专委会（SIGKDD）	1997	
	上海图书馆开放数据竞赛	国际科学技术信息理事会（International Council for Scientific and Technical Information）、上海图书馆（上海科学技术情报研究所）、文化和旅游研究上海图书馆基地	2016	该赛事于 2020 年全面升级为国际赛事
	全国大学生大数据技能竞赛	中国通信企业协会	2018	
	“泰迪杯”数据挖掘挑战赛	泰迪杯数据挖掘挑战赛组织委员会	2013	
	ChinaVis 数据可视分析挑战赛	中国图象图形学学会	2014	该赛事为中国可视化与可视分析大会的环节之一
	全国高校数据驱动创新研究大赛	北京大学图书馆、北京大学信息管理系、北京大学中国社会科学调查中心、重庆西部大数据前沿应用研究院	2018	
	“慧源共享”高校开放数据创新研究大赛	复旦大学图书馆、上海市教育委员会信息中心	2019	
	传播数据挖掘竞赛	中国新闻史学会计算传播学研究委员会与微热点大数据研究院	2019	
	老子研究文献知识发现数据竞赛	长三角产教融合协同创新中心	2020	四知数据竞赛系列赛事之一
	数字中国创新大赛	数字中国建设峰会组委会	2020	

此外，以数据相关竞赛为纽带，搭建校企合作的平台，能够提升高等院校大数据技术与应用的水平及素养，促进学科融合与发展，并实现行业资源、企业资源与教学资源的有机融合，使高等院校在专业建设、课程建设、人才培养方案和人才培养模式等方面紧跟行业及社会发展的需求，从而缩小学生能力与行业需求之间的差距，促进专业教学建设和教学改革。

（四）科研创新项目

党的十九大报告中，习近平总书记多次强调引领发展的第一动力就是创新；其中科技创新对全面创新起到引领作用。创新型国家的建设已成为当前国家建设的主要目标之一，培养具有创新精神和创新能力的高素质大学生成为支撑国家高质量发展的重要举措之一。

近年来，国内各高校都十分重视大学生创新能力的培养，在新文科建设背景下，相关学科需要进一步加强应用实践，不断探索开放式教学模式，实施产教融合、科教结合的协同育人机制。以武汉大学大数据研究院为例，作为一个集数据科学研究、数据平台建设与数据资源服务为一体的跨学科综合性学术研究与学术服务机构，研究院重点聚焦人文、传媒、金融、商务、社会治理等哲学社会科学研究领域，通过与政府、高校、科研院所以及企业深化合作，实现校内外数据资源融合，从而促进数据驱动型研究范式转变，培育跨学科创新型人才。研究院自成立以来，孵化和培育出了一批数据驱动的人文社科重大项目，如依托人工智能、虚拟现实、知识图谱等数据科学技术对古代历史文化大数据进行再组织、再表示和再记忆的"古籍数字化记忆再造工程研究"项目；面向金融服务行业，致力于金融领域的价值发现与风险防范的"基于知识关联的金融大数据价值分析、发现及协同创新机制"项目等。通过引导学生参与到这些由产学研多方共投共建，集成果转化、企业孵化、技术服务等于一体的"新文科"科创项目中，对于其数据意识和思维的养成以及数据能力的应用具有非常大的帮助，同时这种跨学科视野和多方法视角能够极大激发学生的创新能力，真正实现全面人才的培育。

四、结语

当今社会经济发展在向数字化转型，大数据、人工智能、云计算、虚拟现实等新技术以及新视野、新方法、新工具的出现，为中国特色哲学社会科学的学科建设与人才培养带来了新的机遇，数智新文科时代已然来临。

美国国家科学基金会(NSF)在2010—2020年学科发展战略报告*Building the Mosaic*中指出当前的学术研究特点已转向数据密集(data-intensive)、跨学科(transformative)、强合作(collaborative)与问题驱动(problem-driven)。[12]数智新文科人才培养应更加注重上述特点，并在"人才素质链"的驱动下，针对学生培养的领域认知、问题理解、求解应用、融通创新各个环节，突出问题导向，有意识地构建和提升学生的数据思维和数据能力，并依托多样、有效的教学手段和工具助力全面人才培养，从而完成教与学的改革以及对传统文科的赋能。

新文科建设的根本在于培育时代新人。在数智新文科时代，把握机遇，守正创新，在坚守人文传统的同时以价值引领为导向，聚焦数据思维和数据能力的构建，拥抱新技术和新思想的交融，是培养数字化经济社会发展所需复合型人才的关键要义。新文科人才不仅要主动运用数据思维和数据能力来回答和解决好我国改革发展所面临的重大理论和实践问题，更要立足国际学术前沿，熟练推进大数据、人工智能等信息技术与人文社会科学研究的深度融合，针对当前的关键问题做出具有时代影响力的理论贡献，进而建构起具有中国特色与中国气派的人文社会科学价值体系。

◎ 参考文献

[1] 教育部启动实施“六卓越一拔尖”计划 2.0[EB/OL].(2019-04-29)[2021-01-20].http://www.xinhua-net.com/politics/2019-04/29/c_1210122557.htm.

[2] 新文科建设工作会在山东大学召开[EB/OL].(2020-11-03)[2021-01-20].http://www.moe.gov.cn/jyb_xwfb/gzdt_gzdt/s5987/202011/t20201103_498067.html.

[3] 初景利.“新文科”呼唤图情档成为“硬”学科[J/OL].图书与情报,2020(6):1-3[2021-02-05].http://kns.cnki.net/kcms/detail/62.1026.G2.20210207.1020.004.html.

[4] 马费成,李志元.新文科背景下我国图书情报学科的发展前景[J].中国图书馆学报,2020,46(6):4-15.

[5] 黎海波,谢健民.信管专业在新文科背景下的数据科学课程群建设研究[J].情报科学,2020,38(8):128-133.

[6]马费成,宋恩梅.信息管理“专业课程链”的建设与实践[J].图书情报知识,2014(2):4-10.

[7] 胡广伟.数据思维-中国大学 MOOC(慕课)[EB/OL].[2021-01-20].https://www.icourse163.org/learn/NJU-1207548806?tid=1463281553#/learn/content?type=detail&id=1240856957&cid=1262746562&replay=true.

[8] 杨国立,谢萍.大数据时代的人文社会科学研究路径[J].图书情报知识,2016(4):3-8.

[9] Kahneman D. Thinking, fast and slow[M]. New York: Farrar, Straus and Giroux, 2011.

[10] 孙建军,裴雷,柯青,李阳.新文科背景下“信息资源管理”课程教学创新思考[J].图书与情报,2020(6):19-25.

[11] 王涛.从人才培养看数字人文对新文科的引领.中国社会科学网[EB/OL].(2020-08-28)[2021-01-20].http://news.cssn.cn/zx/bwyc/202008/t20200828_5175660.shtml.

[12] 徐飞.新文科建设:新从何来,通往何方[N].光明日报,2021-03-20.

信息技术与课堂教学深度融合有效推动高校课堂教与学革命

董卫国
（武汉大学　第一临床学院　湖北武汉　430071）

【摘　要】信息技术与课堂教学深度融合是一场以信息技术为支撑进行的课堂教学结构的根本变革，是高校开展课堂教与学革命的关键途径。推动信息技术与课堂教学深度融合，就是要充分利用信息技术，变革传统课堂结构，打破传统课堂教学模式的束缚，突破课堂教学空间与时间的限制，发挥信息技术的优势，真正实现“教师”中心向“学生”中心转变，进一步推进教师“教”好，学生“学”好，从而加快发展开放灵活的教育、个性化的教育、高质量教育。

【关键词】信息技术；课堂教学；深度融合；教学改革

【作者简介】董卫国（1966—　），男，山东泰安人，医学博士，二级教授、主任医师，博士生导师。国家“万人计划”教学名师，国务院政府特殊津贴专家，湖北省医学领军人才、湖北名医工作室负责人，湖北名师、湖北名师工作室主持人，武汉大学珞珈杰出学者。主要从事消化系统疾病的基础与临床研究以及医学教育研究，E-mail：dwg@ whu. edu. cn。

当前，信息技术已渗透到人类社会生活的各个方面，网络和手机的普及改变了人们的学习、生活与工作方式，信息技术在各个行业都显示出其强大的作用力，教育行业也不例外。[1]《国家中长期教育改革和发展规划纲要（2010—2020 年）》指出，“信息技术对教育发展具有革命性影响，必须予以高度重视”。信息社会的变革，特别是科学技术的革新，正改变着教育的生态环境，改变着教育观念和教育方式。信息技术不仅革新了传统教育模式，而且深刻地改变着传统教育观念、教学管理机制、教学方式、考核方式和师生关系等，营造了全新的学习环境。可以看出，信息技术与教育教学正不断融合发展，对促进教育公平、实现共享优质教育资源、提高教育质量、创新教育模式具有重要影响。[2]

此次新冠疫情对高校本科教学带来了巨大的冲击与挑战，全球教育受到严重影响，各国均实施了前所未有的大规模线上教育，形成了在线教学的新范式。大规模在线教学，虽然形式上是应急之举，但就其实质而言，意义是全方位的，影响是深刻而长远的。人工智能等新信息技术不仅向我们展示了变革教育的巨大潜能，而且给高校教育模式的变革带来了新机遇。“互联网+教育”成为疫情中一抹独特的亮色。此次大规模在线教学的开展，让教师的“教”、学生的“学”、学校的“管”等方面都发生了革命性的变革。因此，我们应当认真总结此次大规模在线教学的经验与教训，思考信息技术与课堂教学的深度融合，进一步推进高校课堂教师“教”好，学生“学”好，从而加快发展开放灵活的教育、个性化的教育、更高质量的教育。

一、信息技术与课堂教学深度融合的基本内涵

在信息化环境中，课堂结构由教师、学生、教学内容、教学媒体四个要素组成。因此，信息技术与课堂教学深度融合，就是要改变这四个要素间的结构关系。北京师范大学何克抗教授借鉴美国2010教育技术计划(NETP2010)分析了深度融合的基本内涵，认为：“信息技术只有真正对教育系统产生重大结构性变革而非渐进式的修修补补，方能解决长期以来信息技术在教育领域的应用成效不显的问题。”[3]而这种促使“教育系统产生重大结构性变革”的信息技术应用，才是信息技术与教育教学深度融合的真正内涵。他进一步指出：教育系统重大结构性变革最终要落脚到“课堂教学结构的变革”，也就是要将教师主宰课堂的“以教师为中心”的传统课堂教学结构，改变为既充分发挥教师主导作用，又突出体现学生主体地位的“主导-主体(双主)”的课堂教学结构。

传统课堂是以教师为中心的，教师是课堂教学的主宰者、知识的灌输者；学生是被动的聆听者、知识的接受者，尽管广大教师也鼓励学生积极主动地与其互动，并给予课堂互动表现积极的学生更高的平时成绩，但这仍然没有改变学生的被动地位。传统课堂的教学内容往往单一地以教材为中心，虽然教师制作了多媒体课件，但多数情况下是教材内容的搬家，而非对教学内容的归纳总结和拓展。不仅如此，所有学生都使用完全相同的教材，未考虑学生的个性发展需要。传统课堂教学中的媒体，是固定在教室的多媒体教学系统、固定在实验室的多媒体计算机和仪器设备，网络、手机、平板电脑、可穿戴设备等还没有成为普遍的教学媒体。

促进信息技术与课堂教学深度融合，就是要彻底改变课堂教学结构。首先，教师不再是单一的教学主宰者、知识的灌输者，而应该转变为课堂教学的组织者、引导者，甚至成为学生的学伴，换句话说，教师在课堂中只起主导作用，而非课堂的主体。其次，学生不再是被动的聆听者，而是自始至终积极地进行学习内容的意义建构，由学会转变为会学，可以自主设定目标、展示自我、进行决策、承担后果；学生在“做中学”，通过项目化的小组合作，在自主学习过程中学会知识、学会合作、学会批判性思维、学会创新。教学内容也不再拘泥于教材上的知识点，而是随时可以链接到更广阔的互联网中获取丰富的拓展资源，包括：MOOC、微课、公开课、专题网站、资源库等，针对不同学习水平、学习风格的学习者，实现个性化的资源推送。教学媒体不再是固定在特定空间的仪器设备，自带设备(BYOD)、多种多样的应用APP、虚拟实验设备共享平台、远程同步录播系统等极大地丰富了信息化教与学环境。总之，推动信息技术与课堂教学深度融合，就是通过变革教学内容和教学媒体，真正实现教师和学生角色的转变。即课堂将以“教”为中心转变成以“学”为中心，学生在教师的指导下，通过自主学习完成对学习内容的知识性建构，同时培养学生的自主学习能力、批判性思维能力、合作能力和创新能力。[4]

二、信息技术与课堂教学深度融合的基本原则

信息技术与课堂教学的深度融合旨在让信息技术与课堂教学发生“化学变化”，将信息技术融入课堂“教”与“学”活动的全过程。而不仅仅是一种“物理式”的整合，要让信息技术如同课本、黑板、粉笔甚至教师一样成为不可或缺的课堂存在，在课堂教学理念、教学目标、教学内容、教学活动方面进行全方位的深度融合，自觉从学生的认知能力、情感建设等相关的领域出发，把信息技术渗透到课堂教学的各个环节，实现课堂教学要素之间的有效互动，形成一种以“学”为中心的信息化学习生态环境和为学服务的全新课堂生态。因此信息技术与课堂教学深度融合应遵循以下四个原则：[5]

1. 革新教与学观念

教育技术与教育教学相伴而生，随着时代发展，教育技术智能化程度日益提高，新的教育教学手段，不仅提供新的学习和教育资源，而且更新着教育教学理念及其模式。首先是在时空上从封闭课堂走向开放课堂。传统课堂教学的最显著特点，就是固定化和确切化，有利于统一计划，统一管理和统一步骤，有效保证教学活动的系统性、连续性和深入性。但其缺点是受特定时空限制，信息量受限，不利于因材施教和个性化发展。在线信息技术则突破了课堂的固定性和封闭性，通过时空开放化与虚拟化，线上教学能够无限反复进行。其次是教学观上从单边传授到人人互动。传统课堂教学基于传统教学组织形式一直在维系着单边传授为主的传统师生关系，教师降格为知识搬运工，学生成为知识的贮藏室，教学过程只见知识而不见人。在线教学中，教师面对的是不同的学生个体，其教学也变成了师生、学生之间等的互动活动，激发了学生学习的积极性和主动性。最后，在认知观上从预设知识到建构知识。知识总被看成预设的、规定的真理，传统课堂教学的任务就在于通过教师的讲授使学生理解、接受、掌握和运用各种高深知识，而现代教学则反对仅以书本知识为中心，形成了在线教学资源的开放化、多样化和不确定性，倡导的是建构性和去中心化思想。

2. 课堂从内向外延伸

在信息化课堂中师生在教学活动中的角色、地位和作用发生了根本性变化，必须围绕学生的“学”进行，让学生的学习成为课堂教学活动的中心。课堂上教师不再是教学的中心，满堂灌唱独角戏，而是扮演主持人、组织者和指导者等角色，创设情境、抛出问题、组织讨论等。信息技术融入课堂教学打破了传统课堂教学的时空限制，拓展了课堂教学的时间和空间，使课堂教学向课外延伸，将课堂教学延伸至课外教学活动。学生可以从大量的网络教学资源中选择内容开展自学、实践。课后教师的主要工作不再只是批改学生作业，而是通过微信、QQ、公众号等信息平台保持与学生的联系，指导和考核学生的课外学习并反馈结果，及时帮助和指导学生。课堂因此由单向的知识传授过程转变为师生共同探究共同发现知识的过程，既凸显了学生的主体中心地位，又发挥了教师的主导作用，体

现了平等、民主、和谐的师生关系，拓展了学生获取知识的途径，提高了学生掌握知识、分析问题和应用知识的能力。

3. 形成性评价与终结性评价结合

形成性评价与终结性评价相结合是保证信息技术与课堂教学深度融合后教学质量和效果得以提升的重要条件。终结性评价过分依赖知识考试的量化评价标准，用一次性评价确定学生的学习质量，难以客观地评价学生的学习过程和学业水平。虽然终结性评价有时也会加入考勤、平时成绩和课堂成绩等，但其主要目的还是学习结束后一次评定学生学业水平，而不是对学生的学习过程进行阶段性评定，发现不足，敦促学生自主学习，弥补不足。形成性评价则是在课堂教学过程中开展的评价，往往与课堂学习任务紧密结合，属于教学活动的有机组成部分。形成性评价更关注学生在学习过程中的表现，既检查前一阶段学生的学习状态和学习效果，又通过总结反思教学中存在的问题，为下一阶段的教与学提供借鉴。形成性评价强调教师必须及时将每次测试结果反馈给学生并给出改进建议，催生学生自我认识与提升的动力，促进学生形成积极的学习态度和深度学习的习惯。[6]有效的形成性评价要根据课堂教学目标的不同，采用最能反映学生学习效果的形式，如以课堂提问、学习报告、辩论赛、研究报告、实验报告、课程论文、随堂考试、mini-CEX、DOPS等作为评价依据。形成性评价关注学生在课堂内外的综合表现，敦促学生重视学习过程，加强自主学习，强调学生从学会转变为会学。结果性评价与形成性评价有机结合，能比较准确地反映学生的学习状态和学业水平。

4. 全程渗透信息技术

信息技术与课堂教学深度融合的过程中，不管是基础设施与环境建设，还是各种技术工具的常态化应用，都大大提升了教育教学的技术水平，也提升了教育教学的效率。因此，教师应把信息技术有效渗入课堂教学活动的全过程，使教学行为生成于对信息技术的使用中。教师利用信息技术完善教学资源形态、教学组织方式、学习评价方式，为学生提供个性化的教学，让学生成为课堂教学的中心；学生利用信息技术变革学习方式，强化自主学习，为自己创造多元的学习机会。教学活动不再是单向的知识传授，而是教师、学生、教学资源和教学媒体之间多层面信息交流、多维度互动。信息技术的应用意味着改变传统教育，生成新的教育，同时意味着从早期的“应用驱动”进阶到致力于“创新引领”，即以信息技术支持教学与学习方式的创新来引领信息化时代教育生产方式的转型升级。[7]

三、实施信息技术与课堂教学深度融合的几点建议

1. 激发教师积极性，提升教师信息素养与技能

目前，我国高等学校信息技术与课堂教学深度融合还非常不够，原因主要是很多任课教师缺少对信息技术的认识。尽管信息技术具有多样化的功能与无可比拟的教学优势，但

部分教师依然受到传统教学思想、方式的影响，没有对信息技术进行过多的关注与了解，甚至不会合理地运用学校的信息设备，使得学校先进的教学设备长期处于闲置状态，利用率偏低。所以，学校为更好地提升课堂教学质量，促进信息技术与课堂教学深度融合，必须有效地激发老师应用信息技术的主动性，多讲述信息技术教学的成功案例，多宣传信息技术的教学优点，让更多的教师意识到信息化教学的重要性，从而主动地利用信息技术进行课堂教学。[8]为促进学校课堂教学与信息技术深度融合，教师必须熟练掌握信息技术的操作技能。只有这样，才能充分发挥学校课堂信息设备的作用。[9]所以，学校应积极引导全体任课老师参与信息技术的培训，让所有老师可以熟练地运用信息技术。此次疫情期间的大规模在线教学，因系应急之举，水平和质量难免参差不齐，有相当一部分在线教学只是披上了一件现代信息技术和网络环境的外衣，深度融合并不是简单机械的“1+1”模式。因此，对教师进行信息技术培训时，要使其熟练掌握信息技术的操作技能，更应注意使其加深对信息技术的理解，充分结合学科本身的特征，在信息素养及技能的提升中转变教学观念。

2. 避免知识过度，关注学生精神成长与人文素养

大规模在线教学的时空开放性、信息多样性、过程生成性等特质，可以促进学生多样性发展，但目前还多限于知识学习和智育方面。在线教学，最容易实现传输的显然是知识与信息，通过大数据对人的行为习惯进行分析预测而即时推送个性化和有针对性的信息，满足学生学习需求，但却可能忽略师生精神的共鸣和情感的传递。人的全面性、丰富性、多样性、具体性和情境性，只能通过人对人、心对心的教育教学才能得以体现。所以不管在线教学如何发达和成熟，教育技术都尚不能取代学校教育和课堂教学，教育不只是知识学习和掌握信息，学校环境、师生和同伴关系、文化价值等对学生成长和发展具有不可替代的作用，有时环境和文化的影响甚至超过书本知识的影响。因此，高等学校信息技术与课堂教学深度融合过程中应尽可能避免过度关注知识培养，而应更加关注学生的精神成长与人文素养的提高。

3. 加强教学数据库分门别类的建设

互联网+时代，不同学科课堂教学信息资源呈现多样化、丰富化特点，但同时具有分散性和碎片化的趋势。一方面，不同学科的教师在课堂教学中应用这些教学资源的时候，往往不知如何更好地应用或者一时难以查到自己想要的内容。在备课收集教学资源时会占用大量时间，极大地影响了备课质量。另一方面，网络资源形式多样、更新迅速、高度复杂且充满异质性，甚至鱼龙混杂真假难辨。学生接触各种各样碎片化的知识信息，也会使其知识零碎不系统，阻碍其对事物的整体性认识和把握，割裂他们思维的一致性，甚至控制他们的情感。因此建议学校积极建设教学资源数据库并做好精细化管理，对已制作完成的教学资源进行有效收集、保存并共享；更新教学资源的存储方式，依据学科特点分类存储、管理，各学科设立一个独立的分支数据库。同时，还要对各学科的数据库进行细化，按照类型再次分类，这有利于提升教学资源的利用率。[10]

4. 建立有效的课堂信息化激励机制

信息技术与课堂教学深度融合是一个长期、复杂的工程，也是动态发展的过程，需要不断提升建设水平。当前我国课堂教学中信息技术应用不深入，无法取得持续良好的教学效果。因此，学校应当结合课堂信息化的实际情况，积极建立相应的激励机制。首先，建立并启动课堂应用信息技术的考核机制，对教师在课堂上应用信息技术取得的效果予以严格地考评，这既可以更好地督促其不断地提高应用信息技术的水平，又可及时了解教师在课堂教学中应用信息技术的缺陷，以便做出合适的调整、优化。其次，依据考评结果，对课堂信息化建设采取相应的奖励措施，全面提升教师课堂教学中应用信息技术的热情，促进信息技术与课堂教学更深度地融合。

“互联网+教育”正在催生出新的生产力，推动大学教学的信息化、智能化。更新教学理念、重构教学模式、变革教学结构是应对信息化“教”与“学”变革的必由之路。[11]信息技术与课堂教学的深度融合区别于“课程教学+信息技术”的简单加法思维，其本质是要利用信息技术变革传统课堂结构，实现以“教”为中心向以“学”为中心转变。因此，促进信息技术与课堂教学深度融合，有效推动高校课堂教与学革命是高等教育今后乃至很长一段时期内的重要建设目标。我们必须扎实做好以下工作：首先，建设坚实的“互联网公路”。包括良好的互联网接入条件和良好的互联网带宽，确保网络畅通无阻、网速流畅。其次，建设或购买界面友好的信息化课堂教学平台。如珞珈在线、雨课堂、超星等，要集成资源上传、课程生成、线上活动组织、教学评价、成绩管理等多项功能，并且支持多终端访问。再次，生产优质的教学资源。通过立项，给予经费支持，鼓励教师建设一批优质教学资源并保持持续更新，包括 MOOC、微课、习题、题库、电子教材、扩展资源等。最后，也是最关键的是要对师生进行培训。要培训具备信息技术与课堂教学深度融合意识与能力的教师和学生，培训目标是使教师勇于探索各种信息技术产品如何融入课堂教学，使学生善于使用手机、笔记本电脑、平板电脑等多种设备随时随地地开展学习。只有这样，才能够打破传统课堂教学模式的束缚，突破课堂教学空间与时间的限制，发挥信息技术的优势，真正实现以学生为中心的课堂教学，让教师“教”的过程变得更加丰富多彩，激发学生“学”的积极性，使课堂教学质量得到进一步提高，培养出德智体美劳全面发展的新时代高素质人才。

◎ 参考文献

[1] 马一．线上线下混合式教学行动研究——信息技术与思政课教学融合创新[J]．教育学术月刊，2020(7)：97-105.

[2] 蒋培杰，牛伟强．国内信息技术与数学教学融合研究述评[J]．数学教育学报，2020，29(4)：96-102.

[3] 何克抗．如何实现信息技术与教育的“深度融合”[J]．课程·教材·教法，2014，34(2)：58-62.

[4] 汪存友. 试论信息技术与高效课堂教学的深度融合[J]. 山西师大学报(社会科学版), 2016, 43(5): 100-104.

[5] 吕逸新. 信息技术与课堂教学深度融合中的教学模式改革[J]. 宁波教育学院学报, 2017, 19(2): 1-5.

[6] 邵进, 霍亚丽. 信息技术工具对高校教学效果的影响探究[J]. 国家教育行政学院学报, 2014(1): 25-30.

[7] 罗祖兵. 信息技术与教学深度融合的限度及其超越[J]. 课程·教材·教法, 2019, 39(1): 60-65.

[8] 赵冬冬, 朱益明. 信息技术引领教学改革及其辨正——兼议“屏幕改变命运”[J]. 中国电化教育, 2019(11): 41-48.

[9] 李芒. 论教师教学的信息技术疏离感[J]. 中国电化教育, 2020(5): 62-68.

[10] 王承博. 新一代信息技术环境下网络教学设计范式重构——基于“课程编导”理念的在线教学系统设计研究[J]. 中国电化教育, 2015(9): 111-117.

[11] 王竹立, 李小玉. 智能手机与“互联网+”课堂——信息技术与教学整合的新思维、新路径[J]. 远程教育杂志, 2015(4): 14-21.

线上讲授莎剧的探索与思考
——以武汉大学莎剧通识课结课式为例

戴丹妮
（武汉大学　外国语言文学学院，湖北　武汉　430072）

【摘　要】线上授课已有多年，但由国家教育主管部门强调作为线下教学重要补救措施的一部分而得以强力推出却是在2020年冬春疫情期间。本文依照这一政策措施，采用多点开发方式、多元触媒联动方式、多领域多地域传感方式，以“代入”手段活化莎士比亚课程讲授，第一次在莎剧的授课中组合展示、传播、表演、点评和互动及声画系统，使大学课堂线上教学开生面。

【关键词】线上授课；莎士比亚课程；情景实录

【作者简介】戴丹妮(1973—)，女，湖北黄冈人，博士研究生，武汉大学外国语言文学学院副教授，主要从事莎士比亚、翻译理论与实践、跨文化研究，E-mail：dannidai@vip.163.com。

【基金项目】本文为武汉大学核心通识课“莎士比亚与西方社会”、武汉大学一般通识课“莎士比亚戏剧导读”、武汉大学规划教材项目“莎士比亚戏剧与西方社会”、武汉大学研究生导师育人方式创新项目“中国大学莎剧教学与研究生助教创新模式探索”、横向项目“莎士比亚戏剧在中国大学舞台上的演出研究”阶段性成果；本文为武汉大学自主科研项目(人文社会科学)研究成果，得到“中央高校基本科研业务费专项资金”资助。

大学教学改革的一个重要着力点就是要探索“互联网+”形势下，教学方式和教学手段多样化，实现网络在线教育的常态化，为此，我们做了尝试。2020年5月6日，一场别开生面的莎士比亚戏剧课在腾讯会议拉开帷幕，这是武汉大学核心通识课“莎士比亚与西方社会”和一般通识课“莎士比亚戏剧导读”的联合结课式。这一课程的筹划者为该校外语学院莎剧教学团队，由主讲老师组织并以外院研究生为主体担任助教团队。

一、结课式的酝酿和准备

结课式是线上教学效果的综合检验。为了策划好本次结课式，老师和助教启动多点思维，具体确定以莎士比亚戏剧精品为轴，运用多种元素上线上屏，通过网络多媒体以高仿真的声、像构造虚拟在场，以此演绎莎士比亚丰富博大的艺术典藏。

（一）在屏幕上展示主讲教师和助教团队成员

（二）创新授课思维，突出向度

由于疫情原因，学生在线上完成了学期的课程，团队考虑，未能谋面的遗憾要通过这场线上莎剧结课式得到补偿，要用“云仪式”使来自天南海北的专家学者以及莎剧爱好者相聚。这正体现了莎士比亚戏剧一再倡导的理念：“拥有治愈力量的不仅是音乐，还有戏剧。”我们要用艺术感染力引导学生学习的兴趣和学习的自觉。

时间接近晚上六点半，会议室进来近两百位身份各异的“演员”与观众，大家来自全国各地，对莎剧同样的热情使素昧平生的莎士比亚爱好者欢聚一堂。

（三）聘请外脑与莎迷互动

努力使这场结课式守正创新是教学团队不断考虑的问题，最后大家统一了想法，即走出校园，在网络空间中吸纳国内一批有影响的、有新锐气质的莎士比亚研究专家与会。这一安排会使课堂莎剧教学迈入新领域，走向新纵深，汲取更丰富的营养，滋润初涉莎坛的青年学生之心。

结课式开始前，主讲教师介绍了当次参加“莎剧之夜”的嘉宾。

他们是：罗益民：中国莎士比亚研究会（下简称“中莎会”）副会长（西南大学教授、博导）；从丛：中莎会理事（南京大学教授）；宁平：中莎会理事（辽宁师范大学教授）；张薇：中莎会理事（上海大学副教授）；邱佳岑：天津师范大学挪威戏剧文化研究中心主任、教授；史璠：独立莎士比亚学者、地方志专家；刘芭：厦门理工学院外国语学院副教授；廖运刚：四川大学外国语学院副教授；胡鹏：中莎会理事（四川外国语大学副教授）；徐嘉：北京理工大学外语学院副教授。潘迎春：武汉大学通识教育中心副主任、历史学院教授；黄蓓：武汉大学艺术学院副教授；吴小红：武汉大学外语学院副教授；曾艳：武汉大学图书馆咨询与阅读推广部副研究馆员。

聘请嘉宾时注意了他们的学术特点和个性风格，在场的同学们觉得与这些“大佬”的距离在不知不觉中拉近；主讲老师一一介绍嘉宾后，同学们纷纷在聊天栏发言，用独特的方式表达对老师们诚挚的欢迎，结课式就在这其乐融融的氛围中开场。

二、结课式课目内容安排

屏幕上首先打出经精心烹制、花样丰富的结课式“菜式”：

从上图可以看到当晚结课式不但“菜式”多样，而且“香味扑鼻”：从传统的莎剧配音、朗诵，到独树一帜的海报设计、编曲演唱、手绘视频、音乐动画与中文自制剧等，令人目不暇接的课目安排旨在使另一种“真实”的代入运用感体验更容易获得学生的理解和接纳。

(1)第一个展示的节目是海报。结课式准备阶段我们就动员学生在课前绘制海报，意在让学生将其对莎剧的独到理解与丰富情绪，用华丽的色彩、形状与线条描绘出来。在课堂上，同学们制作的海报风格各异，表现手法各有千秋。

(2)海报制作环节渐隐，结课式便步入《罗密欧与朱丽叶》主题环节。首先由莎剧社的诸心怡同学为大家带来一首主题曲“What is a Youth”，这个曲子出自1968年版的经典同名改编电影。

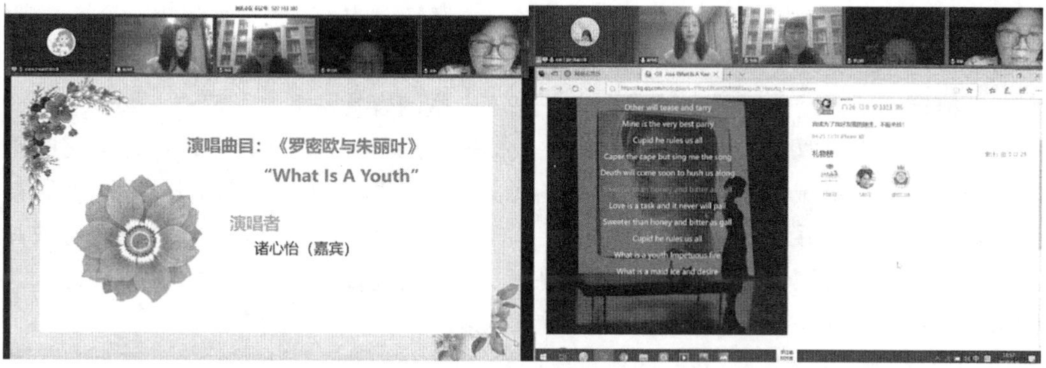

歌者曼妙的嗓音含着爱情的甜蜜与忧伤，同学们都陷入了这一动人的爱情场景之中……

(3)接下来的课目是一段《罗密欧与朱丽叶》的配音表演。来自健康学院的高馨怡同学和计科学院的叶博辰同学为课堂带来口语展示，他们别具一格的反串形式紧扣剧情，细致的揣摩和独特的表达将在场所有人的注意力都集中到了一处。

(4)欣赏完双人配音，课堂这时需要高潮以振奋现场，我们安排新闻与传播学院的黎映萍同学表演一段朱丽叶的独白。

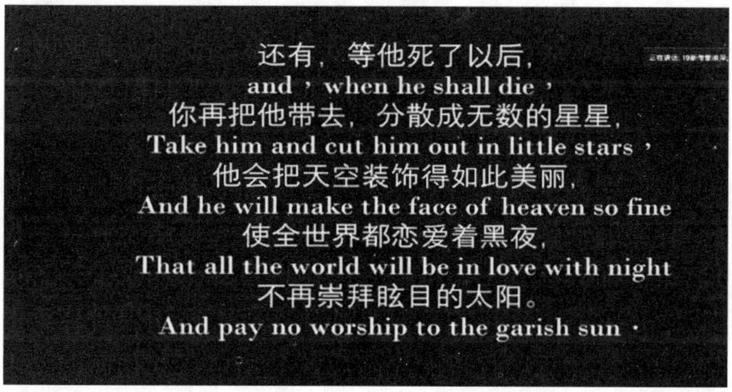

不同于将爱情的火焰燃烧到极致的著名“阳台戏”，这段描摹朱丽叶独处时的美妙幻想与期许，将课堂氛围引到冥思遐想、甜蜜与苦涩交织的天地。

(5)《罗密欧与朱丽叶》环节告一段落后，课堂需要点染轻松和欢喜，我们让来自新闻与传播学院的黎映萍同学和社会学院的李咏茵同学上场进行一段浪漫喜剧《第十二夜》的配音表演，这段表演入戏入情，给整个课堂带来身心愉悦的美感。线上教学也必须有滋有味。

(6)接下来课日换了形式，法学院的张杰宁和许丁元同学为结课式制作了一段音乐剪辑版《哈姆雷特》，扣人心弦的节奏与旋律倏地将课堂带入血雨腥风的王庭。课堂上所有人都踏进情节中。

少顷，我们安排主讲老师对演出者之一的张杰宁同学进行采访，他说，自己在游戏中首次听到这段音乐，对它的氛围留下印象，这段“疯狂踩点”的剪辑，将山雨欲来的紧张气氛与中世纪宫廷中的争斗与纠葛融入华丽的画面与乐声中，力图表现出那一时代宫廷虚伪面孔下掩饰不了的残酷。线上课堂也必须追求课堂内容的深刻性和启迪意义。

紧接着，一声哀叹闪入屏幕：“脆弱啊，你的名字是女人。”来自城市设计学院的童艺同学与来自动力与机械学院的孟扬同学为结课式带来了紧张刺激的《哈姆雷特》王后寝宫戏，哈姆雷特与母亲乔特鲁德的针锋相对让人领悟出不同处境人物复杂多变的内心波动与命运选择。事后，有同学说，这种课堂上的一段话比看完课堂下的一本书印象还深刻。老师团队表态：我们就是要实现这样的线上教学效果。

(7)在莎士比亚时代，与戏剧同样重要的文学表达形式就是十四行诗，我们没有忘记这一点。在接下来的表演中，来自健康学院的李佳楠和刘承昊同学为结课式带来了电台版十四行诗朗诵——“Sonnet 18”。“Shall I compare thee to a summer's day?”这首莎翁十四行诗将挚爱之人比作永恒的美妙夏日，两位同学将诗人微妙的情绪娓娓道来，让整个参与线上课堂教学的人们仿佛进入一个朗朗田园和丽丽夏日的境地……线上课堂教学也不能丢了“陶冶”的功能。

(8)线上教学尤其不能减少教学设备的使用。这次结课式上了“钢琴课”。钢琴擅长表现跳跃的激情及营造深情的音乐语汇，课堂上，钢琴版“Sonnet 18”展现出另一番风味。健康学院的肖昕雨同学和经管学院的周凌静同学在钢琴曲“What is a Youth”的伴奏下，用轻柔的嗓音和着钢琴声，拨动了结课式上所有人的心弦。

(9)柔美的诗朗诵环节结束后，结课式安排了风格大反转的配音表演，由三位同学为课堂带来《威尼斯商人》法庭戏。在这段“名场面”中，老谋深算又心狠手辣的夏洛克与机智自信、妙语连珠的鲍西亚间展开了激烈的对决。这为课堂带来全新体验。

(10)课程总节目快过半时，作为线上教学主持者要寻求更新的表现引领“下半场”，我们推出了一个“彩蛋”环节(“彩蛋”：喻为意外的惊喜)。主讲老师为课堂请来百老汇的神秘嘉宾——夏雨尘学姐。夏雨尘正在美国哥伦比亚大学留学，与祖国隔着 12 小时的时差，她大清早便起床准备，为结课式介绍了疫情下百老汇的现状，同时也和我们分享了她的专业——戏剧管理与制作的特点，并且告诉同学们在各大剧院都关闭的这一段特殊时期，可以从哪些渠道收看诸多戏剧。这一番介绍，洞开了课堂上学生的视境，文化的交流互鉴使线上课堂也能更深邃地观照当今之世的疫情和人类命运的走向。

“彩蛋”环节过后，本应是例行的茶歇，但线上教学不能还原莎翁时代戏剧演出的“茶歇”，为了弥补这一伊丽莎白时期社会的传统做法，结课式的课程设置注意在节目推送的多样性上下工夫。具体做法是：

在结课式的下半场率先让手绘视频“如何画出莎士比亚”上场。创作者为文学院的李一同学。在诙谐轻快的配乐中，这位同学持笔现身，教授课上课下受众如何分步骤画出莎翁肖像与莎剧场面。

(莎士比亚画像 李一绘制)

(莎剧场景 李一绘制)

(11)线上莎士比亚教学不能没有连续、紧凑和情节的引人入胜，不能出现冷场、乏味和无生机。为避免出现这一现象，结课式组织了黎映萍和李咏茵两位同学的配音对手戏《仲夏夜之梦》，专心营造出视觉和幻觉俱佳的空间转换。炎炎夏日，午夜森林中精灵涌现，连同两对凡人恋人与排戏的手工业者合欢，几组风马牛不相及的角色在阴差阳错中上演了充满魔幻色彩的喜剧，线上线下笑声一片，这正是线上课堂期望的教学效果。

为保持这种线上教学课堂氛围，延续莎士比亚戏剧“说不尽”“道不完”的境界，结课式主讲老师请来武汉大学莎剧社的外联部长——李欣奕同学为课堂带来《仲夏夜之梦》小精灵 Puck 的独白。由于疫情期间须减少聚集，她只能在自家阳台上完成本次录像，相对狭窄的空间也许不能全程施展，但是她依然盛装出席、手持鲜花，用语调灵动的台词和优美的动作，为课堂奉上了一个不同于原著的优雅的小仙女 Puck 形象。

线上教学最不可忽视的就是应在有限的时空中，用所有的手段去浓缩精华，用短短的几分钟准确表达出莎翁多部戏剧的特色。外院英语专业“英语戏剧选”课上的同学推出了一段原汁原味的英式配音——“Women in Shakespeare’s Plays”：

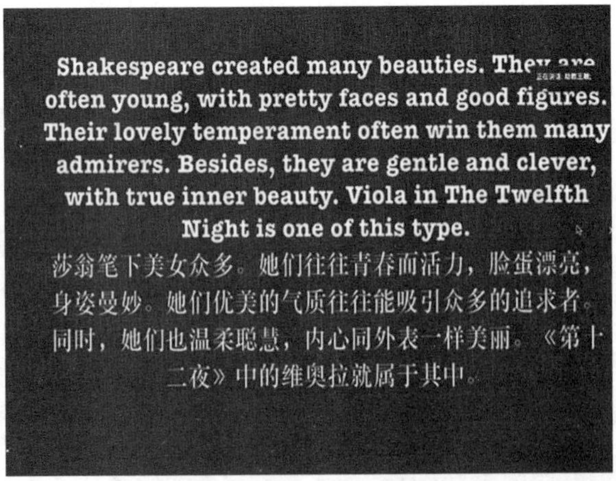

莎剧中的女性形象，一直是观众津津乐道的话题。由于伊丽莎白时代女演员受到严苛

的限制，莎翁笔下没有出现“大女主戏”，但各部剧中的女性角色依旧令观众印象深刻。《第十二夜》中青春美丽、追求幸福的维奥拉和奥利维亚，《驯悍记》中的“刁蛮公主”凯特琳娜，《麦克白》中野心勃勃而又心狠手辣的麦克白夫人，《奥赛罗》中高贵纯洁的苔丝德蒙娜，四种截然不同的女性共同上演一出好戏。对这些女性人物的展演，使线上课堂的空间视觉被放大到仿佛进入莎士比亚的全剧中。结课式之“结”，目的达到了。

我们不拘泥于这些，紧接着，在线上课堂屏幕上，又让“Young and Beautiful”这深沉而略带忧郁的前奏响起，意在让学生在莎剧的意境中能生发更多的联想。观众随镜头步入了繁华散尽、空无一人的偌大剧场。此时，推出文学院郑涵齐同学的莎剧混剪。理查二世、亨利五世、维奥拉、凯特琳娜……他将莎翁笔下形形色色的角色生命中最美好的片断一一展现在课堂上，他们有的头戴王冠睥睨天下，有的沉浸在新婚宴尔的幸福中……课堂教学的时间是有限的，但教学中给学生带来的感悟将长驻其心身深处。

三、增设点评环节

线上授课的一个鲜明目的是要让学生在非密切授课状态下，实现个体心灵的交流与快意思维的碰撞。因此我们在筹备结课式表现形式时就提出邀请全国一些大学教授、专家、学者共同参与。点评环节就是具体的互动措施，以此实现线上线下、校内校外、学生与专家、教学与社会的紧密结合。

(1)第一场嘉宾点评环节由南京大学从丛老师和上海大学张薇老师为课堂点评。

从丛老师对每一个节目都做了深入的分析，充分肯定同学们的作品，赞扬大家不仅展现了莎翁作品的主题，而且还原了莎翁所处年代的特色。她肯定了这个特殊的课堂充满对莎剧的热爱与创作的激情，称这个结课式“可以载入中国莎学史册了”。

张薇老师肯定了同学们的成绩，并将这堂结课式称作一场莎剧盛宴。她说平日的莎剧教学更多专注于文本，而本次结课式则复原了莎翁的初心——亲力亲为的表演。

老师们的评价给予了现场的同学们鼓舞。点评环节活跃了课堂气氛，也使学生燃起了更炽烈的参与热情，线上教学的热烈让学生全然感觉不到自己是在线上，仿佛都置身在一个欢跃的实体讲堂。

线上授课须掌握的一个要领是“一环扣一环”“一波又一波”，结课式紧接着又推出的两段《麦克白》配音堪称课堂“全程高能”版。首先登场的是动画版，来自物理学院刘沁雨与陈戈翀、土建学院冯浩、经管院农牧之。他们一人分饰多角，特别是强化三位女巫的声线，使得表演惟妙惟肖，有现场气氛，颤音的处理别具创意，有力地深化了表现层次。线上课堂的表演不能自认为“业余”，也可向“专业”靠拢。

围绕这一标准，线上授课不能呆板，此时真人版《麦克白》闪亮登场——“这难道不是原声?”麦克白与麦克白夫人针对弑君计划的激烈对话，学生表演得感情丰沛，一气呵成，语音语调的到位与入戏程度之深，“堪比原版”。两位表演者均由武汉大学莎剧社的同学担纲，他们分别是徐天一和当夜献上诸多精彩演出的苏恒悦。

课堂表演的激情与冲突过后是平静肃穆的诗朗诵——《皆大欢喜》中著名的“人生七阶

段”，这是人们熟悉的一段莎剧经典台词：“All the world's a stage/And all the men and women merely players.”世界如舞台，人生如戏，而每个人都注定要完成从婴儿、学生、年轻恋人、事业型壮年到垂暮之年的各个阶段。这幕独白堪称莎翁对人一生从牙牙学语到完美谢幕的精辟总结，能教导学生正确认识人生的平常与非常。

随后，结课式又现高潮，课堂的第二个“彩蛋”登场，这次华丽登场的是2005级外院赵之文学长，2008年在香港举行的中国大学莎士比亚戏剧节获金奖的武大版《哈姆雷特》就是他的代表作。演出哈姆雷特改变了他的生活，他目前就职于中国国际广播电台，由于工作原因未能与课堂现场连线，但他精心录制了一段朗诵，同样也是“人生七阶段”的台词。赵之文参加了许多关于莎士比亚的活动和比赛，他的人生因莎士比亚而改变，这些都给尚在校园里课堂上的学弟学妹深刻影响。

(2)此时，安排第二梯队点评专家亮相。点评嘉宾为天津师范大学邱佳岑老师与厦门理工学院刘芭老师。邱老师感叹在这样一个特殊时期，网络课堂给大家带来诸多不便，但又给学生带来新意。这场网络结课式体现了同学们的自觉和努力，表现出了超乎一般的大学生的素质和学养。

刘芭老师点评说要特别注意借鉴今晚的模式与细节，用于日后剧场的表演。她认为苏恒悦同学对麦克白夫人的形象塑造到位，汇集了女性的柔媚与力量，而徐天一同学表演的麦克白“Sleep no more”等几句台词极富张力。

老师们的这些鼓励，会极大提升学生学习的自信和研莎的自觉。

(3)接下来，结课式又推出两个节目，将当夜课堂教学、表演的水准推到新高度。资源与环境学院的三位同学柴偲琪、黄绢辞、王皓明，新闻与传播学院的同学罗可玥以及外院研究生吕梦璐献上了一出高潮迭起的动画歌曲展示“Thief King”，除了旋律是借用迪士尼《后妈茶话会》，歌词、画面与演唱皆由同学们自主完成。“你们可以叫我小偷，但我是国王”台词伴着动画揭示莎剧内涵：谋杀侄子篡位的暴君理查三世、弑兄娶嫂的哈姆雷特叔父克劳迪斯以及在妻子怂恿下弑君的麦克白逐一登场，厚颜无耻地倾吐他们的野心与阴谋，并声称“如果是你也会这样做”。三人畅快淋漓的妙语令人捧腹，线上课堂弥漫着几乎和剧场一样的效果。

线上课堂讲究虚景与实操结合。正值学生兴趣浓郁之时，结课式又安排中文自制剧《奇迹再现》登场。这个节目强调风格清新可爱，健康学院的陈翔、李佳楠、刘承昊与赵林浩同学以及电气与自动化学院的王安琪同学用富有冲击力的脑洞展现了莎士比亚穿越到现代的景象——“莎士比亚本人成为莎剧课堂的学生会不会取得满分呢？”他们风趣幽默的对话包含对当下疫情的思考：疫情何时散去？晴空之上的艳阳何时普照还戴着口罩的众生？！

(4)两个多小时飞快过去，线上结课式以歌曲开场，也以歌曲压轴。此时该放松了，我们让苏恒悦同学自编自弹自唱《无事生非》主题曲“Sigh no more”，她轻灵曼妙的歌声让人忘记烦恼，携人去尽情享受无悔的青春，投入铅华洗净后的生活。

(5)课程接近尾声，授课的安排却不能就此终了，课堂的设计是请最后两位点评嘉宾出场。武汉大学通识教育中心副主任潘迎春老师对全场作点评。她从通识教育课程的角度赞赏了本次的结课式，认为这样的一门课程很好地体现了通识教育的核心思想，同时这样的授课方式和结课形式更是将理论与实践结合，让同学们充分展现了创造力与艺术能力。在此，她特别提到了“四通六识”，这是武汉大学通识教育理念中包举“养成人格”的具体内容和各项指标：“四通”是一通古今，二通中外，三通文理，四通知行；“六识”是指渊博的学识、卓越的见识、经典悦读意识、文化批判意识、独立思考意识和团队合作意识。这是武大通识教育3.0时代首创的教学理念，在这样全面发展的培养模式下，武大学子定能学贯文理、汇通古今，成长为多方发展的未来栋梁。

中国莎士比亚研究会副会长罗益民老师最后点评，他认为这样的一次结课式请来了国

内著名的莎学专家，不仅对同学们来说是一次丰富的经历，对于老师们来说也是一次难得的体验，让在座的各位都能在欣赏中学习，将这些宝贵的经验运用到莎剧教学与传播中去，对中国的莎学研究必将提供很好的借鉴。

四、结语

随着“互联网+”加速与教育融合，数字化已成为中国教育发展的新引擎。线上教育的普遍运用，催生了新的教育形态。充分展现这一教育改革带来的新机遇，应成为智能时代莎剧教学的新路径。

(1)线上授课具有不可替代性，绝非一时之计，要可持续进行。线上讲授莎士比亚课程虽然没有实际课堂上的那种近距离触碰，也缺乏可观察周遭所有事物的亲近感，但与线下授课相比，却开辟了多元、多视角、多平台展示莎剧内涵的新境界，这些特点都充分展示了其不可替代性。大学莎剧通识课程具有既“通”又“识”，还“达”(达到教学目的)的特点，不可因疫情退去而忽略线上讲授莎剧的尝试，而应持续追寻线上讲授莎剧的所有新形式及挖掘所有实体课堂尚不具备的表现手法和声、光、电等综合展示。

(2)线上莎剧课程安排要与当代大学生的特点、个性融通。当代青年大学生个性鲜明，网络化生存趋势明显，网络对他们的渗透率已接近100%。无人不网，无时不网，无处不网成为大学生学习和生活的常态。莎剧内涵丰富，向度四面映射，戏剧语言动态及表现恰好符合他们的心理预期。网络无处不在的便捷使线上讲授莎剧正逢其时，各大高校正可抓住网络更新迭代加速的时机因势利导地把网络与青年学生的性格特点、爱好专长糅合到一处，经过这置身其中、知味会心的代入过程，努力为他们在大学期间学有所成创造良好的发展条件。

(3)学校的教学与课程安排要为线上莎剧授课提供助力。线上讲授莎剧毕竟要面对没有剧场的剧场、没有演员的演员、没有布景的布景……深刻传达莎剧神韵绝大部分依赖主讲教师与学生的互动，依赖学生的自我发挥，依靠各线上参与者的烘托。作为学校，应进一步探索线上莎剧讲授的内在规律及发展走向，给予足够的项目立项和科研空间，使莎剧线上授课学有范本，做有模式，并形成系统化、规模化表现的势趋。正如武汉大学校长窦贤康院士在2020年“两会”上所言，“将来学校恢复正常教学秩序，肯定会有部分课程或者课程的部分内容继续采取网络在线教育的方式进行。在线教学会变成大学教育的一个重要组成部分”。就莎剧课程来讲，照本宣科的授课今后完全可以被人工智能取代。像这次“结课式”探索的那样，学生不再被动地听、写、问，而是主动参与，成为课堂的主体、主角，而主讲教师在课堂教学中除了做好组织、引导、服务、评判外，还要做好答疑、讨论、连接、延展、分享等。教师要在网络课堂上学会“翻转课堂”，提高网络教学能力。

(4)各大学莎士比亚学生剧社和主讲教师应在相关莎士比亚学术研讨会和教学改革座谈会上增加线上莎士比亚教学议题并推出相关高水平论文，用互联网助力中国大学莎士比亚教学实现线上线下一体化。

在线教学如何开展课堂互动

郭　凛　李丹玉
（武汉大学　经济与管理学院，湖北　武汉　430072）

【摘　要】2020年春季，新冠疫情全球蔓延，世界各国高校全面转向在线教学。本文结合武汉大学疫情期间在线教学的实践，运用问卷调研的数据，总结和反思在线教学课堂互动的目的意义、方式方法、可行性和认可度。本文提出在线教学课堂互动不仅是教学手段也是培养未来人才的重要抓手，应重视交互、突出人机互动和生生互动。通过向改革试点班级学生进行问卷调研，本文研究结论指出，学生对在线教学互动的接受度很高，也认可在线教学互动改革的实践成效。本文统计了证实可行的在线教学互动举措，结合实践的经验教训对在线教学课堂互动提出了参考意见。

【关键词】在线教学；课堂互动；交互

【作者简介】郭凛（1980— ），女，山东莘县人，博士，武汉大学经济与管理学院副教授，主要研究领域为世界经济，E-mail：lin. guo@ whu. edu. cn；李丹玉（1995— ），女，山西晋城人，博士研究生，武汉大学经济与管理学院研究生助教，主要研究领域为公司金融，E-mail：2014302360198@ whu. edu. cn。

随着科技高速发展，信息化和网络技术为在线教学提供了便利条件，符合信息化时代特点的在线教学蓬勃发展。① 近年来，线上教学平台日益丰富，线上教学或线上线下混合式教学的比重不断提升，参与线上教学的师生群体持续增长。[1][2][3] 在线教学课堂互动面临新现象和新问题：一方面，在线教学课堂互动获得高度重视。2020年春季学期，世界各地为数众多的师生借助信息化技术和平台开展了大量的在线教育交互活动，就在线教学课堂互动进行了广泛的探索。为了提升在线课堂的关注度和活跃性，在线教育不断丰富互动工具和互动技巧，成功经验层出不穷；但另一方面同样值得重视的是，对在线教育课堂互动的普遍担忧仍然存在。不少师生或家长反映，在线教学隔着屏幕，缺乏"现场感"，课堂互动难免"隔靴搔痒""隔山打牛"。在线教育的利益相关者对"现场感"能否"上线"和

---

① 《面向21世纪教育振兴行动计划》中就设立了"现代远程教育工程"。《国家中长期教育改革和发展规划纲要（2010—2020年）》强调，"信息技术对教育发展具有革命性影响，必须予以高度重视"，并为此专门制定了《教育信息化十年发展规划（2011—2020年）》和《教育信息化"十三五"规划》，明确了教育信息化的行动纲领和路线图，提出了坚持促进信息技术与教育教学深度融合的核心理念和应用驱动与机制创新的基本方针。

“教学质量”能否“在线”心存疑虑。“短暂的担忧”与“长足的发展”能否“此消彼长”需要思考三个重难点问题。

第一，在线教学课堂互动的目的和意义。只有回答了在线教育的课堂“为什么互动”，才能界定怎样的互动是有意义的，并对教育实践形成合理预期。课堂互动从“线下”到“线上”，不是“迁徙”，而是“换代”，教育理念和教育模式都需要随着信息化时代的发展而转变，重新认知在线教学课堂互动的目的和意义是“转变”中的难点。

第二，在线教学课堂互动的方式与方法。哪些方式方法可以达成在线教学的目标？在线教学的课堂互动应该注意哪些事项？虽然广泛全面的在线教育在国内高校仍然是全新的实践领域，但“未来已来”，教育教学的信息化革命势在必行。网络信息化对教育实践提出的挑战要求教育者大胆试验、小心求证。尝试多元化、多层次、多样性的在线教学互动方式，“实践出真知”是教与学“革命”的重点。

第三，在线教学课堂互动在学生中的认可度。学生是否接受在线教学课堂互动方式？哪些方式方法最有利于师生的教学？为了贯彻“以学生为中心”教育理念，在线教学应关注学生的体验和感受，以“认可度”为落脚点。学生接受的教学改革举措才是可行的教学方式方法，学生认可的教育改革举措才是可为的教学方式方法。

本文结合在线教学的实践，就在线教学课堂互动的理念、设计和效果进行了反思总结，就实践效果向学生进行调查问卷，为以上三个问题的讨论提供一些来自教学一线的实践经验。

一、在线教学课堂互动的目的与意义

在线教学中的课堂互动不仅是信息化时代的教学手段，而且是人才培养的新目标。信息技术和科技的发展不断革新现有职业，世界经济论坛(World Economic Forum)报告预计，第四次工业革命将在10年中淘汰80%的现有岗位。取而代之，未来世界将不断涌现新职业，未来新兴岗位对人才提出了新要求。为顺应未来人才的需求，世界经济合作与发展组织(OECD)提出学生应具备三大关键能力。第一，能互动地使用工具：包括能交互地使用语言、符号与文本，能交互地使用知识与信息，能交互地使用技术；第二，能在异质团体中互动：包括与他人建立良好关系，合作，管理与解决冲突；第三，能自主行动：包括在复杂环境中行动，做好人生规划与个人计划，了解和维护权利与需求。

线上教学环境为培养以上关键能力提供了得天独厚的条件，在线教学的课堂互动不仅是教育教学的手段，而且是人才培养符合未来市场需求的重要抓手。首先，线上教学要求学生能互动地使用工具。线上教学平台将多媒体教学资源进行整合,[4]可以针对知识点进行细化形象的讲解,[5]教师通过引导学生参与线上学习，能够培养学生使用信息化资源和工具的能力。另外，线上平台中学生与教师的互动、学生与学生的互动、学生与平台的互动等，能引导学生交互地使用知识与信息，从而培养学生交互使用工具的能力。其次，线上教学要求学生能在异质群体中互动。线上教学平台提供的异地互动、实时分享、即时反馈等教学环境[6]为学生进行1对1交互、1对多交互、混合交互提供了便利，教师组织、发起、引导学习群体的学习活动，就能培养学生在异质团体中的互动能力。最后，在线教学中学习者的主体地位尤为突出，学生自主规划学习进程，应对学习过程中的复杂情况，是在线教学取得成效的关键因素。

“课堂互动”不是为了让课堂好玩热闹，而是围绕教学目标精心设计教学活动，是实现学习目标的必要途径。网上课堂脱离了物理时空的限制，使得课堂互动不仅限于课表规定的时间和空间。教学“现场”归根结底是指学习场景，当学习场景脱离了课表规定的时空，所谓“现场感”也就不再由物理条件界定。在线教学课堂互动的途径突破了物理界限，增加了虚拟空间的可能性，复制“线下”课堂互动的状态并不是唯一的途径。关注“现场感”的本质在于关注学习体验和感受，线上教学课堂互动的根本在于构建学习场景，有利于构建学习场景的在线教学活动就是有意义的课堂互动。

二、在线教学课堂互动的方式与方法

线上教学的典型特质就是网络化，这不仅是指互联网，而且是指学习群体相互交织的网络组织形式。在线教学不仅仅是把课堂从实体教室搬上了虚拟空间，而是整个教学模式都发生了改变，转为构建线上教学场景。在线教学的课堂互动不仅指“师生互动”，更强调“人机互动”和“生生互动”，其目的是让在线教学的学习网络“活起来”，让线上学习者“忙起来”。

（一）人机互动

线上教学最重要的互动形式其实是“人机互动”，大量的在线教学是学生面对机器设备，通过与硬软件交互来完成的。有关线上教学的调研结果显示，① 最受学生欢迎和认可的线上教学形式不是“网红直播”，而是“录课+查看资料”一类的在线灵活学习方式。课堂互动应该考虑能让学生进入学习状态、开展学习活动的人机交互设计，因此，教师在构建在线学习场景时，应充分考虑到学生以“人机互动”形式进行线上学习的需要。

一方面，教师需要为线上教学准备适用的多媒体资源（如文档、图片、PPT、音视频等）或融媒体资源（如程式、游戏、超链接等），方便学生体验人机交互的学习场景。符合线上用户体验习惯的教学资源才适合在线教学，仅从线下照搬上线是行不通的。首先，可视化更符合线上用户的学习体验习惯，可视化资料应该是在线教学资源的主要内容。比如，以视频格式呈现的课程资料会比纯文本格式的资料更为生动，更能吸引学生进行学习；其次，短视频比长视频更适合线上教学。麻省理工学院研究人员的研究发现，[7] 时长不超过 6 分钟的短视频最吸引人，一旦长于 6 分钟，人的注意力就会分散。由于人的注意力时长有限，长时间灌输资料对提高学生的参与度没有太大帮助，数个短视频往往比一个长视频对提高学习参与度更为有效。因此，教师需要将教学内容细分成知识点和教学节段，对长时间的教学进行分割。

① 云端教学：转变传统教学观念的契机[N]. 光明日报，2020-04-13.

另一方面，信息化平台具备设置任务、自动推送、查看提醒等自动化功能，而且信息化时代的在线平台对行为数据具有“产生即收集”的功能，在线教学过程中形成在线学习行为的大数据，方便师生基于学习数据掌握学情动态、管理学习过程、评估学习成效。除了向学生提供线上教学资料，教师还需要为线上教学设计可追溯的信息化教学环节和数字化学习任务，在以上在线学习场景中密切跟踪在线学习行为数据，保障教学的针对性和有效性。比如，选择恰当的时机插入适当长度、强度和难度的小测验，是一种常见且有效的在线教学“人机互动”方式。首先，机器测试要求学生带着问题学习，帮助学生学会灵活运用知识，培养学生进一步内化知识的能力。其次，机器测试可以帮助学生记忆，鼓励主动学习，提供了组织学习的路径。再次，机器测试可以立即验证学习成效，并将检测结果转化为进一步学习的明确动机。最后，机器测试产生的学习数据能向师生提供学情反馈，帮助学生及时发现学习进程中的薄弱环节，帮助教师及时发现教学资料中是否存在普遍误解或广泛需求，帮助教师根据学习体验的信息有针对性地设计符合在线学习者个性的教学互动内容。

(二)生生互动

在线学习群体的参与者在网络组织中具有平等的地位，其中学生占据了学习群体中绝大多数席位，“以学生为中心”的学习活动在线上教学的课堂中具备天然的条件。在线教学的课堂应该充分发挥“生生互动”的潜力，具体分为三个层次。

第一个层次的“生生互动”主要实现学生之间的“分享”，典型形式就是在线学习群组的论坛讨论区。线下教学的优势在于互动与反馈的即时性，而线上教学的互动与反馈既可以通过即时消息来实现实时互动，也可以通过发帖跟帖来实现延时互动。教师可以通过创建论坛讨论区，克服时空障碍，充分激发学生即时或延时的交流与互动。在线论坛作为线上教学的一部分应该注意以下几点：(1)结合教学目标设置有意义的主题，增强学生兴趣，促使学生就学习重难点开展讨论；(2)选择能支持论坛发言评分的在线平台与工具，将参与论坛的频次和质量生成考核记录，计入平时成绩；(3)制定网络讨论与互动的行为规则，纳入课堂纪律管理规范，并做“负面清单”式的监管。

第二个层次的“生生互动”则要促成学生之间的“合作”，这需要具备一定的条件，一般在学习群体相互了解以后，才能安排学生开展合作。学生合作的典型代表是小组任务，通过分组讨论和互学互教来完成学习环节。分组讨论能促进学生之间的多样化互动，提升学生人际交往的能力。另外，任务导向的分组讨论还可以互学互教，学生既是学习内容的提供方，又是学习内容的需求方。具体来说，提供方的角色能够让学生理清思路，通过清晰地表达想法来深化和固化所学；而需求方的角色能够让学生获取更多元化的思维方式，通过同学群体更熟悉、更易接纳的话语体系重新认知学习内容，有时候能取得一语中的、茅塞顿开的效果。

第三个层次的“生生互动”要完成学生之间的“互评”，有一定进入门槛，要求学生具备必要的专业背景，在教师引导下按时依规积极参与，而且能对自己和他人负责。教师在安排“生生互动”时应依序逐步分层考虑以下设计：(1)提供关于学习任务形式、内容、专业规范的集中培训；(2)设置评价的参考标准，对形式和内容方面的要求做原则性描述并示范；(3)利用学习群组讨论区的功能，引导学生广泛展示任务进度，并通过点赞和评论来引导学生逐渐对符合学习目标的任务形式形成合理预期；(4)利用信息化平台的互评功能，限定可行的任务数量和时段，让学生尝试互评，并公布结果；(5)学生结合互评的经验和互评的结果反思评价与被评价，滚动互评。也就是说，互评类的互动活动需要相当时间的铺垫和多方面的条件，一般先通过兼容性和开放性都比较强的任务来引导学生尝试，如果进展顺利，则进一步引导学生就简单专业性任务开展互评，再逐步推广到复杂的专业性任务。

(三)师生互动

"线上教学"不仅是"教学上线"，并非等同于"直播"。在人机互动和生生互动的学习情境中，师生互动应该发挥"画龙点睛""妙笔生花"的功效。我们认为线上教学中的师生互动须考虑以下三点：(1)次序：师生互动应该服务于人机互动和生生互动，要么是为以上两种互动提供指导和辅助，要么是对以上两种互动中的数据分析进行有针对性的反馈；(2)动态：师生互动的内容只能动态设计，不可能照本宣科或照搬经验。由于存在大量人机互动和生生互动，教师将不得不运用线上教学产生的大数据分析学情，针对学习动态来设计有效的反馈内容和反馈形式；(3)精准：师生互动有所侧重，主要针对关键性问题和个性化问题，比如学习重难点和学情关注点，知识传授和任务发布类的信息发送则可通过多媒体和信息化手段辅助进行。

三、在线教学课堂互动的接受度和认可度

在线教学的课堂互动运用信息化平台的工具构建学习场景，学习者能否接受线上学习场景的交互？多大程度上接受人机互动和生生互动？通过调研学习者对互动方式的体验和感受可以验证在线教学课堂互动的接受度和认可度。

2020年春季，武汉大学经济与管理学院平台课的全部平行班级全面转向在线教学。课程组首次组织教学团队线上讲授一门完整的课程，采用试点改革的方式，从平行班中选取一个试点班级尝试在线课堂互动。课程组对改革试点班级的在线教学进行了全流程梳理，分别就学习信息、学习规划、进度管理、教学实施和效果反思等在线教学的环节，设计了系统全面的在线课堂互动活动，具体采取了表1所列的措施。

表1　　在线教学课堂互动的具体措施

	按在线教学活动"是否有帮助"的调研结果由高至低排序
学习信息	·《预习手册》 · 网课开课了，快来加入吧 ·"线上课程去哪学" · 开课之初说明平时成绩的构成

续表

	按在线教学活动“是否有帮助”的调研结果由高至低排序
学习规划	·“五步学习法” ·“康奈尔笔记法” ·“线上课程如何学” ·“线上课程如何计划学”
进度管理	·分阶段安排提醒和查看 ·灵活安排截止日和截止时间 ·分散安排频繁的小任务 ·“常见问题”在线互动文档
教学实施	·灵活多样的学习资料，如 PPT、视频、音频、文档、图片等 ·将一堂课分割为短视频 ·“晒笔记” ·分组讨论和互学互教 ·简短的不计分测验 ·互评活动
效果反思	·“优秀作业展示” ·学习圈晒“笔记”、提问发帖、公开点评 ·“讨论内容文档公示” ·学情通报和学情调研

在授课结束前，课程组通过授课和网考的统一在线教学平台向改革试点班级的学生发放在线问卷，调研学生是否认为课堂互动方式或方法对达成学习目标有帮助。针对以上措施设置多选题，由改革试点班级的学生勾选其认为有帮助的措施。根据“有帮助”的选项百分比可以评估具体举措的接受度和认可度。在该试点班级收到有效问卷 38 份，图 1 汇报了问卷设置的调研问题及其选项，同时汇报了调研结果的统计数据。

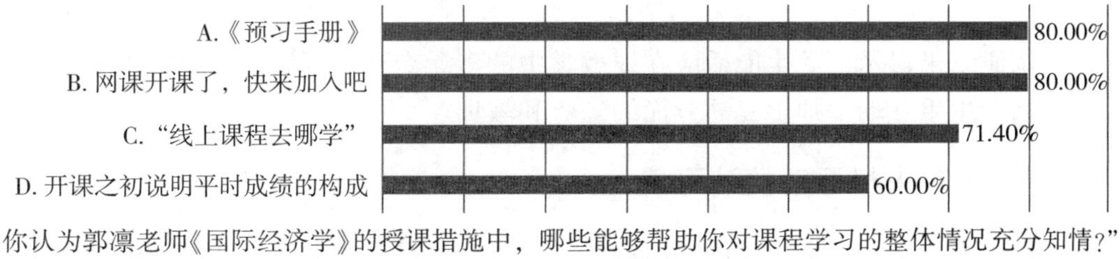

a. “你认为郭凛老师《国际经济学》的授课措施中，哪些能够帮助你对课程学习的整体情况充分知情？”

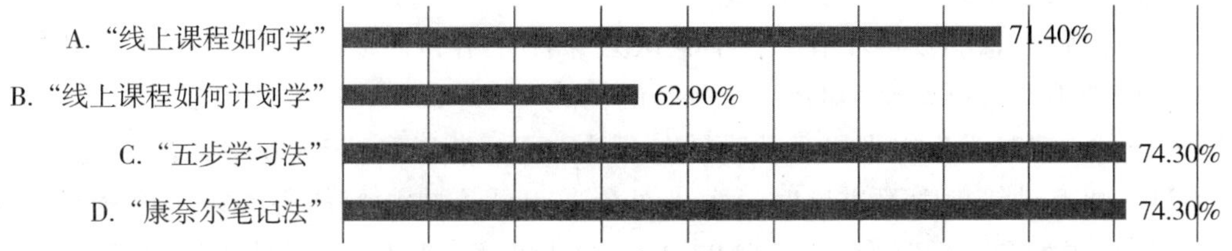

b. “你认为郭凛老师《国际经济学》的授课措施中，哪些能够帮助你从学习方法和学习进度两方面规划学习过程？”

图 1　调研在线教学课堂互动活动认可度的统计结果(1)

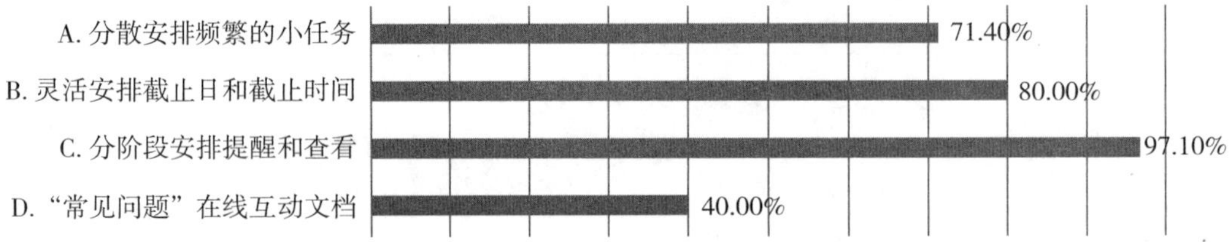

c. “你认为郭凛老师《国际经济学》的授课措施中，哪些能够帮助你管理学习过程、协调进度和计划？”

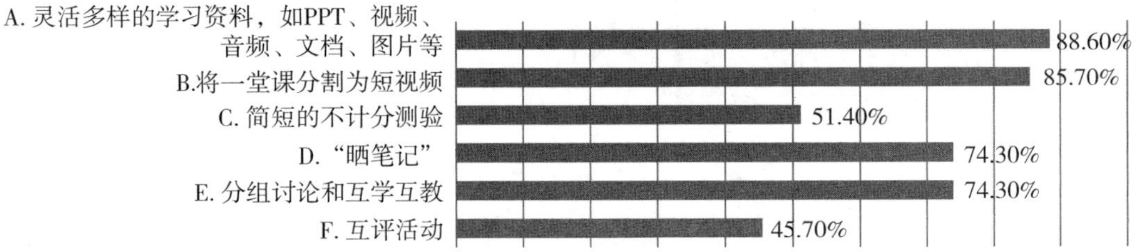

d. “你认为郭凛老师《国际经济学》的授课措施中，哪些能够帮助你提升自主完成学习任务、努力达成学习目标的能力？”

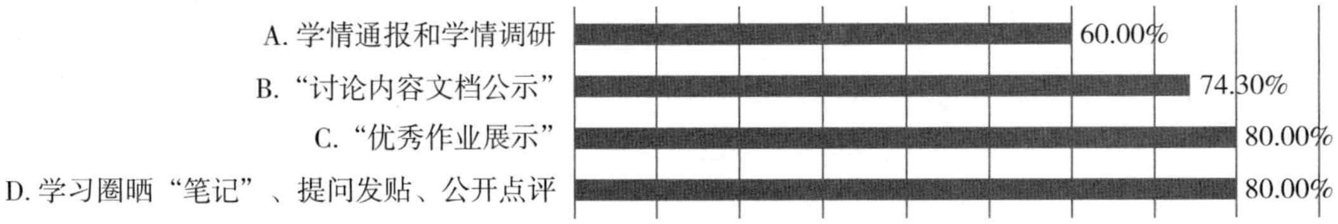

e. “你认为郭凛老师《国际经济学》的授课措施中，哪些能够帮助你结合可获得的信息积极反思并及时调整自己的学习行为？”

图 1　调研在线教学课堂互动活动认可度的统计结果(2)

以上调研结果揭示，学生能适应在线教学中的多元交互。调研结果也检验了改革试点在人机互动、生生互动、师生互动方面的经验和教训。

(一) 学生对人机互动的认可度

调研显示学生接受人机互动的学习场景。通过对人机互动的活动认可度进行排序，我们为人机互动的活动甄别了以下经验。

在发布课程信息的教学环节中，学生认为课程介绍和《预习手册》是人机互动最重要的举措，该选项的认可率比“知晓平时成绩的构成”还高 20%。在教学实施过程中，“灵活多样的学习资料”是学生在人机互动时最在意的方面，获得高达 88.60%的认可度。

通过人机互动管理学习进度时，学生对分散灵活安排学习任务的认可度较高，比如“分阶段安排提醒和查看”的功能获得 97.10%的认可率，“灵活安排截止日和截止时间”获得 80.00%的认可率，“分散安排频繁的小任务”获得 71.40%的认可率，而师生问答形成的“常见问题”在线互动文档只获得 40%的认可率。可见，只要任务明确，利用信息化平台的任务设置、定时提醒、消息推送等自动化功能更符合学生接收信息的习惯，很大程度上可以替代师生就重复信息的简单对话。

(二)学生对生生互动的认可度

调研显示 80.00%的学生认可“学习圈发帖点评和优秀作业展示”，74.30%的学生认可“晒笔记”“分组讨论和互学互教”，以上类型的生生互动都获得较理想的成效，比学情通报和学情调研的认可度高 14%~20%。但互评活动在此次教学改革实践中的认可度偏低，互动的条件建设有待进一步研究，尤其是学习评价的设计将是下一步教学改革的重难点问题。

(三)学生对师生互动的认可度

调研结果显示，学生对师生互动的认可度总体上不及对人机互动或生生互动的认可度，但学生认可度较高的师生互动偏方法论指导，例如“康奈尔笔记法”和“五步学习法”都获得 74.30%的认可度。

四、结论与展望

本文提出三个观点：第一要转变理念。在线教学课堂互动不仅是创新教学手段，而且是未来人才关键能力的新型培养目标。第二要区分概念。在线教学课堂重视交互，不局限于师生互动，应突出人机互动、生生互动。第三要创新模式。课堂互动的模式已经从“线下”转向“线上”，学生对新生态、新模式的适应性很高，学习习惯快速转型具备现实可行性。

在线教育的重点从“如何教”转向“如何学”，在“统一化的教”高度自动化的同时，为“个性化的学”提供了大量空间。教学上线不是让学生换个空间“旁观”教学过程，而是给师生提供一个接口“参与”教学行为。在未来的教学设计中，高校教师应主动转变设计理念、积极创新教学方式，促进新技术与教育教学的深度融合。

◎ 参考文献

[1] Wendy W. Porter, Charles R. Graham, Kristian A. Spring, Kyle R. Welch. Blended learning in higher education: Institutional adoption and implementation[J]. Computers & Education, 2014(75): 185-195.

[2] 吕静静. 开放大学混合式教学新内涵探究——基于 SPOC 的启示[J]. 远程教育杂志，2015，33(3)：72-81.

[3] 冯晓英，王瑞雪，吴怡君. 国内外混合式教学研究现状述评——基于混合式教学的分析框架[J]. 远程教育杂志，2018，36(3)：13-24.

[4] 钟秉林. 互联网教学与高校人才培养[J]. 中国大学教学，2015(9)：4-8.

[5] 石雨. 大数据背景下独立学院大学数学线上教学的研究与实践[J]. 黑龙江科学, 2019, 10(7): 84-85.

[6] 周裕德. 依托网络直播平台促进教学课堂延伸的探索——以 CCtalk 平台线上教学为例[J]. 教育信息技术, 2018(3): 74-76.

[7] Guo P J, Kim J, Rubin R. How video production affects student engagement: an empirical study of MOOC videos: proceedings of the first ACM Conference on Learning at Scale[C]. Atlanta: ACM, 2014.

从“案例教学”到“案卷教学”
——信息化背景下刑事实务课程改革

何荣功　李少波　赵正武
（武汉大学　法学院，湖北　武汉　430072）

【摘　要】顺应新时代法学人才培养的新要求，武汉大学法学院致力于信息化背景下的实务课程教学改革，积极尝试从“案例教学”到“案卷教学”的升级。即致力于探索从传统的一人讲授向教学合伙人团队授课的转型，从过去静态讲授知识点向动态整体把握真实案卷的转型，从过去单纯讲授刑法知识向刑事一体化的转型，从过去由教师主导课堂向学生主导课堂的转型。三年的实践证明改革着实有助于提升学生解决实务问题的能力，但也存在着问题，需要解决。

【关键词】案卷教学；信息化教学；法学课程改革；刑事一体化

【作者简介】何荣功（1977—　），男，湖北襄阳人，法学博士，博士生导师，武汉大学法学院教授、副院长，主要从事刑法学、法学教育研究工作，E-mail：ronggonghe@126. com；李少波（1975—　），男，湖北赤壁人，中南民族大学法学院讲师，实践教学中心主任，武汉大学法学院实务教学兼职教授，主要从事刑事诉讼法、法学实践与教育研究工作，E-mail：61662059@qq. com；赵正武（1995—　），男，湖北建始人，武汉大学法学院2018级刑法学硕士研究生，课程助教，E-mail：zzwcriminal@163. com。

法学作为一门理论与实务相结合的学科，具有很强的实践性。正因为如此，基础理论教学与实务教学一直是法学本科教学之“两翼”。我国多数院校的法学本科教育培养方案是以各部门法的理论性授课作为课程主体，① 配之以部分案例课程与通识课程。② 与国内大多数兄弟院校一样，这些年我们也一直致力于探索信息化背景下，实务教学的新理念、新路径与新方法，无论在课程体系设置，还是在教学方法改革上，都取得了一定实效。本文主要围绕过去3年我们牵头开设的刑事实务课的教学改革展开，以期进一步探索打造实

① 参见丁相顺. 比较法视野下的东亚法律人才养成制度改革[J]. 法学家，2009(6).

② 如清华大学法学院开设了刑法研讨与案例分析、行政法案例研讨、知识产权法研讨与案例分析；北京大学法学院开设了刑法案例研习、刑诉案例研习、民法案例研习、民诉案例研习；中国政法大学刑事司法学院开设了刑法学案例研习；吉林大学法学院开设了刑事法案例研修与实训等。

务教学“金课”的路径与方法。①

一、传统刑事案例教学的特点与问题

法学是世俗的学问，甚至很多是实践性、技术性的，② 法学的本质决定了法学教育和人才培养必须重视理论与实务的有机融合。但多年来，我国的法学教育被认为缺乏对学生必要的职业能力培养而受到各种诟病。③ 为了提升法学教育质量和适应社会需求，这些年各个学校都在努力探索实务教学的新模式，无论是传统的刑事案例教学，还是本文探讨的刑事案卷教学，都是在该背景下展开的。

传统案例教学的模式和特点可以从该时期编著出版的诸多教材或其他著作中明显体现出来。简单地讲，传统案例教学中，案例教学本身往往并不具有独立性地位，案例教学的主要目的被定位于提升学生对理论知识点的理解，增加授课趣味性、直观性。近年随着实务教学被空前重视，在改革探索中，案例教学整体上呈现出改造、升级的趋势。比如有的将案例以小说题材呈现，将多个需要考察的知识点融入主人公的传奇故事中。这种做法在技术上可以起到压缩案例篇幅的作用，一个故事将多个静态知识点串联起来，一定意义上具有化静为动的效果，而且，主讲教师用尽心思地将案例故事情节设计得尽量曲折吸引人，客观上也起到了提升学生兴趣的目的。有的在课程体系中专门设置刑事实务课，试图通过单独设课的方式以保证该课程的独立价值。还有的通过增加案例难度和信息量，希望提升学生的能力。

整体上看，传统的刑事案例教学具有以下基本特点：

（一）偏重于静态式教学

巧妇难为无米之炊，案例是实务教学之“米”，刑事案例教学当然离不开案例的支撑。传统教学中的案例多半经过教学工作者的过滤、编辑、二次加工，其内容精简扼要，知识定位明确，通常情况下主讲教师用一两张 PPT 便能将案情的来龙去脉与设定问题完整呈现。教学方法一般是：主讲教师描述案情后提出问题，接着学生展开讨论。在一次课程中，师生可以围绕一个案例或者一个问题点，也可能围绕少则三四个多则数十个案例展开讨论。

传统案例教学不是没有优越性，授课教师事先精心编制的一个或者有相似度的一组案例，使得问题集中，一目了然。数个案例短平快地对比容易呈现问题，取得特定的教学效果。然而，这种案例教学系建立于对现实案件人为裁剪基础之上，案情介绍和问题提炼都

---

① 参见周叶中. 新时代我国高等学校本科人才培养思想——武汉大学的思考与探索[J]. 中国高等教育，2019(12).

② 参见苏力. 当代中国法学教育的挑战与机遇[J]. 法学，2006(2).

③ 参见陈伟，蔡荣. 双师同堂刑事案例教学的角色定位与身份互动[J]. 中国法学教育研究，2015(4).

呈现明显的静态、片面、单一性，难以体现理论与实践的真正结合。

(二)实体与程序的人为分离

在我国，实体法与程序法的分离早在清末修律时便存在，① 这种现象及至今日仍然没有根本改变。实体法与程序法的分离分立、各自为政的现象决定了作为授课教师的知识结构难以是完整的。如果由主攻刑事实体法的教师开设案例课程，那么，其选取和讲授的案例将侧重于实体法知识点，教学考核过程难免重实体、轻程序；同样，如果由擅长刑事程序法的老师开设本课程，其也会不由自主地偏重程序法知识点。

但问题在于，现实中的任何案件都是真实复杂社会关系的反映，并不会因为研究者的知识结构而改变，而且案件办理中很多诉讼策略的“命门”系之于实体与程序的衔接之处，如果学生在学校完全未经历刑事一体化思维训练，那么案件办理往往很难切中肯綮。这些年刑事一体化理念越来越深入人心，但问题的改变需要时间，具体到刑事实务课程改革而言，当前务实的做法是课程设计之时，学校或学院要有意通过制度为一体化教学腾出应有空间。

(三)实务导向相对较弱

传统案例教学偏重课堂知识讲授，常常惯于用概念解释概念，导致知识教育与实践教育的脱节。② 而且，由于仍受制于基本素材来源与授课教师经验的局限，不少刑事案例课程偏向于理论性而非实务性。比如有的仍局限于使用德国 1897 年“癖马案”来讲授刑法中的期待可能性理论，使用“卡车司机案”讲授风险升高理论等。我们并不否认这些案例的经典价值以及学术史意义，而且对于这些案例，作为初学者的学生也往往会听得津津有味。但问题是，如果刑事实务课堂只是(或主要)局限于介绍这些国外经典案例，则难以符合实务课程的初衷，更无法真正提升学生解决实务问题的能力。

课程设置是个有机整体，要最大限度地尊重知识的内在逻辑，体现人才培养的规律与目标。刑事实务课的基本任务和核心目标并不是弥补、兜底理论课程未能教授完善的部分，否则，就仍然是理论教学的延续而失去独立存在的意义。突出实践导向，提升学生实际问题处理能力是本课程的宗旨，所以，我们应以解决实践问题为中心来建构、展开课程内容，而不是以案例“迎合”理论。过去存在一种以案例教学服务于理论教学的不正确做法，即为了阐述某个理论话题而寻找案例，与之对应，能够与预定理论对应的案例即采用，不能对应的案例则舍弃，这明显违背了法学研究和教育的本性，很可能导致一个所谓“优秀”的法科毕业生面对一个并不复杂的鲜活真实案件时束手无策。

(四)学习主动性不足

“在向儿童传授知识方面，我们通常是老师，而在激励他们的热情方面，我们则更应

---

① 参见赵晓耕，陆侃怡. 清末诉讼法改革对于律师制度的借鉴——以 1906 年《大清刑事民事诉讼法草案》为视角[J]. 北方法学，2011(1).

② 参见冯果. 新理念与法学教育创新[J]. 中国大学教学，2019(10).

是老师。”①对于已是成年人的法科学生而言，好的老师同样要重视唤醒与激发学生的兴趣与学习主动性。传统刑事案例教学中，授课老师努力精心选取有吸引力、尽可能典型的案例，实际上都体现了教师为提高学生兴趣的良苦用心，值得称赞。但如果教师不在课程基本范式上努力突破与转变，仍只是对案例知识点分析讲解，那么学生的学习也只能是静态的、被动的。而且由于案例本身的单薄和精简化，学生的主动钻研必将更多地落到案例背后的理论知识，这明显偏离了实务课程的初衷，实际上是对理论课程的重复，重复性的思维活动当然难以激发学生的兴趣。

(五)信息化教辅设备运用较少

传统的刑事案例教学不只是所授案例内容偏于陈旧，其课堂的教学方式、所运用到的信息化教学辅助设备也较少。囿于时代与经济发展水平的限制，传统的刑事案例教学是在最为基础的教学硬件环境下开展的。情况稍好一点的课堂，可能会运用到投影仪、电子白板等教辅设备，更为普遍的则是完全依赖于黑板与粉笔，靠教师板书或口述的形式呈现案例、开展教学。在缺乏相应信息化教辅设备的情况下，传统刑事案例教学的课堂呈现方式相对单一，课堂教学效率相对较低。

二、刑事案卷教学的改革与探索

(一)改革的初衷与目标

面对新时代法学本科教育的需求，针对传统刑事案例教学存在的问题，在学院的鼎力支持下，2017 年秋季学期开始，我们致力于探索在信息化背景下，从刑事案例教学到刑事案卷教学的课程改革。希望通过教学方式的创新，真正提升学生运用法律解决实务问题的能力，拉近课堂与实务之间的距离。

(二)师资：“教学合伙人”

有无适格的师资队伍是课程能否高质量推进的决定性因素。经过 3 年探索和逐步完善，我们已建立了比较稳定的教学团队——“教学合伙人”，即采用一位主讲教师加多位“教学合伙人”的“1+N”主导制模式。目前刑事案卷教学的常驻“教学合伙人”除了本单位的教师外，还包括湖北省人民检察院的优秀检察官、湖北省高级人民法院的资深法官、多名湖北省内高校专注实务教学的教师以及多名律师事务所专职刑事辩护的律师。在主讲教师的统一组织筹划下，各位教师各安其职，有序地授课。

(三)课程结构与内容

根据学院教学计划，本课程系专业选修课(3 学分)，每年秋季学期开设，课程对象限

① 孟德斯鸠. 论法的精神：上卷[M]. 许明龙，译. 北京：商务印书馆，2015：48.

定为已完成刑法和刑事诉讼法学习的法学院本科三年级和四年级学生。本课程共计 16 次授课，以一起真实且有一定难度和代表性的刑事案件为素材，师生共同研习。给每个学生对应分发该案的整套刑事卷宗，[①] 真实鲜活的案卷带给学生强烈的新鲜感，有助于将学生迅速带入事实情景。[②] 客观地讲，案件(卷)体量大，信息丰富，对于尚无实务经验的本科学生而言，学习任务还是相当艰巨的。

课程推进中，主讲教师结合学习的规律和难度，循序渐进，逐步深入。16 次有限授课中，主讲教师紧密结合案卷授课 10 次左右(我们称之为“主干课程”)，剩下 6 次左右的课程则交替穿插在 10 次主干课程之间，由专职检察官、法官、律师以及其他教师进行授课(我们称其为“辅助课程”)。以刚刚结束学期的课程为例，该 16 次授课的主题内容与授课教师的基本情况见表 1。

表 1　**刑事案卷教学课程表**

课程序号	课程主题	授课教师
第一次	课程概况与刑事阅卷	主讲教师
第二次	案件事实陈述与重点归纳	主讲教师
第三次	证据分析与整合	主讲教师
第四次	事实的组织与重构	主讲教师
第五次	法律适用与分析	主讲教师
第六次	第一阶段总结回顾	主讲教师
第七次	司法心理学	专业教师 A
第八次	法律论证与说服	专业教师 B
第九次	法庭调查与举证质证	主讲教师
第十次	公诉实务中的证据审查	检察官 C
第十一次	庭前辅导与法庭发问技巧	律师 D
第十二次	法庭辩论	主讲教师
第十三次	刑事审判中的法律思维	法官 E
第十四次	辩护词写作	专业教师 F
第十五次	法律职业伦理与司法交往	主讲教师
第十六次	模拟法庭(结课)	全体教师

① 该刑事案卷已经过信息脱敏处理，编辑修改为适合教学的版本。

② 参见高雅. 案卷教学法在公安院校刑事诉讼法课程中的应用研究[J]. 北京警察学院学报，2018(2).

(四)案卷教学的特色与优点

经过3年的摸索，课程经历了从1.0版到3.0版的升级，目前，已形成了较为成熟的教学模式。简言之，通过教学改革，该课程初步实现了从传统一人讲授向团队授课的转型，从过去静态讲授知识点向动态整体把握案件的转型，从过去单纯讲授刑法知识向刑事一体化方向的转型，从过去由教师主导授课向学生主导课堂的转型，基本上达到了课程开设的初衷与目的。归纳起来，该课程具有以下特色。

1. 动态性：案卷教辅与教学过程的连贯一体

如前表所示，刑事案卷教学由一起案件统贯始终，学生初次课领取卷宗，中途稳步跟进，学期末进行综合性的模拟法庭结课，整个过程由表及里、逐步深入、动态持续。真实案卷教学最大限度地模拟、还原了实际案件处理及其过程。而且，大体量案卷的同一性，既保证了学生所学内容的一体性与连贯性，也在根本上改变了传统案例教学模式下知识学习散点状、片段性的特点。学生在学习中会逐步发现、挖掘、组合出新的证据细节与案件事实，不仅有助于锻炼学生自主发现问题的能力，而且有助于培养学生对新问题的探索与思考能力。教与学环环相扣，动态连续。

课程进行中主讲老师会有意安排各小组选择承担法官、检察官、律师等司法角色的研究与任务，学生实际上向职业化的培养目标靠近了一步。① 课程的动态性不仅体现于学生们的智识增长，而且学生们借由持续性投入案件“诉讼过程”，进而产生真实的法律情感与思考。学期结束同学们收获的不只是琳琅满目的知识，还包括统摄于一起案件中的鲜活连贯的法学思维。

2. 刑事一体化

对任何案件而言，实体与程序都是相伴相生的，离开了程序的实体是虚空悬想中的实体，离开了实体的程序是无从归依的程序。本课程极为重视贯彻刑事一体化的观念与思维，鼓励学生充分运用此前所学知识，寻找卷宗中有迹可循的蛛丝马迹。例如，案件学习至学期中段时，主讲教师往往会有意调转焦点，提问是否有同学或小组发现了案件存在的管辖问题。实际上，卷宗中涉及管辖的关键信息并不隐蔽，大部分学生课下独立阅读卷宗即能识别，但事实上能够敏锐地发现案件存在管辖问题的学生并不多。该细节反映出虽然学生经过两三年理论知识学习已掌握了基本的实体性与程序性知识，但是仍可能无法将其融贯运乎一心。刑事案卷教学正是在类似的程序实体结合点上反复强化、培养学生刑事一体化的视角与思维。

3. 鲜明的实务导向

法律实务的基本要义是解决问题且要实事求是、充分高效地解决问题。刑事案卷教学

---

① 参见徐胜萍，田海鑫. 21世纪初域外法学本科后教育改革的特点及启示——基于对日、韩、德、英四国的考察[J]. 中国高教研究，2014(2).

采用真实的卷宗作为素材和样本，注定其具有明显的实务导向性。本课程根据刑事案件的办理流程，重视全过程提升学生的实务能力，包括注重培养学生发现、分析、解决问题的能力，着力塑造学生的文件审查能力、证据分析能力、事实陈述能力、法律说服能力。以阅卷为例，众所周知，它是案件办理中的最基础工作之一，比如公安机关办案人员对犯罪嫌疑人是否存在疲劳审讯等违法行为，律师和办案人员只有踏踏实实地阅卷，从卷宗细节才能发现“真实”，而对卷宗反映的案件细节的发掘，也有助于培养学生阅卷的敏锐度，深化对《刑事诉讼法》关于讯问规定的理解。本课程十分重视对学生阅卷能力的培养，良好的阅卷能力不仅需要端正的态度，还需要恰当的方法。为此，一方面本课程特别强调专注、耐心、细致对从事法律实务的重要意义；另一方面，在方法论上，为了全面准确掌握案件事实，我们要求学生要多次阅卷，而且每次侧重应有所不同。第一遍要细致、完整阅卷，以获得对案件事实最全面细致的掌握；第二遍阅卷中应注意抓大放小；其后根据具体工作要求完成第三、第四遍阅卷，达到对案件事实的全面把握，并形成中肯、独到的法律意见。

4. 交互性教学：师生角色和职能的转变

交互性教学是刑事案卷课程的又一显著特点。学期之初，根据选课人数助教将学生平均分为若干学习小组，并选出小组长。整个学期各组人员都保持相对固定，组长与所有组员要配合协作，共同完成每周的任务。课堂的绝对主角是学生，主讲教师的角色主要是发挥牵针引线、适时点拨的主持作用，避免学生把注意力放在无关紧要的琐屑之事上，① 引导学生迅速切入重点进行有针对性的讨论。

根据每周课程主题与任务，主讲教师会安排各组进行成果展示或者进行小组对抗较量。每一组展示后，主讲教师引导其他小组对该组进行欣赏、反驳或联想，课程中随时会出现随机提问、即兴辩论以及老师的解答与建议。多个小组对于同一课程作业的轮流展示，于对比之中让学生迅速发现差距，直观地感受各组的风格。课程至后期，各小组取长补短、博采众长的特征会十分明显，对比初次展示，各自的能力得到明显提升。通过每周主题任务的布置与课堂上的汇报展示与现场评点，学生的学习主动性得以充分调动，课程的参与度始终保持在较高水平。而校外实务教师的交替在场，这些不是“老师”的老师，在课堂上往往还可能站在校内老师的对立面，② 进一步大大刺激了学生养成独立判断的习惯，勇于主动参与到无永恒标准答案的法学实践难题中来，促进深思与钻研。

交互性教学模式，实质上是在强调一种过程控制，③ 学生在按时完成任务的同时，须从过去以知识接收为主的被动学习，转为并适应以内容输出为主的主动学习。刑事案卷课

---

① 参见卢梭. 爱弥儿[M]. 李平沤，译. 北京：商务印书馆，1978：254.

② 参见陈伟，蔡荣. 双师同堂刑事案例教学的角色定位与身份互动[J]. 中国法学教育研究，2015(4).

③ 参见齐文远. 刑事案例演习教学法的探索——基于创新型与应用型法学硕士研究生培养方式的设计[J]. 学位与研究生教育，2009(11).

程不仅要求学生每节课都要承担一定量的知识输出任务，而且在输出方式上，既有文字写作的提交，又尤其注重口头表达的训练，“直接言辞原则”在课堂上得到了充分的贯彻。交互性教学模式下，各小组的展示形式不拘一格。3 年来，PPT 展示、口头演说、辩论式汇报、小型侦查实验甚至直接以戏剧表演重现案件事实等，都被学生们创造性地引入了课堂，无论是表意效果、生动性，还是说服力，都给师生们留下了深刻的印象。

刑事法学的本性注定该课程具有较强的道德伦理属性，教学团队在教授知识的同时，重视以人格影响人格、以心灵感化心灵。① 本课程不单纯是进行实务经验技能的传授，也重视引导学生探讨法律职业伦理与司法交往，唤醒学生的职业意识、启迪学生的精神世界。

5. 充分开展信息化教学

刑事案卷课程充分开展信息化教学。一方面，该门课程配备有专门的多媒体教室及相应的信息化设备，其硬件设施先进、齐全。该多媒体教室在不同方位上设置有 8 块大型电子屏幕，学生在上课时能够在任一视角观看教学内容，无论是放映信息密度极高的证据材料清单，还是运用信息设备组织学生观看庭审直播、视听资料，以及将场外实务教师远程直接引入课堂，都能够保证视听效果清晰畅快、传输稳定。另一方面，信息化教学并不只是停留于硬件层面，教师在授课内容上也注重结合信息时代的特点与需求，推荐、传授案件办理中的前沿软件运用技巧。

三、课程改革与建设面临的难题

好的开始是成功的一半。从刑事案例教学到刑事案卷教学，我们迈出了坚实的一步，也面临难题与挑战。

(一) 师资队伍的难题

目前本课程的教学团队来源组成不可谓不多元，法律职业共同体的核心成员——法官、检察官、律师、学者汇聚于此。较之于普通课程由一位教师单独授课，这已属相当豪华的师资阵容。然而，仍然有部分法律实务参与主体暂付阙如，最明显的是公安人员。公安机关身处刑事司法流程最前端，是犯罪侦查者、卷宗制作者，对刑事案件的意义重大。如果能够引入兼具理论和实务经验的刑事警察参加课程教学，那么对于学生全流程、多方位了解刑事诉讼与刑事案卷将更有裨益。另外，虽然刑事实务的主战场是法庭，但实践中影响刑事诉讼过程及结果的绝不仅限于参与庭审的各方主体，与此相适应，未来法医等鉴定人员、狱政管理人员、刑事新闻记者等多种主体都将被考虑引入教学团队，以进一步充实刑事案卷教学的师资力量。

---

① 参见周叶中. 以“成人”教育统领“成才”教育　推进通识教育改革[J]. 中国高等教育，2019(Z1).

(二)授课的一体性：如何避免成为讲座的简单集合

由于单个教师的知识、经验有限，为了让学生无死角地全面学习刑事实务，本课程创立了教学合伙人的授课机制。但多人授课场合，若不同的老师沟通、协调不好，将损害课程的一体性，一门课程很容易变成“讲座的集合”。本课程推进中，一方面，如前指出，在坚持教学合伙人机制的前提下，采用主讲教师主导制，主讲教师负责调配、设置、安排其他老师上课的内容、形式与时机，以确保课程的一体性；另一方面，授课内容上我们有意并尽力实现“整体式的培养”，即在课程内容设置方面，我们并不是随意地将各领域的法律人拼凑起来，轮流开专题式的法学讲座，而是有计划地把各个教师所讲内容整合到一条司法发生学的逻辑线上，实现教学内容的系统化，避免知识的碎片化。① 换句话说，本课程不是根据授课教师的专业特长设计课程，而是根据课程需要寻求有专业特长的教师参与团队授课。

从目前学生的反馈看，有的同学认为如此配置恰到好处，也不乏同学提出团队授课影响了课程内容的紧凑性。

(三)供需矛盾与教学质量

对于本科教学而言，学生的自由选课情况能够在一定程度上真实反映学生对课程的需要及其授课质量。过去 3 年，本课程经历了从第一年开课时 17 人的“惨淡经营”，到第三年激增至 96 人的“炙手可热”。然而，在接纳了 96 人之多的 2019 年秋季学期，课程的授课效果在一定程度上受到了影响。比如，前两年本课程在学期所有课程的学生评教排名中一直名列前茅，但 3.0 版课程的学生评教排名出现了下降。②

个中原因无疑是多方面的。本学期选课学生多，我们不得已将学生分为 9 个学习小组。如果一次课给每一小组展示机会，那么几乎 80%的课程时间将被用于此，剩下的时间不足以进行相互点评、讨论与内容推进；若每次课只抽选个别小组展示，一则对于精心准备、渴望展示的学生的积极性有所耗损，二则各小组也无法充分比较借鉴、展开辩论与探讨，并且不利于教师充分掌握各小组具体学习质量与需求。其实该问题的症结在于如何平衡教与学之间的供需矛盾。本学期 3.0 版刑事案卷课程受到学生的青睐，选课人数一度超过 100 人，作为教师，我们不忍心将有意参与课堂的学生拒之门外，最终将选课人数限定为 100 人。在课堂人数过多的情况下，刑事案卷课程本应采取的教学方法无法有效使用，从而影响到了课堂质量。该问题也有力地证明了小班教学对于提升教学质量的重要意义。

---

① 参见王祥修，左丽丽. 互联网时代大学生学习的碎片化现象及其对策研究[J]. 发展研究，2019(6).

② 需要说明的是，学校教务系统中学生对课程的评教分并不是衡量课程教学质量的决定性因素，主要目的在于方便授课老师更加全面地了解学生的需求与建议。

四、学生的反馈与进一步改革的设想

3 年来，教学团队秉持课程的推进与改革并行不悖。每次结课时，授课团队都主动、及时收集学生对课程的心得体会，每学期末还专门收集整理学生们对课程的总体评价与建议。

(一) 学生的反馈、建议及思考

从学生反馈的信息看，整体上褒扬的意见居多："创新性的实务课程理念、卷宗教学以及多样的教学方法，翻转课堂同时结合老师评述指点，从直观的角色扮演到体验式的犯罪心理教育的设计，从聆听、辩论、反馈到总结、抽象、升华，从任何一个角度和标准进行评价和总结，课程可谓都是优秀的……最后一堂课以多方辩论的形式为本课程画上句点，可它留给我的影响绝对不止于此时此刻。""真实的社会背景、案件、当事人等是刑事实务课程的最大特点，与普通的专业必修课相比，我在这里虽没有系统地学习某一部法律，但这丝毫不削减课程内容的充实度，因为在刑事实务课堂上，我们有大量的实践练习和场景模拟，在这些练习和讨论中，我们对以往的法学知识进行重温、运用，并发现自己知识环节上的薄弱点。"

相对于学生的褒扬，我们更重视同学们关于课程改进的意见和建议：

第一，有学生指出，课程压力较大、强度分布不均。其中不少学生反映，除课上的听讲与展示，课下还要投入大量时间阅卷、撰写质证意见、公诉词与辩护词等文书。一旦不能按时完成相应任务，很可能无法跟进课堂上师生们的讨论。另外，纵向比较而言，该课程有些"前紧后松"。前期课程中学生需要完成高强度的阅卷；而在后期，案情已较为熟稔，课程又略显宽松与疲乏。第二，有学生提出，理论教学与案卷教学之间存在案例教学的实质性缺位。提出该意见的同学指出，刑事案卷教学固然效果显著，然而在目前法学本科教育的整体培养方案中，案例教学课程是否真正得到实质性的落实？在案例教学还未真正落实的情况下，深入开展案卷教学是否错位？没有案例课作为过渡，学生对于刑事法知识的掌握并不牢固，使得刑事案卷课程不时需要补充理论知识而延缓课程进度。第三，有的学生希望本课程是否可以考虑研习 2~3 起案件，这一方面能够让学生接触更多不同类型的刑事案件，另一方面也可缓解、调剂学生整个学期只研习一起案件所产生的倦怠心理。第四，有学生反映，个别学生浑水摸鱼、实质参与度较低。由于课程人数激增，分至每个学习小组的成员也相应增加，课堂人数多，导致无论是完成小组作业还是课程展示，难免出现个别同学偷懒、"划水"的问题。

学生们提出的建议在一定程度上反映了本科教学存在的普遍性难题与实务教学特有的矛盾。本科教学毕竟属于基础性教育，如果多门课程都要达到精深的程度，就需要学生时间和精力的投入，在学生整体时间有限的情况下，单位时间内高密度学习的学生就会感到课程压力较大。具体到实务教学而言，如果课程完全按照司法实践样态展开，那么课程对于学生的难度往往过高；而若仅依照传统的案例教学方式，又显得过于简单，且与实践相差甚远。这就要求课程设计者和主讲教师在教学中注重平衡，调适课程内容与难度，在不超越学生学习承载能力的范围内尽可能地贴近实务、还原司法实践的真实样态，推进实务教学的革新完善，不能想当然地推进理想化的体验式教学，要结合学生对该教学方法的吸收程度进行及时调整，达到教与学两者契合的最佳状态。①

（二）进一步完善的设想

学生们的褒扬与建议是我们改革的动力，课程团队深知本课程还存在其他方面的问题。为了进一步提升教学效果，实现将本课程打造为实务“金课”的目标，未来学期，基于本科教育的规律、法学教育的特点、实务教学的特殊性以及学生的反馈，我们将在以下方面着力进一步改革和完善。

第一，关于“教学合伙人”。未来课程中我们将补强师资力量，在邀请刑事警察走进课堂以完善课程环节的同时，着力提升现有师资队伍的质量，形成授课效果更好、更稳定的教学合伙团队。实务教学所要求的技能确实较多，单凭一位教师很难保证最佳教学效果，刑事实务案卷教学坚持在每一个专业环节都由该领域最为精熟的教学合伙人进行授课。

第二，关于“小班教学”。事实证明，百人大课堂虽然从形式上看一片繁荣景象，但大容量课堂确实影响和降低了实务课程的质量，为此，未来的课程要限制选课学生的数量，单个课堂学生人数不宜超过 40 人。为了满足学生们的需求，我们初步设想每年春秋学期本课程各开一次。

第三，关于课程内容的一体性。保持课程内容的一体性，避免将课程开设为讲座课的集合，这是任何团队授课都面临的难题。团队成员的交流越多，越有效，越有助于形成“同心一体”，我们将更加重视教学团队课前、课中的沟通协调，积极回应学生们反映的既有课程内容上的松散问题。关于学生提出的增加多个案例以保持新鲜感的建议，我们认为该问题并不是根本性的问题。

第四，关于实务教学的梯次问题。法律思维和技能的训练，应该在课程体系中呈现出梯级状，② 在调整理论课程与实践课程配比的基础上，有针对性地增加实务技能训练课程。③ 刑事案卷教学的改革确实应考虑学院整体的课程体系与框架。针对学生们提出的理论教学与案卷教学之间存在的案例教学的不足与缺位问题，我们建议学院尽力调配、平衡理论课程、案例课程、案卷课程的比例与梯次，发挥案卷教学在培养和提升学生解决实务问题能力方面的应有效能。此外，相对于传统案例教学，案卷教学对于本科学生而言，确实有一定的难度，但这是培养一流法学人才的需要，我们不能停止案卷教学的改革与探索，未来可以考虑将实务课程分为中阶与高阶不同层次，循序渐进，以满足学生的多元

① 参见季长龙，刘筱．体验式法学教学与学生心理的交互作用研究[J]．中国法学教育研究，2019(2)．

② 参见冯果．论新时代法学教育的公共精神向度[J]．中国大学教学，2018(10)．

③ 参见杜建荣．论基于能力本位的法学本科课程体系构建[J]．法学教育研究，2019(3)．

需求。

◎ 参考文献

[1] 丁相顺. 比较法视野下的东亚法律人才养成制度改革[J]. 法学家, 2009(6): 9-19, 154.

[2] 周叶中. 新时代我国高等学校本科人才培养思想——武汉大学的思考与探索[J]. 中国高等教育, 2019(12): 16-18.

[3] 苏力. 当代中国法学教育的挑战与机遇[J]. 法学, 2006(2): 3-21.

[4] 陈伟, 蔡荣. 双师同堂刑事案例教学的角色定位与身份互动[J]. 中国法学教育研究, 2015(4): 107-124.

[5] 赵晓耕, 陆侃怡. 清末诉讼法改革对于律师制度的借鉴——以1906年《大清刑事民事诉讼法草案》为视角[J]. 北方法学, 2011(1): 126-134.

[6] 冯果. 新理念与法学教育创新[J]. 中国大学教学, 2019(10): 32-36.

[7] 孟德斯鸠. 论法的精神(上卷)[M]. 许明龙, 译. 商务印书馆, 2015: 48.

[8] 高雅. 案卷教学法在公安院校刑事诉讼法课程中的应用研究[J]. 北京警察学院学报, 2018(2): 110-114.

[9] 徐胜萍, 田海鑫. 21世纪初域外法学本科后教育改革的特点及启示——基于对日、韩、德、英四国的考察[J]. 中国高教研究, 2014(2): 47-51.

[10] 卢梭. 爱弥儿[M]. 李平沤, 译. 商务印书馆, 1978: 254.

[11] 齐文远. 刑事案例演习教学法的探索——基于创新型与应用型法学硕士研究生培养方式的设计[J]. 学位与研究生教育, 2009(11): 38-43.

[12] 周叶中. 以"成人"教育统领"成才"教育 推进通识教育改革[J]. 中国高等教育, 2019(Z1): 24-26.

[13] 王祥修, 左丽丽. 互联网时代大学生学习的碎片化现象及其对策研究[J]. 发展研究, 2019(6): 94-100.

[14] 季长龙, 刘筱. 体验式法学教学与学生心理的交互作用研究[J]. 中国法学教育研究, 2019(2): 102-117.

[15] 冯果. 论新时代法学教育的公共精神向度[J]. 中国大学教学, 2018(10): 54-58, 82.

[16] 杜建荣. 论基于能力本位的法学本科课程体系构建[J]. 法学教育研究, 2019(3): 137-150.

积极探索线上线下教学融合，推动高校数学学科教学改革

胡新启　杨志坚

（武汉大学　数学与统计学院，湖北　武汉　430072）

【摘　要】 本文通过对疫情期间线上教学的各种因素的分析，总结了线上教学的优缺点，由此提出了促进线上线下教学融合，推动数学学科教学改革的一些具体建议。

【关键词】 线上教学；教学改革；数学学科

【作者简介】 胡新启(1967—)，男，湖北人，博士，武汉大学数学与统计学院副教授，主要研究方向为应用非线性分析，E-mail：xqhu. math @ whu. edu. cn；杨志坚(1977—)，男，江苏人，博士，武汉大学数学与统计学院教授，主要研究方向为计算科学，E-mail：zjyang. math@ whu. edu. cn。

【基金项目】 本课题受教育部高教司 2018 年“基础学科拔尖人才培养计划”研究课题资助，课题编号为 20180902。

相关数据显示，新冠疫情期间我国在大中小学各层次教学上大量采用线上教学方式，并取得了显著成效。截至 2020 年 4 月 3 日，全国在线开学的普通高校共计 1454 所，95 万余名教师开设 94. 2 万门、713. 3 万门次在线课程，参加在线课程学习的学生达 11. 8 亿人次。

一、加快线上线下教学融合刻不容缓

2020 年突发的新冠疫情打乱了工作、生活的节奏，各行各业都面临前所未有的危机。在“停课不停学”的号召之下，全国各高校积极探索，通过各种方式开展线上教学，保证了学生的正常学习进度。这次各高校推进线上教学的力度、规模、程度，前所未有，充分体现了我国近几年来“互联网+教育”的成果，体现了现代信息技术全面进入教与学过程的优势。

随着全国新冠疫情得到有效控制，各高校学生陆续返校，正常的线下教学仍是当前主流。但我们也需要清醒地认识到疫情防控常态化仍是未来一段时间内的主要状态。在这样的形势下，吸收疫情期间线上教学的成果，探索线上线下教学融合，既是当前教学改革的要求，也是各学科教学特别是数学学科教学的发展契机，对高质量完成学生培养意义

重大。

二、线上数学学科教学面临的机遇和挑战

(一)线上教学现状

(1)线上教学形式：新冠疫情之前，各高校实际上已经开始探索线上教学模式，授课形式主要为MOOC上的视频课程等，师生通过QQ群、邮箱等辅助工具互通信息。新冠疫情期间，高校重点推进了直播课程和录播课程两种授课形式，辅助工具则增加了线上作业等。调查数据显示，学生对直播课程的喜爱超过了MOOC上的视频课程，而线上作业增加了对学生学习的管理。

(2)线上教学的平台：新冠疫情期间，我们的线上教学尝试了几个平台如腾讯课堂、B站直播、钉钉、爱课堂等，互动较多时，我们采取了腾讯会议平台，这可以让每个人都发言。每个平台都有优缺点，就个人与学生的沟通来看，学生们更愿意在腾讯课堂上课，该平台可以统计学生的听课时间、回看的时长等，作业则可以通过QQ群在线提交，老师批改作业后学生可以及时得到反馈信息，并且QQ群可以统计每位学生的作业情况。

(3)线上教学的内容：虽然线上教学仍是按照教学计划和课程表安排的时间上课，但授课地点为自己家中，并且自备PPT、讲义、教材，授课时采用摄像头自拍或使用数位板进行演算、板书。

(二)线上教学的优点

(1)降低了成本。不仅减少了老师和学生的路途时间成本，还突破了学习时间和空间的限制。虽然仍是按教学课表中的固定时间上课，但学生还可以在任何时间、任何场所，反复看录播课程，实现7×24小时、无距离学习。线上教学可以在突发情况下确保正常的教学秩序和教学进度，同时可以点对点、点对面，不受教室的制约，老师可以面对更多的学生。

(2)倒逼老师不断提高自身的专业水平及一些软件的操作水平。全员开展线上教学不是指每位老师简单地上一下直播课就行了，相较于传统的课堂教学，线上教学需要准备的资料更加丰富，需要使用各种软件，还要对授课平台的各种工具操作熟练，这些都对老师提出了更高的额外的要求。

(3)让教育更加公平。线上教学具有线下教学不可比拟的开放性，促进知识共享，使得丰富的资料得以利用，促进同学们对知识的理解和掌握，这使得学生选择学科、授课老师以及获取教学资源的范围不断扩大，既可弥补不同高校间的教育差异，也可随时检验本校老师的授课效果。

(三)存在的问题

(1)互动性有待提高。目前MOOC课程完全以讲课为主，听课过程中基本没有师生互

动。直播课程虽然可以通过点名提问等方式互动，但缺乏肢体语言，老师无法观察到学生的表情，对课堂气氛的调动较难把握，通过在线的反馈和互动很难直观认知学生的状态，不能观察到学生对课程的理解情况，学生参与度不到位，影响教学质量。线上教学对数学学科中的一些理论课程的教学带来新挑战，比如：语言表达局限，交流的信息和符号较少，缺少肢体和表情语言，师生无法见面带来的距离感，缺乏板书带来的教学上的困难。如何加强师生之间的互动以更好地保证教学效果是需要我们面对的问题。

（2）对学生自觉性要求较高。众所周知，线下教学带有强制性，即强制地把大家集中在一个地方学习，由于老师的现场监督，学生不能做与学习无关的事情。线上教学则完全依靠学生自主学习，需要学生主动跟随老师的步调前进。学生自制力和是否感兴趣很大程度上影响了学习的效果。在缺乏监管的环境下，部分自控力较差的学生存在注意力不集中、课程理解不到位的情况。对数学课程中某些结论的证明或推导，若学生没有完全听懂，势必会影响后续内容的理解。

（3）对硬件配置、软件操作都有一定要求。线上教学对网络环境、使用的手机或电脑都有要求。同时，不同学科的老师使用的授课平台可能都不一样，无形之间增加了学生的负担和操作难度。而授课平台收费或授课平台并发量高等导致的卡顿、滞后现象也影响了教学质量。

三、促进线上线下教学融合的建议

从长远发展来看，随着科技的高度发展，线下教学模式必须不断吸收新技术，尝试新形式，线上教学与传统课堂教学相互融合是大势所趋。这种混合式教学也是教育部力推的新型教学模式，主要采用“线上主动学习+线下互动研讨”的教学方式，通过线上线下一体化教学设计及丰富多彩的课堂活动设计构建教学新模式。

教师在进行混合式教学的尝试时，其教学技术技巧要与时俱进，不仅是知识内容，教学技术也需要不断更新。要学习和掌握最新的教学理念和教学手段，积极投身教学创新，以提高教学质量。教师需要充分利用各类资源平台和信息化技术打磨教学课件，选择合适的教案、教材、准备好配套的资源等，并用学生喜闻乐见的形式开展教学活动，真正实现以学生为中心的教学目标。

（一）确定统一授课平台，确保线上教学平台的平稳

选择唯一授课平台，与授课平台签订使用协议，开通线上直播、重播、互动辅导、交作业、反馈等环节“一条龙”功能，对使用过程的平稳性提出明确技术要求。定期开展对老师和学生的培训，让大家能够顺畅使用平台。

（二）梳理学科教学体系，科学、合理地确定线上教学的范围

对于线上线下融合发展的新教学模式，要思考线上课程的适用范围，补充传统的线下教育模式。应该根据课程的不同内容来划分不同层次，组织专班梳理本学科中每门课的教

学体系，划分线上线下教学的边界。哪些适合线上教学，应该根据课程的性质和内容而定，不宜一刀切。对有明确要求、授课内容固定的一些课程，可尝试放在线上教学；对一些旨在培养学生思维能力的课程或内容，应谨慎或配套使用线上教学方式。

对于基础性的、概念性的知识，学生可以在线上自我学习，但对于启发性、讨论性的教学内容则可以放在实体课堂中进行。例如：数学课程中某些基础性计算技巧的介绍及题例，某些结论的叙述及证明等，可以放在线上教学，而一些概念或定理产生的背景，一些结论之间的相互关系，每章内容的总结复习等，则更适合课堂讲授，从而引导学生学习。

可以分为三个层次：一是整个课程都可以采用线上教学的；二是对不能完全适合线上教学的课程，哪些章节可以采用线上教学；三是哪些教学环节能够采用线上教学，真正做到心中有数。

(三)组建线上线下教学团队，建设相应教学模块

做好新的教学设计和规划。根据梳理后明确的线上线下教学范围，将每项内容颗粒化。针对已有线上资源，需要花时间去收集利用，这对教师的责任心和教学水平也是一个较严格的考验。应该组织任课教师，按照每人的特点进行分工：如安排教学经验丰富的老师，编写教学内容；安排擅长软件操作的老师，编写课件；安排善于表达的老师拍摄录播课程，确保线上教学标准化。有线上教学的课程内容，线下授课老师重点是关注学生的学习效果，辅导学生处理疑问。对没有线上教学的课程内容，仍由线下授课老师进行知识点的讲解。

(四)加大投入，丰富教学资源

动员授课老师围绕教学内容，编写 PPT、课件和讲义等学习资料。无论学习资料还是授课视频，要有版权理念。对提供相关内容的老师或团队，可以采取计入工作量考核，购买等方式获得。线上公开时，也应明确使用范围并提供法律保障。

随着国家的5G网络建设和教育信息技术的发展以及教育部对教学改革的推动，教师开展线上教学的技术手段和工具必将越来越多，这种混合式教学模式也必将成为一种趋势。高校应主动谋划并大力推动混合式教学模式的发展，从学校教学管理层面进行变革，以适应线上线下混合式教学发展的需要。

◎ 参考文献

[1] 高胜哲，张立峰．新形势下高等数学课程教学改革的对策与建议[J]．大学教育，2016(2)：109-110.

[2] 宋春合．高等数学分层次教学的效果评估与思考[J]．大学数学，2020，36(4)：13-19.

[3] 卢博，路艳琼．线上线下教学资源融合的混合教学模式探索——以高等数学为例[J]．教育教学论坛，2020(28)：242-243.

[4] 梁道雷．基于线上+线下融合的离散数学翻转课堂教学实践探究[J]．大学数学，2019，35(2)：45-49.
[5] 曲双红，徐英，徐雅静．在大班教学和在线教育背景下，地方高校大学数学课程混合式教学模式的实践[J]．大学数学，2020，36(4)：37-42.

“以学生为中心”的混合式教学设计探索与实践

万　臻

（武汉大学　土木建筑工程学院，湖北　武汉　430072）

【摘　要】混合式教学为线上-线下教学课程改革提供了一种创新思路。以《自然科学经典导引》课程为例，探讨了基于 SPOC 的混合式教学设计。具体教学实践中，一是提出“学与教”教学设计闭环，可适用于各种教学模块；二是根据不同模块的特性，融合多种教学方法，传授不同学习策略，并充分利用各种信息技术工具，让学生动起来，切实实现课程认知、技能等不同层次教学目标；三是重视学生课内外的各种互动反馈，让师生共同体携手进行课程教学设计创新，才能真正实现情感价值目标——以学生为中心的“成人”教育。

【关键词】混合式教学；教学设计；以学生为中心；师生共同体

【作者简介】万臻（1977— ），女，河北张家口人，工学博士，武汉大学土木建筑工程学院副教授，主要研究方向为桥梁结构行为，大跨度桥梁结构施工监控与健康监测，大跨度斜拉桥结构可靠度分析及评估，E-mail：wanzhen@whu.edu.cn。

SPOC（Small Private Online Course，小规模限制性在线课程）是由加州大学伯克利分校的阿曼德·福克斯教授最早提出和使用的；Small 和 Private 相对于 MOOC（Massive Open Online Courses，大型开放式网络课程）中的 Massive 和 Open 而言，Small 是指学生规模一般在几十人到几百人，Private 是指对学生设置限制性准入条件，达到要求的申请者才能被纳入 SPOC 课程，主要用于校内学生在线教学。[1]

SPOC 是 MOOC 的继承、完善。它吸收和继承了 MOOC 的先进思想与做法，如个性化“按需”设计的教学理念、精准测试与过程性反馈的考核方式、微视频为主的教学资源等。两者相比较 MOOC 的教学全过程都在线上，采用的是单一的开放式网校教学模式，更注重规模；SPOC 则是线上和线下相结合，强调质量和效果。[2]

以本校的课程设计与开发相结合的混合式教学已成为当前高校课堂教学改革与创新的重要实践方法，混合式教学的理论与实践研究成为高等教育研究者、实践者和管理者共同关注的焦点。比如有学者提出如下定义：混合式教学是指在适当的时间，通过应用适当的媒体技术，提供与适当的学习环境相契合的资源和活动，让适当的学生形成适当的能力，从而取得最优化教学效果的教学方式。[3]

《自然科学经典导引》是武汉大学于 2019 年上线中国慕课，面向全社会的优质慕课资源。2020年的疫情打断了几乎全世界大学的线下实体授课，使其转向线上授课。自科导引课程组迅速确定慕课视频学习和虚拟课堂互动研讨的教学策略，也为任课老师提供了基于SPOC的混合式教学方式研究平台。面向未来，信息化环境下的“线上+线下”教学将进入常态，所以探索如何运用系统的方法，以学生为中心，充分、合理地利用现代信息技术和信息资源，对教学目标、教学内容、教学方法、教学策略、教学评价等教学环节进行具体策划，创设教学系统的过程或程序，是推动教学改革的基础问题。

一、混合式教学中实现“以学生为中心”的教学理念

教学方法百花齐放，可传统教学中依然存在许多问题。比如课堂如一潭死水，波澜不惊；学生课上学，课下忘，考前记，考后丢；总是被动输入，面对新问题茫然无措……我们尝试解决其中最重要的两个问题：如何真正实现“以学生为中心”的教学理念，以及思考如何合情合理地开展线上-线下混合式教学。

1. 参与式学习实现真正的“以学生为中心”的教学理念

首先，大学课堂不应该是寂静无声的，应当积极设计并开展师生互动，以及生生互动，让学生能真的“动起来”——动手、动嘴、动脑、动心。不管是小班课堂还是大班课堂，都可以利用各种信息技术开展适频的一对多互动教学设计，从而帮助老师把握课堂教学的实时效果，了解大多数学生的学习动态。更高级的互动还可以借助教具等，让学生参与操作、演练、情景模拟、角色扮演等。教师可以根据教学内容变“讲授”为“引导”，鼓励学生通过观察发表独立的见解，教师在此基础上提升知识学习的广度，引导思考的深度，让“动脑”真正发生。

其次，对于大学生来说，他们的知识量储备是足够丰富的，仿佛一个个智者。但智者并不是真正的学者，在鼓励学生发表意见、老师引导知识点后，还应设有更高层次的、可实现的情感目标和人格培养目标，让学生变得“爱智慧”。将单纯对知识点的掌握，转变为对知识发自内心的热爱，仿佛帮助他们把一颗颗散落的珍珠串成珠链，让他们真切感受到知识的华美丰硕。

关于“动起来”，梅贻琦先生对师生共同体有话说：“学校犹水也，师生犹鱼也，其行动犹游泳也。大鱼前导，小鱼尾随，是从游也。从游既久，其濡染观摩之效，自不求而至，不为而成。”[4] 在教学的各个阶段，教师就应设计并传授各种学习策略并让学生加以实践，变茫然无措为行之有效。有了活水，有了游鱼，学习才有了生气，才能不畏艰难，坚持终身。

2. 形成师生共同体才能合情合理地开展线上线下混合式教学

混合式教学的一大优势就是传授者由教师个体变为教师团队。比如《自然科学经典导引》慕课每一讲由不同的老师设计并讲授，他们有各自擅长的领域优势，而课堂授课只有

一位主讲教师贯穿始终，因此混合式学习可以让学生接触不同的教学风格，感受来自团队的力量和智慧。

混合式教学的另一大优势就是可持续学习。当代学生除了本身知识点储备丰富，他们获取知识的渠道也非常多，教师切忌学习内容过多重复。教学设计应当线上、线下内容互补，或者归纳演绎，加深重难点的理解与贯通。在每一个学习阶段感受新意，学生才能保持探索的动力。

混合式教学诸多优势易于被学生接受，但也必须正视实践教学中的现状。混合式教学可以通过发布课前、课后任务，帮助学生从课堂的被动学习变主动学习。但必须承认，在最初，自发的主动学习并不是那么容易实现的，往往是“任务驱动的被迫主动学习”。教师需要激发学生被动学习与主动学习中间的桥梁——“好奇心”，重在引导学生主动参与思考，即重在思维训练而非局限于知识点，重远景规划而非揠苗助长。

随之也有另一个问题，学习任务都是老师发布的，教学目标也是老师制定的，而这一切为学生好的设计，学生是否领情呢？所以如何体现新时期的师生共同体是非常值得思考的。《自然科学经典导引》的课程实践是，让学生在线上线下参与到学习任务的取舍，教学目标的修订，甚至他们的反馈直接出现在教学内容中，从而引领教学创新。

综上，让学生动起来，让老师静下来，让师生共同体携手进行课程创新，方合情合理，深入人心。

二、《自然科学经典导引》课程教学实践

《自然科学经典导引》课程以“科学知识、科学思维、科学方法和科学精神”为主线，从古希腊哲学、物理、生命科学、数学及科学方法等领域的世界经典著作中，选取10部自然科学经典，以学生为中心，节选其精华汇编进行讲解，激发学生的阅读兴趣和欲望，提高学生阅读能力，促进学生独立思考。

总的课程目标是：(1)通过预读、慕课学习和课堂导读，深入理解自然科学的起源、方法及发展趋势，提高阅读经典名著的能力。(2)通过线上、线下小班研讨和书写训练，提升语言表达能力、团队合作能力以及写作能力，使学生能够运用自然科学的思维方式，并具备理性判断及批判性思维的能力。(3)激发学生积极性和创造性，以全面落实立德树人根本任务——学以成人。

课程共八讲，分别为《古希腊哲学》《自然哲学之数学原理》《狭义与广义相对论浅说》《物种起源》《DNA：生命的秘密》《惊人的假说》《几何原本》和《科学与假设》。各个模块知识点难度虽有差异，学习目标也有异同，但以参与式学习为主的混合式教学设计适用于不同教学模块。

(一)学在前教在后的学习闭环(见图1)

从课前预读和SPOC平台慕课学习始，到大课导读，到课后文本讨论写作训练，再到

小班研讨，最后到教师在SPOC平台反馈终，形成每一讲模块的“学与教”完整闭环，变先学后教，培养学生主动学习习惯。

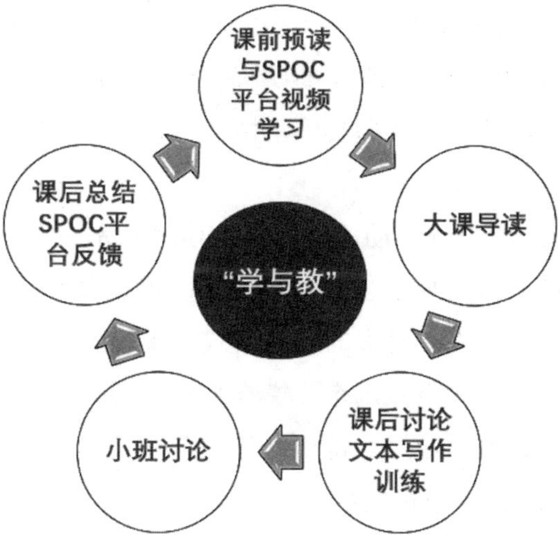

图1 “学与教”模块闭环

(二)合情合理安排课前任务

混合式学习需要学生课外、课内全情投入时间较多，一定不宜负担过重。需要提前了解学生同期课业难度、学习状态的非线性进度等，才能有的放矢地规划课前任务。

以本课程慕课学习任务单为例，学期初，学生冲劲大、好奇心强，可以布置较饱满的慕课学习任务，如观看整讲视频，课堂教授则重在串联知识点，共同归纳演绎，引导学生深度思考；学期中，课业繁重，学生疲惫感较强，大班授课侧重明晰知识点，慕课学习则是拓宽视野，是小班讨论前的锦上添花，比如推荐课堂教学内容外的一节即可，其余自选；学期末，要减少慕课学习任务量，给予学生更多选择权，借此也可以观察学生是否养成主动学习习惯。

(三)“以学生为中心”的线上-线下适频互动

1. 大班授课

借助SPOC平台和信息技术的应用，可以实现大班教学中教师与全体学生的适频互动，这需要教学者进行精心的设计和全情投入，更需要优秀学生的配合。

(1)课前线上学习任务布置及交流。混合式学习课前学习要求的布置可以是生动的、贴近生活的，还应给学生提供可实现的不同层次任务。比如课前学习单中，有阅读文本基本要求，有任选慕课视频的灵活要求，有提交阅读笔记或慕课学习笔记的挑战，也有和生活相关的分享。对应不同的完成度，教师在 SPOC 平台可以给予不同的分值奖励，促进分享意愿，创造信任的环境。

(2)课上学情调查。利用信息技术平台可以帮助我们进行学情调查。比如课前采用学习通发布调查问卷，了解学生对本讲常见的误解、模糊存疑的观点，并及时反馈统计信息让全体学生都看到。这样既让教师掌握具体学情，也让学生了解不同的想法和做法，起到相互激励的作用。

(3)参与式课堂改造。①常规互动模式。各种信息技术平台都可以实现诸如投票、随堂练习、选人、主题讨论之类的师生互动，教师可以根据教学需要提前设计好相关题目，课堂即时发布，实现互动。师生一对多的互动形式是十分丰富的，但如何设计学生感兴趣的、又有益的研讨题目则是需要更多调查、摸索和实验的。②学生参与修订教学目标。更有挑战难度的是生生互动，可以通过安排小组任务实现。比如第三讲《狭义与广义相对论浅说》知识点多且难，可以引导小组完成讨论任务，将较简易的问题在小组互动中解决，收集普遍性难题，从而改进课堂教学认知目标，让学生的“动手、动脑”获得认同。③善用学生的观点升华情感目标。教学中更高的情感价值目标如果生硬地灌输反而适得其反。如何把学生的“动心”添加到课堂上呢？比如课堂上要善于引用学生课前笔记原话，以升华经典作者对科学研究和人生的态度。这样既是充分表达对学生线上学习参与的认可，也是鼓励学生大胆表述自己的想法，更是对其他同学的激励。④查缺补漏的总结反馈。教师根据授课及研讨的情况，在 SPOC 平台发布本讲课程课后总结文本，分析重难点把握情况，归纳尚未完全解决的问题，提出新的思考等，从而完成了本讲课程的“学与教”的闭环。此外也鼓励同学们继续在讨论区分享感悟，了解学生真实的理解程度。

2. 小班研讨

①一对一的写作训练。在讨论课前尽早发布讨论要求，比如发布 5~6 题文本讨论题(任选 3~4 题)、1~2 题开放讨论题供选择，并在讨论课前两天通过邮件提交写作文本。此举一是督促学生完全掌握基于文本的知识理解，另一方面可以实现学生的写作能力训练。

②丰富多彩的研讨形式。有了充分的讨论前准备，讨论课上就可大胆开放新的讨论，让学生将习得的知识点灵活运用。比如理论联系疫情的讨论，合作海报、角色扮演、辩论、游戏等不同形式(见图 2)，让学生既有期待又面临挑战，真正实现临场应变能力、表达能力、团队合作能力等目标的培养。

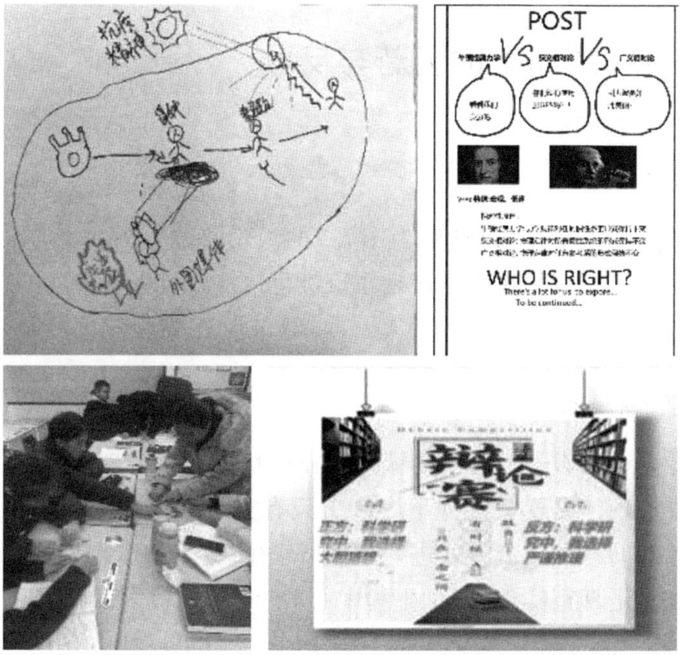

图 2　各种小班讨论形式示例

3. 充分利用各种信息技术工具，重视学习过程评价

教师可以基于 SPOC 平台及充分利用各种信息技术工具，详细记录线上、线下学习过程，并实时给出评价，修改激励政策，发布教学预警等。比如前文谈到通过问卷调查课前预读情况，可以起到督促文本阅读的目的；SPOC 平台实时记录任务点完成情况，计入线上学习学时；学习通等信息技术平台记录参与课堂讨论、综合测试、小组任务等各项数据；还有邮件交流等。注重过程性评价可以有效避免考前突击的陋习。

(四) 教导学习策略

在前述的课程教学各个环节中，师生共同体的教学设计其实都蕴含了不同学习策略的传授及演练，比如：

①提问与追问：用提问、解答、提新问题的方法去主动归纳、探寻本质。

②读书笔记与课堂笔记：使用各种导图等形式来总结、归纳、深挖，使论点明晰。

③开展理论联系实际的思考：重在培养批判性思维，切忌经典理论照搬，而是重读经典，摆脱狭隘的实用主义和功利主义思想。

④写作是一个很重要的学习策略。

⑤课后反馈：大班上老师以身作则地及时反馈，并引导学生填写课后问卷调查，进行学习反思。

三、“成人教育”路上的创新与反思

1. 让学生动起来

参与式学习才能真正实现“以学生为中心”的教学理念。好的教学设计辅助各种信息技术平台，能让学生，不管是在大班还是小班都可以实现动手、动嘴、动脑，但真正动心则较难实现。

2. 让教师静下来

同样对于教师而言，教学目标中的认知和技能目标较易实现，而情感价值目标，或者说课程思政则较难实现，需要教师静下心来。只有充分利用线上-线下混合式教学，用学生能接受的态度，借助各种交流方式进一步理解学生思考的角度和感悟的程度，合情合理地开展教学设计，才是真正实现“以学生为中心”的参与式教学设计。

3. 让师生共同体携手进行课程创新

在良好的课程设计基础上，教师不仅需要全情投入，更要有初期目标无法完全实现的清晰认识，要有抗打击性和足够的耐心等待学生的变化，要能灵活应变，变灌输为引导。如果能够在过程中珍视学生的每一次参与、分享，让他们的提问参与引领课堂；如果能实际演示切实可行的学习改进策略；如果能让师生共同体携手进行课程创新，则“动心”指日可待。混合式教学中的多维度交流，真正能教会学生：大学是反省人生的开始，思考人生的起步；“育人”比“育才”更根本，是因为学的最终目的是“人”。[5]

◎ 参考文献

[1] 陈然，杨成．SPOC 混合学习模式设计研究[J]．中国远程教育，2015(5)：42-67.

[2] 崔爱国．MOOC 与 SPOC 相结合的混合式教学模式设计[J]．电脑知识与技术，2018，12(36)：111-112.

[3] 李逢庆．混合式教学的理论基础与教学设计[J]．现代教育技术，2016，26(9)：18-24.

[4] 梅贻琦．大学一解[J]．清华学报，1941，13(1)：1-13.

[5] 钱颖一．如何培养真正的“人”是中国教育首要问题[J]．决策探索，2014(9)：4-6.

从外驱到内驱：贯穿式实践课程体系改革探索

周立青　贺赛先　江　昊　隋竹翠

（武汉大学　电子信息学院，湖北　武汉　430072）

【摘　要】本文针对在校大学生实践环节内驱力不足的问题，提出了以贯穿式思路建设体系化的实践课程群，明确将实践能力培养系统贯穿到实验课程体系的全过程，通过“启蒙认知、专业训练、综合训练”三个层次递进式的课程体系设计，从零开始引导学生逐步深入专业实践环节，潜移默化地培养学生实践内驱力，从而激发学生建立专业兴趣和信心，并进一步引导持续深入的实践探索。经过三年的教学周期实践，贯穿式实践课程体系在培养综合能力和专业能力方面有了质的提高，同时也在知识和能力培养的基础上以及在方法、习惯、意识甚至是思维层面上有了明显的进步，形成了学生主动申请课外开展实验的“课内实验+课外实验”实验课程新常态，从根本上激发了学生的实践内驱力。

【关键词】内驱力；实践课程体系；贯穿式；实践能力培养

【作者简介】周立青(1981—)，男，江苏淮安人，硕士研究生，高级实验师，武汉大学电子信息学院教学实验中心常务副主任，主要从事雷达探测与微弱信号处理技术研究，E-mail：zlq@ whu. edu. cn。

【基金项目】湖北省高等学校教学研究项目(编号：2017028，2018002)，武汉大学教学研究项目(编号 201917，202045)。

一、引言

改革开放以来，一方面随着国家全面飞速发展，人民生活水平得到了显著改善，高等学校大学生的日常生活环境和生活模式也产生了相应的变化。另一方面高校扩招 20 多年来，大学生人数累积已经实现了量级的跃迁，社会对大学生的需求定位也随着大学生规模的变化而产生了结构性的调整。两方面因素都对大学生的培养定位和就业定位产生了本质上的影响，社会需求的变化使得大学专业学习与就业之间的紧耦合关系逐渐瓦解，所学专业与就业岗位之间支撑关系不对应，直接导致在校大学生专业学习内驱力不足[1,2]。目前少部分高校大学生学习动力不足、学习目标不明确、学习积极性和主动性差、学习效率低，甚至有极少部分学生就是为了混文凭，缺考、旷课是常事，对自己的前途呈现出迷茫的状态[3]。

学生的主动自觉学习要以其内驱力为前提，只有激发了真正的学习内驱力，才能克服学生的自负与惰性，让学生自己承担起学习的责任，积极主动地学习[4]。因此如何激发学生的内驱力是当前高等教育面临的直接问题。本文以贯穿式电子技术实践课程体系改革探索为例，详细介绍了武汉大学电子信息学院通过全面重构层次化的实践课程群，从零基础实验课程开始引导学生逐步深入专业实践环节，潜移默化地培养实践内驱力[5]，从而引导学生建立专业兴趣和信心，并进一步引导持续深入的实践探索。

二、贯穿式电子技术实践课程体系架构

我国高等学校电子工程专业的电子技术基础课程成型于20世纪70年代，初步形成了以电路分析、模拟电子线路、数字电子线路和高频电子线路为主要内容的课程框架。2000年以前，由于高校招生规模并不太大，实验室资源也相对匮乏，大部分的电子技术实验内容是融入理论课程中进行教学和实验，也就是现在的课带实验。这一阶段由于学生人数较少，教师有较多时间对学生实践环节进行即席指导，加上大部分高校有专门的对口企业集中实习环节，因此能够满足学生实践能力培养需求。

2000年以后，随着招生规模的扩大，企业实习环节逐步取消，与此同时社会对电子工程专业人才的实践能力需求要求更高，从而导致高校人才培养在实践能力环节远远无法满足社会需求的期待。针对这一现象，国家大力加强包括电子学科在内的人才紧缺专业的实验平台建设。而为了保证实践教学环节的学时，众多实验项目被从理论课程中剥离出来，组成独立学分的实验课程。独立学分实验课程的建设，保证了基础实验项目的实施。硬件平台和课程内容的建设在这一时期得到了明显改善，实验环节学时逐步加大，一定程度上满足了实践能力培养的基本要求。

独立学分实验课程建设在一定时期发挥了保证实践学时的作用，但也很快暴露了系统性的先天不足。

一是实验内容陈旧。独立学分实验课程虽然是从理论课程中剥离出来，但是大部分实验项目仍然保持配套理论课程的基础验证实验，实验内容多年保持不变。

二是学时零散，不成体系。不同的理论课程剥离出0.5~1学分甚至更少的学时作为实验课程，所以每门实验课程的学时都非常有限，实验内容整体呈现出零散状态。

实践能力培养是系统性工程，零散的一门实验课程无论是实验内容还是实验学时都不具备系统培养实践能力的条件。因此，以理论课程为纲要剥离出来的独立学生实验课程，从起源上就不具备系统培养学生能力的特性。

针对这一问题，武汉大学电子信息学院在前期学科竞赛、课外科研等探索形式的基础上，2016年正式提出系统性改革电子技术实践课程体系的思路，将原培养计划中的电子

技术实验 1、电子技术实验 2、电子系统综合设计、工程训练等实验课程进行全面重构，将其中的配合理论课程教学的基础验证实验回归到理论课程中作为课带实验开展，专门服务于理论课程教学。而其余的学分从大一到大三，被系统地规划为“启蒙认知、专业训练、综合训练”三个层次递进式的课程体系设计，在国内创新性地启动全面的电子技术实验体系改革。

在全新的实践课程体系中，明确将实践能力培养系统贯穿到实验课程体系的全过程。既包含通用的实验规范与实验室规则，如实验流程、实验室纪律、实验准备、实验过程、实验数据记录、实验报告、实验考核等，也包含专业的实验技能，如实验准备方法、实验过程记录、数据处理方法、电路制作方法、仪器仪表操作等。

针对学生从刚进入大学到专业学习之间的进程，在层次设计上，规划了“E1 认知与基本技能训练、E2 电路专业训练和 E3 电子综合训练”3 个层次的课程定位。

其中 E1 认知与基本技能训练包含两门课程，E101 作为全院学生第一学期的必修实验课程，定位为零基础电子技术认知体验课程，实现电子元件认知、电子制作方法与技术、仪器仪表使用和实验规范培养四个方面的教学目标。在全国首先提出在大一上学期即通过实验课程开展专业和基本工程启蒙。

E102 工程训练(电子工程综合实践)作为进一步深入的引导选修课程，被安排在大量专业课程开始前的大一第三学期。以入门级的电子智能车系统为实验载体，提升专业兴趣信心，引导持续深入学习。

E2 电路专业训练层次课程，也是难度跨越最大的课程，作为必修课程，鼓励学生挑战提前选课，兼顾常规进程教学。因此配置了 E201A 电工电子工程训练和 E201 电子技术课程设计两门二选一的必修课程，E201A 电工电子工程训练提前一个学期开课，E201 电子技术课程设计在正常的学习进程学期开课。主要侧重于电子技术专业知识实践，让学生通过完整模数混合系统实验将电路分析、模拟电子线路、数字电子线路和程序设计等方面的内容融会贯通到具体的系统设计中，使学生了解和掌握电子线路分析、设计、仿真、制作与调试整个过程，通过对具有工程背景的实际问题的独立分析、研究和解决，提高学生独立分析问题、解决问题的能力。

E3 电子综合训练层级设置一门综合性选修课程“E301A 电子系统综合设计”，重点训练以实际工程应用为目标的电子技术、微处理器技术综合系统设计能力。主要侧重于综合应用，经过需求分析、资料查询、功能设计、方案论证、工艺制作、系统联调、分析总结等过程，完成一个具有一定规模的复杂电子系统的规划和设计。并不是所有的学生都需要达到这个层次。

3 个层次 5 门课程内容承接贯穿、层次递进，形成一个分层次、阶梯式的实验课程梯队。

武汉大学三个阶段的电子技术实践课程体系演变见图 1。

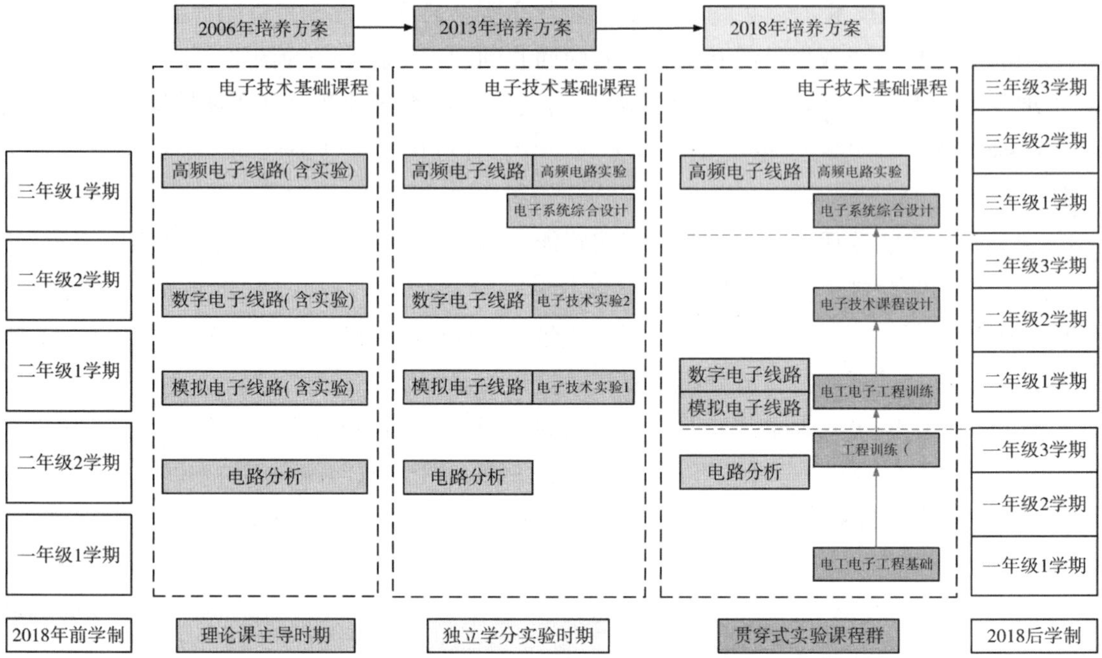

图 1　三个阶段的电子技术实践课程体系演变

三、贯穿式电子技术实践课程体系建设要点

在电子技术课程群的具体建设中，每一门课程，每一个实验，如何将课程教学内容、培养目标进行统一实施，是课程群建设中的关键问题。

1. 以“贯穿式”思想统筹组织实验内容

实验内容是实验课程的核心载体，课程的教学思想和目标依托于实验内容的开展与实施过程的管理。为适应新工科建设的迫切需求，新的培养计划中增加了很多新的课程和教学内容，同时伴随着武汉大学实验学时的改革，传统的以知识点为组织思路的实验内容组织方式已经很难实施。如何合理地组织实验内容成为首先要解决的问题。

电子技术类实验课程虽然是独立的实验课程，但其内容一定是紧紧依托本科培养计划中的专业课程开展实施，具体而言依托两方面。一方面是和支撑实验内容的课程紧密联系，如电路分析、低频电子线路、数字电路。在这些专业理论课程知识的基础上开展应用型、综合型和扩展性实验是电子技术类实验课程的首要责任。另一方面，作为专业基础的技能培养和专业知识实验，电子技术类实验课程有责任为后续的课程提供扩展的基础。如为信号与系统课程提供开展信号与系统实验的基础电路实验能力和知识，为数字信号处理课程提供数字信号采集系统设计基础，为测控课程设计提供基本的传感器处理电路基础等。

E101 电工电子工程基础面对零基础的大一新生，如何使其在不产生畏难情绪的前提下展开专业训练和引导，是该课程建设中的最大难题。因此，在实验内容上采用承接式课程内容组织：基本思路是从高中物理知识引申出实验，从实验中引出新的内容。如从欧姆定律引出电阻测量，由电阻测量引入电感电容，由电容结合高等数学引入微分和积分，由RLC 总结伏安特性，由伏安特性引入新的器件半导体二极管。

E102 工程训练进一步深入引导专业实践，课程教学中将智能小车设计的元器件和对应的功能逐个分解为不同的单元实验，最后整合为一个完整功能的智能小车平台，学生自行制作一辆能够自主运行的智能小车，同时具有循迹、防碰撞、行进控制等功能。在“玩小车”的过程中使学生初步掌握电子元件、基本电路原理和电子制作技能，并通过分组联调、项目展示等方式锻炼学生的演讲、交流沟通、团队协作等综合素质。

E201A 电工电子工程训练和 E201 电子技术课程设计面向大二学生，以专题综合系统的设计为主线，将模拟电路、数字电路等课程中的相关内容融会贯通，使学生熟悉从信号检测、信号调理、信号测量至结果呈现等电子系统工作原理及系统结构。

E301 电子系统综合设计面向大三学生，要求学生完成一个具有一定规模的复杂电子系统的规划和设计。

此外，类似于新工科建设中“问技术发展改内容，更新工程人才知识体系”，以课程群模式开展电子技术类实验课程，内容组织的依据就是技术发展的需求，因此淘汰旧技术、旧方法，增加新内容、新方法是课程群建设中的基本方法。“贯穿式”组织思路不仅仅适用于课程之间，也适用于实验项目之间。将实验项目按照 PBL 的教学思路分布到实验课程群中的每门课程中，使得课程之间的内容是贯穿式的承接关系，课程内部的内容也是前后衔接的。

2. 创新教学方法，探索新的实验模式，将“自主学习”思想贯彻到课程群学习中

教学思想的实现最终依靠教学方法加以保障，课程群作为从入门到综合应用的系列实验课程，肩负从基本电子工程技能培训到专业知识实践再到综合应用的整个过程，因此在本科人才中肩负从启蒙到承接其他专业课程的任务。

教学方法上，“自主学习”思想被贯彻到课程群学习中，通过课内实验和个人实验室的课外实验协同开展，设置课外制作环节，为学生配置口袋实验板等便捷实验平台，让学生在课外时间不仅仅局限于实验室，可以随时随地地开展自主学习，培养学生自主统筹安排实验进程和课内外学习时间的能力。

由于课程内容的体系化，面对全新的实验内容和零基础的新生，学生的个性化问题层出不穷，实验指导的压力远高于原有的实验课程。在教学过程中，利用 PPT、实验装置、演示实验等方式讲解目标系统的构成和指标性能。通过分解模块降低学生入门初期的难度，并加强学生对教学内容的理解。课程在开设时尝试“双师制”，每个班级不超过 35人，设置主讲教师和实验教师共同开展教学，充分满足学生的指导需求。

同时，作为系列化的实践教学课程体系，课程群将教学内容和电子设计竞赛的培训深度融合，十几年的电子设计培训内容通过提炼被正式纳入课程实验教学中，包括电工电子

工程基础的"电子元件、电子制作方法与技术、仪器仪表使用、实验规范"等内容，从而实现将竞赛成果反哺至课堂教学，同时课程也成为电子竞赛培训的一个支持环节，真正实现赛教深度融合。

此外，课程采取闭环式实验迭代教学模式，持续完善实验教学内容，实现教学的有效闭环反馈。课程组每周进行教学内容沟通，实时反馈教学现象并制定统一调整方案。课程评价实行全员反馈制度，课程结束后，所有学生对课程进行评价和总结，既总结自己的得失，更为课程提供建议。

3. 依托实验技术研究与信息化技术创新实验平台，为实验课程开展提供基本保障

从被动学习到"自主学习"；从分立的实验项目到"贯穿式"的实验组合；从实验技能培养到实验意识培养，这样的转换过程，除了实验内容上的科学设计、教学方法的创新，实验手段和实验设备的支撑是其得以实现的基本保障。针对这一需求，彻底改变传统基于实验箱的固定思维方法，依托实验技术研究与信息化技术开发开放式的创新开发平台是课程群建设的一项重要内容，这为课程群建设提供了有力保障。

课程群采用实验箱验证+开放设计+个人实验室的方式开展实验，根据课程群的教学内容需要，开发了智能小车、FPGA 开发板等口袋实验平台，并为学生提供口袋实验室终端，可以随时随地成为学生自己的实验室，极大地扩展了实验室的时间和空间概念，非常有利于学生动手能力的培养。

4. 通过信息技术丰富课程平台资源，提供开放式学习环境

"自主学习"与传统实验模式最本质的区别是，学生在课程和指导教师的引导下，能够自行开展部分学习和自主实验。课程群通过 MOOC、实验操作视频、在线实验指导等形式提供足够丰富的自学资源，满足学生实验预习、自主实验、延伸实验等"自主学习"需求。立足于课程定位开展实验项目设计、配套基础知识教学专题、演示操作设计环节、专属实验教具开发等。

5. 加强教师队伍建设，满足课程群教学需求

新的电子技术类实验课程群在知识体系、教学方式、系统开发能力、新技术等方面都对教师队伍有了更高更全面的要求。为了满足课程群建设和教学开展的需要，团队以青年教师队伍建设为核心，制订课程群优秀教师培养规划，通过课前定期培训、课中定期交流和课后集中总结讨论等方式，不断提升教学团队的教学水平和业务能力，让教师们深入理解"贯穿式"建设思路、教学思路及"自主学习"的培养方式，将工作与学习相结合，道德修养与业务提高相结合，引进和培养相结合，通过多种方式全方位培养教师。此外，扩大与国内外著名大学、研究机构的学术交流的广度和深度，与德州仪器、Intel 等前沿科技企业开展深度教学合作。积极参与各种电子技术类相关教学研讨活动，提高专业教师科技创新能力。定期组织本专业教研讨论会，探讨课程体系以及课程之间的教学内容、时间安

排和实验效果，了解学生的知识结构和专业需求，通过100%全覆盖的课程教学反馈，对教材、教法的使用效果进行评估。依托学科建立了一支教学水平高、工程实践能力强、熟悉人才培养规律的优秀教学团队。

四、实践课程体系实施经验与效果

1. 通过层次化体系设计和递进式内容建设，在培养学生综合能力和专业能力方面有了质的提高

自2016年启动建设以来，带着能力培养探索和激发驱动力的目的，电子技术实验课程群建设在培养哪些能力、能力培养的层次化递进和具体能力培养项目设计三方面开展研究并取得明显效果。

从电子信息类人才需求角度，分析了电子技术实验课程群在能力培养中的作用，具体确定了每一门课程对应的能力培养定位，明确课程群目标和课程目标[6]。把能力分解为专业能力(知识基础、实验技术、操作方法)和综合能力(理论实践结合能力、分析能力、数据处理与报告写作能力、合作沟通能力以及实验规范等)，并将这些能力分解到课程群的每门课程中，从而确定课程群和每门课程的目标定位。由此构建了“E1认知与基本技能训练、E2电路专业训练和E3电子综合训练”3个层次定位和5门课程定位。

通过层次化的课程递进，使能力培养的层次化递进，同时实现扩展性和延续性。在不同的时期和阶段，课程和实验重心和深入程度不同，通过合理安排课程递进关系，实现能力培养的逐层深入，使能力培养真正走上可实施的道路。同时课程之间要有明显的衔接性，保证实施的顺畅。

根据课程目标定位组织实验项目，科学设计每门课程的每个实验，将能力培养目标分解到每一个实验的实施过程中。以“贯穿式”建设思路解决课程群内部、课程群与后续专业课程之间的内容衔接、教学思路统一和课程定位问题。具体就课程群定位和衔接、实验内容建设、教学方法探索、实验平台开发、课程平台建设及教师队伍建设等六个方面开展了研究。

经过3年的运行，电子技术系列实验课程已经成为学生入门、训练、提升的进阶途径，在培养综合能力和专业能力方面有了质的提高，在方法、习惯、意识甚至是思维层面上有了明显的进步，被学生评价为“大学期间设计最好的课程”，选修课选课率在95%以上。

2. 结合兴趣引导和实践挫折教育，激发学生建立专业兴趣和信心，并进一步引导持续深入的实践探索，形成了学生主动申请课外开展实验的“课内实验+课外实验”实验课程新常态，从根本上激发了学生的实践内驱力

在具体实验内容设计上实现兴趣引导和实验挫折教育相结合。通过承接式课程内容组织，从熟悉的知识中引申出实验，从实验中引出新的内容。既激发实践兴趣，也穿插难

度。如 E101 中从欧姆定律引出伏安特性，由伏安特性引入电感电容，E102 中从电机引入智能车等，定位都是从已知内容激发兴趣，引导深入实践。随后，从伏安特性的引申进入引入新的半导体器件，从智能车引入系统开发，都具有理解和实践上的难度，不可避免地会产生挫折。通过双师制精细指导、MOOC 资源支持、实验演示视频等，协助学生克服困难，实现挫折教育。

在三年的实施过程中，通过从大一开始的系列化实验课程群，彻底扭转了学生对待实验课程和实验环节的态度。老师指导实验的难度和工作量翻倍增加，在学生兴趣激增的情况下通过内容设计使得课内无法完成的实验，必须课外进行补充实验，全面开放所有电子技术实验室，实验室成为学生日常学习的基本场所，晚上 10：30 实验室人满为患成为课程开设期间的常态，形成了学生主动申请课外开展实验的“课内实验+课外实验”实验课程新常态，从根本上激发了学生的实践内驱力。

3. 厚积薄发，面对疫情创新实验课程线上教学新模式，打造 600 多个家庭实验室，确保“不少一节课，不缺一个学生，不减一步动手环节”，坚持让学生动手做实验，全面高质量完成疫情期间所有实验教学任务

疫情期间，当全国如火如荼地开展线上教学时，电子技术类实验却因为必须配备专业电子仪器的实验室支持才能够开展而陷入停课状态。当很多高校纷纷采用仿真实验或远程实验形式代替学生的动手实验时，武汉大学电子技术教学团队坚持要求学生自己动手实验，只有学生实际动手、发现问题、解决问题，才是实践能力培养的核心理念。依托团队多年来持续坚持的“随时随地开展实验教学”的教学技术研究成果，依托自主研发的实验设备为全国的武汉大学电信学子构建了 600 多个家庭的“个人电子实验室”，制订了基于个人实验室的全面课程计划，动员大量老师参与疫情期间实验课程支持，分包了 100 多万个元器件，投递了 600 多个实验包裹，将实验仪器和实验器材投递到学生家中。

因地制宜创新实验课堂组织模式，采用“统一授课，分班指导”，利用线上教学特点实行大班实验讲授，根据实验教学指导的需求实行分班指导。精凿实验课堂，调集 6 名优质师资分别针对课程 6 个模块进行精心备课，对每一节课进行反复雕琢。

严格课程实验项目验收标准和在线验收流程，不给在线实验教学打一丝折扣。实验项目验收标准和评分细则在课程第一讲中与实验项目一起发布，设计要求清晰明确不模糊。实验验收要求全程在线视频展示，老师和同学一起对实验作品进行指标性测试。邀请家长参与作品验收，让家长和同学一起体验武汉大学疫情期间的严谨教学态度。用严谨治学的态度和率先垂范的精神为全体同学进行了一场没有口号的思政教育。

五、结语

经过三年的教学实施，通过“启蒙认知、专业训练、综合训练”三个层次递进式的课程体系设计，从零开始引导学生逐步深入专业实践环节。除了课程规划中关于培养综合能力和专业能力在学生作品中得到充分体现外，大部分学生已经在知识和能力培养的基础

上，在方法、习惯、意识甚至是思维层面上有了明显的进步。在实验室风气方面，从原来的懒散的实验过程，转变为学生主动要求课外时间开放实验室，形成了“课内实验+课外实验”实验课程新常态，从根本上激发了学生的实践内驱力。

◎ 参考文献

[1] 李维维，杨华山等．大学生学习驱动力的培养探索[J]．改革与开放，2019(20)：96-98.
[2] 宋君龙，李红艳．大众教育阶段大学生学习驱动力的培养[J]．教育教学论坛，2014(05)：137-138.
[3] 李国红．运用分层个别化教学调动后进学生的学习内驱力[J]．教育界，2020(42)：12-13.
[4] 于蓉，李元平．基于发展学生主体性的教学内容设计研究[J]．教育理论与实践，2013，33(5)：48-50.
[5] 司淑梅，王军．刺激需要　激发动机　增强学习的内驱动力[J]．职教论坛，2004(12)：53.
[6] 储冬生．问题驱动式教学：从“怎么看”到“怎么办”[J]．教育视界，2020(29)：33-37，32.

“金课”阶段下慕课的混合式教学实践

——以营养学为例

王素青

（武汉大学　健康学院，湖北　武汉　430071）

【摘　要】慕课教学逐渐从线上线下分离状态转变为“线下+线上”混合式教学，使学生在学习过程中能够将知识转化为实践认知，实现混合式教学深入学习的目的。本文以营养学慕课为例，探讨了对于该课的混合式教学实践。

【关键词】金课；混合式教学；教学实践；营养学

【作者简介】王素青(1969—)，女，河南平舆人，博士研究生，武汉大学健康学院教授，主要研究方向为膳食营养与慢性病，E-mail：swang2099@ whu. edu. cn。

一、引言

在当今互联网飞速发展并不断融入生活的时代，随着学习方式从原来的线下课堂教学拓展到现在的网络线上学习，人们获取知识的途径不断多样化，参与学习的门槛不断降低，追求知识的热情也不断增加。由于突如其来的疫情，2020 年上半学年所有学校都不得不开展线上教学，向线上线下混合式教学的教学模式的改进需求迫切。营养，作为当今社会各人群中关注度逐渐升高的话题，一直是混合式教学中不断优化和改进与实践的重要课程内容。文章基于营养学课程的慕课教学实践过程，以营养学为例，对混合式教学实践进行探讨。

二、“金课”与混合式教学

1.“金课”的评价标准

如何评判一门课是否为“金课”，一直以来有着不同的标准，而这些标准也经受着质疑。2018 年 11 月，教育部高等教育司吴岩司长在第十一届“中国大学教学论坛”上的讲话，首次提出了“金课”的建设标准——“两性一度”，即高阶性、创新性和挑战度。①高阶性，指培养学生解决复杂问题的综合能力和高级思维。②创新性，即要求课程内容反映前沿性和时代性，教学形式呈现先进性和互动性，学习结果具有探究性和个性化。③挑战度，即提高课程教学与学习中对师生双方的要求。

我们的调查结果显示，学生们的“金课”标准是从自身角度出发形成的：①有趣，即课程学习过程中需要拥有趣味性，兴趣始终是吸引学生持续与深入学习的重要条件。②有用，指课程内容可以提高学生自身能力，或提高课程绩点，即 GPA。③参与度，高参与度课程能够提高学生在课程学习中的主动性和认可度，使其从原本的被动学习转化为主动参与，更好地提高学生的学习热情。④高效，即课程问题能够及时得到老师的反馈与回答，不让问题不断积压，形成学习过程中的阻碍。

2. 混合式教学

混合式教学，即将在线教学和传统教学的优势结合起来的一种“线上”+“线下”的教学。通过两种教学组织形式的有机结合，把学习者的学习由浅到深地引向深度学习。混合的内容是将线上资源，如课程视频，文字材料，参考资料等，与线下实践与参与性内容，如课后测试，讨论作业，自主文献查找分析等活动相结合，实现线上学习，线下实践实操的综合学习模式，并且将线下实践讨论与线上学习效果共同纳入评价体系中，实现线上与线下的学习与融合而不是简单的拼接。

开展混合教学的最终目的不是单纯地使用在线平台、建设数字化的教学资源，或开展花样翻新的教学活动，而是有效提升绝大部分学生学习的深度。对于不同学科的教学与学习，虽然不同学科的课程内容不同，但混合式教学模式中的教学实践逻辑始终是一致的，即依据学习和教学的规律去实现提升学生学习深度的目标[1,2]。

三、营养学慕课教学中的混合式实践

1. 营养学的课程定位与教学目标

作为健康相关课程，营养学有非常好的群众基础，但作为通识课，需要把科普性和专业性相结合，需要在保持专业性的基础上增加课程的趣味性，即和生活相结合。

健康素养是国民素质的重要标志，也是健康中国 2030 的重要内容。2019 年国家卫生健康委发布的全国健康素养监测结果显示，我国居民健康素养水平为 19.17%，依然有很大的提升空间。而膳食相关健康素养是大学生必备的健康素养之一。大学生不仅要成为“自己健康第一责任人”，还需要具有传播健康的能力。

2. 线上课程教学实践

线上课程内容的设计，把“生活中的营养学”“食物的选择与健康”和“神奇的身体”等具有趣味性与实用性的内容提前，以生活中各种各样的美食以及它们的营养价值为例，能够有效地给学生留下良好的第一印象，也能满足学生将知识运用于日常生活的内心需求，同时也体现了教学的创新性。“营养学相关工具”“维持生命的营养素(营养学基础)”和

“生命周期的营养需求”等章节可以保证课程内容的专业性，满足学生进一步了解与学习专业知识的自我提升需求。同时不断更新内容，尤其是通过文本材料的补充、讨论的主题选择、作业的设计、及时互动反馈等课程维护过程来确保学生线上学习的积极性与热情。课程内容的整体设计是首先构建好课程框架，以课程概要，课程核心内容，课程视频、内容测试为顺序，并在课程教学全过程中贯穿讨论与互动问答环节，保证教学的完整性。

3. 线下教学实践

营养学线下教学部分，包含面对面讲授、实践操作、课外实践、主题讨论、热点展示等。这些线下自主学习与知识实践讨论活动，能够检验线上学习效果，巩固学习知识。与课堂教学不同，营养学线下教学更注重学生自主探索和发现实际生活中的营养现象与问题，从而进一步激发教学过程中学生学习的参与度，在实践过程中将线上知识转化为实际认知[3-5]。

4. 线上线下混合式教学实践

营养学线上线下混合式教学的目的是将慕课中碎片化的知识点形成体系，实现知识的整合，使学生在教学过程中不断深入学习，并提升学生自主学习与思考的能力。例如，线下的面对面讲授旨在帮助学生对线上知识点进行梳理，同时探讨知识体系背后的逻辑；实践操作是让学生利用营养学工具对自身或家人的膳食进行评价。以膳食评价为例，学生通过视频学习膳食评价的基本内容和要求，如能量和关键营养素摄入是否达标、三大产能营养素供能比、三餐供能比、优质蛋白占比等。让学生利用 24 小时回顾法，结合膳食宝塔、膳食指南、食物成分表等进行评估和判断，并提出膳食改进措施。膳食评价将实践与线上教学内容相结合，让学生通过计算了解自己膳食的优缺点，不仅在实践中巩固了视频知识，也获得了日常膳食的改进措施。讨论点设置包含信息收集、重量评估、数据应用、结果解释、膳食调整；评价手段包括方法、工具、软件、交换法模型等。此外，课外实践让学生探索超市、食堂等提供的日常食物的多样性，并比较和评价它们的营养学价值和性价比；而主题讨论和热点展示需要学生通过线上视频学习、教材和相关文献研读对课程内容进行深化和拓展。

教学不仅关注结果，更关注学生的学习过程，激发学生的学习参与度。无论是线上还是线下教学，及时与学生沟通并给予反馈永远是教学过程中十分重要的部分。营养学课程教学过程中，通过每周课程内容结合日常生活热点设计讨论话题，引导学生有目标性地进行讨论和相互评价。同时，在课程讨论区及时回复学生各类营养或课程相关问题，利用学生对课程内容、教学方式的反馈对课程重点、难点及时进行调整。课程考核选择了多权重组合的线上+线下相结合的考核方式，即线上占比 40%，线下占比 60%。其中线上由课程视频、课堂测试、访问数量、作业等构成；线下由课堂参与、实践操作、课外实践、主题讨论与展示等构成，从而保证学生在线上和线下学习的高度参与。

5. 学生参与和评价

营养学线上线下混合式教学从 2017 年开始施行，目前已经进行了 7 轮，其间也经过了许多调整，如线上线下时间的比例、考核构成的比例，考核形式等。目前的教学模式是2+1，即线下2学时讲授和1学时视频，但视频内容前置，即提前观看下周内容，并准备相应测试。考核模式是线上30%，线下60%，知识测试10%。整体而言，学生的参与度比较高，最高时线上参与达到24万人次。学生的评教分数不高，平均约88分，从学生评语看，主要是课程任务较重，与通识课程性质不符，如“老师的作业要求太多”“作业负担有些重”“老师的要求远大于专业课要求”等。在发现学生简单照搬百度“养生知识时”批评学生过于严厉，如“建议老师说话不要咄咄逼人，都是大学生了，没必要用你的专业知识对我们冷嘲热讽，先理解学生吧”“建议老师在学生做展示时能够尊重学生，不要随意打断学生讲话”。但更多的学生评语显示“设计的课堂小考核十分必要”“老师将知识贯通于平时，课堂十分生动有趣”“老师讲课认真、课程实用、内容丰富、形式多样、特别有趣上完很有收获”“同学们活跃度很高，且经常有社会热点问题的讨论，很深刻”等。总之，精准教学还有很远的路要走，我辈仍将上下而求索。

四、总结

营养学的混合式教学已经开展了近4年，实施了7轮教学，总结经验与教训，以下四条可以作为参考：①重新构建课程内容时要考虑课程的性质，兼顾专业性与趣味性；作为通识课的营养学从趣味性入手，引导学生向专业性深化；②线上线下的教学内容和考核评估比例需要在教学过程中通过与学生反复沟通、反馈进行调整；营养学的2+1模式的教学，要满足学生对课程“温度”的要求，同时减轻学生重构知识逻辑体系的负担；③构建完整的课程组织结构，将课程内容细化为教学大纲、课程目录、课程要求、课程内容思维导图、教学进度、阅读材料和参考网站等七大部分，并明确学生的学习任务与进度，满足学生的能力要求和教学目标，并给学有余力的同学提供更多的资源和更高的平台。④设置合理的课程实践和课程讨论，使学生的知识得到内化和深化。

◎ 参考文献

[1] 王凤舞，张晶，陈海华，肖军霞．金课背景下研究生学位课“高级食品化学”混合式教学的初探[J]．教育教学论坛，2020(43)：179-180.

[2] 高丽霞，刘爱霞，李玉娟，卢国卫，刘志红．基于OBE教学理念的混合式课程教学探索——以包头轻工职业技术学院动物营养与饲料课程为例[J]．黑龙江畜牧兽医，2020(13)：159-161.

[3] 罗娟．四位一体背景下幸福课课程定位与教学模式探索[J]．中国教育技术备，2020(6)：78-80.

[4] Max Antony - Newman. Curriculum orientations and their role in parental involvement among immigrant parents[J]. The Curriculum Journal, 2020，31(3)：340-356.

[5] 沈欣忆，李爽，丹尼尔·希基，李营．如何提升MOOCs的学生参与度与学习效

果——来自 BOOC 的经验[J]. 开放教育研究, 2014, 20(3): 63-70.
[6] 王亚珠. 普通高中体育选项教学学生参与度的激发策略[J]. 当代体育科技, 2018, 8(11): 116-118.

探索在线教学的新实践，推动人才培养的质量革命

——在线教学背景下“教”“学”“管”的实践探索与思考

张　芳

（武汉大学　本科生院，湖北　武汉　430072）

【摘　要】为了贯彻落实教育部在疫情期间“停课不停教、停课不停学”的要求，武汉大学在做好疫情防控工作的同时，坚持“以提升学习效果为中心，以多元化途径为框架，以分流错峰进行为路径”的工作思路，充分利用网络资源和技术手段，依托各级各类在线课程平台、校内网络学习空间等，积极开展线上授课和线上学习等在线教学活动，通过“教”“学”“管”协调互动，建立起教育教学新形态。

【关键词】在线教学；教学质量；混合式教学；教育教学新形态

【作者简介】张芳(1974—)，女，湖北孝感人，硕士研究生，六级职员，武汉大学本科生院主任秘书，主要研究方向为行政法、教育管理，E-mail：zhangfang1974@whu.edu.cn。

一、基本情况

武汉大学于2020年1月26日开始筹划延期开学期间本科教学工作，各部门克服困难，密切协同，搭建教学平台，汇聚教学资源，动员全体师生，2月17日(原定开学时间)顺利开始进行本科生线上教学。截至7月16日，本科教学课头数合计4258门，授课教师2213人，学习学生共计23865人、3032117人次，全校理论课程开课率达到97.46%。“珞珈在线”平台平稳运行，共运行课程26436门次，平台访问总量达到137513376人次。

1. 积极应对，做好预案

根据学校应对新冠疫情推迟春季开学时间的决定，1月27日起本科生院着手研究应对举措，决定实施“两线同步并举”战略。一方面，为强化学业指导安排，提醒各学院积极搭建学生联系使用以及教师课程使用的QQ群、微信群，督促教师做好备课准备，并下发了《关于2019—2020学年第二学期开学前教学工作的指导意见》。另一方面，为确保远程教学顺利开展，经与信息中心共同协商，决定请校外云服务商开发系统平台，组织线上

教学，并下发了《2019—2020学年第二学期延期开学期间本科教学工作实施办法》，按照与实体教室一一对应的方式建立网络虚拟教室，要求教师对全体本科生开展网络教学，做好课堂教学模式变革的授课准备。学校在分析研究并初步掌握网络拥堵规律的基础上，要求各院系提前做好教学实施方案，拟定备用教学预案，以“分流+错峰”的方式避免网络拥堵，鼓励学院采取一院一策、一课一策的教学组织方式，以保证正常的教学秩序。

2. 加强协同，搭建平台

本科生院与信息中心坚持每天定时召开碰头会，共同探讨线上教学实施方案。根据学校的相关要求，各学院(系)积极行动起来，第一时间建立起“教师资源共享群”“线上授课教师交流群”等群组，老师们共享资源、提前备课、交流经验、优化课程，集全院之力推进线上教学工作，尽最大努力提升线上教学效果。教学秘书们潜心研究各大授课平台，分别为学生和老师编写最详尽的“操作攻略”，根据老师的教学特点为他们推荐最适合的平台。教师教学发展中心也积极筹措备课、线上教学工具与能力提升等资源，为教师实现线上教学提供帮助。

3. 及时总结，改进教学

各学院(系)结合线上教学的实际运行情况，及时召开总结会，广泛听取师生在课程资源准备、平台选择、课堂授课方式、课堂互动等方面的意见和建议，加以归纳总结再进行推广。不少学院邀请“网红教师”来分享深受学生喜爱的秘诀、“暖场”方式、互动技巧，帮助提高老师们的教学技能和教学质量。老师们积极参加各类活动，学习经验，不断总结反思，优化课堂内容和结构，面对网络教学无法面对面互动等情况，尝试新的教学工具和模式，寻找最适合自己的教学方式和节奏，力求发挥网络教学的优势，把课上到最好。老师们也主动收集学生的意见，不断改进教学。

4. 把控成效，提升适应力

线上教学中，如何把控学生端学习成效，保证线上教学和线下教学同质同效一直是学校关注的重点。学校为了掌握学生的学习投入时间和理解知识的程度，要求教师线上教学过程中，加强师生互动，采取适当施压、督促以及激励等手段。例如，学生签到能有效把握一定到课率，学校鼓励任课教师采取腾讯会议和腾讯课堂自带的签到功能，让学生完成线上签到；将学生按3~5人分一个组，安排一个组长；增加案例教学比重，提起学生兴趣；鼓励学生与老师一起寻找优质网络资源后共享，利用互动留言区让学生设计课堂中的小测试题目，提高学生课堂参与度和学习专注程度。通过以上措施，学校充分利用线上教学优势，以信息技术与教育教学深度融合的教与学改革创新，推进学习方式变革，提高教学效率、保证教学质量。

二、经验与启示

在学校全体师生员工的共同努力下，全校本科线上教学工作运行平稳顺利，师生反映良好，并在发挥“国家精品在线开放课程”的示范引领作用，组织“线上教学观摩”，推出“线上教学沙龙”，提升教师线上教学能力，提高线上教学质量等方面取得了较好的效果。

1. 共享优质教学资源，发挥“国家精品在线开放课程”的示范引领作用

学校明确要求“国家精品在线开放课程”的课程负责人和团队要上线提供全程教学服务，发挥示范引领作用，带动课程组、教师团队开展线上教学服务。“国家精品在线开放课程”的课程负责人和团队主动作为，通过“珞珈在线”平台，共享优质教学资源，积极组织开展线上教学活动。《人文社科经典导引》和《自然科学经典导引》课程组充分运用已上线的 MOOC 资源，在珞珈在线平台开展线上教学，授课形式分为 MOOC 教学、师生互动、课后测验等。

2. 组织“线上教学观摩”，提升教师教学能力

在本科生院的指导下，教师教学发展中心以理论与实践相结合的模式，收集并密集分享不同学科、不同教师使用不同教学工具的线上教学经验，推广了如 QQ、钉钉、腾讯会议、腾讯课堂、ZOOM 等工具，为教师的线上教学提供切实可行的选择。与此同时，紧急策划并推出“线上教学沙龙”，邀请教学经验丰富、能力广受认可的老师，直播分享他们线上教学的实战经验。教师教学发展中心还组织“线上教学观摩”，邀请各学院推选具有代表性的教师开放线上课堂，让其他教师实际感受全校各具特色的课堂，相互交流经验，提升整体教学能力。

3. 与课程平台密切配合，确保在线教学安全平稳运行

学校与各类课程平台就在线教学组织进行充分沟通，择优选取符合本校实际、与网络环境条件相匹配的方案，保证在线教学平稳运行。同时，学校与课程平台密切配合、规范管理，强化对课程内容、教学过程和平台运行监管，采取安全有效手段，防范和制止有害信息传播，保障在线教学运行安全。

4. 鼓励教师通过“多元化途径”建立虚拟课堂，创新教学方式

学校鼓励教师以不拘泥于统一网络授课平台为工作思路，通过“多元化途径”建立虚拟课堂，即教师依据课程内容和教学习惯因地制宜地自主选取最适宜的平台，充分利用社会中流行的 QQ、微信、腾讯会议、腾讯课堂、雨课堂、快手、钉钉、学习通、珞珈在线等各种授课平台，采取在线讲解型、探究型、答疑型、问题驱动型、前沿技术探讨型等方式进行线上教学。

5. 教学管协调互动，建立教育教学新形态

在线教学实践中，教师的“教”、学生的“学”、学校的“管”和教育的“形态”都发生了革命性的变革。学校以“促进信息技术与课堂教学深度融合，推动课堂教学革命”为主题，探讨和总结疫情对高校本科教学带来的巨大冲击与机遇，促进信息技术与课堂教学进一步

深度融合，推动课堂教学革命，不断提高课堂教学质量；构建新常态下的教师“教”与学生“学”的新模式，形成了在线教学的新范式，对本科教育教学改革创新发展有着深远的意义。

三、问题与思考

由于疫情的影响、全校师生所在地域分散、网络环境的制约、线上授课现实中的不可抗拒因素等，线上教学也出现了新的问题和困惑以及需要进一步完善的地方。

(一)线上教学问题与困惑

1. 教师的教学信息化素养参差不齐，部分教师线上教学水平有待提高

虽然学校积极推行线上教学，但由于学科门类多，教师的教学信息化素养参差不齐，尤其是一些年纪较大的教师，平时在教学过程中接触线上教学平台和工具较少，对教学平台和工具的运用不够熟练，在短时间内进行培训也很难达到较好的效果。

2. 对网络环境和硬件设备的依赖度较高，部分师生的学习空间环境及终端设备支持不够

由于部分教师和学生被隔离在老家，受客观环境的影响，网络速度及稳定性差，难以保证较好的教学效果。同时，部分学生的学习空间环境及终端设备支持不够，一定程度上影响了学生作业提交的顺畅度。

3. 对线上技术服务支持的需求较大，部分教学平台功能不完善及稳定性差

目前国内的教学平台还处于建设和发展阶段，教学平台功能还不发达、不完善，稳定性也不能充分满足需求。教师在开展线上教学过程中，需要随时提供技术服务支持，学生也对线上学习服务保障有需求，但由于各类平台建设的差异性和特殊性，很难提供及时有效的技术服务。

4. 部分学生自主学习能力较弱，还未养成良好的线上学习行为习惯

从学生的角度看，学生自主学习能力还有待提高，有少数学生还未养成良好的线上学习行为习惯，这直接影响了学生的学习效果。如何提升学生在线学习适应力也是急需解决的问题。

(二)线上教学问题的完善与思考

突然而至的疫情催生了线上教学的快速发展，如何充分利用网络资源和技术手段，依托各级各类在线课程平台，积极开展线上授课和线上学习等在线教学活动，提高线上教学质量，适应在线教学“新常态”也被提上了日程。学校应从以下方面开展工作：

1. 加强在线优质课程资源建设

制定武汉大学在线开放课程标准体系，规范在线开放课程建设管理，遴选学生受益面大的公共基础课程、通识课程和大类平台课，对课程内容进行重组、梳理知识点及拓扑关系，规划建设一批高质量在线开放课程。加快大类平台课程的在线课程建设，依托“珞珈在线”等校内外平台，构建线上线下相结合的教学模式，提高校内学生对在线开放课程的学习效率和使用率。

2. 建设适应学习需求的教学云平台

充分满足教师个性化教学要求，打造适应学生线上线下相结合，人人皆学，处处能学，时时可学的泛在化学习的网络新环境、资源学习平台和教学互动平台。利用网络平台，推进教师助教、研究生助教、计算机助教、教学助管“四助一体”的新型教学管理模式。

3. 通过在线教学培训提升教师教学能力

学校鼓励以信息化手段开展线上教学，通过组织 PPT 评比、板书微赛等，充分调动教师的教学积极性，促进教师教学能力提高。大力引进信息化实用互动工具，充分发挥院系(学科)教发分中心的作用，深入各院系开展教学工具培训专场，实现在线教学培训的常态化，提高教师运用信息化技术教学的能力。

4. 提升教学管理人员信息化工作能力

突发疫情极大地改变了现有教学方式，学习环境从封闭走向开放，突破时空局限，为学生提供丰富的资源，给予学生更多的自由和选择，为培养学生核心素养提供了扎实的基础条件。同时大数据、人工智能等新信息化技术推动教育体制变革，助力教育数字化转型，也要求教学管理人员持续提升信息化工作能力和管理水平。

四、结语

在疫情防控的背景下，武汉大学圆满完成了线上教学，师生反映良好，保证了疫情防控期间教学进度和教学质量，实现“停课不停教、停课不停学”。这既是疫情倒逼的应急之举，也是对前一阶段“互联网+教育”改革的一次集中展示和检验。从开学前的教学准备到开学后的教学实施，全校教师用坚守“线上教学阵地”的方式诠释着武汉大学应对新冠疫情的抗疫理念，始终坚持以提升学生学习的实际效果为中心，不断优化线上教学全过程。疫情催生了在线教学，也改变了“教”“学”“管”的形态，学校应以此为契机，持续推进互联网+、智能+教育教学改革，巩固本次在线教学实践成果，不断提高教师信息素养和在线教学能力，提升学生在线学习适应力，完善学校教学组织与课程质量保障，探索在线教学的新实践，形成在线教学的新范式，扎实推动高等教育人才培养的质量革命。此次疫情防控背景下的线上教学组织实施也是对高校教学管理体系以及危机应对能力的一种考验，我们应高度重视协同效应带来的优势，发扬疫情期间教学管协同互动的合作精神，推动构建教务管理、质量监控、教育技术、信息平台、学生管理、教师教学发展等部门协同合作的教学管理新体系，共同服务教学、服务师生，开创学校教学管理新局面。

◎ 参考文献

[1] 邬大光，李文．我国高校大规模在线教学的阶段性特征——基于对学生、教师、教务人员问卷调查的实证研究[J]华东师范大学学报(教育科学版)，2020，38(7)：1-29.

[2] 朱飞．协同学视阈下的高校多元协同创业教育研究[J]高等工程教育研究，2016(5)：39-43.

高校哲学在线教学“课程思政”建设路径探讨

吴昕炜

（武汉大学　哲学学院，湖北　武汉　430072）

【摘　要】在线教学“课程思政”建设是深化“三全育人”综合改革的一项重要工作。以哲学课程为例，高校哲学在线教学“课程思政”应从建设“三堂课”（慕课、直播课和讲座课）入手，制作有吸引力的哲学“课程思政”慕课，打造有感染力的哲学“课程思政”直播课，举办有启发性的哲学“课程思政”讲座课，从多方面形成“课程思政”建设合力，发挥哲学课程的育人作用，切实提高人才培养质量。

【关键词】哲学；在线教学；课程思政

【作者简介】吴昕炜（1981—　），男，湖北鄂城人，博士，武汉大学哲学学院副教授，主要研究方向为文化哲学、政治哲学以及批判理论，E-mail：waynewood@163.com。

当前，高校正在深入学习贯彻习近平总书记关于教育的重要论述和全国教育大会精神，认真落实教育部《高等学校课程思政建设指导纲要》，以扎实推进“课程思政”建设为抓手，构建全员全程全方位育人大格局。在这一背景下，梳理新冠肺炎疫情期间高校开展在线教学的经验，推进在线教学的“课程思政”建设，对提升人才培养质量是大有裨益的。正如习近平总书记在教育文化卫生体育领域专家代表座谈会上强调指出的：“要总结应对新冠肺炎疫情以来大规模在线教育的经验，利用信息技术更新教育理念、变革教育模式。”①及时总结在线教学取得的宝贵经验，可以为今后的教育实践打开思路，促进教学质量提高，促进学生成人成才。把在线教学的经验和“课程思政”相结合，利用在线教育的独特优势进行“课程思政”建设，可以塑造和引导学生的价值观念，使学生在潜移默化中获得人生启迪。由于在线教学“课程思政”内容十分广泛，涉及的学科领域众多，一篇论文的篇幅是难以容纳全部相关问题的。有鉴于此，本文选择以哲学学科为例，探讨哲学在线教学“课程思政”的建设路径，以一个小切口深入“课程思政”和教学改革的大领域之中，期望能为搞好在线教学“课程思政”建设工作提供思路。

一、制作有吸引力的哲学“课程思政”慕课

慕课（MOOC）的英文全称是 massive open online course，译为“大规模开放式网络课

---

① 习近平. 在教育文化卫生体育领域专家代表座谈会上的讲话[N]. 人民日报，2020-09-23.

程”。这里有三个关键词值得我们加以注意。第一，“大规模”。大规模意味着课程参与人数众多，既有众多学生，也有众多教师。同时，大规模也意味着课程的覆盖范围更广，课程影响力更大。第二，“开放式”。开放式意味着课程不再局限于一时一地，而是面向全校、全市、全省、全国乃至全世界，课程的信息、评价和环境都将是开放的。第三，“网络课程”。网络课程意味着这一课程不再是一般意义上的普通校园课程，而是借助于最新在线技术建立起的新型课程。作为大规模开放式网络课程，慕课掀起了高校教学的一场革命。它将传统课堂翻转过来，成为学生自主学习、高效学习的利器。高校哲学在线教学的“课程思政”建设要把慕课建设作为一个重要阵地，充分发挥慕课的特色，给传统教学模式注入新的活力。制作吸引学生的哲学“课程思政”慕课，让学生主动接受哲学智慧的滋养，引导学生形成正确的世界观、人生观和价值观，是哲学慕课在“课程思政”建设方面需要着力解决的问题。哲学“课程思政”慕课，不是疫情条件下开展教学的权宜之计，而是发挥哲学育人作用的桥梁和纽带。把哲学“课程思政”慕课制作好，要做到三个到位，即在思想上深刻认识到位，在内容上精心设计到位，在教学上细致管理到位。

第一，深刻认识哲学“课程思政”慕课的重要性。目前，哲学“课程思政”慕课相对于自然科学和社会科学等学科的课程而言，还存在数量较少的问题。解决这个问题，首先需要我们思想上的重视。长期以来，我们对哲学存在一种偏见，即认为哲学有一个固定的知识体系，这个知识体系可以多年不变：我们讲授哲学知识时，可以直接讲孔子、老子、柏拉图、亚里士多德、黑格尔等，似乎可以和这个世界永远不发生关联。这种哲学看起来符合哲学的学科特点，看似符合哲学的知识体系。但是，哲学如果不和时代发生关联，不和育人功能发生关联，不和国家民族的发展发生关联，那么，它是不能作为时代精神的精华而存在的。因此，借助先进教学手段，立足于当下社会讲哲学，通过讲哲学史或者研究哲学史来回答当代中国的问题，这应当是哲学学术研究和教学育人中要注意的一个很重要的问题。对哲学专业来说，处理好这个问题，就要从做好“课程思政”慕课入手，利用网络资源，结合哲学的学科特点，结合时代的真正的真问题，结合民族的真正的真问题，结合目前的热点问题来进行育人实践。这种结合不是生硬的结合，而是有机地通过哲学的反思来把握这些问题，并通过把握这些问题切入哲学课程体系的改革中。

第二，精心设计哲学“课程思政”慕课。虽然哲学“课程思政”慕课对很多哲学专业教师而言是一个新兴事物，但是，它作为慕课的一种，有着典型的特征和一些共有的规律可以加以把握。我们可以从共性和个性两个方面对它进行设计。一方面，从慕课的共性上设计哲学“课程思政”慕课。针对慕课课程时间短、逻辑性强的特点，要重新编写不同于普通课堂的慕课授课教案。普通课堂的传统教学是每堂课 45 分钟，这 45 分钟内容会在慕课视频中被切分为长度为 5~15 分钟的若干小视频。这些视频逻辑性很强，不是知识点的单纯罗列，要求教师另起炉灶，在重新理解教学内容的基础上搜集音视频素材并改写新的慕课教案。另一方面，从哲学教学的个性特征上进行设计。哲学课程强调理论的深刻性，诚如马克思所言：“理论只要能说服人，就能掌握群众；而理论只要彻底，就能说服人。所谓彻底，就是抓住事物的根本。”①哲学“课程思政”慕课要把思政元素有机融入哲学理论中，做到深入浅出，以理论的深刻性吸引学生、引导学生。

第三，细致管理哲学“课程思政”慕课。在教学实践中，慕课建设不是一劳永逸的事情，而是一个持续不断久久为功的过程。慕课上线后，教师要充分与学生互动，在线上和线下两条战线加强管理，充分发挥慕课的技术优势。具体而言，哲学“课程思政”慕课的管理可以有三条路径。第一条路径是根据实践发展及时更新慕课内容。因慕课视频制作需要一定的周期，以往上线的慕课视频有些无法满足当前教学需求，这时就应该进行内容上的增补，根据实际需要制作新的视频，将上线视频补充完整。第二条路径是根据学生实时反馈进行教学调整。教师要随时通过网络平台查看学生学习状况，把慕课当做现场教学一样，对学生进行有针对性的分类指导，加强对教学过程的控制。第三条路径是利用大数据推动教学质量提升。慕课在教学过程中会积累大量数据。这些数据是教师用来分析学生学习行为、过程和特点的重要资料。通过挖掘大数据并进行总结研究，教师可以提炼教育规律，在培养育人各环节做到心中有数，从而使教学质量更上一层楼。

从技术角度看，哲学“课程思政”慕课的管理方式已经日趋成熟。目前，教师完全可以依托各大慕课平台进行教学数据的搜集、分析与利用。以中文慕课平台为例，国内众多慕课平台可成为教师管理哲学“课程思政”慕课的好帮手。这些平台包括“中国大学MOOC”“MOOC 中国”“爱课程”“好大学在线”“学堂在线”“万门教育”“优课联盟”和“华文慕课”等。教师认真吸收这些慕课平台数据反馈的信息，可以不断提高教学的技巧和水平，进一步守好网络思政教育阵地。以武汉大学哲学学院在中国大学 MOOC 平台开设的两门慕课为例，截至 2020 年 12 月，《马克思主义哲学原理精粹九讲》共开课 12 次，已有 14089 人参加学习；《中国哲学史(先秦部分)》共开课 5 次，已有 7724 人参加学习。这两门课程把信息技术与“课程思政”充分结合，收到了很好的育人效果。不少学员在平台留言，表示从课程中既学到了专业知识，也学到了做人做事的道理。由于课程建设成效显著，上述两门课程在 2020 年 11 月被教育部认定为首批国家级一流本科课程，将在深化教育教学改革中继续发挥示范引领作用。

二、打造有感染力的哲学“课程思政”直播课

直播课程是在线教学的重要载体。高校哲学在线教学“课程思政”应在直播课建设方面下工夫。哲学“课程思政”直播课的特色在于通过网络传授哲学知识的同时，通过言传身教感染学生，使学生体会到哲学大家的生命境界与理想人格，激发学生与至圣先哲的信仰追求同频共振。习近平同志在和北京师范大学师生代表座谈时曾指出：“好老师要有‘捧着一颗心来，不带半根草去’的奉献精神，自觉坚守精神家园、坚守人格底线，带头

① 马克思恩格斯文集：第一卷[M]. 北京：人民出版社，2009：11.

弘扬社会主义道德和中华传统美德，以自己的模范行为影响和带动学生。”①建设哲学“课程思政”直播课，教师应按照这一要求身体力行，在网络空间构筑起并守护好风清气正的精神家园。具体而言，打造感染学生的哲学“课程思政”直播课，要从哲学原理课程、哲学史课程和哲学原著导读课程的直播入手，充分发挥教师的主动性和能动性，教会学生理性思考，激发学生创新意识，引导学生追求卓越。

在哲学原理直播课程中，要教会学生理性思考。哲学是爱智慧和追求智慧的学问，哲学原理的直播课程应让学生掌握哲学的核心要义，运用批判思维进行理性思考。以政治哲学视频直播课为例，教师应以问题为中心展开讲授，联系现实生活把哲学原理讲深讲透。“政治哲学属于实践哲学范畴，它与现实生活的联系非常紧密，掌握了政治哲学的核心问题及其论证发展，在处理现实政治与社会问题时就获得了较为便捷的工具。”②教师在授课时，可以通过发生在学生身边的具体事例切入。学生对这些具体的事例很熟悉，甚至可能以前就对某些事例有过不太深入的思考。因此，他们能够很容易经由教师的分析讲解而把握政治哲学的基本原理，进而在教师的指导下把思维锻炼得更为缜密。

在哲学史直播课程中，要激发学生创新意识。哲学史直播课不能单纯只讲过去，而要结合过去讲现实和未来，使学生在学习历史中更好地开拓未来的研究领域。哲学史的一个重要作用就是告诉学生以往哲学家们所提出的观点，以及后来的哲学家们对这些观点的讨论，让这些观点和讨论成为学生进行哲学创造的起点。以马克思主义哲学史直播课为例，教师要综合运用多种资源讲清楚马克思主义哲学创始人——马克思和恩格斯的观点，同时，也要把19世纪末20世纪初欧洲马克思主义哲学，以及苏联马克思主义哲学、西方马克思主义哲学和中国马克思主义哲学的发展流变清晰地展现在学生面前。完整全面地讲授马克思主义哲学从19世纪到21世纪、从西方到东方的发展，可以让学生领略到马克思主义哲学的开放性，促进学生投身进一步推动马克思主义哲学创新的事业之中。

在哲学原著导读直播课程中，要引导学生追求卓越。阅读原著是哲学专业学习的必经之路，是进入哲学殿堂的不二法门。哲学原著导读直播课要充分吸收线下课堂教学的经验，发挥经典原著的育人功能。以中国哲学原著导读直播课为例，教师要通过各种手段让书写在古籍中的文字、留存在经典中的思想都活起来。讲授儒家思想，导读《四书》，就要“活化儒学、四书当中的古典精神，使之与现代社会、现代思想结合起来，先做公民，后做君子”。③ 讲授国学经典，就要从认真研读《四书》《老子》《庄子》《左传》《诗经》《史记》《周易》《国语》《战国策》《荀子》《汉书》《后汉书》《三国志》、唐诗与宋词、《资治通鉴》等经典中领悟中华文明的博大精深和生生不息。经典是常读常新的，教师要在直播中注意保持学生的注意力，增强讲授的趣味性与生动性，让学生在轻松愉悦的氛围中潜移默

① 习近平. 做党和人民满意的好老师：同北京师范大学师生代表座谈时的讲话[M]. 北京：人民出版社，2014：7.

② 陈江进. 政治哲学教育与大学生公民意识培养[C]//李佃来. 哲学教育的过去、现在与未来. 武汉：武汉大学出版社，2017：25.

③ 刘乐恒. 四书导读课程教学探索[C]//李佃来. 哲学教育的过去、现在与未来. 武汉：武汉大学出版社，2017：139.

化接受经典的熏陶，在不断阅读中超越古人、超越自我。

打造有感染力的哲学“课程思政”直播课，教师还要注意积极学习和掌握信息技术。作为哲学教师，一方面应着力提升专业水平，筑牢哲学理论基础，创造性地把思政元素贯穿到直播教学全过程；另一方面应综合运用各种信息技术手段，及时解决直播课程中产生的问题，保障“课程思政”获得良好效果。首先，教师要加大课堂管理力度。直播课程中，教师可以利用直播平台提供的工具实时观察学生的反应，同时，也可以采用微博、微信小程序等与学生充分互动。其次，教师要加强意识形态引导。直播课程中，教师应结合当前时事热点主动设置话题，利用直播平台工具发起讨论，引导学生树立正确的政治信仰，做学生的网上引路人。最后，教师要参与网络直播平台建设。在直播课程中，教师会获得很多关于使用直播平台的心得体会，这些心得体会要及时反馈给直播平台。教师应与直播平台密切配合，力争设计出更贴近学生、更有针对性的直播工具和软件，使得哲学“课程思政”直播课发挥出最大效力。

三、举办有启发性的哲学“课程思政”讲座课

哲学不是悬置于日常生活之上的空中楼阁，而是改变世界的重要工具。正如马克思在《关于费尔巴哈的提纲》中所讲，“哲学家们只是用不同的方式解释世界，问题在于改变世界”。[①] 哲学要发挥改变世界的功能，就要直面现实，用哲学理论对实践加以分析和指导。在哲学教学中，要特别注重哲学在线教学“课程思政”的实践性，组织和举办多种类型的针对现实问题的哲学“课程思政”讲座课，用不同观点的碰撞去启发学生，教育学生把理论运用到思考和解决实际问题中。

举办有启发性的哲学“课程思政”讲座课，要把理论与现实紧密结合。在这方面，武汉大学哲学学院在新冠肺炎疫情期间进行的线上“课程思政”建设探索具有一定借鉴意义。2020 年 5 月 25—31 日，学院在线举办了“新冠疫情时代的哲学反思与心理调适”珞珈学术周。举办学术周活动的目的是对这场影响人类历史走向的大疫展开深刻的反思，帮助人们正确观察疫情、认识疫情，抚平疫情带来的创伤与阵痛，进而树立最终战胜疫情的勇气与信心，早日重建日常生活秩序。在持续一周的线上讲座中，全国众多知名专家相聚云端，通过网络直播讲座的方式共同讨论，七天的主题分别是：“中西抗疫模式的比较与反思”“从中国哲学看‘新冠疫情’”“新冠疫情背景下生态文明建设的哲学反思”“新冠灾害之时的科学与文化审视”“新冠疫情的伦理反思”“新冠疫情防控的文化心理学反思”和“新冠疫情下的心理困境与调适”。这七天的活动均通过腾讯会议和哔哩哔哩直播平台举行。其中，腾讯会议参会人数达到上限，哔哩哔哩直播观看万余人次。参加讲座的专家从不同角度对新冠疫情展开反思，从中西抗疫模式的比较中凸显了中国制度优势，从对疫情的中国哲学思考中开掘了中国哲学智慧，从反思生态文明中提出了推动新时代生态文明建设的思路，从反思科学、文化和伦理中找到了看待新冠疫情的理性方式，从对新冠疫情的心理调

① 马克思恩格斯文集：第一卷[M]. 北京：人民出版社，2009：502.

适中有效缓解了疫情带来的心理压力。

举办有启发性的哲学“课程思政”讲座课，是对慕课和直播课程的必要补充。由于慕课和直播课程均有固定的教学计划和安排，不能随意改变内容和时间，因此在面对现实问题方面具有一定滞后性的缺陷。克服这一缺陷，就需要教师根据现实问题设计相关的讲座课，邀请不同领域的专家对同一问题进行讲解，以达到用不同观点的碰撞来启发学生的目的。线上教学讲座课完全不存在时间和空间的限制，教师只要开动脑筋设计好主题，就一定能使学生从讲座课中获益。这次新冠肺炎疫情中的线上讲座课程已经充分证明这一点，可以在今后的教学实践中加以推广应用。

综上所述，高校哲学在线教学“课程思政”建设是一个综合的整体。把慕课、直播课和讲座课有机结合，在课程的吸引力、感染力和启发性上下工夫，寓价值观引导于知识传授和能力培养之中，哲学在线教学就能在帮助学生塑造正确的世界观、人生观、价值观方面发挥出重要作用。

◎ 参考文献

[1] 习近平．在教育文化卫生体育领域专家代表座谈会上的讲话[N]．人民日报，2020-09-23.

[2] 马克思，恩格斯．马克思恩格斯文集：第1卷[M]．北京：人民出版社，2009.

[3] 习近平．做党和人民满意的好老师：同北京师范大学师生代表座谈时的讲话[M]．北京：人民出版社，2014.

[4] 陈江进．政治哲学教育与大学生公民意识培养[C]．//李佃来．哲学教育的过去、现在与未来．武汉：武汉大学出版社，2017：25.

[5] 刘乐恒．四书导读课程教学探索[C]．//李佃来．哲学教育的过去、现在与未来．武汉：武汉大学出版社，2017：139.

信息技术与“新文科”建设

余婉卉

（武汉大学　哲学学院，湖北　武汉　430072）

【摘　要】新文科教育的核心是博雅教育，它与信息技术之间看似泾渭分明，但新文科力图解释人文、社会的新现象，就应善用信息技术，达成新时代教育使命。课程构架上，武汉大学教学研究重点项目“武汉大学新文科建设的理论研究和实践框架”将搭建五个模块，其中，了解人类行为和社会理论尤其需要信息技术的支持。课堂教学中，信息技术助力新文科建设，促成教学空间的重构、教学时间的优化、教学思想的回归和教学目标的革新。在信息时代背景下，新文科建设要从专业训练迈向整体视域，从学科导向转向以需求为导向，从专业分割转向交叉融合。

【关键词】新文科；博雅教育；信息技术；学科交融

【作者简介】余婉卉（1982— ），女，湖北武汉人，博士研究生，武汉大学哲学学院教师，主要研究方向为比较诗学、海外中国学，E-mail：hettyfish@ 163. com。

2018 年教育部提出人文学科发展的新方向。2019 年 4 月，为实现高等教育内涵式发展，教育部、科技部等 13 个部门联合启动了“六卓越一拔尖计划 2. 0”，提出全面推进新工科、新医科、新农科、新文科建设。由此，“新文科”成为中国高等教育人文学科教学的一大关键词，比如武汉大学在 2019 年 6 月就将“武汉大学新文科建设的理论研究和实践框架”列为教学研究重点项目。

新文科与传统文科相比，“新”在何处？一般认为，此概念源于美国希拉姆学院（Hiram College）2017 年培养方案的修订，即重组传统文科，实现文理交融，将新技术融入哲学、文学、语言等课程，使学习者投入综合性的跨学科学习中。[1]新文科教育的核心是自由/博雅教育（liberal arts education），它与传统文脉、古典学问息息相关。比如，在西方语境中，博雅教育往往和古希腊罗马文化传统联系在一起：

博雅教育是不朽的教育理论和实践，在西方可追溯到希腊和罗马的经典文化。这是一种活着的传统，深切关联着不断变化的文化语境。[2]

故此，新文科意味着受教育者展开对文化经典的研读，并试图阐释其思想意涵，持续接受训练和自我训练，获取终身学习的动力。

而信息技术（information technology），作为管理和处理信息的技术，主要借助于计算机科学、通信技术和软件开发。随着科技进步，信息技术为当代教学提供了越来越多的支持，促进了教学观念、组织、内容、环境，乃至实现教学所有环节的数字化、信息化，从而在根本上提高教学质量和效率。

新文科与信息技术，人文社会科学与自然科学，古典与现代科技，研究对象和研究方法存在较大差异，看似泾渭分明，其间果真有不可逾越的鸿沟吗？不尽然。新文科的出发点，并非出自好古精神（antiquarian spirit），而是要回应不断出现的新问题，力图解释人文、社会的种种新现象。实际上，信息技术的运用，有益于推进新文科建设，本文即试图从课程架构、课堂教学这两大层面来论述这一话题。

一、信息技术与新文科的课程架构

居于新文科核心的博雅教育理念，之所以高扬古典传统，在于世界文化经典对人性的卓越和现代社会的理想具有不可替代的意义。不论是博雅教育，还是通识教育（general education），都主张以“成人教育”统领“成才教育”。达致“成人”（fully human），道德完满与心性开放是不可或缺的，新文科的课程构架必须对此有所顾及，而信息技术将成为此一架构中的要素。

成人教育，关乎人的道德，它在中国传统文化中是孔子所主张的“仁”的境界之一。《论语·宪问》中，子路问成人，孔子于是诠说“成人”，最后落脚到“见利思义，见危授命，久要不忘平生之言”。[3]可见，人能否正确对待利益、危险、困境，是判断“成人”的重要指征。

成人教育，还主张人应以开明的眼光看待世界，以理性的态度对待不同的文化现象。若要成为完全的人，则人们不能局限于自己周遭的文化而管窥锥指。柏拉图《理想国》中的苏格拉底，便通过洞穴影像来比喻“受过教育的人”和“没受过教育的人”具有本质差异，说明人一旦被解除穴居的禁锢，矫正迷误，“他会宁愿忍受任何苦楚也不愿再过囚徒生活”。[4]

“成人”所蕴含的道德诉求和知识诉求，在英国维多利亚时代文化主将马修·阿诺德（Matthew Arnold）的言说中得到了综合：

文化即对完美的追寻。它的动力并非只是或首先是追求纯知识的科学热情，而且也是行善的道德热情和社会热情。[5]

最理想的人文学科并不止步于务虚。美国学者安东尼·格拉夫敦（Antony Grafton）就曾指出，早期人文主义者研习浩瀚的文本、议题和困境，他们锻造的许多技术方法，在18世纪晚期具有革命意义的德国语文学家那里仍然适用，“他们还在经典中发现了实用性——之于战争和行政，比如演说和史诗”。[6]

可见，新文科教育的目标不止于培养读书著述之士，更希求教化出关心现实而有所作为的人。人类的历史意识、文明和身份感知、形上学思考、人文想象力，应该在知识教育中，通过富有关联和逻辑的课程层次被递进地加以展现，并付诸教学。理工科学生应该加强人文素养，自不待言；而人文学科的学生，更需要经济知识、政治哲学和社会理论的高水平训练，并且要学在当下，面向未来，适应甚至推动时代发展，对科技领域有所了解、善于学习。新文科建设要融通于信息时代，在课程构架上就应该以五个模块为津梁：①整合的哲学思维和判断力；②审美体验和文学；③古典文明和现代世界；④人类行为和社会理论；⑤科学精神和技术趋势。

这五个课程模块分别以塑造学生的智性思维、审美感知、历史意识、社会认知、科技眼光为旨归。其中，了解人类行为和社会理论，尤其需要信息技术的支持。在大数据和量化研究的背景下，量化社会学、计量历史、数字考古学、计算传播学、计算政治学等学科兴起。而自然科学本身就与哲学等学科具有密切的历史渊源，科学精神富含智慧之美；技术趋势使得人们即便甘愿“埋首于故纸堆中”也能更有效率。可见，信息技术与新文科课程架构相互促进、相互成就。

“武汉大学新文科建设的理论研究和实践框架”项目中，培养体系框架设想为：采取人文科学、社会科学大类招生和培养 1+3 模式；将整合的哲学思维、历史-文明、人文社科和科学理论-方法论与专业教育交织在一起。其中，针对文科学生打通的公共修习课程，主要的目标是以思想-学术式教学的模式塑造学生的普遍知识和公共知识。包括：①古典语文课程(古汉语、拉丁文、古希腊语)；②普遍知识课程(形上学和哲学思维、逻辑学和伦理学、历史和文明传统、文学和艺术、社会和经济理论、科学的精神及其逻辑、数据化和技术前景)；③经典研读(中西经典精读)；④交流和写作。

在这一培养体系里，普遍知识课程尤其要包含人类行为和认知、人工智能和数据社会等前沿课程。因为当博雅教育强调细读经典时，象牙塔中的学生易于滑向一个极端——沉溺于琐碎的知识点中，极度崇古，满足于饾饤之学、屠龙之技，反而将求学的宏旨遗忘。须知，这类现象在学术史、知识社会史中时有发生。比如 17 世纪末至 18 世纪的“古今之争”。

在“古今之争”中，英国作家乔纳森·斯威夫特(Jonathan Swift)写下了《书战》(*The Battle of the Books*)。《书战》里有一对著名的比喻——“蜜蜂”与“蜘蛛”。“蜜蜂”比喻勤于学习文化经典的人，他们不追求眼前的时髦观念，愿意跳出狭小心智，去“探访那些田野和花园中各种各样的鲜花”，汲取养分，培养判断力和辨别力，获取甜美的“蜂蜜和蜜蜡”。与“蜜蜂”相对，“蜘蛛”则依赖内在资源而自满，迷恋自我，固守狭小天地。斯威夫特的本意是厚古重经典，讥讽“现代文学”的拥趸，但借助这一对比喻，可以反过来说，无论“古”还是“今”，人文教育都不能执囿于自我。新文科培养体系中的普遍知识课程，要鼓励老师和学生勇于面对当下，借重人类过往的智慧去认识当下，从书斋中走出来。

此外，当今盛行多元主义文化，国内外有不少人以“种族、性别和性取向”为理由，质疑大学人文经典教学，认为经典不过是历史的产物，是“主流群体”对“边缘群体”进行压迫的结果，主张在人文教育中“去经典化”，并将此视为一种自我“解放”。如果新文科培养体系与数据化、计算机化(humanities computing)相结合，在信息技术的支持下，我们就可以通过大数据俯瞰当下的经验，摆脱视野限制所带来的固有执念，修正、扩展个体原有的经验和观念，正所谓“其视下也，亦若是则已矣”。

二、信息技术与新文科建设的课堂教学

教育部高等教育司有关领导提到，加强新文科建设要把握新时代哲学社会科学发展的新要求，培育新时代中国特色、中国风格、中国气派的新文化，最后要形成中国学派。[7]课程构架是培养规划，而课堂教学则是教育理念得以落实的渠道，是新文科区别于传统文科的最终体现。下文即从教学空间、教学时间、教学思想、教学目标等四个方面论述信息技术与新文科建设中课堂教学的关系。

(一)教学空间的重构：混合式教学

在互联网等信息技术的支持下，新文科的课堂教学不必一味局限于实体教室，可以采取“线上+线下”的混合式教学，通过两种教学组织形式的有机结合，重构教学空间，改变教学模式，引导学习者逐步进入深度学习。

混合式教学不仅对新文科建设而言是势在必行的，实际上，整个高等院校的课堂教学再也不可能停留于传统的授课方式。高等教育的开放性、先进性，意味着教师不宜阻止学生在课堂上使用电脑等设备(尤其是当学生以此为学习工具时)。于是，教师提出一些概念、观点、理论、难题时，学生随时可以进行网络搜索以解惑，有时还会质疑、颠覆教师的说法。那么，传统课堂上教育者与被教育者之间的信息差就被打破，要维护“师道尊严”，就不应该回避这类问题，而应善用这一境况，以此为契机，既提升自己，也引导学生。

不单是“时势所迫”，就新文科建设的教育理念来说，混合式教学也是必要的。美国著名教育家哈钦斯(Robert Maynard Hutchins)曾指出，博雅教育的内容是“辨认出基本问题、了解论题的差异和相互关系，以及理解各种理念”。[8]新文科以博雅教育为核心，反对概论式的灌输式教学模式，重在训练学生的思辨能力，从而更好地认识问题，更妥善地解决问题。因此新文科建设关注理论和方法论课程，力图改变当下大学文科教育重经验式、标签式、陈述式的定性知识教学的面貌。

线上与线下相结合的教学空间，增强了教育者和受教育者的互动，使得教师更容易发现学生的知识关注点和认知特点。例如，新冠疫情期间，不少教师原本对网络授课怀有抵触情绪，但运用线上教学之后，发现学生在网络课堂里比实体教室更畅所欲言，虽然空间有隔，可师生之间的精神距离反而被拉近了。歌德曾言：“教材应该引人入胜：要做到这一点，只需它们展现出学问与知识的最绚烂夺目、最平易近人的一面即可。”[9]新文科强调研读“伟大的书”，其书写样态、写作背景、流传历程大多与我们相去甚远，令人生畏，对年轻的学生而言更是遥不可及。而线上教学所凸显的主动性、随和性，能自动甄选出经典之作“最绚烂夺目、最平易近人的一面”，从而修正、补充教学中的重点、难点和盲区。

新文科课程要求学生在课下广泛阅读，而线上教学在书目指导方面更为直观而准确。在线上提供的书目往往是以“文件夹-索引”的形式呈现，这正是人文学科电子化的开端。索引对于信息的分类、架构乃至搜寻是至关重要的。借助索引，海量知识将以超文本

(hypertext)的形式展现在学生面前，便于非线性的阅读(nonlinear reading)。[10]实际上，授课内容有明确的索引、类别和层次分明的文件夹，不仅便于学生整理课上所学，也能使他们养成随手札记、搜集资料的习惯，在知识的分类和统合中培养逻辑思维，而这些都是学术研究、论文写作所需的关键能力。在人文学术研究中：从任何一点切入，都必须探察联系无限延续的人与事，因而进入之前须把握整体，进入之后须有整体观念和眼界，如此才能深入、适当，否则只见树木，不见森林，无法“求真”。

作为高等教育内涵式发展的体现，新文科建设追求高品质的教学，着力挑战学生的智力，这对教师团队构成了挑战。混合式教学能重塑教师的教学能力，使教师与学生共同学习和探索，互相激发，教学相长，从而培养出符合新文科教育要求的团队，塑造新型的学园(academy)形态和新型的教学关系。

(二)教学时间的优化：翻转课堂

对新文科建设来说，“翻转课堂”(flipped/inverted classroom)也是一个积极的概念，它能最大限度地利用课堂时间，提高教师的授课效率和学生的学习效率。

毋庸置疑，翻转课堂与混合式教学的含义有所叠合，这种教学模式由互联网尤其是移动互联网所催生，极大颠覆了基于印刷术的传统课堂教学。借助信息技术，学生在实体课堂外灵活、主动地自主学习，在课堂上参与度更高。于是，课堂内外的时间被重新调整，学习的决定权从教师转移给学生。而新文科建设反对浮泛不实、陈陈相因的课堂讲述，注重知识和思想的密度。采用翻转课堂，新文科的教学活动就不必受制于有限的课堂时间，教师可以让学生在课前先学习、消化一些概念性、知识性的内容。学生可以通过教师所开具的参考书目，构架知识谱系，阅读相关纸质或电子书籍；可以听取课程音频、慕课，从而对课程内容有直观感受；可以组织、参与网络讨论，促进学术交流。

新文科课堂时间的优化，有利于实现博雅教育的本质——人能够通过阅读、思考来理解这个世界，发现自己的本性，从而达到最终的自由境界。阅读是无法由他人替代的，以往的文科教学经常是教师大量复述文本内容，学生接受的只是二手知识和思想，没有动力和时间去精读文本，于是放弃独立思考的机会。但在翻转课堂里，教师通过引导、点拨更切实地与学生交流，了解学生，从而真正做到因材施教。学生则得以自主规划学习进度，不断尝试最适合自己个性和需求的学习节奏，落实阅读任务，发掘阅读兴趣。

由此，学生有更多时间去直接阅读文本，与伟大的人文经典对话。正如美国学者彼得·布鲁克斯(Peter Brooks)所言：

作为教师，我们在与他者声音的对话中言说，为了对话的公正性，我们尽力以最大的公正让这声音如其所是地呈现于课堂。

因而，细读的规则就在于忠实地再现他人的声音和形象，或许可以更确切地说，是通过我们自己的言说行为来激活他人的声音或形象……在学习文本性人文学科(textual humanities)的体验中，“同情”和“移情”居于核心地位。[11]

阅读“伟大之书”，就是提倡学生“亲自”阅读文本，教师不搅动文本的完整性。假如教师实行“一言堂”，将文本演绎成自己的言说，学生听来酣畅，但实则不知道羼杂了多少教师的主观看法，学生只是被动接受。通过翻转课堂，学生获得了更多的学习动力，对经典文本有了切实的“理解与同情”。

譬如，笔者近年在“弘毅国学班”开设了专业选修课“西方文学专题”，从2016年起就将这门课的期中考核设置为“西方文学的戏剧呈现”，要求学生分组在考核课上进行戏剧表演竞赛，并宣布优胜组将获得奖励。借助信息技术，学生开始在课下广泛搜集、阅读相关资料，然后选择文本，设计剧目。为了最完美地展示自己对文本的理解，学生不断打磨剧本、背诵、继续查阅资料。最后到了考核时，各组之间良性竞争，为了还原或颠覆文本，还在服装、道具、化妆、灯光上下足工夫。几年下来，这门课的期中考核成了国学班学生的狂欢节。甚至有一年课上，笔者见学生以大四学生为主，提出减轻“负担”，打算期中考试采用其他方式，不料却遭到学生异口同声反对。这足以表明学生是多么渴求这种以他们为主体的教学模式，而这种模式的开展离不开信息技术的支持。

(三)教学思想的回归与教学目标的革新

新文科建设在教学思想上对启发式教学有所回归。众所周知，启发式教学是人类最古老的教育理念和方法之一，它因孔子和苏格拉底而得以彰显。当新文科倡导博雅教育、经典研读时，其意图并不是让学生固执于文本，否则“尽信书不如无书”，而是启发学生的求知热情和思维、实践能力。

借助网络，师生查阅、获取、利用相关学习资料都更加便捷。但文本的易得只是教学的第一步，教师引导学生接触古典传统、时代智慧中真正严肃深刻的内容，是为了鼓励学生去进行有价值的探索。当代重要思想家艾伦·布卢姆(Alan Bloom)即指出：

(教师)必须始终盯住人类完美的目标，同时也要把握自己眼前的学生禀赋。他得不断地认识前者，评估后者达到这个目标的能力。关注年轻人，摸清他们的渴望和领悟能力，是这一行的本质。必须探测和找出这些渴望。不能对切实的需求做出回应，就算不上真正的教育；缺了这一条，再多的收获也无足挂齿。[12]

新文科主张以充满想象力的方式传授知识，触发学生的好奇心，通过兴趣养成学习习惯，正所谓“知之者不如好之者，好之者不如乐之者”。而在启发式教学中，学生更易养成批判性思维和创新意识。

既然新文科建设的重点不在“好古”而在“敏求”，那么教师对学生的启发必须结合时代要素，应具有信息时代的特点。因此，在新文科的课堂上，学生既接受伟大精神遗产的激励，也明白自己身处政治、经济全球化大潮中。于是，在信息时代背景下，新文科建设便从专业训练迈向整体视域，从学科导向转向以需求为导向，从专业分割转向交叉融合，这意味着教育目标的革新。

20世纪70年代以来，学科交融的浪潮从未消减。而新文科力图从多学科(multidisciplinary)模式调整到学科交融(interdisciplinary)模式。有学者甚至认为，现在的学科分类，文史哲、政经法、数理化、工农医等，只具有教育学的意义，不具有学术研究的意义。[13]以往的各种文科试验班，其学生培养模式不过是中文、历史、哲学系的概论课程简单相加，课程架构缺乏内在关联和整体的人文科学意识，对于社会科学研究领域缺乏兴趣和关注。并且，三个大的学科领域的拼盘式叠加，课程架构粗疏浮泛，损害了专业性教育带来的学科意识和训练效果，使得学生既不博雅也不精专。新文科的教育理念是将人文科学看成追问和理解人的意义世界的整体问题意识的领域。在全球新科技革命、新经济发展、中国特色社会主义进入新时代的图景中，新文科以继承与创新、交叉与融合、协同与共享为主要发展建设途径，促进多学科交叉与深度融合。

对整合(integration)的关注，意味着寻求跨学科教学的学者们必须接受新的挑战。[14]就广义的人文学科内部而言，新文科教育立足在现有的人文社科院系专业教育基础，它融合了文、史、哲和社会科学诸领域的学科思维，但不是文史哲和社科的简单相加。这种学科视域整合的教育，如果得到审慎、明智和得当的设计的话，完全可以提升专业教育的深度和精度。教师有必要启发学生深刻理解时代变革的动因，探索未来趋势。学生要试图辨析文化多元与地缘政治体、族群意识与利益分歧、规律法则和无序现实、数字化生活、虚拟社群及其交互、人工智能、科技发展带来的伦理困境，等等。在教与学的互动中，师生对时代变革展开知识回应、探索预估和价值判断。

在这种启发下，学生能够更主动、专注地以项目为关注点展开学习，从而对课程产生更深刻的理解，有更强的驱动力去研究解决现实世界所面临的各种问题。教师的教学目标也得以革新，单纯的知识传授转变为教师引导学生将知识储备、个体情感和社会实践相结合。比如，在教师的指导下，学生可以组队研发设计以介绍、讲解人文、历史知识为内容的短视频或 app，寓教于乐，通过实践进行更真实的学习，既保持人文学科的品格，又兼顾历史传统、人文精神的普及。

三、结语：信息技术与新文科还需协调

人文学术创造、研习与传授的方式，与知识载体、书写工具、传播媒介等物质因素有着密切的关系。新文科建设既然高扬“新”，就不宜泥古不化，而应该善用信息技术，达成新时代的教育使命。有研究者指出：“随着现代科技的发展，可以将智能技术、计算机应用技术、大数据、云计算等研究方法融入新文科建设研究方法和教育手段当中，以此来推动文科类学科的发展；同时，以文科的人文优势来填补理工类教育中相对缺少的对人格修养、审美情操和社会责任感等方面的培养。”[15]

不过，在新文科建设中利用信息技术，其过程不是一蹴而就的，还有问题亟待解决。例如，经典著作研读课往往采用“会读”法，需要老师引领学生逐字逐句研读，不放过一个字。这种课程很难转变为线上课堂，因为学生在网络上不易长时间集中注意力，一旦自己不是主讲者，就会渐渐游离其外。

此外，新文科毕竟要弘扬人文精神，而大数据时代的数字生活容易淹没对人性的关注，两者之间还需协调。人文学科的教师是幸运的，因为学生们带着阅读的欲望走入课堂。但如果使用信息技术时，过度工具化，那么就会与新文科的建设宗旨背道而驰。信息技术不是目标，而是手段，使用它的目标是为了促进师生持续展开自我教育，正如哈钦斯所说：

博雅教育的目标是人类在私人领域和公共领域(人是政治动物)中的卓越，是人作为人的卓越和人作为公民的卓越。它把人视作目的而非手段，它关注人生目标而非实现这一目标的手段。[8]

◎ 参考文献

[1] 麦可思，王慧．一场新文科的尝试[N]．北京日报，2018-09-19.
[2] DeNicola D R. Learning to flourish：a philosophical exploration of liberal education[M]. London：A Bloomsbury Company，2012.
[3] 杨伯峻注．论语译注[M]．北京：中华书局，2016.
[4] 柏拉图．理想国[M]．郭斌和，张竹明，译．北京：商务印书馆，2015.
[5] 阿诺德．文化与无政府状态[M]．韩敏中，译．北京：三联书店，2008.
[6] Grafton A. Defenders of the text：the traditions of scholarship in an age of science，1450-1800[M]. Cambridge：Harvard University Press，1994.
[7] 樊丽明，等．新文科建设的内涵与发展路径[J]．中国高教研究，2019(10)：13.
[8] 哈钦斯．伟大的对话——一种博雅教育的本质[C]//董成龙．大学与博雅教育．北京：华夏出版社，2015：20.
[9] 库尔提乌斯．欧洲文学与拉丁中世纪[M]．林振华，译．杭州：浙江大学出版社，2017.
[10] Le Deuff O. Digital humanities：history and development[M]. London：ISTE Ltd and John Wiley & Sons，Inc. 2018.
[11] Brooks P，Jewet H. The humanities and pubic life[M]. New York：Fordham University Press，2014.
[12] 艾伦·布卢姆．美国精神的封闭[M]．战旭英，译．南京：译林出版社，2011.
[13] 王学典：从“分科治学”走向“科际融合”[N]．北京日报，2020-07-20.
[14] Lattuca L R. Creating interdisciplinary：interdisciplinary research and teaching among college and university faculty[M]. Nashville：Vanderbilt University Press，2001.
[15] 安丰存，王铭玉．新文科建设的本质、地位及体系[J]．学术交流，2019(11)：11.

替代还是互补？信息技术与传统课堂融合的前景与应对

温兴琦

（武汉大学　经济与管理学院，湖北　武汉　430072）

【摘　要】信息技术对社会各个领域产生了广泛深远的影响，其不仅对传统课堂教学具有较强的替代效应和互补效应，而且与其深度融合并向更高级形态共生演化。分析了信息技术在教学中运用的现状与利弊，并对两者之间的关系及其融合前景进行了全面阐述，提出了信息技术与传统课堂教学深度融合背景下的应对策略。

【关键词】信息技术；传统课堂；替代；融合；对策

【作者简介】温兴琦（1978—　），男，湖北松滋人，博士，武汉大学经济与管理学院工商管理系副教授、武汉大学中国产学研合作问题研究中心副主任，主要研究方向为创新管理、企业环境与战略，E-mail：bosswenxq@163.com。

【基金项目】武汉大学教学研究项目工程训练与大学生创新教育专题研究项目“高校创新创业教育评价监测体系构建与应用研究”。

一场突如其来的新冠肺炎疫情，给全球经济带来了前所未有的巨大冲击，也深刻影响到人们生产生活的各个方面。当然，这场疫情对于教育的影响也不容忽视，自疫情发生以来，全球范围内的学校停学、延迟开学、线上教学已成为新常态，直接驱动着各层次、各地区、各种类型的教育机构的教学方式与教育理念的转变，其中，最为重要的转变体现在以信息技术为支撑的教学方式的广泛采用，对传统课堂教学方式形成了广泛的替代和冲击。据有关机构的统计数据，全球有15亿学生无法接受实地课堂教学，数亿人只能通过网络学习。经济合作与发展组织（OECD）教育主管安德烈亚斯施莱歇尔将这种情况称作学习进步的“伟大时刻”。

当前，国内疫情防控取得阶段性胜利，国外疫情仍在进一步蔓延。统筹推进常态化疫情防控和经济社会发展成为当前我国各项工作的主旋律，在线教学、远程学习等方式成为教育领域的新常态。在这种宏观背景下，如何进一步推进信息技术的使用并使其与传统课堂教学有机融合和优势互补，是教学主管部门、教育机构及广大师生共同关注的关键问题。那么，在新常态下，如何认识信息技术与传统课堂之间的关系？两者之间是替代还是互补的关系？如何协调它们之间的关系以更好地促进教学方式方法革新和教学效果改进？本文对这些问题进行了初步探讨，以期为新常态下的教学改进与创新提供相应对策建议。

一、信息技术在教学中运用的现状与利弊分析

信息技术作为人类文明进步的重大成果，已成为现代社会发展进步的重要引擎，融入人类活动的各个领域和环节之中。在教育领域，信息技术更是得到了广泛的运用，为教育方式改进、教育理念转变、教育质量和水平提升提供了坚实的硬件和软件保障。在信息技术的支撑和驱动作用下，传统教育教学形态和活动边界发生了颠覆性变化，进入了全新的发展阶段，并将持续演进。

(一)信息技术在教学中应用的现状

自信息技术产生以来，其显著的信息性和技术性迅速在生产生活中得到充分体现和运用。所谓信息性，是指信息技术的服务主体是信息，核心功能是提高信息处理与利用的效率和效益；技术性即方法的科学性、工具设备的先进性、技能的熟练性、经验的丰富性、作用过程的快捷性及功能的高效性等。此外，信息技术还具有突出的动态性、共享性、可变换性等特性。这些特性使得信息技术在现代教学中受到越来越多的重视和应用。从当前各类别、各层次的教学活动来看，信息技术的应用呈现出几个方面的特征和趋势。

1. 应用范围非常广泛

由于信息技术具有的突出优势，其对教学方式和教学效率效果的促进作用较为突出，因此在教育领域得到了广泛应用。其在教学中的应用范围极其广泛，一方面，信息技术教学涉及的教师和学生群体广泛，且呈迅猛增长态势。2013 年中国刚开始推行在线教育时，用户数量仅为 6720 万人，而据 2020 年 4 月 28 日中国互联网络信息中心发布的第 45 次《中国互联网络发展状况统计报告》的数据，截至 2020 年 3 月，我国在线教育用户规模达 4.23 亿，占网民总量的比例达 46.8%[1]。值得一提的是，根据 2019 年中国互联网络信息中心第 44 次《中国互联网络发展状况统计报告》，预计 2020 中国在线教育用户规模将达 3.05 亿人，而本次新冠肺炎疫情导致 2020 年的在线用户规模大大超过这一预测数据(见图 1)。另一方面，信息技术教学覆盖的教学层次非常全面，从学前教育、中小学、大学到职业教育、成人教育、继续教育等，信息技术都融入其中，发挥着强大的支撑功能。据艾媒咨询的数据，2019 年中国中小学在校学生数达到 17802.6 万人，疫情期间，83.0%的中小学学生通过在线直播的教学方式参与学习。而据教育部高教司数据，截至 2020 年 5 月 8 日，全国 1454 所高校开展在线教学，103 万教师在线开出了 107 万门课程，合计 1226 万门次课程，其中既包括理论课，也包括实验课，参加在线学习的大学生共计 1775 万人，合计 23 亿人次[2]。此外，信息技术支撑的在线教育涵盖了公共课、专业基础课、专业课、理论课、实验课等多种课程类型。

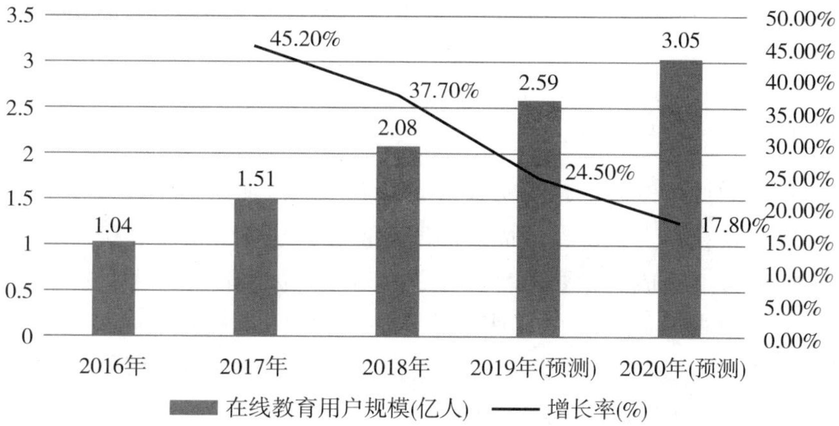

图 1　2016—2020 年中国在线教育用户规模及预测

资料来源：中国互联网络信息中心．第 44 次《中国互联网络发展状况统计报告》[R]．北京：中国互联网络信息中心，2019.

2. 应用形式丰富多样

从近年来信息技术在教学中应用的情况来看，其应用形式丰富多样，并不断更新演化。具体来讲，信息技术支撑的在线教学形式主要包括实时直播、录播、直播面授、一对一面授等。这些形式各具特色与优势，适用于不同的课程、对象和场景(见表 1)。

表 1　**不同信息技术教学形式比较**

教学形式	优　点	缺　点	普及程度
实时直播	时效性强，师生互动好，能调动学生参与热情，不受学习地点和空间限制	统一时间、以班级为单位组织，对时间和教学组织要求较高	高
录　播	课程知识编排严谨，系统性好，方便学生使用。对学生没有学习时间、地点、空间限制，灵活性较高	对学生自学能力相对要求较高，不能实时答疑，互动性不强	较高
直播面授	兼具传统教学和直播教学的优势，师生有实时互动，能实时答疑，人数没有限制	对网络的要求比较高	较高
一对一面授	具有实时直播和传统面授的优点，能充分落实因材施教的理念	参与的学生数量非常有限	低

同时，从信息技术本身的类型看，各种信息技术的硬件和软件得到了不同程度的应用，如计算机辅助教学、多媒体教学、网络课堂教学、MOOC 等，而网络在线课堂又可以采用各种类型的平台软件，如腾讯会议、ZOOM、微信或 QQ 群、钉钉、学信网等，此外，许多学校或教育主管部门也纷纷开发了自己的网课平台。

整体而言，当前信息技术在教学中得到了广泛而形式多样的应用，采用何种形式，主要由课程类型、授课教师及学生特点等因素综合决定，体现出对师生的充分尊重与人文关怀。

3. 应用层次日益加深

随着信息技术的持续发展以及本次疫情的强力冲击，加之全民教育意识的增强，基于信息技术的教学方式在整个教育领域应用的层次也日益加深，成为各国教育重要的组成部分。当前，在线教育逐渐成为重要的学习形式并对教育体系产生了深远影响：一是促进了教师“教”的变化，教师从刚开始的紧张、抱怨，慢慢变得兴奋和从容，教学信息化素养得到空前提高，许多老师甚至对成为网红教师感到非常自豪和骄傲；二是促进了学生“学”的变化，据有关机构的调查数据，学生对学习自主性和师生互动性的满意度甚至超过了面对面的传统课堂教学，他们对新的教学方式的接受和适应程度较高；三是促进了学校“管”的变化，学校的教学管理由过去面对面转变为现在的背靠背管理，教学主管部门和人员依靠大数据、人工智能等收到了更为精准有效的管理成效；四是促进了教育形态的变化，随着学校“围墙”的坍塌，信息技术支撑的教学方式不仅打破了物理上的围墙，也打破了师生心理上的围墙，形成了时时、处处、人人皆可学的全新教育形态。

(二)信息技术在教学中运用的利弊

信息技术融入教学过程之中，已成为难以抵挡的潮流和趋势。其在给教学带来显著便利和促进作用的同时，也存在着一定的弊端(见表2)，只有全面客观审视这些优点和弊端，才能在教学中更加合理地运用信息技术，扬长避短，真正促进教学效果的提升。

表2　　**师生对线上教学与实体课堂相比的优势认识情况**

教师对线上教学优势的认识	人数/比例	学生对线上教学优势的认识	人数/比例
提高学生自主学习能力	500/67.8%	提升自主学习能力	1838/45.3%
线上交流、学生发言踊跃	350/47.4%	线上交流、学生发言踊跃	1142/28.2%
积累共享数字教学资源	413/56%	自主点播、学习可控	2384/58.8%
其他	56/7.6%	学习空间自由	2679/66.1%

资料来源：李晓锋．武汉大学疫情期间在线教学报告[J]．中国教育网络，2020(9)．

1. 信息技术融入教学的优点

将信息技术融入教学中，恰当地应用信息技术工具、多媒体课件资料等形式和内容，对活跃课堂气氛、激发学生兴趣、突破教学难点、塑造学生创新思维、培养学生创新能力、提高教学效率等都有着极为显著的作用。尤其是在人类全面进入信息时代的背景下，科学合理地应用信息技术，对于适应学生学习和生活方式、思维理念，促使其更加充分和深入地嵌入课堂教学，也具有极为现实的优点。

2. 信息技术融入教学的弊端

信息技术在教学中的应用，存在的弊端主要表现为：一是地区发展不均衡，导致教学质量参差不齐。我国区域发展不平衡，在信息基础设施建设、教育思想观念方面，东部发达地区都优于中西部欠发达地区，因此不可避免地造成区域教学水平存在差距。二是教学交互性较差，由于采用信息技术的教学过程，往往不强制要求教师和学生在时间和空间上完全同步，客观上造成教学交互性差，尽管在网络教学过程中广泛使用了增强交互性的BBS、弹幕、群信息等技术，但与传统课堂教学过程中师生面对面的沟通相比，其效果仍存在明显差距，与传统课堂面授教学相比，教师认为采用信息技术教学最大的缺点是无法及时了解学生的学习状态，而学生普遍认为最大的劣势是缺乏课堂学习气氛。三是对信息技术基础设施完备性和稳定性的依赖程度较高，一旦出现硬件、软件故障或网络信号等问题，教学活动便难以正常进行。据赖瑾怡、庄妍等进行的疫情期间大学生在线学习效果调查报告，仅44.51%的受访对象网络流畅，剩余近半数受访对象在线学习效果均受网络卡顿影响。因此，信息技术融入教学使得教学过程变得更加脆弱。

综上所述，信息技术在当前教学过程中得到广泛深入的应用，在部分冲击和替代传统课堂教学的同时，既对传统课堂教学形成了良好的补充，显著地改进了教学效果，也存在着较为突出的问题，掣肘了整体教学质量和效果的全面提升。从这个意义上说，信息技术与传统课堂教学之间并不能完全替代，而是替代与互补并存。

二、信息技术与传统课堂教学的替代与互补关系及演进趋势

如前所述，信息技术在教学中的应用日益广泛和深入，对现代教学理念、方式及效果产生了实质性的深远影响。但信息技术教学与传统课堂教学之间的关系如何呢？到底是信息技术教学会替代传统课堂教学，还是两者会走向融合？对这个问题的正确识别与判断，有助于教育主管部门制定合理的教学管理政策，也有助于师生合理地应对当前教学信息化的潮流与趋势。结合现有研究和信息技术在教学中应用的实际情况，我们认为，信息技术与传统课堂教学的关系既非单向的替代关系，也不是简单的融合关系，而是替代与融合并存且向更高层次迭代演进的关系模式。

（一）信息技术与传统课堂教学具有较强互补性

作为一种流传久远的教学方式，传统课堂教学具有多方面的优势，如面对面的师生沟通能强化人与人之间的情感交流，突出教师教学的个性化和艺术性，有助于良好的课堂控制等，当然也存在着许多难以回避的缺陷。信息技术则能充分发挥自身优势，有效弥补传统课堂教学在时间和空间上的不足之处，解决传统教学方式在信息时代遭遇的各种困境。因此，两者各具优势，具有较强的互补性。

（二）信息技术对传统课堂教学存在一定替代

无论是从关于信息技术和教育教学的理论研究，还是从信息技术在教学中的应用现状和趋势来看，信息技术在支撑和促进传统课堂教学的同时，已在很大程度上对传统课堂教学产生了替代效应。这种替代效应不仅体现在教室、教材、设备等各种教学的硬件和软件设施方面，也体现在教学的组织方式和思维观念上，甚至还体现在教师的数量和形态上。特别是在当前人工智能加快发展和应用的趋势下，传统课堂教学被信息技术替代的潮流日渐高涨。英国广播公司通过分析365种职业未来的淘汰率，认为电话推销员、打字员、银行职员分别以99.0%、98.5%、96.8%的比例将会最先被人工智能取代，基于此，有专家认为，教师的工作和其他工作没有本质的区别，肯定会被人工智能取代。因此，信息技术对传统课堂教学的替代效应是客观存在的，只是在替代程度上存在不同的观点。

（三）信息技术与传统课堂教学日益深度融合

表3的数据表明，在新冠疫情期间，武汉大学实行线上教学，但仅有2.7%的教师和5.4%的学生认为，线上教学能完全替代传统课堂教学，而认为不能替代、只能补充的分别占43.5%和35.4%。因而，在很大程度上信息技术与传统课堂并非替代关系。更为普遍的观点认为，信息技术与传统课堂教学是相互补充、逐渐融合的关系。通过融合，信息技术手段在教学中得到应用，使得教学环节数字化，实现教学质量和效率的提升。同时，两者融合的教学模式仍然以现代教学理念为指导，以信息技术为支持，应用现代教学方法[3]。而且，现代信息化教学离不开互联网的支撑，合理有效地利用互联网能极大地拓展传统教学方式的发展空间，互联网信息技术和传统教学模式的深度融合无论是对课堂教学环节、师生互动交流还是教学环境和教学模式等都会产生积极的影响。从这个意义上说，两者日益深度融合将会是一种长期存在的状态和趋势。

表3　　**武汉大学师生对线上教学作用的认识情况**

对线上教学作用的认识	教师（人数/比例）	学生（人数/比例）
完全替代	20/2.7%	219/5.4%
部分替代	397/53.8%	2400/59.2%
不能替代只能补充	321/43.5%	1435/35.4%

资料来源：李晓锋．武汉大学疫情期间在线教学报告[J]．中国教育网络，2020(9)．

（四）信息技术与传统课堂教学融合的前景——向更高级形态共生演化

信息技术与传统课堂教学的融合，是在运用信息技术改善教与学环境和教与学方式的基础上，进一步实现教育系统的整体结构性变革，超越了运用信息技术去改善教与学环境或教与学方式的层面，是一场全面深刻的教育创新革命，颠覆了传统的教学模式，在教学方法、教学工具、教学内容上都发生了深刻变革。全球领先的第三方数据挖掘与分析机构艾媒咨询的分析数据显示，56.2%的受访者看好在线教育在后疫情时代的发展前景。艾媒咨询的分析师认为，在疫情的冲击下，在线教育市场迎来发展关键节点，加之人工智能、大数据等新兴技术的不断升级，在线教育产业仍将保持稳健发展态势，并通过与传统课堂教学的融合，助力教育领域创新变革。[4]

伴随着人类社会经济、科技、文化等方面的持续发展和演进，传统教学方式和方法必然不断创新升级，而信息技术的发展演化更是日新月异，不断推陈出新。因此，基于信息技术与传统课堂教学融合的教学模式和形态也不可避免地突破简单的互补和融合，不断向更高级的形态攀升和演进。至于这种攀升和演进将会走向何方，从当前的发展趋势来看，以翻转课堂、慕课(MOOC)、人工智能等为代表的新一代信息技术与传统课堂教学融合已成为主流。未来在信息化和智能化的广度和深度上仍将会持续拓展。

三、促进信息技术与传统课堂教学互补替代、深度融合的对策

通过前文分析，信息技术与传统课堂既有替代的关系，更有深度融合和共生演化的发展趋势。在这样的关系模式下，如何应对信息技术对传统课堂教学的影响，成为教育主管部门和教学组织机构以及全体师生共同面对的时代课题，准确识变、科学应变、主动求变，从观念到行动，共同推进教学方式方法变革，显得尤为迫切。

(一)充分认识和主动适应信息技术与传统课堂教学的融合趋势

信息时代已经来临，互联网、大数据、云计算、人工智能、虚拟现实等在社会生产生活中的作用空间和影响效应将会加速拓展。因此，无论是教育主管部门，还是作为教学主客体的教师和学生，都应从时代发展趋势和教育行业巨变的层面，充分认识信息技术的发展趋势及其在教育领域的应用前景，并从思想观念和行为习惯上适应两者融合发展的趋势和要求，加强信息化素养，提升信息技术应用技能，并在教学和学习过程中不断增加信息技术应用的广度和深度，从而提高教学和学习效率和效果。

(二)精心设计，强化引导，营造良好教学氛围

基于信息技术对传统课堂教学造成的互动性不强、参与度不高等负面影响，必须通过课程教学的精心设计和教学过程中的合理引导，提高学生对信息技术课堂教学的参与程度，强化师生教学互动，在信息技术的应用上扬长避短，营造严谨、和谐、活跃的教学氛围。尤其需要强调的是，通过教师精心的教学设计、强化引导和课堂管理，确保信息技术与传统课堂教学融合的效果，切实提升教学质量。

(三)完善信息基础设施，优化监督评价体系

进一步加快完善信息基础设施，提升信息技术支撑教学的功能和稳定性，特别是要着力缩小地区间信息基础设施水平的差距，提高均等化水平。同时，构建科学合理的信息技

术与传统课堂融合教学的监管和评价体系，充分考虑和体现信息技术的属性及其在教学中应用的特点，并尊重新生代学生的观念和习惯，真正形成对信息技术支撑课堂教学效果的科学审慎监管和客观合理评价，以发挥监管和评价对于教学效果的促进作用。

总之，当前新科技革命如火如荼，新一代信息化潮流汹涌澎湃，剧烈冲击和深刻改变着传统课堂教学方式和形态，对教育教学模式和理念产生了深远影响。在这一过程中，信息技术既在很大程度上对传统课堂教学具有替代效应，更与其深度融合并向更高级形态共生演化。因此，全面审视和主动适应信息技术在教学中的应用和渗透趋势，采取科学合理的应对行动，是当前和未来适应教学信息化“新常态”的必然选择。

◎ 参考文献

[1] 中国互联网络信息中心．第 45 次《中国互联网络发展状况统计报告》[R/OL]. 中国互联网络信息中心网站，2020-04-28.

[2] 教育部高等教育司．高校在线教育有关情况和下一步工作考虑[EB/OL]. 中华人民共和国教育部网站，2020-05-14.

[3] 张一春．教师教育技术能力建构：信息化环境下的教师专业发展[M]. 南京：南京师范大学出版社，2007.

[4] 艾媒咨询．后疫情时代中国在线教育行业研究报告[R]. 艾媒网，2020-08-11.

多层面需求驱动的基础物理实验教学探索

江先阳　林伟华　王晓峰　舒　畅　吴奕初
（武汉大学　物理科学与技术学院　物理国家级实验教学示范中心，湖北　武汉　430072）

【摘　要】信息化教学和翻转课堂教学等发展的根本目的在于提高教学效果，有效地使得学生接受教学中所传授的知识。在物理实验教学中，教学手段和方法具有和理论教学不一样的特殊性，武汉大学的实验教学团队进行了以多层面需求驱动的基础物理实验教学探索，探索的结果形成了一个框架式的平台，基于该平台，教学内容将随着教学的发展逐步充实，流程将更流畅。这一平台更友好地满足了实验教学涉及的管理者、教师、学生等的多种需求。

【关键词】教学方法；基础物理实验教学；框架式平台；多层面需求

【作者简介】江先阳(1974—　)，男，湖北大悟人，博士，武汉大学物理科学与技术学院副教授，主要研究方向为新型计算机体系结构和电路，E-mail：jiang@whu.edu.cn。

一、前言

信息化教学和翻转课堂教学等发展和流行的根本目的为提高教学效果，有效地使得学生接受教学中所传授的知识，以及最终促进学生成人成才。具体到物理实验教学上，我们认为是一种多层次需求驱动的教学探索和改革。基于此，我们从长远出发，进行了一系列的工作。本文结合教育部《教育信息化十年发展规划(2011—2020年)》文件[1]的要求，对我们的教学探索做一个总结和讨论。

二、实验教学的需求驱动

为厘清实验教学的需求驱动，我们从教学整个链条上涉及的多个主体、多个方面进行了分析：

学生侧的需求：优质教学资源(教材、多媒体、课件、操作示范)，资源易获得性(在线、全天候等)，趣味性，学习有效性等。

教师侧的需求：便于管理，教学手段的简洁性，趣味性，教学效果是否明显等。

管理侧的需求：可评估，可追踪，教学方法便于推广。

可以看到，学生、教师和管理三方的需求重叠性不强，因此同时满足三者需求的实验教学是比较困难的，这也是教与学这对矛盾冲突永远值得探索的魅力所在。作为一线教师，我们综合理论教学和实验教学，认真分析这些需求，在此基础上结合信息技术的发展，对多层次需求驱动的基础物理实验教学进行了深入探索，逐步形成了网络化统领、模块化教学资源整合和流程结构相统一的大平台。该平台顺利通过 2020 年上半年新冠疫情大考，我们认为值得进一步推进和建设。

三、具体探索和建设情况

追溯到 2017 年，武汉大学物理国家级实验教学示范中心开始筹划网络化统领的实验教学新模式，特别是 2019 年在学校和设备处的大力支持下，基础物理实验教学探索向前推进了极大的一步，具体的重要工作如下。

2017 年，我们开始进行需求驱动的网络统领教学平台筹划和大规模建设。2018 年物理学院结合物理实验中心的老旧实验仪器更新初步开发了若干虚拟实验，筹划申报国家虚拟实验项目，从顶层设计上兼顾了三方需求。

2019 年建设和搭建线上教学平台，申报国家级虚拟实验项目。在平台上，我们构建了公共信息发布和转播屏幕，提升了信息的传播效率。同时我们构建了灵活的实验选课和预约系统，学生在选定实验课后，可以利用建设的实验教学管理系统进行实验资源和时间的进一步个性化配置，而实验教师可以在后台完全了解实验资源和实验时间的配置情况，网络系统还可以记录学生访问实验室的时间信息，同时，学生和教师可以随时随地通过自己的账号全天候获取实验室教学资源。学生在完成实验后，可以按照规范提交实验报告，实验报告和实验数据可以长期保存、查阅。我们还在系统中集成了 50 个节点的实验过程的按需录制功能，以备未来记录之需。

在建设的框架平台中，我们将物理学院支持的竞赛过程管理和仪器资源管理纳入规范流程，形成高效的仪器资源分配以及竞赛全程的追踪和记录。

2020 年因为新冠疫情意外加快了线上基础物理虚拟实验教学资源的使用。在广大实验任课教师和实验室管理人员的共同努力下，我们的基础物理实验教学工作几乎没有折扣地得到完成，在部分知识点的教学上甚至取得了优异的表现。

总体而言，框架网络平台[2]统领了以下内容：

- 课程内容(参考资料、教学资料、视频、报告等)
- 流程管理(选排课、仪器及耗材使用、竞赛过程、实验课程预习复习考试等)
- 历史追溯(实验报告、成绩、科技活动、实验操作录播和存储)
- 形象和信息展示(各个专用实验室都有对外展示的窗口)

我们将在目前工作的基础上，逐步分析管理和教学效果与需求的匹配性，不断完善这一平台。后续还将在教改项目“对‘大学物理实验’课程教学环节的改进”和“课前线上微课预习对‘大学物理实验’教学的促进”等的支持下，进一步完善多媒体教学资源和课件的准备。

四、疫情期间的线上教学大考

(一)线上教学的现状

灵活和效果良好是实验教学始终如一的追求，线上教学或者虚拟实验也不是新鲜事物。参照国内有代表性的中国科学技术大学在疫情初期对教学资源的需求分析和设想，我们可以看到作为具有高度特殊性的实验教学有一定的规律：①针对高年级才方便开设虚拟实验项目；②从中国大学生物理学术竞赛(CUPT)、各省的物理实验、物理竞赛题和生活中抽取部分资源作为探究性实验的题目构建了灵活的实验题目库；③面向低年级开设方便操作的 DIY 实验照顾到了条件有限的学生；④采用部分高校准备的线上实验题目可以在一定程度上解决资源紧缺性；⑤通过爱课程、MOOC 和其他平台进行实验教学从参考资料和教学手段上提供了一定的保障。综合起来看，我们发现其中影响实验教学的主要因素在于：

- ◆ 资源有限
- ◆ 学生的接受程度需要提高
- ◆ 教学效果不确定

为了解决这些问题，我们需要回归实验教学的初心，在平台建设中参考并借鉴了中国科学技术大学张增明教授的倡议[3]：

- ◆ 以动手操作为主
- ◆ 以解决问题为主
- ◆ 以掌握实验方法为主
- ◆ 以掌握物理实验思想为主
- ◆ 不追求高精度测量
- ◆ 探究拓展、激发兴趣
- ◆ 探讨大学物理实验教学的新方式

(二)武汉大学教学方案

基于探索和建设，我们提出了适合武汉大学实际情况的教学方法和内容[4]，具体包括：

1. 大学物理实验

- ◆ 绪论课
- ◆ 大学物理基础实验
- ◆ Seelight 光学实验
- ◆ 课程资源(电子课本、课件、虚拟实验操作视频、线上答疑等)
- ◆ 部分实体居家物理实验

2. 近代物理实验

◆ 虚实交融诺贝尔奖物理实验(融合了课堂思政的平台)

◆ 高危核物理虚实结合实验平台(含首批国家级一流本科课程康普顿散射虚拟仿真实验[5])

其中面向全校每学期2000多名低年级本科生的基础物理实验包括以下项目(见图1):

图1 虚拟实验项目

- ◆ 声速测定
- ◆ 用补偿法测量电压、电流和电阻
- ◆ 交流电路的谐振
- ◆ 弹簧振子的简谐振动
- ◆ 衍射光栅
- ◆ 等厚干涉的应用
- ◆ 冷却法测金属比热容
- ◆ 用拉脱法测液体的表面张力系数
- ◆ 直流电桥测电阻
- ◆ 薄透镜焦距测定
- ◆ 光的偏振
- ◆ 分光计的调节和使用

这种实验内容的安排既保证了学习流程和内容的标准化、方便性(见图2)，也保证了教学的连续性。关于实验课程的考核方式，经集体讨论，最后确定不纳入传统的理论考试，由学生做实验的操作和报告质量来评价，部分老师还引入了学生学习心得的交流以提升教学互动性。

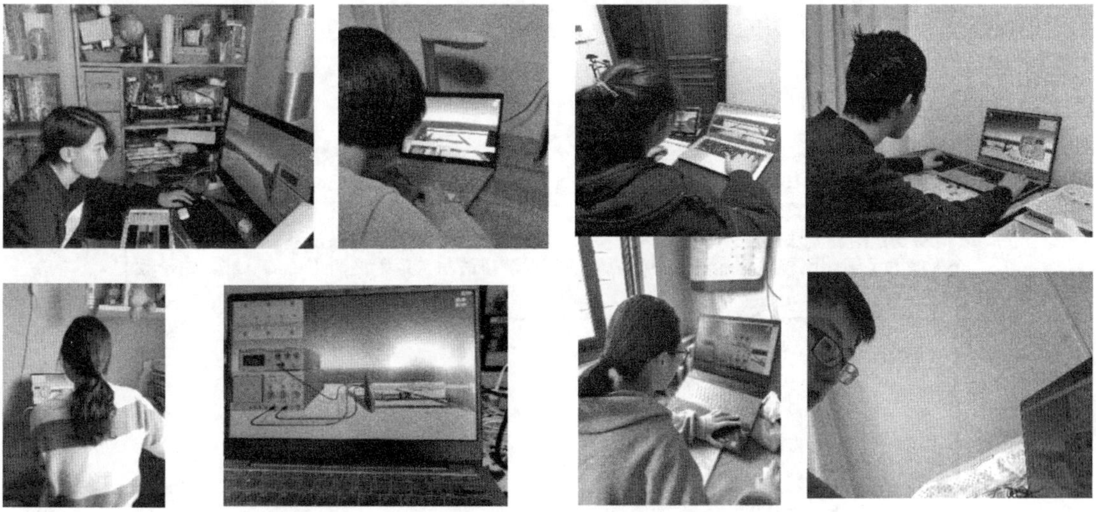

图2　学生们在家做虚拟物理实验

(三)教学内容、方法

为了保障教学，中心老师积极参与全国线上教学探讨和交流(与东北大学、中国科学技术大学等)，同心协力进行了大量的工作。

①构建了稳定的云资源。

②给力的同事和开发人员。

◆　分别于 3 月 18 日，3 月 25 日，3 月 27 日，4 月 4 日，4 月 11 日，4 月 14 日，4 月 19 日，4 月 25 日，5 月 2 日，5 月 9 日，5 月 16 日，5 月 26 日，5 月 30 日等开决策、讨论、交流、培训会议

◆　交流各种技术问题

◆　录制操作视频

◆　更新实验课件

◆　全天候答疑

五、教学效果

2020 年 6 月初基础物理实验课程结束，整个教学过程中出现的问题主要为小的技术性问题，通过实验指导老师和维护人员的努力，除极个别同学由于受到地域、网络和物质条件(例如无电脑)的限制不能完成实验而采用延后选课的方法解决以外，其他同学都完成了实验课程。综合起来看：

◆　全面达到了实验教学目的

◆　和传统到实验室进行实际实验比较接近

从同学们撰写的实验报告中的感想、课后的感言(见图 3)可以看出，基于这些探索和工作的实验教学是相当成功的。

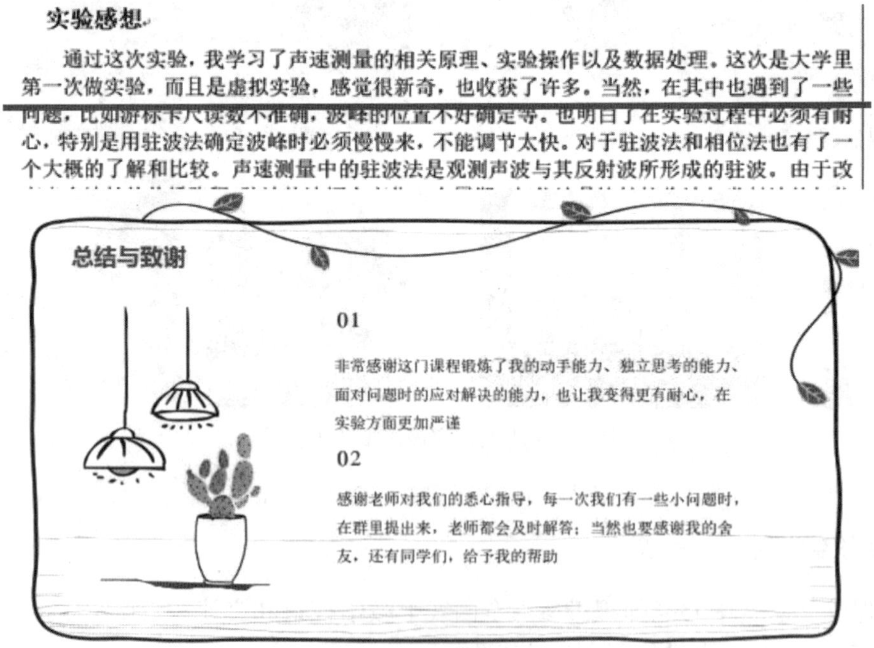

图 3　学生们做实验的体会

六、结论

武汉大学物理学院物理国家级实验教学示范中心面向多层面需求驱动构建了网络统领的实验教学平台，基于该平台进行了实验教学的丰富探索和实践，2020 年上半年疫情期间的教学大考显示了这一网络平台的先进性。后续我们将对该框架平台进行进一步完善，提高对多方需求的满足水平并对实验教学进行更广更深的改进探索。

（感谢武汉大学实验室与设备管理处、武汉大学物理科学与技术学院和实验中心全体同仁的支持。）

◎ 参考文献

[1] 中国教育部. 教育信息化十年发展规划(2011—2020 年)(教技[2012]5 号文).

[2] 武汉大学物理实验中心，http：//wlsyzx. whu. edu. cn/.

[3] 张增明. 全国大学物理实验线上教学进展及科大方案[R]. 2020 年湖北省高等学校物理实验在线教学研讨会特邀报告，2020-04-18.

[4] 江先阳. 武汉大学线上虚拟实验教学共享方案[R]. 2020 年湖北省高等学校物理实验在线教学研讨会特邀报告，2020-04-18.

[5] 教育部关于公布首批国家级一流本科课程认定结果的通知，http：//www. moe. gov. cn/srcsite/A08/s7056/202011/t20201130_502502. html.

以学生发展为中心，推动实验课堂教学革命

——以分析化学实验课程混合式教学为例

林　毅　丁　琼　曾百肇　黄　驰　赵发琼

（武汉大学　化学与分子科学学院，湖北　武汉　430072）

【摘　要】混合式教学是将在线教学和传统教学的优势结合起来的教学模式，旨在有效提升学生课堂学习效率，促进学生学习深度，全面培养学生能力。针对当今实验课堂教学中存在的问题，我们于2016年自主建设了分析化学实验慕课，基于珞珈在线/爱课程平台，建立了适于分析化学实验的混合式教学方法，有效提高了学生的课前预习效率及实验课堂学习效率，为培养学生实验操作能力、严谨的科学作风和良好的科学研究能力奠定了坚实基础。

【关键词】混合式教学；实验；分析化学；慕课；翻转课堂

【作者简介】林毅(1977—)，女，辽宁沈阳人，博士研究生，化学与分子科学学院硕士生导师，主要研究方向为表面分析化学与纳米生物技术，Tel：027-68754067，E-mail：ylin@ whu. edu. cn。

【基金项目】武汉大学教学研究项目(2018JG048、2016014)、武汉大学MOOC课程建设项目“分析化学实验”。

以学生发展为中心是现代教学的突出特色，通过信息技术促进学习革命是当前教学改革的必经之路。针对传统实验教学中的“痛点”问题进行实验课程创新，进一步提高实验课堂教学质量，加强对学生实验能力的培养，是推动当前实验课程教学改革的核心动力。本文以分析化学实验课程混合式教学为例，简要介绍我们在实验课程教学改革中的探索。

一、问题的提出

分析化学实验课程是四大基础化学实验课程之一，也是化学及相关专业本科生的重要基础课程之一。教学内容主要包括分析化学基本操作实验及分析测定实验，授课对象包括来自全校相关院系的本科生，采取小班制教学，每学年设置约50个小班。课程旨在使学生掌握分析化学实验的基本知识、基本操作和典型的分析测定方法；通过实验加深对分析方法的原理及其他有关理论的理解；增强对“量”的概念的认识，培养严谨的科学作风和良好的实验素养；培养学生提出问题、分析问题和解决问题的能力。

实验课程与理论课程的核心差异就是学生要在实验课上严格规范地进行实验操作。囿于现有中学实验教育的现状，低年级学生的基本操作水平较低，在课前难以利用书本完成充分的预习，需要教师耗费较多课堂时间对实验内容进行讲授及演示，占据了宝贵的学生课堂练习时间。此外，低年级学生的基本操作习惯亟待培养，但教师难以时刻关注及指导学生的实验细节。

二、混合式教学方案设计与实施

混合式教学主要指基于慕课(MOOC)、专属在线课程(SPOC)或其他在线课程，运用适当的数字化教学工具，结合实际安排部分教学时间实施学生线上自主学习，并与线下面授有机结合的教学形式。由于结合了线上课程灵活高效、便于推敲细节和复习的优势，以及实体课堂便于同伴学习和师生互动的优势，混合式教学已成为当前课堂教学革命的重要方法。为解决前述问题，我们于 2016 年自主拍摄了相关教学视频，基于珞珈在线/爱课程平台建设了分析化学实验慕课，建立了适于分析化学实验的混合式教学方法，旨在进一步提高学生的课前预习效率及实验课堂学习效率，有效规范学生实验操作，全面提高学生的实验素养、科学作风、科学研究能力和创新能力。

具体的教学设计方案见图 1。

图 1　基于慕课的分析化学实验混合式教学方案示意图

首先，针对缺乏相关线上课程的实际，我们在本科生院及化学院的支持下，依据教学大纲系统梳理了课程重点内容，开展了分析化学实验慕课建设(见表 1)。依托武汉大学化学与分子科学学院分析科学研究中心(国家级重点学科)及化学实验教学中心(国家级实验教学示范中心)，于 2016 年自主完成了“分析天平的使用”“容量瓶的使用”“移液管的使用”及“滴定管的使用”等6个定量分析化学实验基本操作视频及14个讲授视频的录制(见图2)，并建设了随堂提问、作业、测验等模块，实现了对课程内容的全覆盖。

表1　**分析化学实验慕课主要内容及各章考核方式**

章标题	节标题	关键词	考核方式
第一章　分析化学实验概述	1.1　分析化学实验概述	总论	随堂测验、单元测验、期末考试
第二章　定量分析仪器与操作方法	2.1　分析天平的使用	基本操作	
	2.2　容量瓶的使用		
	2.3　移液管的使用		
	2.4　滴定管的使用		
	2.5　酸度计的使用		
	2.6　分光光度计的使用		
第三章　定量分析基本操作实验	3.1　分析天平称量练习	操作练习	
	3.2　滴定分析操作练习		
第四章　酸碱滴定实验	4.1　有机酸摩尔质量的测定	酸碱滴定	
	4.2　缓冲溶液的配制及pH的测定		
	4.3　醋酸解离度和解离常数的测定		
	4.4　非水滴定法测定醋酸钠的含量(微型滴定)		
第五章　络合滴定实验	5.1　EDTA溶液的标定	络合滴定	随堂测验、单元测验、作业、期末考试
	5.2　自来水总硬度的测定		
	5.3　铝合金中铝含量的测定		
第六章　氧化还原滴定实验	6.1　间接碘量法测定胆矾中硫酸铜的含量	氧化还原滴定	
第七章　沉淀滴定实验	7.1　莫尔法测定可溶性氯化物中氯含量	沉淀滴定	随堂测验、单元测验、期末考试
第八章　分光光度法实验	8.1　邻二氮菲分光光度法测定铁的条件实验	分光光度法	
	8.2　蜂蜜中微量铁含量的测定		

其次，分析化学实验慕课自2017年2月在校内使用，引导学生在课前进行有针对性的预习。以此为基础，实验课上老师可以高效完成课堂授课，从而将实验课真正交还给实验课堂的主体——学生，并提供了师生充分交流互动的机会，培养了学生从事科研工作的初步能力。2018年度武汉大学校内共有来自化学类、弘毅学堂、临床医学、口腔医学及土建类等专业总计1010名学生选课，线上课程总点击量达64572次。我们统计了2018年

度分析化学实验 MOOC 校内使用情况及学生反馈情况。结果表明，采用分析化学实验 MOOC 平台，有效提高了学生的自主学习及预习效率，有助于缩短课堂授课时间及提高实验课堂效率，将实验还给作为课堂主体的学生，增加学生自主练习的时间，有望帮助培养学生的实验技能及分析问题、解决问题的能力。

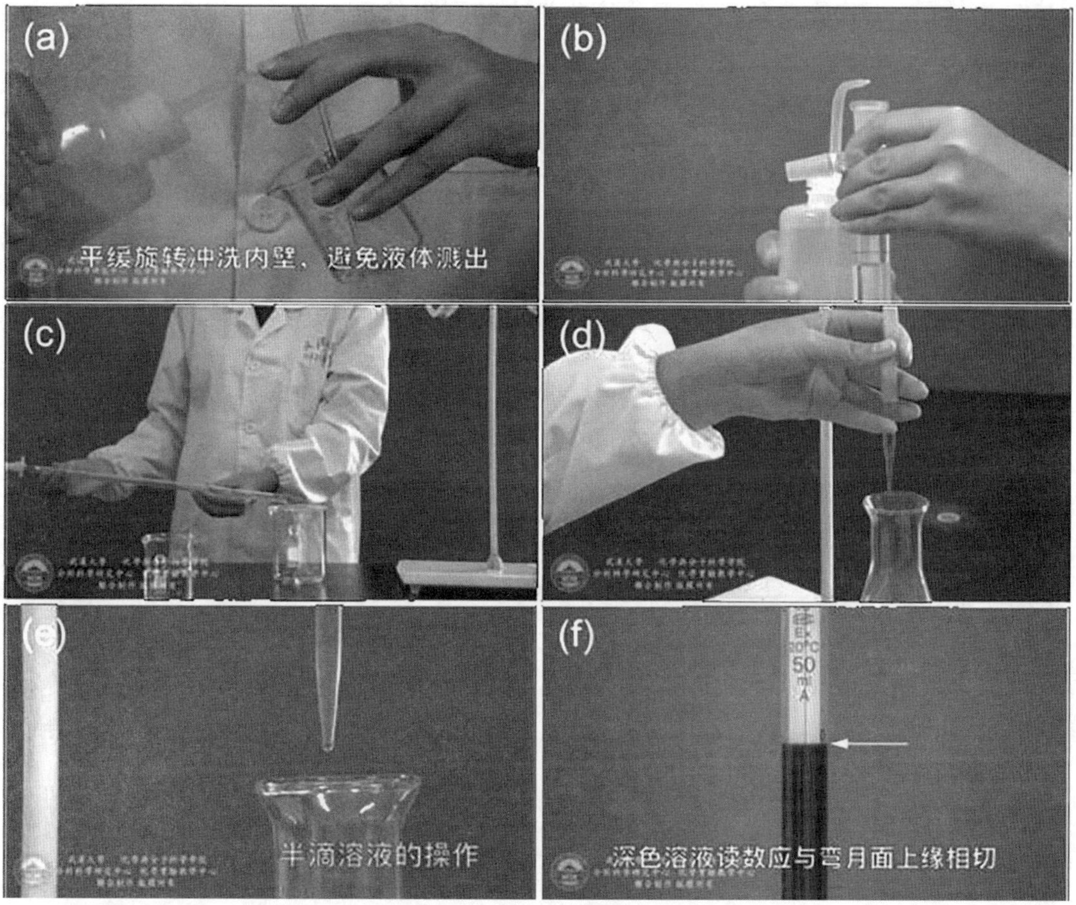

图 2　分析化学实验视频举例

基于终身学习的观点，我们鼓励学生在课后复习环节中反思预习及实验中遇到的问题，进一步复习巩固所学内容，针对感兴趣的问题独立设计实验，并鼓励他们在周末的开放实验中独立完成。

综上所述，在实验课程中采用混合式教学，将原有的线下“预习—听讲—做实验—写报告”的单一模式转变为“课前线上学习—课堂练习及讨论—课后复习巩固—提出想法—实验验证”的闭环模式，激发了学生对分析化学实验课程的学习兴趣，培养了学生解决分析化学实际问题的能力。

对校内学生情况进行统计。我们发现，学生对线上课程的点击量与学生专业密切相关，线上课程受到课程繁重学生的广泛欢迎。我们开展了针对分析化学实验混合式教学的学生学习评价研究，从过程与方法、知识与技能、情感态度与价值观三个方面确定了学生学习评价指标，设计了评价量表，动态监测了学生学习全过程。如图3所示，从结果可知，学生普遍认同利用视频进行预习的方式，认为混合式教学显著提高了他们的独立学习能力和实验操作能力等，并对混合式教学效果感到满意。值得一提的是，由于分析化学实验混合式教学大大缩短了课堂授课时间，给予了学生更为充足的自主练习时间及更多的师生互动机会，学生们充分体会到了分析化学实验课程的重要性，并感受到老师给予的关注。

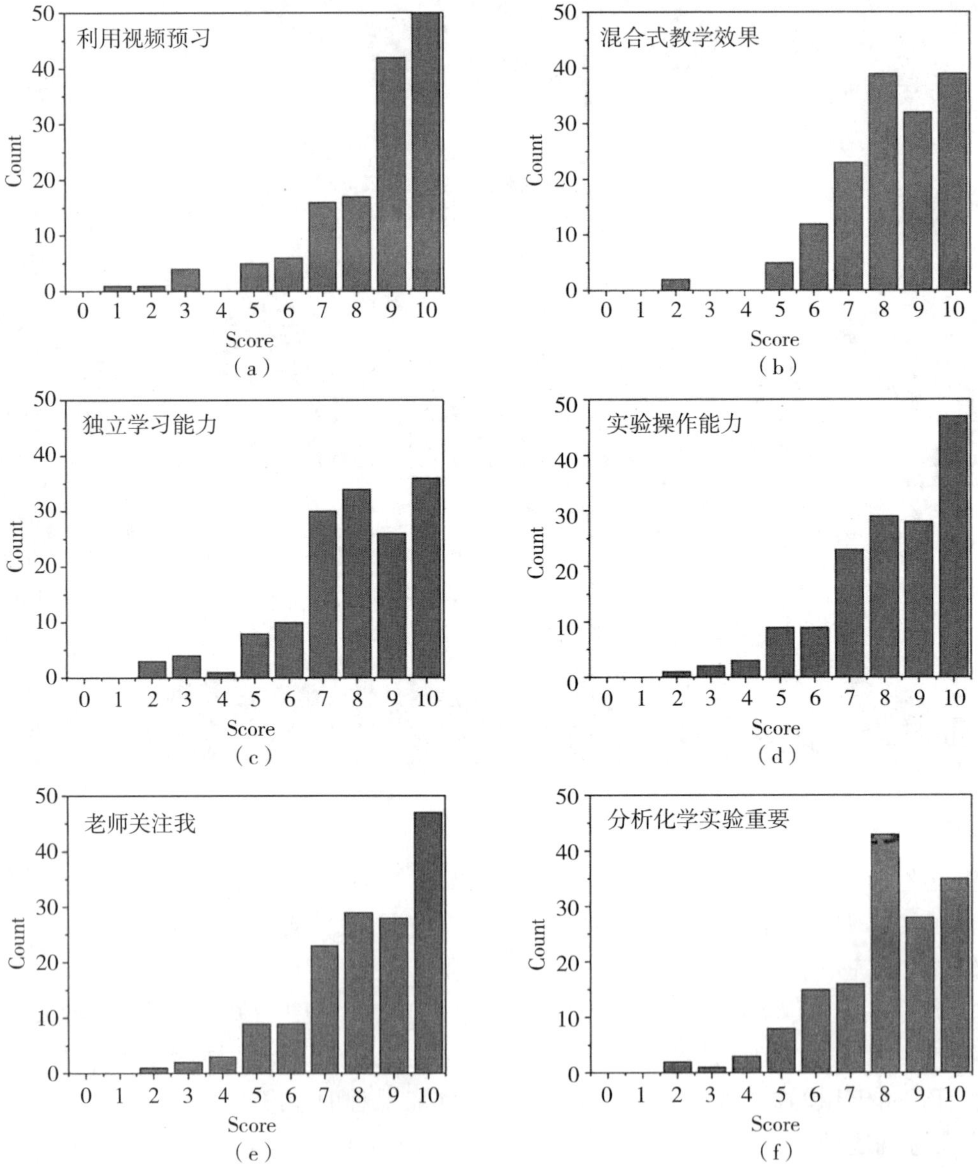

图3 分析化学实验学生学习评价量表部分结果：过程与方法(a，b)、知识与技能(c，d)、情感态度与价值观(e，f)。

三、总结

总之，基于自行制作的分析化学实验慕课，我们开展了基于混合式教学的实验课程教学改革。初步建立了适于分析化学实验的混合式教学方法，有效提高了课业繁重的低年级本科生的实验课前预习效率及实验课堂学习效率。找到了若干影响实验课学生学习效果的关键因素，并将用于混合式教学的后续改进，从而为促进师生互动、全面培养学生能力、达成学习目标奠定坚实基础。

◎ 参考文献

[1] 吴岩．建设中国“金课”[J]．中国大学教学，2018(12)：4-9.
[2] 李文旭，张立珠，肖鑫礼，等．大学化学课程的混合式教学实施与探索[J]．大学化学，2015，30(3)：18-21.
[3] 林毅，丁琼，谢音，等．分析化学实验 MOOC 平台建设[J]．大学化学，2018，33(11)：11-14.
[4] 林毅，吴云，丁琼．“分析化学中误差与数据处理”翻转课堂教学[J]．大学化学，2017，32(3)：15-18.

公共基础课混合式教学的探索与实践
——以理论力学为例

尹　颢
（武汉大学　土木建筑工程学院，湖北　武汉　430072）

【摘　要】本文介绍了一种数字化工具辅助教学的“慕课-课堂-工作坊”混合式教学模式和实践成果。以理论力学这一公共基础课为例，应用慕课、雨课堂、微助教等教学工具，通过混合式教学，运用多种教学方法，调动学生学习兴趣，提高学生学习效率，实现学生主动学习，培养学生的科学思维和价值观。从混合式教学的教学目标、教学流程和教学效果等三个方面分析了混合式教学在公共基础课程中的应用。

【关键词】混合式教学；数字化工具；教学改革；学习金字塔理论

【作者简介】尹颢（1985—　），男，中国香港人，博士，武汉大学土木建筑工程学院副教授，主要研究方向为固体力学、智能材料与结构，E-mail：yinhao@whu.edu.cn。

随着数字化技术的发展，越来越多的教育软件和数字化教学工具（如雨课堂、微助教、学习通等APP和小程序）被运用在传统课堂教学当中。同时，慕课和线上课程的建设也使学生们有了更多的获取知识的途径。但与此同时，在教学过程中学生仍然存在学习目标不明确，学习动力不足，课上学习状态不佳等问题。特别是对于理论力学这类较抽象的公共基础课，学生大都反映学习过程枯燥，学习效果不佳。因此，如何改善教学模式，提升学生的学习兴趣，提高学生学习专注力至关重要。

本文提出的混合式教学模式的基本建设思想为学习金字塔理论。它是根据美国学者埃德加·戴尔（Edgar Dale）在1946年提出的“经验之塔”理论发展而来的[1-2]。如图1所示，它揭示了主动学习对学生的知识点留存明显高于被动学习。在传统教学模式中，教师作为主体，学生在课堂上被动地接受知识。而主动学习模式更在于发掘学生内在的创造力，使学生能主动寻找问题，解决问题，并结合个人的兴趣和目标，实现“以学生为中心”的教学目标。但在以课堂传授知识为主的教学模式下，主动学习比例非常低。因此，如何增加主动学习比例，让学生真正掌握所学知识，为学生埋下主动学习的种子，是设计混合式教学的关键。同时，本混合式教学模式参考了梅瑞尔的首要教学原理（也称作五星教学模式[3-4]），其核心为问题导向，带着问题学习。通过旧知自然学习新知，最终实现融会贯通。本文将以理论力学课程为例，围绕课程教学目标，介绍一种“慕课-课堂-工作坊”混合式教学模式。

图 1　学习金字塔理论与传统教学模式的比较

一、理论力学混合式教学的目标

理论力学是一门技术基础课，既重视概念，也着重实操。在大学课程体系中，理论力学一般在低年级开设，学生掌握了一定的数学和物理基本知识，但未开始专业课程的学习。因此，理论力学有承上启下的课程特点和重要性。笔者在设计混合式教学模式的时候，参考了一些探索性课程(如新生研讨课、工程力学实践等)的学生反馈，从中得知，学生们更喜欢在动手和探索中学习。所以，在设立课程目标时，除了教育部高等学校工科基础课程教学指导委员会制定的《理论力学课程教学基本要求》中的相关内容外，综合考虑本校学生学情并分析学生反馈后，提出了新的教学目标，即调动学习兴趣，提升学习动力，提高创造能力，挖掘个人潜力。设立这些目标的原因在于，若学生通过理论力学这门课被调动起对力学专业的兴趣，并且明确了学习目标后，将在后续的所有专业课的学习过程中带着问题去学习，使主动学习成为一种习惯。

在课程思政方面，考虑到力学是一门历史悠久的学科，将力学史穿插在教学过程中，让学生了解力学发展史与世界科学发展史间的关系，培养学生科学的思维方式和正确的世界观，将有助于提高学生的科学素养及人文素养。

二、混合式教学框架与流程

简单来说，“慕课-课堂-工作坊”教学模式就是对课程的每一章节依序采用慕课、课堂和工作坊这三种学习方法。在每学完一个章节后，新的章节继续采用该模式循环往复，如图 2 所示，目的是使学生在每学完一章后通过这三种学习方法完全掌握章节里的知识点。为了提升学生学习兴趣，将所学知识灵活运用到生活和工程实践中，理论力学教学过程中设计了四个创造性的课题。通过“筷子悬起的锤子”“过山车运动分析”“奥运跳台极限”等题目，让学生们通过分组讨论，分析和解决这些生活中遇见的问题，并解释一些有趣的力学现象，使学生们体验到“力学无处不在”这一道理，增强其学习动力。同时，通过“跳跃的机器人”“回收航天飞船”和“傅科摆”等题目增加学生对力学的应用和新技术背后的力学知识的认识，了解力学在人类历史进程和国家发展中的重大作用。

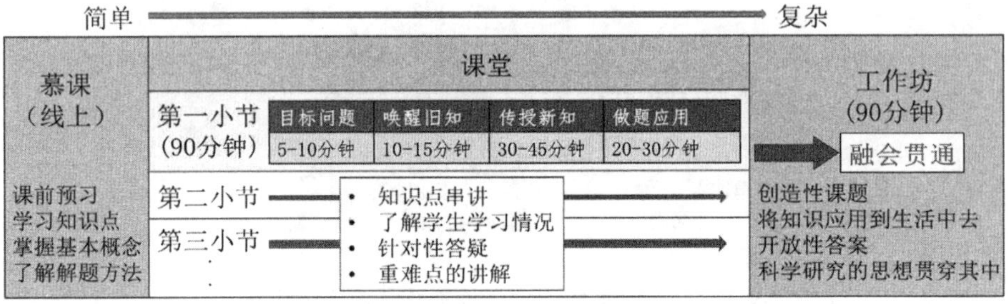

图 2 “慕课-课堂-工作坊”混合式教学框架

从以上内容可以看出，“慕课-课堂-工作坊”这一混合式教学模式让学习过程变得多样化，对于每一章内容，学生将依序通过这三种学习方法进行学习。通过学习方法的转换，学生在学习过程中不会感到枯燥，并保持一定的新鲜感。以下将介绍各个学习方法的大致步骤：

(1)慕课部分：学生在课前通过观看教师指定的慕课，对知识点进行预习，掌握基本理论和概念，了解一般解题方法。在学时大幅减少的大背景下，通过利用学生的课下时间，甚至是碎片化时间进行学习是非常必要的。以理论力学课程为例，根据教指委发布的力学类教学质量国家标准，完整学习此课程建议学时为 96 学时[5]，但现有学时仅为 64 学时，所以利用课前时间进行预习势在必行。需要说明的是，在这一步，教师需结合学校特点和所选课本，对慕课进行甄别和筛选。笔者建议优先选择国家级和省级精品在线开放课程、国家级线上一流本科课程等高质量在线课程资源。

(2)课堂部分：经过慕课的预习，学生对大部分知识点有一定的了解。因此，在课堂上，教师只需花费小部分时间对知识点进行回顾总结即可，其目标在于复习知识点，为学生们构建知识网络体系。与此同时，教师应珍惜课上的时间，讲授的内容应为学生们在课后(或线上)学不到的知识，以弥补慕课学习的不足，而不再过多占用有限的课堂时间来讲授基本概念。教师将有更多的时间与学生们进行交流、讨论，掌握学生们的学习情况。同时，通过雨课堂、微助教等数字化工具的辅助，教师可及时了解学生们存在的问题，有针对性地进行答疑，并对重难点内容着重讲解。做到课上的问题课上解决，而不是通过课后作业了解学生们的问题，待下节课再解决。这样可大大提升学生们在课堂上的学习体验。

(3)工作坊部分：在完成阶段性的学习后，教师将布置创造性的课题，目标是让学生将所学知识应用到生活中。这些创造性的课题没有标准答案且贴近学生生活。学生可通过调研、分析、小组讨论等方法，将科学研究的思想贯穿在解决这些创造性课题的过程当中。例如，在讲授动量矩定理这一章节时，教师就可结合奥运会跳水运动项目，通过现场演示或辩论增进对动量矩定理这一章的了解，锻炼学生总结问题、分析问题的能力。通过鲜活的例子，除了让学生感受到“力学无处不在”这一道理，也调动了学生的学习积极性。课后调研显示学生们普遍较喜欢这种学习方法(具体实施方法在下一节展示)。

最后，通过教学方法的转换，在每一章的教学过程中，学生们充分思考问题及其解决方法，其主动学习的比例大大提升。证明了混合式教学达到了充分利用学习金字塔法则，训练学生主动寻找问题、分析问题和解答问题的能力的目的。

三、混合式教学案例与反思

本节将以理论力学课程教学当中“动量矩定理”章节为例。详细介绍“慕课-课堂-工作坊”混合式教学模式的具体实施方法。课程选用的教材为哈尔滨工业大学的《理论力学》和相应的在线课程[6]。学生们在课前可在线观看哈尔滨工程大学的《理论力学》慕课，学习动量矩、转动惯量等基本概念，了解动量矩守恒的判断与应用等知识点。与此同时，笔者通过微助教在课前布置思考题和课前作业，让学生们带着问题去学习，也会布置一些诸如“哪些概念还不清楚”“动量矩守恒在生活中有哪些例子”等开放式问题了解学生们的学习情况和背景知识以及学生们存在的问题。

课堂上，笔者首先对知识点进行讲解，为学生构建知识网络。与传统讲解不同的是，笔者通过绘制思维导图等方法关联相关知识点(例如动量矩、动量、力矩和力之间的关系)，而不再是对知识点的详细讲解。然后，笔者结合学生们在课前微助教中提出的问题有针对性地进行答疑和重难点讲解。理论力学是一门技术基础课，学生需要通过大量的练习掌握所学知识，在解题中灵活运用各种原理和公式，而不能靠死记硬背。因此，在讲解重难点的时候只能通过例题去讲。在传统教学过程中，一般形式是教师在课堂上布置例题，学生在课上有限的时间进行演算，待规定的时间到了后教师再进行讲解。在采用混合式教学前，笔者也是这么做的。但是学生的反馈表明，课上的有限时间几乎不足以解决这些例题，或者还没等学生做完，教师就开始讲了，这时学生就停笔了，无法实现通过做题达到掌握知识的目的。在混合式教学中，通过运用雨课堂等教学工具，学生在解题的过程中可随时以弹幕的形式匿名在屏幕上提出自己的疑问，例如“为什么动量矩这么算”“可以再讲一遍吗”等问题。当教师看到学生的反馈后便可及时做出回应，从而实现课上问题课上解决的教学目标。

在完成以上两个学习阶段后，学生进入工作坊项目学习。简单来说，工作坊学习是一种参照欧美“Workshop”小班教学改良后的教学方法。在工作坊学习中，学生主要的学习方式是思考、分析和讨论，甚至是辩论。以本章节为例，笔者通过微助教对学生进行随机分组后布置开放性课题。以跳水运动的极限为例，笔者首先通过讲义分析跳水运动，一步一步地引导学生，让学生建立科学分析问题的思维，将跳水运动分解为起跳，转体，落水三个步骤，并在每个步骤中分析动量矩、转动惯量、动量矩守恒等概念及定理。通过直观的视觉信息传递生活案例，培养学生的学习兴趣[7]，再通过小组讨论、实践分析和现场演示等学习方式，对这一问题进行答辩。在学习过程中，小组的每位同学通过参与讨论、思考、答辩，培养了科学研究的思想，促进了学生之间的互动，增进了学生们的相互了解，使学生们感受到学习理论力学的乐趣。同时，在学生分析这一问题的过程中，教师允许学生灵活运用其掌握的任何学习工具，如 Ansys 有限元分析软件、计算机动画模拟软件、乐高玩具等，对这一问题进行分析和讨论。工作坊学习充分发挥了学生们各自的优势，激发了每位学生的兴趣爱好，让学生主动学习。最后，为了让每位同学都参与其中，增加相互间的了解和团体责任感，工作坊项目答辩评价采用了学生互评和教师评价各占50%的综合评分方式。从教师和学生相互间的打分来看(见图 3a)，虽然整体上学生互评的分数偏高，但分数的趋势是一致的。这表明学生通过课程培养了科学的价值观和力学专业视角。

由以上案例可以看出，通过混合式教学法，学生参与度和主动学习程度有所提高。但与此同时，教学过程中笔者也存在一些难以决策的问题。例如，有学生反映“不太适应看慕课，希望课上能多讲些内容”，也有学生反映“希望能在课堂上多做些题”。很明显，这两个问题是无法在有限的课上学时内同时解决的。因此，教师必须对两个问题展开分析，以满足大多数学生的意愿为目标及时做出决定并应用到后面的课堂中，对课程的全过程进行动态调整。甚至在有需要时开设课外习题课，以自愿参加的形式对未掌握知识点的学生进行补充练习。从学生的反馈来看(见图 3b)，通过这种动态调整，学生对混合式教学的适应程度有所提升。

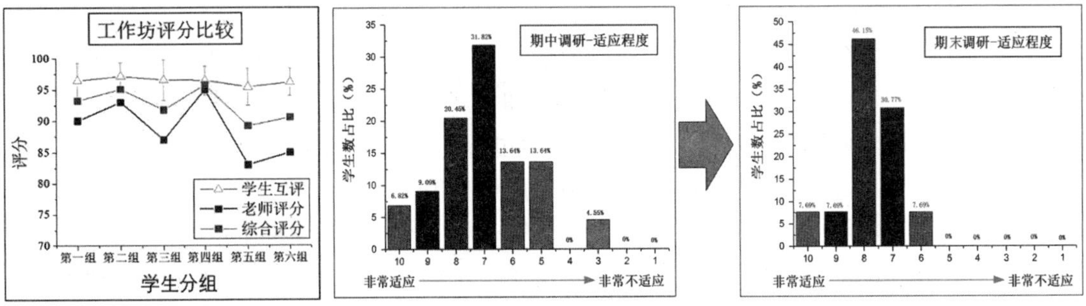

(a) (b)

图 3　学生在期中和期末对混合式教学模式调研的反馈

四、结语

本文依循学习金字塔理论，以提高学生主动学习的比例为出发点，介绍了一种“慕课-课堂-工作坊”混合式教学模式。以理论力学课程为例，详细介绍了通过运用该教学模式到每一章节的教学中，及时了解问题、分析问题、解决问题的教学过程。从学生的课堂表现和反馈来看，运用该混合式教学模式达到了教学目标效果。最后，通过案例证明了该混合式教学模式并非传统的单向式教学，而是及时根据学生的反馈对课堂进行动态调整，实现“以学生为中心”，以学促教。笔者认为，运用此教学模式至其他公共基础课的教学过程中，循环切换教学方法，可达到调动学生的学习兴趣，提升学习动力，提高创造能力，挖掘个人潜力的目的。

◎ 参考文献

[1] E. Dale，视听教学法之理论[M]. 杜维涛，译. 北京：中华书局，1949.

[2] 韩玮，程琦."学习金字塔理论"在高校教学模式改革实践中的可行性分析[J]. 科技与创新，2015(7)：110-111.

[3] Merrill，M. David. First principles of instruction：indentifying and designing effective，efficient and engaging instruction[M]. San Francisco：Pfeiffer，2012.

[4] 盛群力，魏戈. 聚焦五星教学[M]. 福州：福建教育出版社，2015.

[5] 高等学校教学指导委员会. 普通高等学校本科专业类教学质量国家标准(上)[M]. 北京：高等教育出版社，2018.

[6] 哈尔滨工业大学理论力学教研室. 理论力学[M]. 北京：高等教育出版社，2017.

[7] 北京高校青年教师教学基本功比赛评价体系与案例研究课题组. 课堂教学技能与评价[M]. 北京：高等教育出版社，2011.

浅谈 MOOC 的建设经验
——以水环境数学模型为例

张艳军　佘敦先　严　鹏　张　翔　张利平
（武汉大学　水利水电学院，湖北　武汉　430072）

【摘　要】随着越来越多的大学开始建设 MOOC，并且逐步尝试授予网络学位，传统的教学过程面临着巨大的挑战，教学和教师如何在教与学的革命中转型，是必须思考和研究的问题。本文结合 2020 年新冠疫情期间的 MOOC 学生行为数据与课后问卷调查，对学生的学习时间、过程、态度和效果进行了总结分析，深刻认识到网络授课可能是对传统课堂的革命，教师必须努力提高课堂教学质量来应对。根据本文提出的不同授课方式效率比计算公式，计算得到一般教师的课堂效果需达到教学名师的 62.5%，否则就有被教学名师的网络授课取代的可能性。

【关键词】MOOC；授课效率；水环境数学模型；水文与水资源工程；教与学

【作者简介】张艳军（1982— ），男，湖北公安人，研究生学历，工学博士，武汉大学水利水电学院水文与水资源系副教授、系副主任，从事水环境水文模型研究，E-mail：zhangyj1015@whu.edu.cn。

一、引言

2018 年，广西理科高考状元出自教育落后地区的平果高中的网课直播班[1]，同时，平果高中的一本线人数也从 2013 年的 98 人提高到 2018 年的 286 人。网课的优良教学效果引起了社会极大的轰动，政府和社会大众开始认识到，网课绝对不仅仅是噱头，而是能够使落后地区共享发达地区的教学资源，能够实实在在地提高落后地区的教育质量，点亮教与学革命的星星之火[2][3]。

与此同时，从 2018 年开始，许多世界著名大学开始在在线教育网站 Coursera 授予网络学位。以美国大学为例，只需要缴纳 21440 美元的学费，在 Coursera 网站用 1~3 年自学完成 8 门课 32 个学分，即可获得美国伊利诺伊大学的计算机科学硕士。名校的学位、相对低廉的费用、可自由安排的时间以及随意的学习地点，使得这些网络学位极具诱惑力，也对其他的普通高校形成了较大的压力。

在这种背景下，本课程组开展了水环境数学模型的 MOOC 教学实践，并结合课后的匿名问卷调查，对 MOOC 学习中学生的学习时间、学习效果、学习态度和主要问题开展深入的调查分析，在摆正 MOOC 与传统课堂的关系，努力提高课堂的教学效果方面取得了深刻的认识[3]。

二、研究方法

本课程组在 2020 年 4 月至 2020 年 6 月开展了两次水环境数学模型的 MOOC 教学，第一次 19 人，第二次 53 人，完成率均为 100%。该课程有 8 章，共 32 个任务点，通过武汉大学网络教学平台(mooc. whu. edu. cn)开展在线授课，并通过该平台对学生的学习行为、学习效果进行统计分析。

课程完成后，本课程组针对学习过水环境数学模型网课或传统课堂的学生和校友开展了大规模的网络问卷调查，投放问卷 150 份，回收有效问卷 72 份，其中本科生 35 份，研究生 21 份，已工作校友 16 份，基本涵盖了不同年龄、年级和身份的相关人士，具有很强的代表性。基于这些调查问卷，再次对学生的学习行为、学习效果进行统计分析，并与平台数据进行了对比。

为衡量不同授课方式的授课效率，本文认为可以用“效率比”进行计算，其计算公式如下：

$$E = R/T \tag{1}$$

其中：E 表示不同授课方式的效率比；R 表示不同授课方式的授课效果比；T 表示不同授课方式的授课时间比。R 和 T 均可以通过问卷调查或者 MOOC 系统的学生学习成绩和历时统计数据得到。

三、MOOC 建设情况

“水文与水资源工程”专业是我校的国家重点学科和双一流建设学科重要组成部分，水环境数学模型是该专业的核心课程(必修)，其主要授课对象为三年级本科生。自 2000 年开始开设，每年培养本科生 70 名，至今已有 20 年，已培养本科生近千名，其主要内容为水利和环保的相关预测、规划、设计、管理等方面的知识。

武汉大学的“水环境数学模型”课程是水利专业教指委重点关注和支持的课程，入选了中国水利水电出版社的行水云课平台。2018 年，其教材《水环境保护(第二版)》获批了基于认证要求的高等学校水利学科专业规范核心课程教材项目和高等学校水利学科专业规范核心课程数字教材项目，并成功入选了“高等学校水利学科专业规范核心教材”。在此基础上，学校于 2018 年逐步建设了 MOOC，共 8 章 32 个任务点，其中包含 16 个视频、16 个章节测试。

四、MOOC 教学中的学生行为

1. 学习时间

由于学生可以自主选择学习时间，因此可以观察到学生学习意愿最强烈，也是学习效率最高的时间。从图 1 可知，学生的学习意愿在晚饭前后最高，深夜次之，下午的学习效果最差。据此，可以在课程时间安排上进行调整，适当开展晚上授课。同时，从图 2 可知，学生的学习积极性逐渐衰退，最后逐渐稳定在初期的 50%左右。因此，如何保证学生对 MOOC 的学习积极性，让学生克服虎头蛇尾的惰性，是 MOOC 教学的难题之一。

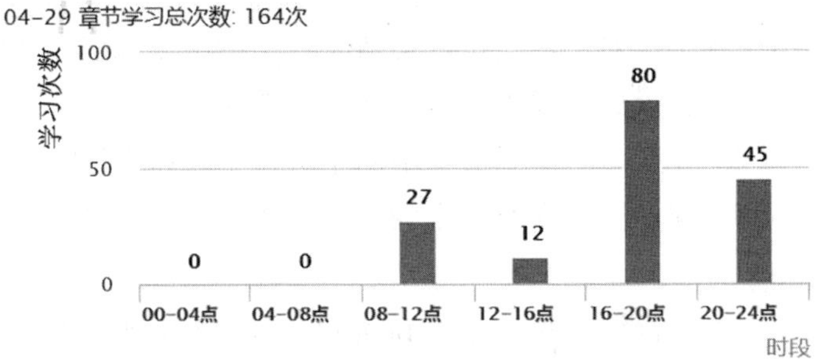

图 1　学生的学习时间分布

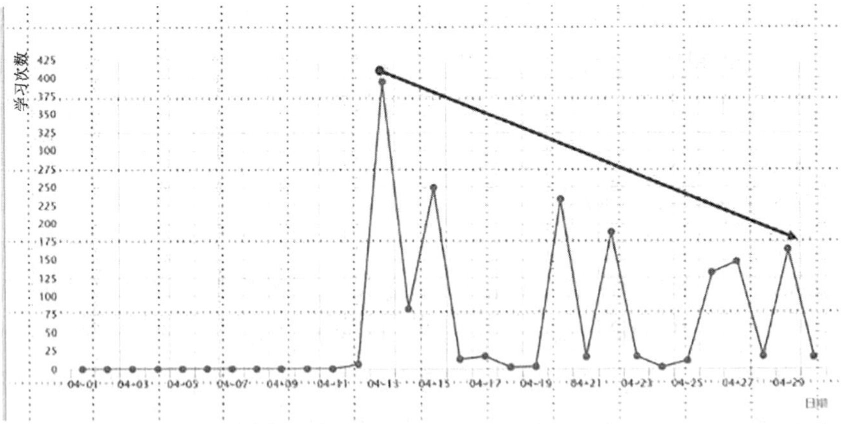

图 2　学生学习积极性衰退线

此外，MOOC 中视频共 137 分钟，根据 MOOC 系统平台的记录，学生最多花费 276 分钟进行视频学习，平均花费为 166 分钟(见图 3)，约为视频长度的 1.2 倍。但是，根据调查问卷，学生却认为 MOOC 仅需要传统课堂 70%左右的时间(见图 4)。这种感觉和实际的结论矛盾，反映了学生在学习 MOOC 时比较愉悦，心理时间较现实时间短许多。

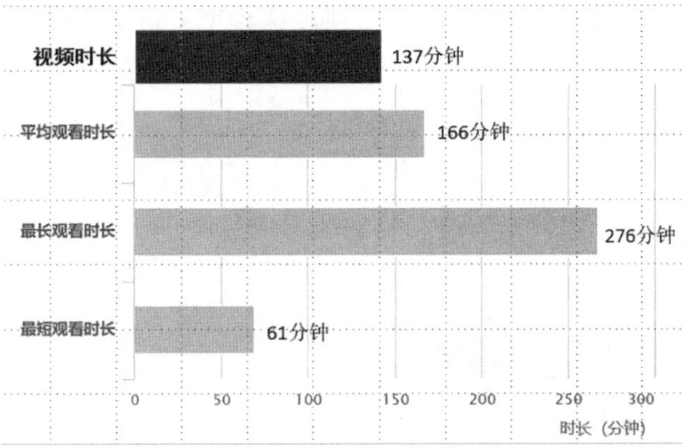

图 3　系统记录的学生学习时间

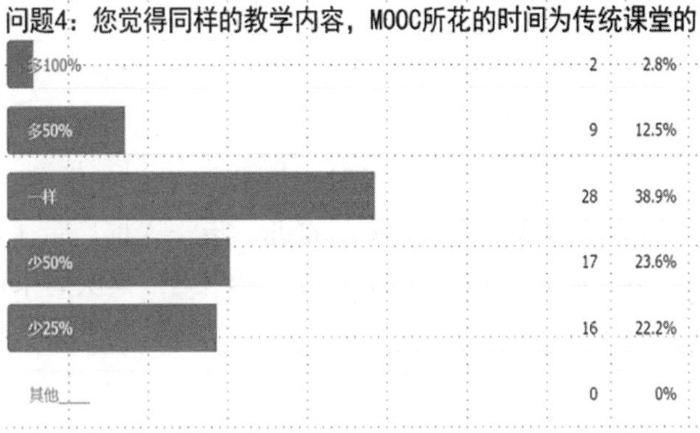

图 4　学生自认为的学习时间

2. 学习效果

水环境数学模型的学习成绩由 20%的课程完成度、15%的章节测验、15%的作业和 50%的在线考试构成。在两次授课中，最高分 98，最低分 0(未提交)，平均分 89，标准差 13.72，及格率 98%，优良率 88%。由于在线考试的考题普遍较为简单，因此，虽然平均分为 89 分，但与预计的 92~93 分仍有差距。特别是较难的习题正确率较低(见图 5)。

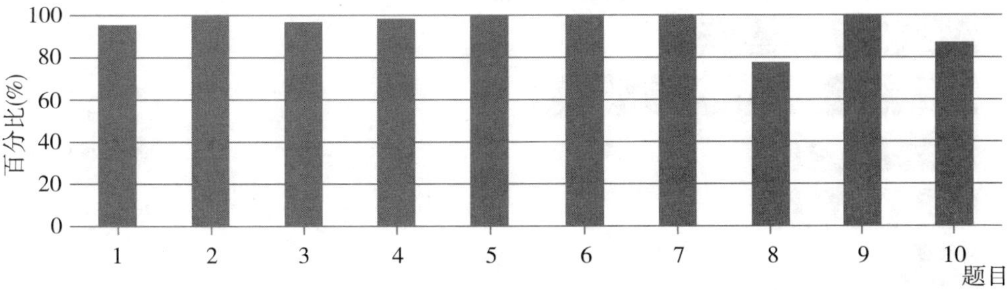

图 5　在线考试各题正确率(第 8 题较困难)

与此同时，学生自己感觉也没有完全达到授课预期，问卷调查表明(见图6)，MOOC学习的效果约为传统课堂讲授的75%。

图6 “MOOC学习达到的效果为传统课堂的比例”问卷调查结果

3. 不同学习方式的优缺点

根据问卷调查，由于通过MOOC学习暂时无法获取学位或学分；同时MOOC的课时普遍偏少，授课内容不透不细，因此给MOOC的进一步深入推广带了障碍[4](见图7)。而传统的课堂学习的主要缺点则为时间经常与其他事情冲突，其次为来回倒腾教室花费过多时间(见图8)。因此相对而言，目前传统课堂学习在本专业类仍然远胜MOOC。

图7 MOOC学习的主要缺点

图8 传统课堂学习的主要缺点

五、MOOC 与传统课堂的比较

1. 高校间的马太效应

从前文可知，学生目前还不接受 MOOC，其主要原因是 MOOC 在国内尚不授予学位。而国外如 Coursera 等网站已经开始和美国伊利诺伊大学、英国帝国理工学院等大学合作授予硕士和本科学位。本文假设未来国内的顶尖大学如清华大学开始授予网络学位，则 88.9%的学生可能会考虑学习 MOOC；同时，如果(1)要在清华大学的网络学位和普通大学的正常学位之间选择，61.1%的学生会选择普通大学的正常学位；(2)要在清华大学的网络学位和专科大学的正常学位之间选择，91.7%的学生宁愿选择清华大学的网络学位(见图 9)。

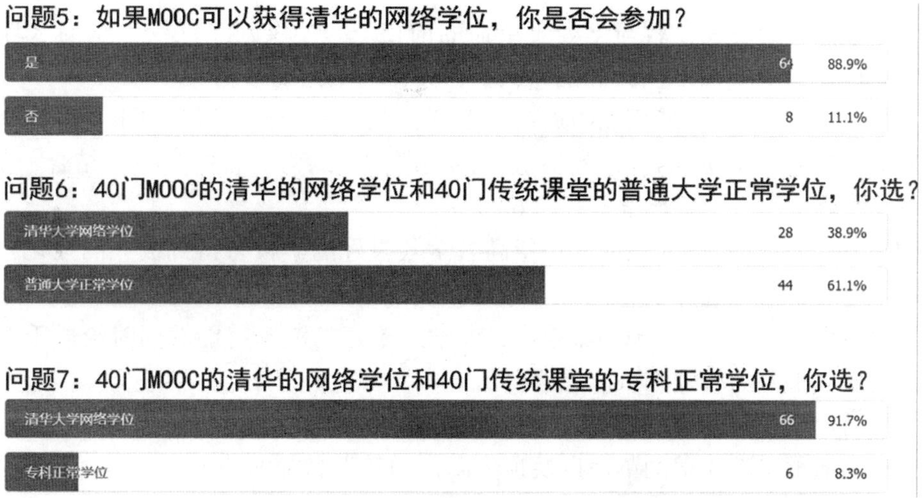

图 9　顶尖大学的网络学位吸引力调查

以上调查表明，顶尖高校具有强大的吸引力，一旦出现修习 MOOC 可以获取学位，高校间将会出现强烈的马太效应：办学条件较差、授课效果不好以及声望不显的学校可能会受到强烈的冲击，未来发展面临困难。

2. 教师间的马太效应

根据问卷调查，对于专业课，由于学习的舒适感和自由感，学生通常会优先考虑 MOOC(见图 10)。这将会使得高校教师间也出现马太效应。如果比较 MOOC 与传统课堂的授课效率，根据前文的调查(见图 3 和图 4)，运用效率计算公式，授课效果比 $R=0.75$；授课的时间比 $T=1.2$，则可算得 $E=0.625$。即可简单估算得出如果高校一般教师的教学效果低于顶尖教师的 62.5%，则学生可能会宁愿选择 MOOC，也不会进入传统课堂上课。

这将会使教师出现两极分化，以广西的部分中学为例，网课班(远端)的教师逐渐变为成都七中(近端)老师的助教，虽然他们的工作量可能大幅增加，但是在学生心中的地位却大幅下降。与此同时，近端教师则会成为学生中的明星。

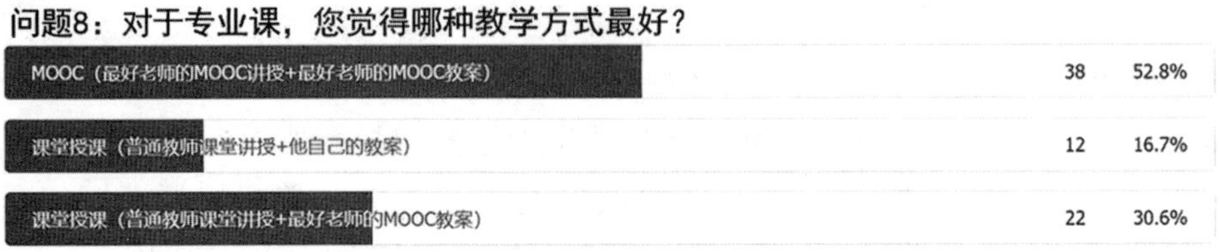

图 10　学生对授课方式的选择

六、结论

随着信息技术的发展，教与学处于革命的前夜[5]。本文对于武汉大学的水环境数学模型课程进行了 MOOC 教学实践和问卷调查，具体的结论如下：

(1)同样的教学内容，使用 MOOC 方式教学，耗时约为传统课堂的 1.2 倍。

(2)与此同时，MOOC 的授课效果低于传统课堂，约为后者的 75%。结合(1)，表明 MOOC 的授课效率约为传统教学方式的 62.5%。

(3)高校间可能出现马太效应，声望高教学效果好的学校将得到极大的强化，声名不显教学效果差的学校将进一步弱化。

(4)教师间未来也可能出现马太效应，教学效果好的教师将能够同时给成千上万的学生上课，教学效果差的教师则可能无课可上。

这表明高校与教师均需积极思考，勇于探索，以积极的心态适应在线教育模式，否则将会十分被动地承受教与学的革命以及顶尖高校和教学名师的冲击。

◎ 参考文献

[1] 程盟超．“我见证了推动社会进步的驱动力”——《这块屏幕可能改变命运》采写手记[J]．新闻与写作，2019(2)：91-94.

[2] 董洪亮．新课程教学组织策略与技术[M]．北京：教育科学出版社，2008.

[3] 黄辉．远程教育直播课堂中的教育传播系统研究[J]．传媒论坛，2019，2(24)：131-132.

[4] 袁松鹤，刘选．中国大学 MOOC 实践现状及共有问题——来自中国大学 MOOC 实践报告[J]．现代远程教育研究，2014(4)：3-12，22.

[5] 卜彩丽，孔素真．现状与反思：国内翻转课堂研究评述[J]．中国远程教育，2016(2)：26-33.

防疫常态下机器学习课程“教与学”的新探讨

曾园园

（武汉大学　电子信息学院，湖北　武汉　430072）

【摘　要】疫情推动了高校教学模式的变革，给高校教育带来了冲击和机遇。本文剖析了疫情新常态下机器学习课程的定位和新机遇，提出了防疫常态下机器学习课程“1+e翻转课程”的教学模式，从多元化教学资源构建、混合式翻转课堂教学设计和实施，以及教学模式评估管理三个方面阐述了教学模式的阶段性构建体系和反馈完善方法，致力于形成新的线上线下混合式教学范式，以提升课堂教学质量。

【关键词】机器学习课程；教学模式；1+e；翻转课堂

【作者简介】曾园园(1980—　)，女，湖北武汉人，博士/博士后，武汉大学电子信息学院副教授，主要从事机器学习、大数据、物联网技术方面的研究，E-mail：zengyy@whu.edu.cn。

一、引言

2019年年末，一场突如其来的新冠疫情彻底改变了人们的生活、工作和学习方式。受疫情影响，高校本科教学面临前所未有的冲击和挑战。疫情期间，本科教学由常规教学搬到了“线上”，老师和学生的日常教学活动则被以网络为手段的线上教学方式替代。2020年9月在大半年的抗击疫情取得了卓越成效后，全国各大高校陆续开学。武汉市是曾经疫情最为严重的城市，在历经磨难洗礼后，武汉大学也久违地迎来了师生返校。疫情发生后，人们的生活方式发生了改变。同样，高校本科教学的模式[1]也悄悄地发生着变化。疫情一方面给人们的生活学习方式带来了冲击[2]，另一方面也蕴藏着新的机遇。在这种新的防疫常态化背景下，教师“教”和学生“学”都发生了变革，新的教学范式应运而生。本文以笔者所承担的机器学习本科教学课程为例，具体探讨新常态下“教与学”迎来的新机遇，并探讨了新常态下的教学方法模式。

二、新常态下的课程定位与机遇

(一)新常态下课程定位

机器学习课程隶属多领域交叉学科，涉及概率论、统计学、逼近论、凸分析、算法复杂度理论等多门学科[3]。此外，机器学习方法也随着相关学科的发展不断演化和发展。机器学习课程强调理论联系实践，机器学习算法应用旨在解决实际生产应用领域的实践性问题，具有极强的实际操作性[4]。新冠疫情发生后，各国学者纷纷采用机器学习统计方法和工具软件进行了疫情发展的分析和预测，机器学习不仅可以用于支撑服务疫情态势研判、疫情防控部署，也可优化药品和疫苗开发。例如，美国东北大学的计算机科学家亚历山德罗·韦斯皮尼亚尼(Alessandro Vespignani)及其同事开发了一种名为“EpiRisk”的新型冠状病毒肺炎(COVID-19)预测模型。该模型可以估测感染者通过旅行将疾病传播到世界其他地区的可能性，同时还可以跟踪旅行禁令的有效性。武汉生态系统研究所的团队创建了一个计算机模型，以选择具有高疾病传播潜力的啮齿动物。该模型扫描了 2277 个物种，发现了 58 个可能的潜在宿主，其中 2 个现已被证实具有病原体。由此可见，以机器学习为核心的人工智能技术在疫情时代彰显了其独特魅力。疫情新常态下，机器学习不再是“照本宣科”的课程，而是实实在在的防疫、战疫利器，是与所有人息息相关的信息化智能化技术。

因此，新常态下机器学习本科生课程定位应当更强调学生理论联系实际的实践能力培养。具体是使学生具有智能系统开发的专业技能，能够理解人工智能领域的思维方法，并具备解决实际问题的系统研发能力，尤其强调创新思维能力和创新实践能力的培养。

(二)新常态下课程的新机遇

1. 线上教学工具软件的熟悉

疫情期间，教学模式由“线下”搬到了“线上”。这使得师生都进一步熟悉了各类型信息化、网络化的教学手段和工具。例如：QQ 群、直播软件、视频语音多人会话等过去一系列主要用于娱乐和通信的工具，从课堂外搬到了课堂内。师生通过灵活善用这些工具软件，可进一步促进信息化课堂的推进工作，有助于提升课堂教学质量。

2. 学习主动性与积极性的激发

疫情期间，各类型机器学习相关的人工智能工具和技术更加普及化，如：远程医疗、机器人护士、人脸识别、红外测温、健康码的使用，以及交通枢纽、酒店、写字楼和公共场所等对体温异常人群的筛查等智能化手段的应用，这些都使得师生了解到机器学习的重要性，进一步促进同学们学习本课程的热情和兴趣，是学生学习主动性与积极性的最佳助力。

3. 师生交流方式的多样化

疫情前的教学中，师生交流方式比较单一，主要通过课堂和课间的有限时间交流沟通。此外，随着选课规模的扩大，师生比例或达到 1∶40，无法保障“一对一”式全覆盖的沟通，而师生之间的交流沟通对教学是十分重要的。缺乏即时交流沟通渠道、一些同学不善于交流沟通等是师生交流的主要障碍。疫情期间，通过各类型线上教学资源的利用，师生之间交流沟通的即时性、时效性大大增强。此外，部分在线下不善于面对面提问的同学，更愿意采用线上工具与老师讨论和交流。通过 QQ 群、学习通、腾讯会议聊天区等一系列工具，师生互动更为频繁快捷，由过去仅限于“课上交流”变为“全天候交流”。一些同学在课后学习、课间实验遇到困难时，也可以随时请教老师、即时提问。此外，在交流过程中，一位同学的问题可引发多位同学的加入、讨论和交流。由过去的师生小范围讨论可较易扩展为大的群组化讨论。

三、机器学习课程“1+e 翻转课堂”教学模式构建

在防疫新常态下，结合课程面临的新定位和新机遇，通过前期调研、参考国内外其他高校机器学习课程教学中的经验教训并结合自身学科专业特点，笔者对机器学习课程建设进行了深入探索。考虑到疫情防控新常态的特点和需求，将贯穿“1+e”线上线下混合式教学法，线上线下相结合，充分利用互联网手段，线上培养学生自主学习和创新能力，线下课堂互动进行翻转课堂教学[5,6]，实现知识传递和展现。教师更多的责任是关注学生问题和兴趣点，并引导学生应用知识、解决问题。机器学习课程“1+e 翻转课堂”教学模式的构建具体如下：

(一)多元化教学资源构建

翻转课堂教学模式下，课堂主要进行师生教学沟通交流，侧重于知识运用和答疑解惑，更多的知识预备需要学生事先通过网络资源进行学习，从而提升教学质量和教学效果。因此，教师需要在课前根据新常态下课程培养方案进行知识划分并预先制作学习资料以便于学生课前学习。应运“互联网+教育”的模式，教师应当充分利用各类型线上网络资源，如：丰富的慕课资源、名校公开课等，选择适合于本课程所在专业培养目标和定位的相关资源提供给学生课外学习。例如：本课程中笔者根据课程设置和进度，有针对性地分阶段选择了斯坦福大学 Andrew Ng 的机器学习网络公开课资源提供给学生学习。

此外，“1+e 翻转课堂”模式下，笔者根据机器学习课程特点和要求，制作了课程网站，放在学校课程中心网站供同学们浏览和下载资料。课程还充分利用了各类型多媒体工具资源，包括：QQ 课程群、腾讯会议、腾讯课堂等作为课程线上互动和管理的教学工具，同时这些工具资源也用于课后即时互动和答疑。

(二)混合式翻转课堂教学设计和实施

机器学习混合式翻转课程教学设计和实施以金课建设为标准，遵循“高阶性”“创新性”和“挑战度”进行教学设计。首先，“高阶性”要求学生在课前充分利用线上资源进行预习，为有效支撑翻转课堂模式，课前教师将结合机器学习实战性特点，通过 QQ 群、学习通等工具发布机器学习案例任务，让学生带着问题和任务学习。课堂教学过程中，让学生成为课堂主体，教师穿针引线，关注学生预习过程中遇到的难点并在课上进行有针对性的难点解惑和解读。其次，授课结束后，要求学生根据线上发布的机器学习案例任务积极动

手，运用学习的机器学习模型算法来解决一个实际问题，编写代码进行实现。该过程旨在培养学生的“创新性”，侧重于学生理解知识、运用知识和一定创新思维能力。最后，机器学习课程将随课程开展进度，定期进行课堂作业和小测试，测试内容将会延伸到线上参考读物和公开课等部分扩展内容，旨在训练学生一定的学习自主性和独立思考能力，具有一定“挑战度”。

（三）“1+e 翻转课堂”教学模式管理

机器学习课程“1+e 翻转课堂”教学模式管理如图 1 所示。总共分为三个阶段。

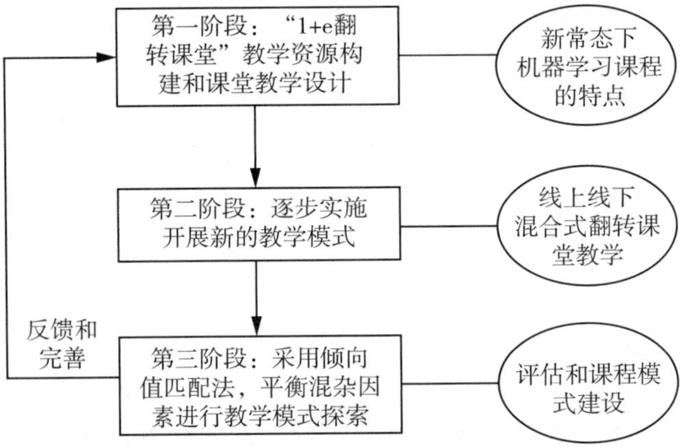

图 1　机器学习课程“1+e 翻转课堂”教学模式管理

在第一阶段，针对新常态下机器学习课程的特点，结合本专业特色，构建“1+e 翻转课堂”教学资源和制定混合式翻转课堂教学设计举措。

在第二阶段，将逐步实施新的教学模式，即线上线下混合式翻转课堂教学的实施。通过课堂外丰富的互联网线上资源和技术工具手段，传递各类教学资源和材料给学生，让学生可随时随地带着问题学习。课堂内进行教学角色翻转，将学习的决定权交给学生，让学生自主参与，教师采用教授法和协作法有针对性地答疑解惑。

在第三阶段，通常是在较为完整的一个教学周期之后，采用倾向值匹配法，通过平衡课程教学相关的各类混杂因素、评估教学模式新策略的有效性和优越性，通过对比并根据结果进行进一步反馈和完善，再重新回归到第一阶段，继续调整课程模式，反复迭代，逐步调整教学方法、累积经验，从而探索并形成新常态下更为行之有效的“教与学”模式。

倾向值匹配法可将众多可观察到的教学相关参数整合成一个变量即倾向值。由于具有相同或相近倾向值的个体（学生）的其他变量在分布上具有相同的特征，在此基础上，将对照组和实验组的学生个体根据倾向值进行匹配，从而可平衡两组学生样本的基线数据，使其达到随机分组的对比效果。倾向值匹配法的优点在于：可有效减少教学活动中对照组与实验组的偏差和混杂变量影响，其评估结果能够解释课程成绩的提高到底来自个体异质性还是新教学方法的运用，从而有效地衡量新的教学模式的有效性。

四、实践与效果

通过在机器学习课程中逐步开展“1+e 翻转课堂”教学模式，笔者就所在专业课程开展情况进行了初步实践和效果评估。观察研究的数据来源于武汉大学电子信息学院近 2 年的人工智能班学生数据。2019 年尚未发生疫情时，课堂教学仍以传统模式为主，该年度学生数据作为对照组。2020 年度开始，机器学习课程采用了疫情新常态下的线上线下混合的翻转课堂模式，2020 年度学生数据作为干预组即实验组。应用倾向值匹配法进行 1 ∶ 1 配对，最后共纳入 58 名学生进行分析，包括 29 名未使用“1+e 翻转课堂”教学策略的学生和 29 名使用了“1+e 翻转课堂”教学策略的学生。评估过程中，以各年度 5 次测试成绩作为检验指标(含 3 次课程笔试练习和 2 次上机练习)，即实践过程中考虑的结果事件包括：成绩优秀(90 分以上)，以及成绩良好(80~89 分)、一般(70~79 分)、合格(60~69 分)和不合格(60 分以下)的人数比例。

实践过程采用倾向值匹配的步骤如下：

第 1 步：计算倾向值。将是否采用新的“1+e 翻转课堂”教学模式作为因变量，以其他可观察到的教学相关基线参数包括：学生男女比例、重修和常规生比例、AI 班和其他专业学生比例、出勤率、课堂活跃度作为自变量通过 logit 模型来计算倾向值。

第 2 步：根据倾向值，将对照组和实验组研究对象进行 1 ∶ 1 匹配。这里采用最近邻匹配法，将对照组和找到的与实验组个体倾向得分差异最小的个体作为自己的比较对象，从而平衡两组样本的基线数据。

第 3 步：检查匹配后的教学参数基线变量是否平衡，用绝对标准化插值来检查配对效果，图 2 为两组配对后的效果，其结果表明匹配后两组的基线变量都落在 10% 以内的区域，因此具有较好的匹配效果，即已平衡了两组学生样本的基线数据，匹配后的两组基线无统计学差异，可以进行下一步分析。

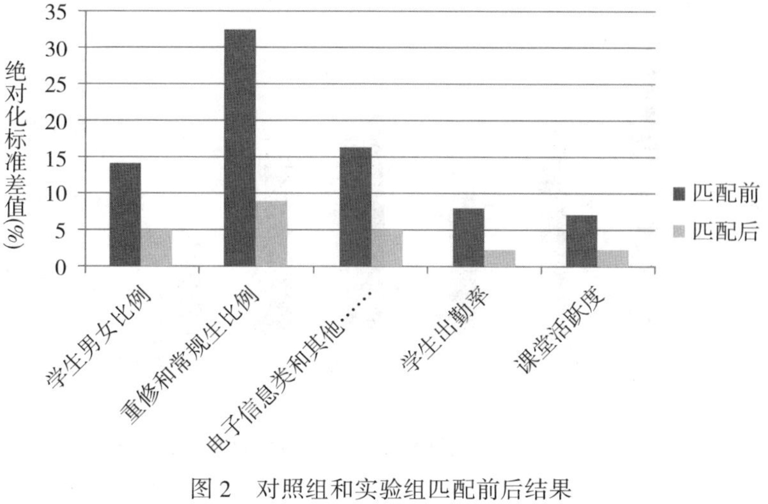

图 2　对照组和实验组匹配前后结果

第 4 步：保存匹配后的样本数据，采用 Cox 比例风险模型评估新教学方法策略对结果的影响。

图 3 为配对后的教学模式对平均成绩优良率的影响，其结果显示了 5 次测试的实验组和对照组学生在该组的平均成绩比例，具体分别为优秀、良好、一般、合格及不合格的比例。此外，为研究不同测试难度情况下，新教学模式对成绩的影响效应，按照测试难度进行划分，分别为：容易、中等难度和较难 3 个等级。图 4 为不同难度分组下教学模式对成绩优良率影响的实验结果。为研究不同形式考查方式下，教学模式对成绩的影响效应，分别按照笔试和上机两个类型进行分组。图 5 为不同考查方式下教学模式对成绩优良率影响的实验结果。由图 3 中的结果可见，基于各年度 5 次测试成绩的平均结果，采用“1+e 翻转课堂”教学模式的实验组在“优秀”和“良好”两个档级的成绩明显提升，即“1+e 翻转课堂”教学模式策略在均衡掉其他可能影响成绩的人为因素下，有效提升了成绩优良率，具有较好的教学效果提升。图 4 中的结果表明不同测试难度下，实验组在提高成绩优良率方

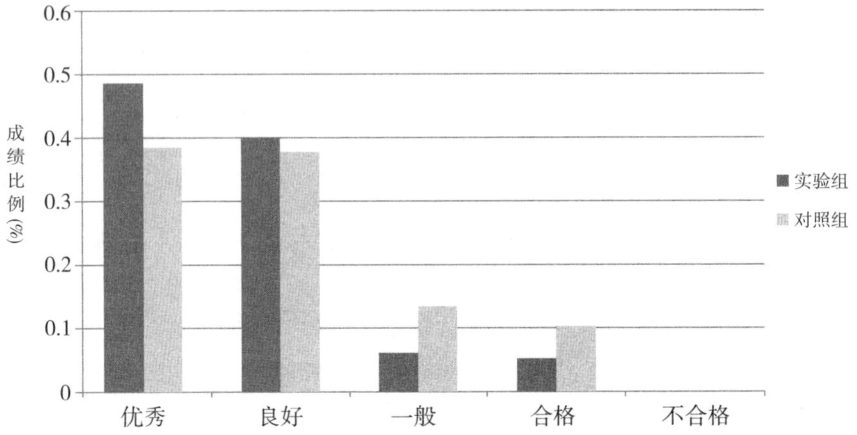

图 3　教学模式对平均成绩优良率的影响

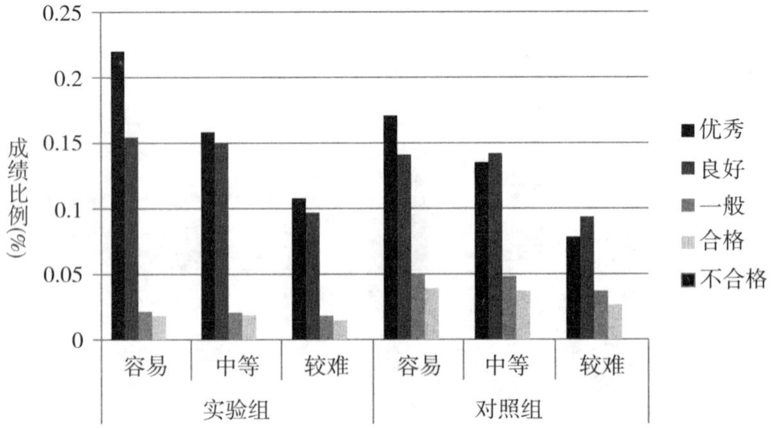

图 4　不同测试难度下教学模式对成绩优良率的影响

面都有较好的效果，即使在“较难”测试难度下，实验组仍然在成绩优秀率上有一定的提升，这表明新的教学模式更注重学生的创新性能力的培养，能满足具有一定挑战度的学习要求。由图5中的结果可见，实验组在上机成绩的提升方面更为显著，这表明新的教学模式更关注学生理论联系实际的能力，能有效提高学生的动手实践和解决问题的能力。

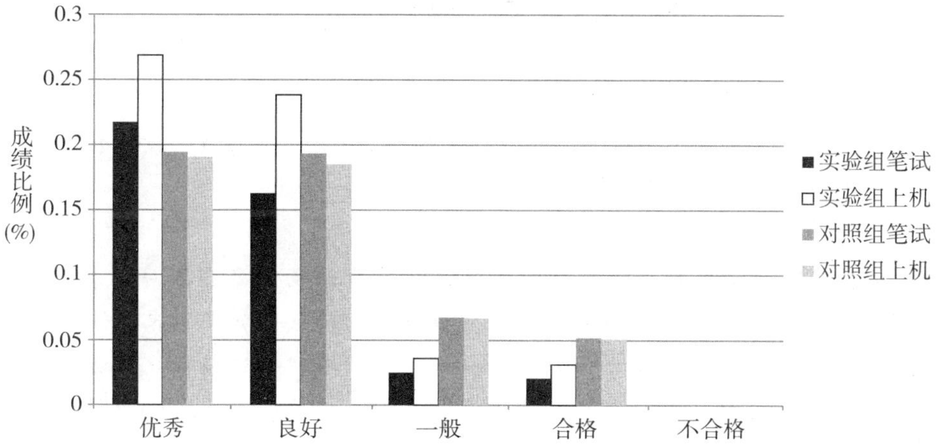

图5　不同考查方式下教学模式对成绩优良率的影响

五、结语

疫情期间，高校教育模式发生了变革。疫情新常态下，机器学习课程面临着新的机遇与挑战。新常态下的机器学习课程“1+e 翻转课堂”教学模式管理，通过丰富的线上教育资源、线上线下混合的翻转式课堂设计与实施，以及不断反馈和完善的教学模式管理方法，充分倡导学生主动学习、自我管理，有效促进了信息技术与课堂教学的深度融合，提高了课堂教学质量，推动了课堂教学革命。

◎ 参考文献

[1] 张玲．疫情防控背景下高校“停课不停学”在线教学实践探索[J]．大学教育，2020(9)：190-193.

[2] 贾文军，郭玉婷，赵泽宁．大学生在线学习体验的聚类分析研究[J]．中国高教研究，2020(4)：23-27.

[3] 陈琳．高校《机器学习》课程教学改革探索[J]．教育现代化，2018(6)：99-100.

[4] 李勇．本科机器学习课程教改实践与探索[J]．计算机教育，2015(7)：63-66.

[5] 张梦哲．学生获得感研究综述[J]．教育科学论坛，2017(32)：23-26.

[6] 郭建鹏．翻转课堂教学模式：变式与统一[J]．中国高教研究，2019(6)：8-14.

2020 年特殊时期信息化地球物理类在线教学实践及启示

张　煜　贾剑钢
（武汉大学　测绘学院，湖北　武汉　430072）

【摘　要】2020 年新冠疫情特殊时期，武汉大学地球物理专业有序开展了在线教学，教师采用了多种在线授课方式，并针对专业实习教学的特点，加强了虚拟仿真实践教学平台的建设，使得各类教学任务平稳有序开展，满足了师生这一时期学习互动的需求。通过在线调研并结合中外在线教学现状所得出的教学经验及启示对未来地球物理学类信息化教学实践有较好的借鉴意义。

【关键词】地球物理；在线教学；实践教学；虚拟仿真；新冠病毒疫情

【作者简介】张煜（1982—　），男，湖北武汉人，博士研究生，武汉大学测绘学院教师，主要研究方向为地球物理学，E-mail：yuzhang@ sgg. whu. edu. cn；贾剑钢（1983—　），男，浙江绍兴人，博士研究生，武汉大学测绘学院实验员。

一、背景

2020 年初新冠疫情暴发，全国高校正常的教学活动中断。教育部于 2 月 5 日印发指导意见[1]，要求采取各部门合作参与的方式，共同保障高校在疫情防控特殊期间的在线教学实施。2 月 12 日国务院联防联控机制新闻发布会进一步强调“停课不停教、停课不停学”。教育部及时组织 22 个在线课程网站，并推荐 15 个技术先进的网络技术平台，先后有 110 余单位积极参与，逐步向全国大学生免费开放涵盖各类学科的 3.9 万余门 MOOC（慕课）以及 2000 余门虚拟仿真实验课程资源。在教育部领导和全国各高校的积极努力下，特殊时期在线教学得到有力保障和顺利实施。3 月 12 日，教育部向各学科教学指导委员会印发《教育部高等教育司关于委托开展高等学校在线教育教学研究的函》，武汉大学作为地球物理类教学指导委员会主任单位，结合学校在线教学情况积极深入学习并开展了相关活动。据高教司统计，截至 2020 年 4 月 3 日，全国有教师 95.2 万、学生 11.8 亿人次参与了特殊时期的在线教学活动，开设在线课程达 94.2 万余门[2]。2020 年 4 月 10 日召开的高等学校在线教学国际平台课程建设工作视频会上，教育部高教司吴岩司长总结了新冠疫情暴发以来高校在线教学的成绩，并提出计划建设 100 余门高水平国际在线课程的愿景。

地球物理学作为利用现代信息化手段观测地球环境的各种响应，利用数学物理方法研究地球动力学过程的综合性学科，具有课程涉及的内容繁多，与实际联系紧密，多种信息融合和机理复杂多变等特征，给在线教学的开展提出了挑战。经过一个学期的教学过程和与80余名学生的线上教学磨合后，我们在地球物理学类在线教学特别是实践教学中有所心得，供大家参考。

二、武汉大学地球物理学类在线教学情况

武汉大学测绘学院(含测绘工程、导航工程、地球物理学、测绘类、地球物理学类)共有上百门课程开展了在线教学，其中地球物理学专业相关的有31门，基本按照教学计划开设了在线公共课和专业课。

1. 在线教学内容

以地球物理类课程为例，其中专业课在线教学必修课10门，学生学习效果普遍较好，选修课4门，学生参与程度存在较大差异。按传统教学计划的形式开展线上教学，部分教学内容和形式需要对应调整。比如测绘学概论在线课程使用了武汉大学精品在线共享教学资源而减少直播课程内容，据悉也有高校在教学计划中的课程之外为学生新开在线课程，在特殊时期获得了师生的好评，这方面的经验也值得在线教学设计中借鉴。我们开设的地震学专业理论课针对主要知识点，结合参考书搜集了网络优质教学资源，重新设计并丰富在线教学的内容。针对地球物理实习课的需求，上半年原教学计划中3门实习课程，我们正常开设2门。地震学实习中部分实验课内容，充分利用构造地震响应观测与震源过程分析虚拟仿真实践教学平台。该平台以实物实景、仪器设备操作和数据处理的真实地震应急响应情景构建了完整的实验环节(分别见图1和图2)，但野外现场实习内容已调整至疫情结束后再安排；毕业设计和毕业论文都以师生在线交流的形式开展。专业课整体教学质量较高，但也存在部分学生积极性不高、参与度有限的问题。

2. 在线教学方式

疫情特殊期间，教师在线授课采用了基于MOOC视频/语音课件的混合在线教学、直播/录播式混合平台在线教学等4种多元化方式。在线教学平台主要有腾讯会议/课堂(占64.5%)、QQ群在线展示(占19.4%)、超星学习通(占9.7%)、中国大学在线MOOC(占6.4%)，还有微信、爱课程、ZOOM等其他平台作为补充备用等，并充分利用了武汉大学精品在线共享课程资源教学平台。

地球物理学类专业在线教学以多平台的混合教学为主，其中直播教学占到50%以上，录播教学和远程指导相互补充。网络平台可随时向学生推送教学资料，并指导学生自主学习；在线课堂采用多种模式，辅以对重点和难点的多媒体课件实时板书与讲解，并通过课堂问答、小测验、特定问题研讨等互动形式启发学生思维和保持教学过程中的专注与参与

度；课后将直播课程以录播的形式，附上批注的多媒体课件等及时反馈给学生，方便学生课后复习和补习；考试多采用演讲讨论与读书报告相结合的办法。

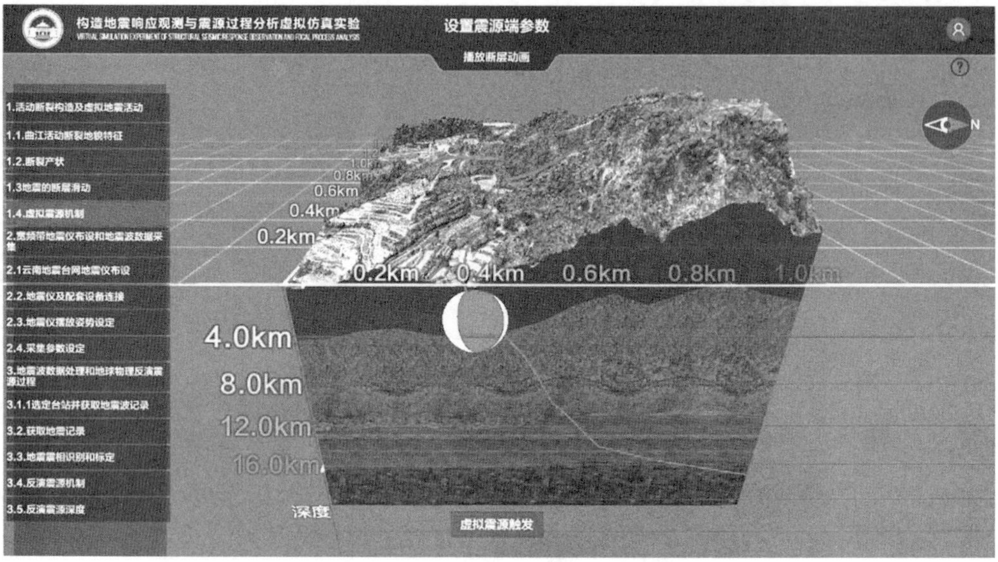

图 1　虚拟仿真震源机制和地震波辐射

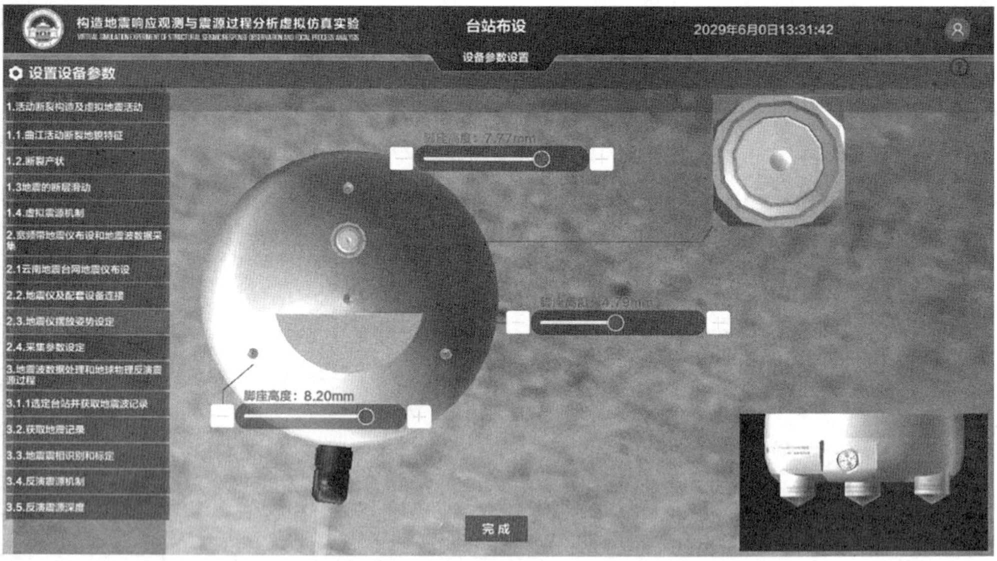

图 2　虚拟仿真地震仪参数设定

3. 在线教学面临的困难

疫情突然暴发的特殊时期，在线教学也遇到了不少困难，网络拥堵、平台稳定差及学生学习环境限制等比较突出，我们根据全国各高校的统计情况(见表 1)，借鉴了相应的解决方法。

表1　　　　高校在线教学的困难与对策[2]

困　　难	解决方案
部分地区贫困学生在线学习条件和时间安排受到限制	武汉大学及测绘学院给予部分学生在线流量补贴；在线课程时间统一协调安排，保证统一的教学时间
部分网络平台出现了不同程度的拥堵	学院事先组织对教师培训，多数教师准备了多种平台备选方案，保证教学计划顺利实施
在线教学资源缺乏，内容与质量不能满足实际教学计划要求	教师尽可能针对在线教学形式优化完善课件和教案，随时向学生推送资料，并及时根据学生反馈，修订教学资源
线上线下的教学效果等效性问题	强化在线教学过程的督导，并注重师生互动和特殊时期学业和心理干预，加强教学方法研究，保证在线教学的效果
地球物理等专业实验课的开展存在问题	依托虚拟仿真实验平台、实验教学示范中心等网络共享资源，强化在线实验内容，对实地野外实习时间做调整

4. 在线教学效果反馈

结合2020年上半年地震学和地震学实习专业课授课情况，我们发现：(1)66.7%的学生反映居家学习条件差，网络、计算机及学习环境等有时不能满足在线教学，特别是直播教学的开展，但录播资源能解决大部分的问题；(2)多数学生(69.2%)自我监控能力一般，存在不能按时完成作业、测验和讨论等学习任务的情况，只有少数学生(18.0%)有自我监控能力，能自觉安排时间主动跟上教学进度，更有少数学生(12.8%)缺乏自控能力，难以跟上学习进度；(3)学生总体(89.7%)对在线教学表示满意，能容忍因网络或平台造成的问题；(4)学生能按时收到教学资料推送，多数学生(74.4%)能参与课中课后问答、测验、研讨等互动；(5)大部分学生(79.4%)认为直播加录播的教学形式更好，更多学生(89.7%)反馈虚拟仿真平台等多种混合资源能有效辅助理论和实习课程相互补充和开展，94.9%的学生一致认为教学效果与线下教学相差不大，这和教师的评价基本相同[3]。

三、在线教学现状

1. 国外在线教学现状

2001年麻省理工学院发布开放式课程资源(MIT open course ware)，在国际上最早建立在线教学范式，“开放教育资源(open educational resource，OER)”也逐步在哈佛大学等世界名校开展起来。标准的开放课程有完整的教学大纲、教学日历、电子教案，多数还有作业、试卷(及解答)、小实验、小项目设计，并有相应演示和部分讲课视频实况等资源。这些课程提供网络资源共享，但不提供实时学习辅导，也不提供在线教学证书。2008年大规模网络开放课程(MOOC，慕课)被提出，Coursera、Udacity和Edx三大著名MOOC平台相继出现。MOOC能提供完整的授课视频、多媒体课件，并且能同时提供容纳多人在线学习的网络平台，定期开课，有完备的教学环节，有作业和测验的定时评价，强化了师生互动，构建了大规模的虚拟线上教学环境[4]。目前国外MOOC注重教学内容和过程的模块化、碎片化改进，发展多种师生网络互联形式，创新考核方式，体现了以人为本、多种信息化手段融合、教学质量和特色学科并重的发展趋势。但MOOC作为一种载体，内容建设是长期系统工程；由于有大规模学生参与MOOC在线教学，学生程度和目的差异大，难以保证师生全面的交流，致使课程完成率低，影响学习效率[5]。

2. 国内在线教学现状

2003年我国开始国家精品课程建设，并要求提供视频公开课线上线下资源。2012年教育部改革和升级国家精品课程，推出“精品视频公开课”，并于2013年推动“国家精品资源共享课”建设。在高等教育国际化背景下，于同年中国MOOC开始兴起，故2013年被称为“中国MOOC元年”[6]。目前，我国的MOOC数量和参与人数稳居世界第一，MOOC注册人数超过2亿。现阶段利用MOOC开展多形式混合教学得到普遍认同，这一自主和开放的国际化知识交互的新载体提供了不一样的学习效果。但针对学生学习过程中的个性需求，实现优质教学资源整合，改进学习体验等问题亟待解决。

测绘、地球物理在线课程近年有强劲的发展势头，在线课程资源有近200门之多，呈现强劲发展态势。各高校软、硬件条件日趋完善，在教育部等各级主管部门大力支持下，有效快速组织开展在线课程建设。地球物理学有多信息融合的特点，多元发展趋势明显。各类在线网络平台以及高教司积极推动虚拟仿真实践教学平台建设[6]激发了多情景线上线下相结合(OMO)的教学模式革新。

目前地球物理等地球科学类专业在线教育还存在以下问题。(1)教学理念、内容与形式未能完全与国际接轨。课程建设阶段仅注重一校一班，先进在线教育理念和视野(如MOOC的开放式社区属性)不足，优秀的国际在线教学经验需要借鉴。(2)未将地球物理学的先进信息技术及时融入在线教学的情境中。如AI和虚拟仿真技术在学科的科学和工程研究上已有长足发展，但在教学实践中融入不足。AI能快速有效地识别数据特征，结合虚拟仿真能让学生在真实情境中完整地负责并完成某个学科研究或工程案例(如数字测图、地震应急监测等)的全过程，为其提供人性化的学习体验。(3)国家级精品资源共享课程数量偏少；多语言在线教育资源稀缺，内容相对单一，新技术新方法融合缓慢等。

四、信息化教学经验及启示

1. 特殊时期信息化教学经验总结

经过2020年上半年两个学期的在线教学实践，测绘学院师生克服一系列困难，能够保持正常的教学互动，增强学生学习获得感。就地球物理类专业，我们获得的经验简要概括如下：

(1)MOOC平台、腾讯会议/课堂、学习通、珞珈在线等提供了多平台的在线教学的成功案例，可供我们在未来开展信息化教学时参考借鉴。

(2)学校各基层教学组织的重视，适时的在线教学督导与监控和及时解决问题是开展信息化教学的保证。

(3)多元化在线教学手段使得教师能精心组织授课内容，通过师生互动丰富课程教学过程设计，使得在线优质教学资源充分发挥实效。

(4)针对地球物理类特殊的实践教学，充分采用虚拟仿真平台，调用各种实景资源实现在线多情景实践/考核方式，在特殊时期拓展实践教学的场景，丰富了教学情境、改进了教学质量。

(5)充分的技术保障和备选方案能克服目前网络和平台的一些缺陷，保证教师及时启动备选方案，按时按计划完成教学任务。

2. 未来信息化教学的启示

特殊时期广泛在线教学实乃被动，但积极的是使信息化教学方式得到了广泛开展和全面检验，也在一定程度上促进了信息技术与课堂教学深度融合，推动了课堂教学改革。中国地球物理学类高等教育如果能进一步将自身现代信息技术的特点与专业教学紧密结合，必将为地球物理教育事业发展和进步赢得主动。接下来应该把握双一流学科建设的契机，结合学科发展需求，大力推进国家级在线教学资源开发，促使线上线下结合的教学模式(OMO)改革。

(1)提升信息化专业教学发展。促进课堂教学改革，发展互联网+、AI等现代信息技术革新地球物理类专业教学。一方面，应将信息技术与传统教学方法融合，将AI、大数据分析及虚拟仿真等技术引入课堂，另一方面，应注重课程内容重构，让课堂形式更“活”，结合在线教学经验以现代信息技术构建现代化专业教学内容和知识体系。

(2)推动线上线下相结合教学模式和方法研究。特殊时期的全面线上教学，让教师有了经验积累。线上与线下教学各有优劣，新冠病毒疫情结束之后，将逐步恢复正常课堂教学秩序，线下教学将为常态，可能还需要对前期线上教学中未能很好解决的实际专业技能训练、野外实习等进行补救，未来进一步发展线上线下混合式教学方法已经成为共识。因此，需要加强相应教学模式和教学方法研究和改革[7-10]，结合线上和线下教学的优势，建立“以学生为中心、以产出为导向、持续改进”的教学体系。

(3)开展国际化线上线下优质共享教学资源统筹建设。特殊时期在线教学的经历让教师们深感优质教学共享资源不足。与国外发达国家相比，地球物理相关线上教学资源少，缺乏系统性，质量参差不齐，优质线上实验/实践教学资源匮乏，信息技术支撑单薄。对于地球物理类专业教学所倚重的实景考察、多源观测站建设、数据采集和处理，野外实习基地建设等，应充分利用互联网、虚拟仿真等先进信息化技术，本着虚实结合的原则，建立和完善各类3D数字仪器库、虚拟野外勘查路线、地球物理观测与数据处理案例库等，开发更多具有更强互动性更真实沉浸式情景的虚拟仿真实验，以满足线上线下结合的实践教学需要。

五、结语

未来必须抓住地球物理学科双一流建设的契机，结合中国“金课”建设[6]，以信息化推动传统课堂向线上线下结合新教育途径转变，并与国际化接轨，统筹建设多种高水平的线上线下理论和实践教学资源，保障武汉大学地球物理学多元健康发展。

（感谢武汉大学实验技术项目（项目号：WHU-2019-SYJS-12）对本文的资助）

◎ 参考文献

[1] 教育部．关于在疫情防控期间做好普通高等学校在线教学组织与管理工作的指导意见．2020-02-05，http：//www. moe. gov. cn/jyb _ xwfb/gzdt _ gzdt/s5987/202002/t20200205 _ 418131. html.

[2] 教育部高教司司长吴岩．应对危机、化危为机、主动求变，做好在线教学国际平台及课程资源建设[N]．搜狐新闻，2020-04-10，https：//www. sohu. com/a/387051132_323819.

[3] 朱益明．“停课不停学”与在线教学发展的审思[J]．教育与教学研究，2020(3)：41-49.

[4] 吴维宁．大规模网络开放课程(MOOC)——Coursera 评析[J]．黑龙江教育(高教研究与评估)，2013(2)：39-41.

[5] 杨小丽，韩雷．国外慕课研究的现状、特点及范式[J]．教学研究，2019，42(3)：75-79.

[6] 吴岩．建设中国“金课”[J]．中国大学教学，2018(12)：4-9.

[7] 蒋玉宇，刘镇．基于云平台的 O2O 实验教学体系构建[J]．实验室研究与探索，2016，35(10)：188-191.

[8] 王玉生，宋晓燕，张天杰．线上线下结合的教学模式探讨[J]．华北水利水电大学学报(社会科学版)，2019，35(3)：39-42.

[9] 王晨曦．“互联网+教育”背景下开展线上线下混合式教学的探讨[J]．教育现代化，2019，44(6)：68-69.

[10] 任雪萍．基于线上线下融合的数据结构教学改革[J]．计算机教育，2019(7)：5-9.

疫情期间遥感类课程线上教学的探索与实践

秦　昆　王树根　崔卫红　余长慧　张　熠

（武汉大学　遥感信息工程学院，湖北　武汉　430079）

【摘　要】2020年初突如其来的“新冠”疫情给高校教学带来了巨大的冲击。针对新冠疫情期间“教师不停教、学生不停学”的要求和目标，如何将传统的课堂教学转为线上教学是一个具有挑战性的问题。本文以武汉大学遥感科学与技术类课程的线上教学组织与教学实践为例，对疫情期间的线上教学方法进行了探索与实践，包括：线上教学方法培训、授课经验交流与教学督导、在线考试与监考、实习实践类课程在线教学探索、三学期课程在线教学创新与实践等。最后，对疫情期间在线教学的利与弊进行了分析和总结，并提出了在线教学方法改革和创新的思路。

【关键词】新冠疫情；遥感科学与技术类；线上教学；教学督导；教学改革

【作者简介】秦昆（1972—　），男，湖北随州人，博士，武汉大学遥感信息工程学院教授，主要研究方向为时空大数据分析，E-mail：qink@ whu. edu. cn。

【基金项目】湖北高校省级教学研究项目（2020021）；武汉大学教学研究项目（ZD-5）。

2020年年初，突如其来的“新冠”疫情给高校教学带来了巨大冲击。武汉大学遥感科学与技术类的本科教学由开始的茫然无措到后来的边实践边探索，逐步探索出了一套规范有序的线上教学模式，保障了本科教学的持续有效进行，圆满完成了教育部提出的“停课不停学”以及武汉大学提出的“教师不停教、学生不停学”的要求和目标。本文以武汉大学遥感科学与技术类课程的线上教学组织与教学实践为例，对疫情期间线上教学模式和方法进行了探索，并提出了线上教学可能会产生的教学方式方法的改革和创新思路。

一、疫情期间的线上教学工作方案

2020年年初，湖北武汉暴发了突如其来的“新型冠状病毒疫情”，并成为新冠疫情的重灾区，国家和政府随即对武汉采取了相应措施，以控制疫情的进一步蔓延。此时，武汉大学原计划的2月17日开学的时间马上就要到了，学生是否返校，如何开展教学等问题的解决迫在眉睫。而制订一个切实可行的针对新冠疫情的本科教学方案是首先要解决的问题。根据上级部门的疫情防控指示精神和武汉大学的具体要求，武汉大学遥感信息工程学院（以下简称“学院”）及时制订了2019—2020学年第二学期延期返校期间的本科教学工作实施方案。该方案的主要内容包括：

1. 总体要求

鉴于当前“新冠”疫情现状，在保障全体师生健康安全的前提下，积极做好开学前的教学准备工作，落实“教师不停教、学生不停学”的具体要求，确保教学工作要求和教学质量标准不降低。结合学院工作实际，积极做好本科教学管理与服务的相关工作，维护学院本科教学的正常运行。

2. 采用网络虚拟课堂进行教学

因疫情期间所有学生不得返校，因此决定从 2 月 17 日开始严格按照学生选课计划进行网络课程的线上教学。虚拟课堂的在线学习仍按实体课堂教学的教学计划实施，学生登录网课记时且记录考勤。学生改选课程要求在 3 月 2 日前通过网络提交给学院本科教学管理办公室，由学院汇总后一周内交本科生院，由本科生院集中办理。同时，任课老师必须提前做好相关准备，包括：备课、准备电子课件(PPT)等。

3. 建立 QQ 学习交流群

QQ 群作为网络虚拟课堂教学方式的一种协作和补充方式，可以利用其共享课件和学习资料、进行授课和答疑等。2 月 10 日前，本科教学管理办公室协助学院专业课任课老师和各班学习委员建立课程 QQ 群。授课教师则提前整理好课程简介、教学日历、课程参考书目等，并将相关内容发布至课程 QQ 群，帮助同学们提前做好课程学习准备。

4. 全校通识课程的授课要求

开设全校通识选修课的老师要求在 2 月 5 日前创建一个课程 QQ 群，将课程名称和 QQ 群号等信息报备给学院，本科生院汇总后再向全体学生公布，学生根据选课情况进入对应的课程群。

5. 实习实践课程的授课要求

可以通过网络授课的实习实践类课程均采用网络授课。需要到室外实习实践，或者需要专门的实习软件而学生的电脑上无法安装的实习实践课程，统一调整到正常开学后补习。

6. 本科毕业论文(设计)

要求指导老师与学生积极保持联系，指导学生因地制宜地开展毕业设计的相关工作，初期以查阅资料和阅读文献为主。取消原计划到生产单位实习的安排，改为由校内导师结合导师科研指导学生进行本科毕业论文(设计)。原计划根据生产单位生产实际确定题目的安排，改为由校内导师出题。

二、线上教学方法培训

由于线上教学是新生事物，学院的教学管理人员、授课老师绝大多数没有线上教学的经验。因此，首先组织教学办的教学秘书、院教学督导组、教学副院长等教学管理人员参与武汉大学组织的“武汉大学网络教学在线培训”，主要是学习学习通、珞珈在线等网络授课平台和在线授课平台的使用方法，分别学习如何通过电脑端、移动端进行登录学习。然后由教学管理人员对本学期课程的主讲老师进行培训。同时鼓励各位老师积极探索多种网络授课平台。

三、采用多种网络平台授课，及时探索和交流教学经验

在 2019—2020 学年第二学期疫情期间的在线教学过程中，“学院”共计 76 位老师参与在线教学，开设在线授课 115 门次。为了缓解使用同一种网络平台开展线上教学带来的网络压力，鼓励各位任课老师充分发挥主观能动性，积极探索多种网络平台的教学，并相互交流经验。授课方式统计如下：①腾讯课堂+QQ 群讨论：69 门次；②QQ 群直播+QQ 群讨论：18 门次；③腾讯会议+QQ 群讨论：16 门次；④QQ 群同步看视频+QQ 群讨论：8 门次；⑤ZOOM 会议：2 门次。⑥国家精品在线课程+QQ 群视频：2 门次。

各位任课老师针对这些不同的网络教学平台，积极探索合适的授课方式，充分利用授课老师 QQ 群及时交流授课过程中的问题和经验并由院教学办利用腾讯会议的形式组织了多次专门的教学经验交流会，及时发现授课过程中好的经验，并分析授课过程中的问题，积极探索改进办法。

四、教学督导积极监督与指导

传统的教学督导方式是走进教室和学生坐在一起听任课老师讲课，课间和课后查看任课老师的教案、课件、教学手册等教学资料，了解任课老师的教学准备情况，并可以与学生现场交流，就教学方式和相关问题进行沟通，然后给任课老师提出意见和建议[1]。

但是在疫情期间的网络教学过程中，传统的教学督导方法无法实施。因此，院教学督导组在组长的带领下，探索了一套切实有效的网络督导方法。具体操作如下：

①根据督导分工，督导员提前与任课老师联系，加入相应课程的 QQ 群，了解任课老师与学生的课前沟通、课中交流、课后辅导及分析等情况；

②登录武汉大学提供的“武汉大学虚拟教室系统”。根据课表中的教室安排以及虚拟教室所提供的网络课堂链接，在授课时登录进入相应的网络课堂，随堂听课、记录和分析相关问题并向任课老师反馈。

③考试巡视督导：针对疫情期间的特殊情况，学院的所有课程考试均采取腾讯会议的形式，要求参加考试的学生打开摄像头，同时安排监考老师监考。作为督导，主要是进行

考试巡考，及时发现相关问题并给予指导。督导员根据主考老师提供的腾讯会议号登录进入腾讯会议，对考试情况进行巡视。

④毕业论文(设计)“云”答辩及督导巡视：本次本科毕业论文(设计)答辩统一采取腾讯会议形式进行“云”答辩，督导员根据分工进入相应的毕业设计答辩的腾讯会议会场进行督导巡视以及相关检查和指导。

五、组织在线考试与毕业答辩

针对新冠疫情的特殊情况，“学院”2019—2020学年第二学期的所有课程考试均采用腾讯会议在线考试的形式，要求参加考试的同学打开摄像头，在开考前打开并调整好摄像头，以便监考老师可以看清学生的答题状况。开始考试时打开摄像头、设置“静音”。监考老师通过腾讯会议进行监考，督导老师通过腾讯会议巡视监督。如果发现学生有通过网络传输答案、交流讨论等行为，按照作弊处理并进行相关的处分。根据本学期所有课程的在线考试情况来看，在线考试取得了很好的效果，圆满地完成了疫情特殊情况下各门课程的考试任务。

根据《关于武汉大学2020届本科生毕业论文(设计)工作要求的通知》精神，为了确保疫情防控期间毕业生按期顺利毕业，学院于5月16日8:30至17:30开展了遥感信息工程学院2020届本科毕业论文(设计)“云上”答辩工作，本次“云上”答辩利用腾讯会议平台进行。全院261名本科毕业生被分成12个小组参加答辩。邀请学院各系(实验中心、宇航研究院)共70名老师担任12个答辩小组的答辩专家。学院督导组、教学办、学工办组成毕业答辩的巡视小组，对答辩过程进行督导和巡视并积极解决相关问题。同时，院领导高度重视，参加了毕业答辩的巡视工作。答辩结束时还组织了答辩评委老师和答辩学生一起的“云”合影，留下了疫情期间难忘的记忆。

六、实习实践类课程的在线教学探索

相对来说，实习实践类课程的在线教学更难实施。学院组织实验中心对实习实践类课程进行了梳理，对于可以进行在线教学的实习实践课程，如Java网络程序设计、面向对象的程序设计等课程采取网络在线教学，任课老师提前指导学生在自己的电脑上安装相应的软件，授课过程中指导学生进行实习实践，并将实习成果及时反馈给任课老师进行指导。对于需要到室外和相应生产部门实习的课程，如“地理国情监测专业部门实践”“数字测图与GNSS测量综合实习”等，调整教学计划，推迟到疫情结束后正常开学后执行。根据实际执行效果来看，实习实践类课程的在线教学取得了较为满意的教学效果。实习课程的在线教学相对于以前的机房现场教学而言，的确存在学生和老师的当面交流缺乏等问题，但是学生和老师充分利用网络沟通，并不局限于原定的上课时间，在课后时间也可以随时进行咨询与讨论。虽然任课老师会更加辛苦，牺牲一些休息时间，但是总体来说各位任课老师都能乐于奉献，圆满地完成了各项实习实践任务。在2020年8月疫情基本结束后，根据学校的统一安排，2019 级的 300 多名学生提前返校补课，到原定的校外实习基地补习完成了“数字测图与 GNSS 测量综合实习”。

七、三学期课程的在线教学创新与实践

武汉大学于 2019 年 6 月首次实行了三学期制授课。2020 年是否继续执行三学期制授课？在疫情情况还不明确的状况下一直没有确定。后期，在 5 月初，根据当时疫情还没有完全结束的情况，学校决定继续按照网络在线授课的方式开展三学期课程的在线教学。

学院于 2019—2020 学年第三学期共开设了 9 门三学期制课程，包括 3 门全英文课程：Selected Topics in Remote Sensing and Information Engineering、Practices and Applications of Geoinformatics、Intelligent Processing and Analysis for Geospatial Imagery，2 门双语课程：计算社会学与社会地理计算、GIS 可视化技术，3 门公选课：大学生软件设计训练、摄影技术与赏析、3D 技术与应用，以及新设特色选修课“城市遥感”。原计划需要到校外实地进行实习的课程“数字测图与 GNSS 测量综合实习”调整为疫情结束学生返校后到校外实地开展实习。原计划到生产单位实习的选修课“生产实践(服务学习)”决定停开一次。

这里以三学期课程“计算社会学与社会地理计算”的授课情况为例，对武汉大学遥感学院的三学期课程授课情况进行介绍。

计算社会学与社会地理计算课程由“学院”与武汉大学社会地理计算联合研究中心以及中国数据研究所和未来数据实验室联合推出，针对疫情期间的网络在线教学的特殊情况，利用腾讯会议以公开课的形式进行授课。既面向武汉大学的选课学生授课，同时又对外开放，欢迎其他相关高校感兴趣的学生旁听。来自“学院”测绘学院、资源与环境科学学院的 65 名选课学生，以及来自北京大学、清华大学、浙江大学、伯尔尼大学、中南林业大学、云南师范大学、南京师范大学、广东海洋大学、华中师范大学、华南师范大学、天津大学、首都经贸大学、西南民族大学等相关高校共计 200 多名旁听学生参加了该课程的学习。武汉大学学生与外校学生组成了 22 个学习小组，合作完成实习实践大作业。他们既学习到了专业知识，又培养了团队协作精神。

课程组精心组织课程内容，邀请了国内外 10 名学者分专题进行授课，邀请了来自“学院”、测绘遥感信息工程国家重点实验室、社会学院，以及来自美国托莱多大学(University of Toledo)、美国南卡罗来纳州大学(The University of South Carolina)等国内外 10 名学者联合授课。讲课内容分 10 讲进行。

同时，积极组织学生聆听与授课内容相关的高水平疫情数据分析讲座。该课程第六讲的主题是“健康地理与犯罪地理学”。恰逢授课当天上午有高水平的“中美日防疫政策与疫情影响分析论坛”，于是组织学生先聆听该论坛的讲座，然后再聆听授课老师的讲座，从而将论坛讲座与授课讲座结合在一起开展教学。

组织课程考核培养学生分析问题、解决问题的能力，以及表达与展示的能力。课程结束时，最后的考核是给学生布置了一个疫情数据分析的大作业，以研究报告和成果 PPT 汇报的形式进行成果展示。由 5 位老师组成考核小组，对学生的实践成果进行考核，由武

汉大学及校外旁听学生组成了22个小组，以PPT讲解及成果演示的形式汇报各小组的研究成果。研究主题包括：新冠疫情与空气质量的相关性分析、百度迁徙人流网络与疫情相关性分析、新冠疫情网站设计与开发、疫情期间的舆情分析、夜间灯光与新冠疫情相关性分析、新冠疫情与国际关系分析、复工复产形势分析、中国及部分其他国家的疫情地图及时空分析、湖北省疫情数据分析等。既培养了同学们关心时事，分析问题和解决问题的能力，又培养了同学们的团队协作精神，以及口头表达和展示自我的能力。

同学们纷纷表示，计算社会学与社会地理计算课程让自己开阔了眼界、扩展了视野、全方位锻炼了能力。

八、总结与讨论

突如其来的新冠疫情给高校的本科教学带来了前所未有的困难和挑战，同时也给高校的本科教学改革与创新带来了新的机遇。在新冠疫情期间，学院及时改变以往在教室直接面对学生的授课方式，积极探索各种网络授课方式。以下对疫情期间网络教学的利与弊以及进一步进行教学改革与探索提出一些意见和建议。

(1)在线教学首先面临的最大问题是网络压力问题，网络是否畅通，是否能够保证网络教学的顺利进行是首先需要考虑的问题。在实施网络教学的初期，的确出现了一些网络拥堵现象，从而造成网络教学临时中断的情况，以及由于网络原因，学生听不清老师讲课的情况。针对此情况，积极做好多种备选方案，当一种网络授课方式出现问题时，及时调整到另外一种方式。例如，利用珞珈在线授课发生网络拥堵时，及时调整为QQ群授课，或者组织学生学习提前录制好的授课视频，然后加以辅导。

(2)网络教学还有一个重要不足，就是无法知道学生是否在认真听课，虽然学生名字挂在网上，但可能在做其他事情。针对此问题，采取了增加一些课堂随机提问、适当布置课堂作业、课后作业等方式进行随机检查，以督促学生学习。同时，利用网络及时收集学生对教学方式方法的意见和建议，及时进行教学方式方法的调整。

(3)关于授课过程中的师生互动问题。由于现在的学生都是在网络时代成长起来的，更愿意通过网络进行交流。以笔者主讲的“空间分析”课程为例，在以前的传统课堂上，老师提问，一些学生回答问题不积极。而在网络授课时，通过QQ群提问，学生回答问题、交流讨论表现得异常活跃。

(4)基于互联网的教学为拓展优质教育资源、促进教育公平、提高教育国际化水平注入了新的理念，提供了新的途径，也对高校人才提出了严峻挑战[2]。疫情期间的在线教学促使了授课老师尝试网络教学，为未来进一步推广基于互联网的教学，以及线上线下混合式教学提供了新的机遇[3]，有望产生教学方式方法的重大变革。

总之，疫情期间的在线教学给我们的本科教学带来了很多困难，同时也带来了教学改革和创新的机遇。网络线上教学有利有弊，如何在遵循教学规律的基础上，针对现代大学生的特点，采取线上线下混合式教学，充分发挥两者的优势，积极开展切实有效的教育教学方法的改革和探索是未来教学过程中进一步研究和努力的方向。

◎ 参考文献

[1] 李萍，王莹．疫情期间线上教学督导与思考[J]．科技视界，2020(21)：15-16.
[2] 钟秉林．互联网教学与高校人才培养[J]．中国大学教学，2015(9)：4-8.
[3] 李弢．后疫情时期混合式教学模式的探索与实践——以英语听力课程为例[J]．北京印刷学院学报，2020，28(12)：109-112.

透过线上竞赛看课堂教学中的变与不变

龚　龑　王　琪

（武汉大学　遥感信息工程学院，湖北　武汉　430079）

【摘　要】青年教师教学竞赛是促进教学交流、提升教师教学技能的有效途径。针对疫情期间的教学实际情况，教学竞赛的形式也存在多种选择。论文通过对遥感学院线上教学竞赛的分析，结合后期线下常态教学的实际情况，着重从教学内容、教学组织等方面讨论了大学课堂教学中值得坚持弘扬的教学理念。

【关键词】在线教学；教学竞赛；教学内容；教学组织；遥感

【作者简介】龚龑（1979—　），男，湖北竹山人，博士研究生，武汉大学遥感信息工程学院教授，主要从事遥感信息处理、农业定量遥感和高光谱遥感的研究，E-mail：gongyan@ whu. edu. cn；王琪（1988—　），女，湖北武汉人，硕士研究生，武汉大学遥感信息工程学院教学秘书，E-mail：kikiwang@ whu. edu. cn。

根据学校开展2020年青年教师教学竞赛的通知精神，遥感学院成立了指导和推荐委员会，对疫情条件下参加复赛教师的选拔方法进行了新的尝试。为充分考虑近期线上教学的实际情况，并为学院广大老师提供更充分的观摩机会，同时兼顾复赛实体课堂竞赛的选拔功能，我们采取了线上形式进行学院预赛的方式。

通过这次竞赛，我们更加清楚地集中展示出线上课堂教学的特点。竞赛中展现的变与不变值得我们冷静思考，在疫情逐渐褪去的过程中，那些在教学中应当始终秉承并坚定弘扬的理念，需要我们认真沉淀。

线上形式的教学竞赛与以往的显著变化是课堂形式。作为对常规课堂教学的评价，我们参考全国(第三届)和湖北省(第四届)高校青年教师教学竞赛的课堂教学评分表，从中可以总结出常见的基本标准。主要包括四个方面：教学内容、教学组织、语言与教态，以及教学特色。其中教学内容和教学组织权重最大，分别约占30%和40%，另外两项约各占15%。

如果我们用上述标准来进行在线形式的课堂教学竞赛评价，能否较好体现课堂状态呢？仔细分析我们可以发现，课堂形式存在显著差别会导致好课堂的评价指标更加复杂。总体而言，在两种形式下，好课堂的核心要素还是具有较大共性的，两者的差别也是客观存在的。

一、教学内容分析

在教学内容方面，线下课堂有如下基本要求：理论联系实际，符合学生的特点；注重科学性，内容充实，信息量大，渗透专业思想，为教学目标服务；反映或联系学科发展新思想、新概念、新成果；重点突出，条理清楚，内容承前启后，循序渐进。这些对在线教学而言是一脉相承的，平台变了但上述基本原则值得坚持。

教学内容的组织与筛选，实际也是教师团队学科视野的体现。需立足教学大纲，横向有学术扩展、纵向有科研厚度。教师应关注、筛选、融合最新科研进展，以专业的视角将其纳入课堂知识体系。遥感学院本次参加比赛的老师，学术水平普遍很高，其中包括“青年千人计划”入选者李四维教授和高水平引进人才高智教授在内。参赛教师整体科研经历丰富、学术背景特征明显，这为先进科研成果走入课堂，推进教学内容不断革新提供了很好的基础。

大学专业课教学本质是科学研究和技术探索的复现，所以不光是知识点的复现，更是过程和科学方法的复现。因此，科研探索思维与教学思维是一脉相承的。从我们老师个人发展来看，通过科学规划，学术与教学如能互相促进、良性相长是最佳状态。未来十四五规划中，教师职业生涯可持续发展应包含教学与科研两个层面。

二、教学组织对比

从课堂教学组织来看，线下课堂的基本要求中，有很多基本要素仍然适用于线上教学。比如：教学过程安排合理；方法运用灵活、恰当，教学设计方案体现完整；启发性强，能有效调动学生思维和学习积极性；教学时间安排合理，课堂应变能力强；熟练、恰当地运用多媒体、教具等教学媒体和手段。虽然线上和线下教学，对于上述要求的具体体现会存在差异，但核心精神是一致的。

比如，在本次学院预赛中，许多老师的启发性教学，是通过教学逻辑而非教学形式体现的。虽然缺少了线下课堂在启发形式上的提问、互动等即时场景方式，但不少参赛老师从知识的切入、疑问的产生和对学生思维的引导逐步递进，引导学生自主思考。比如高智老师对计算机视觉知识的预设疑问引导，以及石文轩老师从不同极化方式实践应用出发引发物理机理反思，这实际上是启发式教学的更深刻层次，后疫情时代回归实体教室后，这也是非常值得借鉴总结的。

在课堂组织方面，最为显著的差异可能包括板书环节。板书设计合理、工整、美观、规范是线下教学竞赛的基本要求。在线上条件下，实体板书环节缺失，形式各异的电子白板功能在一定程度上可进行替代，但板书擦、写、留的表现形式以及教学过程中的师生情态互动难以充分体现。而这些环节尤其是在理工类高水平课堂中是常见而又非常有效的教学手段。

三、语言与教态

关于语言与教态，不变的是对于利用普通话讲课的基本要求，以及语言清晰、流畅、准确、生动，语速节奏恰当等关注点与线下教学一致。这次竞赛中，张文老师和卢宾宾老师精神饱满、亲和力强，即便不是实体课堂，透过屏幕也依然能让听者感受得到。对于肢体语言运用得是否合理、恰当，教态是否自然大方，这些评判标准同样在线上线下课堂均会被纳入考量，尽管标准尺度会烙上各自形式上的印记。

四、教学特色

关于教学特色，实际上体现的是对于教师个人教学风采的永恒追求。老师如若教学理念先进、风格突出，课程感染力强、教学效果好，则学生会得到更高层次的精神洗礼。比如孟小亮老师，彰显出的课堂磁力能够牢牢把握听者的思维和焦点，20 分钟结束后，似乎余音绕梁。无论线上线下，这都有赖于多种因素发生综合“化学反应”而产生的课堂魅力。对于教学特色的追求，是超越教学基本功之外的教学艺术性展现。尽管线上和线下课堂特色的展现过程风格迥异，但这种追求是不变的。

特殊时期居家在线教育，是老师与学生、学生与学生之间时空隔离条件下的非常态教育，它终将过去。而这一时期虚拟的交互替代了实体校园内的交互，新的教育形态在意想不到的情况下加速到来。作为特殊条件下的学院教学竞赛预赛，竞赛评价标准的变与不变体现了优质课堂教学的一般性和特殊性。除了在线教学方式和手段在日后的延续，更重要的是，通过大浪淘沙，我们可以看清先进教学理念在不同场景下的多维折射，这对于我们升级、重塑现有课堂教学具有很好的意义。

◎ 参考文献

[1] 刘振天．内涵式发展：高等教育本质论、价值论与方法论重建[J]．大学教育科学，2013(6)：14-20.
[2] 李京东，郭斌，肖素荣．解析高校青年教师教学竞赛测评标准[J]．课程教育研究，2019(30).
[3] 龚龑，张熠，方圣辉，等．高校工科教学知识点与科学精神关联培养探讨——以遥感科学与技术专业课程教学为例[J]．测绘通报，2017(2)：143-146.
[4] 顾明远．教育大辞典[M]．上海：上海教育出版社，1990.
[5] 施良方．崔允漷．教学理论：课堂教学的原理、策略与研究[M]．上海：华东师范大学出版社，2009.

互动式网络新工科创新工程实训

钱　俊　刘运豪　刘汉东
（武汉大学　印刷与包装系，湖北　武汉　430079）

【摘　要】“新工科”是国家创新驱动发展战略的新需求，是新时期我国高校工程教育改革的指导方针。本文提出的互动式网络新工科创新工程的教学模式是以“互联网+”为契机的一个多学科多领域交叉的新型工科教学模式，引导学生进行理论实践相结合的学习，对提高工科课程的教学效果，培养创新型工程科技人才，深化工程教育改革及推进新工科的建设与发展都有着重要作用。文中通过对互动式网络新工科创新工程教学模式的分析说明，并以柔性电子应用为例从每个步骤环节入手，详细阐述了互动式网络新工科创新工程教学模式，可为诸多工科课程的教学改革提供参考。

【关键词】新工科；教学模式；柔性电子；互联网+

【作者简介】钱俊（1971—　），男，湖北孝感人，博士生导师，武汉大学印刷与包装系教授，主要从事柔性电子、新型包装印刷材料的研究，E-mail：171452546@ qq. com。

世界工程教育发展与最新潮流显示：工科人才培养与业态转型方向以及工业未来发展趋势保持高度一致，日趋复杂的工程实景将被更紧密地嵌入工程教育过程[1]。新工科概念产生伊始就受到了教育界的广泛关注，新工科以新经济、新产业为背景。新工科的建设，一方面要设置和发展一批新兴工科专业，另一方面要推动现有工科专业的改革创新。高校要加快培养当前产业急需人才，主动布局面向未来技术和产业的人才培养。为加快实现我国从工程教育大国走向工程教育强国，高校要树立创新型、综合化、全周期工程教育“新理念”，构建新兴工科和传统工科相结合的学科专业“新结构”，探索实施工程教育人才培养的“新模式”，打造具有国际竞争力的工程教育“新质量”，建立完善中国特色工程教育的“新体系”。新工科内涵进一步强调“前沿技术引领性”“学科间交融性”“知识体系多样性”“人才培养创新性”等，指引着现有教育模式的改革。

一、互动式网络新工科创新工程概述

现有教学模式面临的首要问题是新技术、新知识在生活中的实际应用难以被直观地呈现给学生，简而言之就是理论与实际不能有效结合，理论知识远大于实践经历，不利于学生真正感受新技术对我们生活产生的影响，很大程度上限制了学生的思维。目前的教学方式下，不同领域的学生、教师之间联系松散，给系统性的产品设计带来很多障碍。实验资源的优化配置问题，学校内部实验设备短缺，教学资源利用率低[2]，使得创新性的想法难以完成。而带领学生去校外专业工厂中进行实践操作，随之带来安全问题、时间问题、效率问题等，还有一些不可控因素影响实践进行，比如疫情问题。由此可见，在新工科背景下，对基于“互联网+”的多学科多领域交叉式工科课程教学模式进行探索与研究，深化工程教育改革，以新技术新思想推进新工科建设与发展具有重要的意义[3]。

互联网的迅速发展为新形式的教学方式提供了技术基础，也给传统教学模式的改变提供了思路。针对现有教育模式的局限性，可以“新工科”理念为指引，以互联网为媒介，以互动式网络学习为方法，建设互动式网络新工科创新工程的教学模式[4]。结合术业有专攻的情况把产品按技术领域划分为多个模块，分别由相关领域的专业人员来实施。教学环节设置结合 CDIO(conceive，构思；design，设计；implement，实现；operate，运作)理念指导，进行项目引导式的案例教学[5]。从整体上把教学模式分为5个环节：①项目提出环节；②理论设计环节；③方案完善环节；④实践教学环节；⑤信息反馈环节。在整个教学模式中，通过企业沟通和市场调研提出以企业需求为导向的项目问题；然后教师、学生、企业技术主管进行解决方案的讨论并在一定时间内完成设计框架的搭建，确定切实可行的思路；形成可在工厂实施的实践方案；由学生和企业通过网络互动完成实践环节。整个过程中学生有疑问可以及时请教专业人员，操作人员在实际操作中出现困难也可以与学生和专家教师及时沟通解决，让学生了解具体的实验操作和步骤，最后通过信息反馈了解产品应用情况，流程如图1所示。本模式的提出旨在以互动式网络新工科创新工程的教学改革，来解决目前实验条件和疫情等因素导致的实践不足的问题和在“新工科”建设的时代背景下如何培养顺应时代潮流的复合型人才的问题[6]。

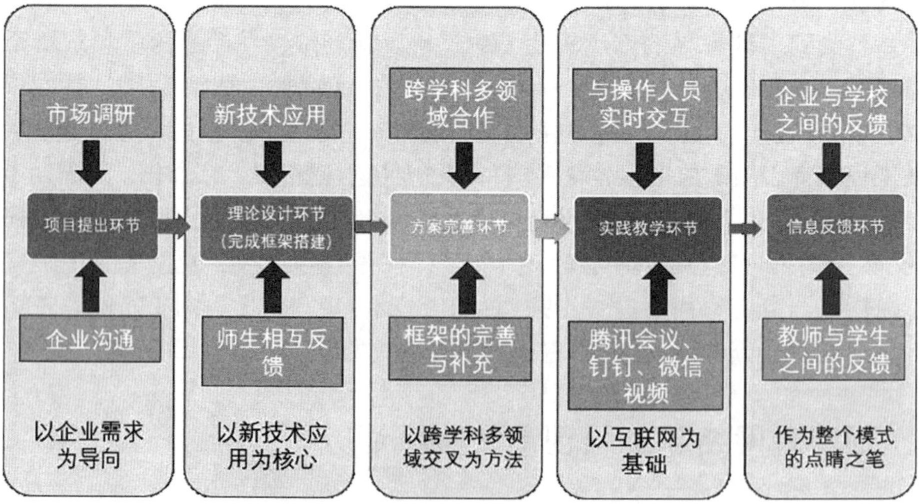

图1　互动式新工科创新工程教学模式流程图

互动式网络新工科创新工程教学模式紧扣“前沿技术引领性”“学科间交融性”“知识体

系多样性”“人才培养创新性”四大新工科内涵，将学校、教师、学生、企业和专业实验操作人员等多方联合起来，形成一个多学科多领域交叉的新型工科教学模式，充分利用校内优质的教师资源和校外企业先进的仪器设备和成熟的工艺，通过网络的方式进行远程实验学习，以网络为载体、以多领域的理论依据为支持，为学生多角度、多维度地展现授课内容，更利于学生理解掌握知识。使传统的“教师讲，学生听”的灌输式教学模式转变为学生探索式思考学习辅以利用电子设备进行实践学习的教育方式[7]，对培养学生创新能力、创造意识、学科交融能力，提高其工程素质具有重要作用[8]。综上所述，互动式网络新工科教学模式和传统教学模式的区别如表1所示。

表1　**互动式新工科创新工程与传统教学模式对比**

	成果转化	学习深度	资源利用率	安全性
互动式网络新工科创新工程	有利于	理论紧密结合实际	高	高
传统教学模式	不利于	不足	低	在疫情期间极大受限

二、互动式网络新工科创新工程实例——以柔性电子应用为例

为检验该模式的实际应用效果，将该教学模式应用于武汉大学印刷与包装系包装工程专业2018级某班级同学的授课过程中，参与学生人数为20人。

1. 项目提出环节

问题的提出是解决问题的第一步，同样，项目的提出作为项目设计方案的第一步，它对后续的研究方向和进展有着重要影响，是需要慎重考量的极其重要一环，需要有切实的依据和背景做支撑。目前很多项目问题的提出存在与实际生活联系不紧密的情况，短期内并不能为企业带来效益，难以得到企业的认同。针对这一情况，互动式网络新工科创新工程教学模式项目的提出以企业需求为导向，以解决实际问题为根本，密切联系生活，一方面有利于增强学生的代入感；另一方面有利于新技术的推广，改善人们的生活。在该模式下，项目的提出通常是由学生、教师与企业沟通了解企业需求后提出，或者是通过市场调研发现市场需求来提出。沟通调查要根据导师和学院的项目情况或者是与这些项目有关的企业工厂的需求情况来实施，在一定现实基础下与企业沟通，有利于整个环节的顺利进行；进行社会调研同样如此，从自身生活中遇到的问题入手，来调查社会大众是否有同样的问题，以及对解决该问题的认可度和意愿强度，这一系列的沟通调查都对我们最终项目问题的提出有着重要意义。为达到更好的教学效果，应鼓励学生自主进行调查活动，引导学生构思、设计、调研，全面提高和培养学生分析问题、解决问题的能力。

在实际应用中，与武汉大学合作密切的武汉鸥易光电科技有限公司以及湖北龙腾电子

科技有限公司等企业在市场调研中发现，电动车、摩托车在校内外使用率很高，随之而来的一个问题是在冬天骑车的时候，人们的手会因为裸露冻僵而变得不灵活，再加上冬天比较危险的路况，很容易引发交通事故，目前人们都是通过戴手套等方式来解决，存在影响刹车操作等一系列安全问题，为解决这些问题，需要采取一种更加科学有效的手部保暖装置。因此确定课程目标：实现电动车、摩托车的车把手处加热装置的设计。

2. 理论设计环节

在本设计环节中，集柔性材料、电子设计、印刷知识于一体，通过讨论设想和多方互动的形式设计方案框架。首先要由教师根据企业的项目进行可行性评估，如图 2(左)所示，经讨论，电动车、摩托车有电池、电路，用柔性电子可以良好装配，是一个经典案例。之后引导学生思考“需要怎样应用新技术”，在进行一定量的文献查阅和与企业的沟通后，选择一种切实可行的技术路线，具有良好的操作性；在课程实施过程中，学生与学生之间讨论先搭建出一个设计框架的雏形，如图 2(右)所示，多方面研讨后确定出明确的设计框架，如领域模块的划分、新技术的具体应用形式、相关数据测试方法及其整体设计思路等，最后将设计思路与企业交流。

图 2　互动式新工科创新工程理论设计讨论

在本实例中，核心模块是柔性电子的设计，创新性体现在柔性电子的应用，学生们通过如下讨论分析确定柔性电子设计思路：传统的发热装置都面临着体积较大，成本较高，制作工序较为复杂等问题，而柔性电子这一新技术结合传统的印刷工艺，将导电油墨印刷到柔性可弯曲的基底上形成电路，有着成本低、生产速度快、体积小等优点，并且在柔性电子的实验中，碳基导电油墨有着良好的发热性能，足以满足加热装置的生产需要。因此本设计采用柔性电子技术制作电热膜辐射供暖，将可发热的碳基导电油墨印刷在柔性基底上实现对手部的加热作用。

其他模块如电动车电路设计、拓展以及安装方式等，都是由相应的校内外专家教师和操作人员通过网络引导学生一起参与完成，从而达到学生对系统该工程的全面了解和掌握。由于同学们电路知识基础较弱，武汉鸥易光电科技有限公司的工程师根据电动车的结构设计了供热系统的电路结构，并给学生们进行了分析讲解，学生们理解了复杂电路的设计流程、原理与方法，在产品设计与实施过程中，理解了协同合作的重要性，理解了工程任务的分工与合作。

3. 方案完善环节

在以往的实践教学中，虽然也采用了项目驱动式教学模式，但是经过反复推敲和实际论证发现，在实践教学方面，单一的项目驱动方式还存在不足[9]。本环节主要内容是在理论设计框架的基础上进行方案的完善，对于核心模块的实验操作可与导师交流并进行实验和相关性能的测试直到达到设计标准；对于其他模块的具体设计，可通过与相应领域的专家教师进行视频连线或者现场会面的形式来向他们提出项目需求，请其协助完成产品设计，教师也可以将此项目需求整理后作为新项目交给他们的学生来完成，这样就会形成一个跨学科跨学院甚至跨学校的大规模学习活动，从而带动教学模式的改革升级。总体来说该环节要求以多学科交叉共同参与的方法形成理论完备的实施方案。

在实践教学中，围绕柔性电子设计方案问题，邀请了武汉鸥易光电科技有限公司和湖北龙腾电子科技有限公司等企业和武汉大学校内的多位专家与本专业导师、学生一共 24 人通过腾讯会议进行交流讨论关于电学和外观结构方面的设计问题，并进行方案的完善，如图 3(左)所示。

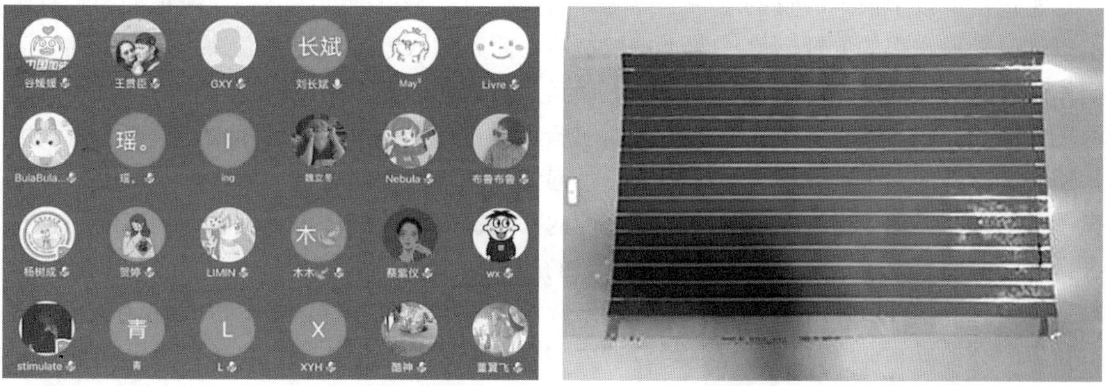

图 3　通过互联网多学科交叉讨论完善实验方案

本实例在理论设计中已经确立了柔性电子模块的设计制造形式是印制电热膜，在该环节中通过与导师交流并进行相关实验制备测试发热薄膜(如图 3(右)所示)，然后与电子信息学院实验室的专家教师沟通把设计理念和思路具象化，形成如下的初步设计方案：

发热膜使用柔性电子制作，发热主体采用碳基导电油墨，油墨固化后形成具有稳定电阻值的涂层，根据焦耳-楞次定律，涂层传导电流会将电能转换为热能。初步拟定电热膜采用 PET 耐热薄膜作为载体印刷导电油墨，电极材料是铜胶带。将参与的 20 位学生分成 5 组，对油墨的配方进行调整改善，来形成 5 组对照试验，最后印刷相同的面积，并接在同等的24V电压下，用红外观测仪来观察油墨的发热情况。在导电发热墨的制备过程中学生们都对柔性电子有了更深的理解，并对油墨的各组成部分进行了如下的总结(见表2)。实验过程中，学生们的配方的主要区别在碳纳米管和助剂的含量，明显的实验结果的差异让学生们更加清晰地认识到碳纳米管对发热的重要作用和助剂对油墨高附着耐剐蹭等方面的改善。

表2　　**导电油墨组成**

导电油墨组成	导电填料	连接料	溶剂	助剂	承印物	电极
成分	导电碳黑、石墨、碳纳米管	丙烯酸树脂	水	分散剂、消泡剂、慢干剂、附着力助剂	PET	铜胶带

学生们经过分析之后设计了3种形式的加热装置：①直接在握把上包裹电热膜加热，并在握把前方增设一个挡风装置；②挡风装置和加热装置进行一体化设计，在半包围式的挡风装置内部增设加热装置；③前两种形式结合起来使用。此外还可以设计调节按钮，例如，设置“安全”“速热”两种模式，“安全”模式是默认模式，在“安全”模式下，不会有烫伤的风险，在调节到“速热”模式时，能快速加热节约时间。

4. 实验教学环节

实践是本教学模式的目的之一，也是当前高校急需解决的问题之一，疫情的影响打破了以往教学模式中的方针制度，学生本就被迫在家延迟入学时间过长，缺少了大量的实验操作学习时间，纯理论的学习只能是纸上谈兵。然而在回到校园以后，本来应该进行的校内校外实验操作实践也不能正常进行，而实验环节在理工类学科的教学中起着不可替代的作用，它对帮助学生理解课堂教学内容、加强实际动手操作能力都非常重要。同时，对增强学生的学习兴趣、激发创新性思维等方面的作用也不可低估。因此，校园内需要一种打破常规的实验教学模式来弥补学生实践学习的缺失。

在实际应用中，印刷与包装系教师联系武汉鸥易光电科技有限公司以及湖北龙腾电子科技有限公司等企业，把已经完成的设计方案交给专业仪器操作人员实施，并与企业沟通好时间，之后组织学生通过“腾讯会议”“钉钉”甚至是微信视频的方式来与实验操作人员进行连线，如图4所示。通常先由实验室教师和企业方为学生介绍实验仪器以及一些基本操作，让学生对仪器的功能有大致的了解，这样才能让他们在接下来的实验操作环节理解操作内容，并结合前期设计的方案实时观看实验操作流程，达到理论与实际相互印证的目的。这一方面加强了对理论知识的理解，另一方面也锻炼了实验思维。在实验教学过程中，学生如果对实验操作有疑问，可以实时进行询问，同样，如果在实验操作中某些理论数据没有达到预期水准，企业的实验操作人员也可以及时反馈给学生和教师，便于进行后续方案的改进。在此阶段完成后，学生、教师以及企业三方都可以整理自己在互动式网络新工科创新工程教学模式中的体会和收获，总结这一次遇到的困难挫折和经验，为下一次教学打基础。

图 4 通过视频形式观看实验教学

5. 信息反馈环节

互动式网络新工科创新工程实训作为一种多学科多领域交叉的新型工科教学模式，其反馈系统也是互相交叉的，教师和学生之间的反馈，企业和教师及学生之间的反馈，都是让整个模式成为源头活水的重要环节，只有通过不断的信息反馈，产品的生命才能被注入活力，才能够不断完善，成为人类社会发展的稳定助力。

产品被设计制造出来并不是这个产品就结束了，而是产品生命的起始，新技术在从理论到应用的过程中肯定会出现一些难以预料的情况，在走出实验室进入人们日常生活的过程中也会出现一些复杂的情况。在产品制作实验过程中和实验完成后的应用中，难以避免地会出现或多或少的问题，特别是产品在实际使用中出现的问题，是非常具有参考意义的，对理论的完善有着十分重要的作用。这时信息反馈的重要性就凸显出来，企业的信息反馈让学生、教师能及时掌握产品的应用情况，能够更好地理解理论知识在实际应用中存在的误差，通过误差修正来弥补理论的不足也是实验的重要一环，学生在信息反馈环节中来达到对理论知识的升华，对打破纯理论思维避免纸上谈兵有着重要作用；学生在教学过程中的收获和发现的问题也需要反馈给教师，来帮助教学模式的完善和发展[10]；学生、教师的最新理论成果也能再次回馈企业，帮助企业做出更加优秀的产品，信息反馈网络大致如图 5 所示。因此，信息反馈是一个互惠互利共同进步的过程，一切事物发展都是波浪前进和螺旋上升的，信息的有效反馈可以帮助整个模式少走弯路，以极具效率的方式达到新的高度。

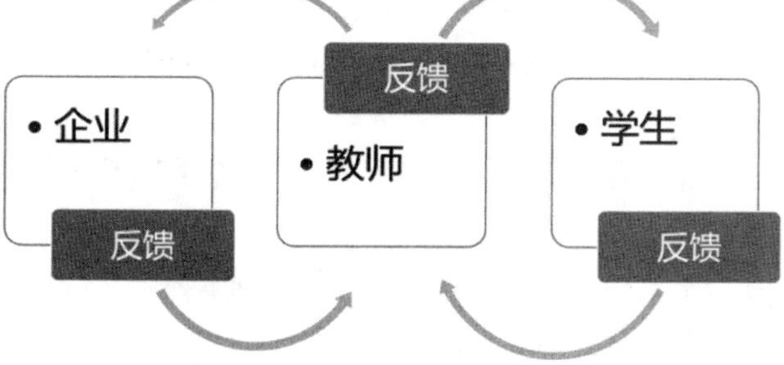

图 5 互动式网络新工科创新工程反馈网络

该教学模式的实际应用在参与的各方中都引起了良好的反响，武汉鸥易光电科技有限公司在实例中主要负责提供导电发热油墨的一些配方和原材料来支持同学们进行油墨的制备和柔性电子相关知识的学习，湖北龙腾电子科技有限公司则主要负责对摩托车和电瓶车的内部结构进行分析，并运用设计出的产品对摩托车和电瓶车进行实际改装，通过多方配合取长补短，在为学生们进行实验教学的同时也满足了企业的产品需求，解决了实际问题。学生们也积极反馈学习效果，普遍认为该模式有助于促进产学研成果转换，让实验室产品走向应用、在现实社会生活普及中是国家一直在推行的主题、也是最利于改善人民生活的重要事项。学生在参与互动式网络新工科教学模式中，会得到科研能力、创新能力、团队协调能力以及合作能力的提升。不同学科融合和交叉所产生的效果是十分显著的，武汉大学印刷与包装系本科生张海斋通过该模式的学习在实验和创新思考中找到了方向，还申请了大学生创新创业训练计划国家项目。由此可见，互动式网络新工科创新工程的教学模式在特殊时期展现了其独特的优势，为学生们的实验学习和创新思维的培养提供了有力保障。

三、结语

互动式网络新工科创新工程实训的教学模式有很多优点，但实施过程中同样有一些困难。如对学生的创新能力要求较高；实验更新速度慢；实验完成周期长；对学生动手能力锻炼不足等。为了更好地体现这种新型教学模式的优势，未来可在下列几个方面努力：

①注重培养学生创新思维，让学生通过对教师上课所讲内容和自己对相关资料的理解自行提出问题，并利用新兴技术去设计产品。

②让学生提前对实验设备和操作方法有一定的了解，可以采取参观实验设备和实验场地的方式或观看视频讲解和阅读相关手册的方式。

③加大学校对互动式网络新工科创新工程的投资力度，让学生有机会接触到最新的实验设备、更好地理解前沿知识。

④实验结束后通过信息反馈渠道让学生能随时和专业人员进行交流。

◎ 参考文献

[1] 叶民，孔寒冰，张炜．新工科：从理念到行动[J]．高等工程教育研究，2018(1).

[2] 孟庆浩，闫慈，曾明．基于互联网的远程交互式工学实验[J]．高等工程教育研究，2011(3)：147-151，156.

[3] 孟二从，余亚琳，伞磊，等．基于“互联网+”的工科课程混合式教学模式探索与实践[J]．大学教育，2020(8)：59-61.

[4] 罗成，陈颖，王剑．基于网络互动式教学平台的创新教学模式的研究与实践[J]．软件(教育现代化)，2013(7)：114-115.

[5] 钟原，张小洪．基于 CDIO 的项目引导式互动教学模式研究与实践——以网络互联与

路由技术课程为例[J]. 专业与课程建设，2020(4)：37-41.
[6] 王巨宏，刘婷婷，马东嫄，等. 构建新经济下政产学研融合工程教育新生态[J]. 高等工程教育研究，2017(3)：27-30.
[7] 郭媛，魏连锁，张剑飞，等. 基于移动互联网+高校教材建设的几点思考[J]. 科技风，2019(6)：60-61.
[8] 宿辉，原小寓，刘英，肖雪，王晓丹. 基于互联网+"新工科"工程化学教学模式的构建[J]. 黑龙江工程学院学报，2020(2)：58-60.
[9] 田新志，陈晓范，申海杰，等. 新工科背景下基于"项目+学科竞赛"驱动的应用型本科人才培养模式研究——以网络工程专业为例[J]. 电脑知识与技术，2020(20)：35-37.
[10] 叶常琼."互联网+"的教学反馈在化工原理教学中的应用探索[J]. 科技经济导刊，2020(20)：160.

古代汉语线上闭卷考试探索

萧　红　鲁　杰
（武汉大学　文学院，湖北　武汉　430072）

【摘　要】2020年新冠肺炎疫情背景下，文学院古代汉语课程首次使用线上闭卷考试的方式，教师团队提前做了大量准备工作，如引导学生正确认识线上考试、加强平时训练、合理安排考卷、提前制定考试要求、进行考前模拟训练、提前准备应急预案等。整个考试过程比较顺利，考试结果达到了预期的目标。此次考试在一定程度上证明专业课程线上闭卷考试具有可行性，且有突出优点，如不受空间的限制，节约人力物力，促使教师建立更成熟的题库，更注重对学生能力而非知识性的考查等，在正常学期也可作为线下闭卷考试的补充。不过目前线上闭卷考试还处于探索阶段，仍存在诸多不完善的地方。

【关键词】新冠肺炎疫情；古代汉语；线上；闭卷考试

【作者简介】萧红（1972— ），女，湖北随州人，博士，武汉大学文学院教授，博士生导师，主要研究方向为汉语言文字学，E-mail：00006912@whu.edu.cn；鲁杰（1989— ），女，河南博爱人，武汉大学文学院在读博士，主要研究方向为汉语言文字学，E-mail：956895647@qq.com。

新冠肺炎疫情下，除了教学形式由线下转为线上，随之而来的课程考试也不得不转变原有的形式。在无法进行线下考试的情况下，如何选择一种考试形式既能保证考试的顺利进行，又能达到考试本该有的检测目的和效果，成为一大难题。古代汉语作为文学院的专业核心课程，如何能让学生考出真实的水平，保证期末考试工作的严肃性，提高人才培养质量，尤为重要。为此课程组进行了周密的思考，事先做了大量的准备工作，取得了较好的效果。

一、考前准备

（一）做好学生的思想工作，打消学生蒙混过关的思想

由于受到疫情的影响，期末考试不能像以往在线下进行，部分学生滋生了随便考考就行的思想。为此，教师在课堂上多次强调，让学生明确，虽然现在出现了疫情，但是学习不能松懈，考试不会放水，古代汉语仍要采取线上闭卷考试的方式，考试的形式从线下转

为线上，考试的要求绝不会降低。学生逐渐打消了蒙混过关的念头，客观上激发了学生学习课程的积极性。

(二)加强平时训练和日常考核，动态掌握学生对本课程的学习状况

线上授课期间，为了尽量弥补无法面授的短板，课程组将腾讯会议、课程 QQ 群和武汉大学珞珈在线网教平台配合使用。腾讯会议授课、集中答疑，课程 QQ 群签到和随时答疑，学习通发布课外阅读资料、布置作业、安排讨论、批改作业，尤其是利用珞珈在线增加了平时测验环节，围绕每一单元的核心内容设计若干试题，随堂在线测试，提醒学生查漏补缺。这样也为学生适应期末在线考试打下了基础。

(三)合理安排试卷，守好试卷质量关

线上闭卷考试的命题，除了遵循试卷的科学性、明确性、全面性、合理性、独立性、适度性以外，还需另外考虑到线上的因素。为了保证线上考试也能像线下考试一样公平公正，考出学生的真实水平，在试卷的安排上我们主要从三方面着手。

1. 精准安排考试时长

在考试时间安排上，我们力求更加精准，既要保证大部分学生能在规定时长内完成试题，又不至于时间过多，到考试后期学生无所事事。为此，我们在教学过程中专门安排了每一章节的小测验。小测验一方面是为了检测学生对本章节的掌握情况，帮助教师及时调整后面的教学安排，另一方面也是看看学生完成试题的时间，为最终期末考试的时长确定提供参考。除此之外，我们还安排了 3 名往届的学生试做期末样卷，记录答题时间。最终结合学生的章节测验时间和往届学生试做样卷的答题时间，确定本次考试的时长。

2. 斟酌考试难度，搭配试题

由于是在线考试，在试题类型、对应知识点、难易搭配等方面我们都进行了调整，以选择题为主，加上传统的技能考核题目如古文阅读和翻译，对试题难易程度进行搭配，除了考查学生对核心知识点的掌握情况，更注重对其语言能力进行灵活考察。

3. 准备多套试卷

本次古代汉语课程有 34 名同学参加考试，采用“多套试卷+乱序”试卷模式，共准备了 8 套内容形式不同，难易程度相近的试卷。考试时 8 套试卷将随机发给 34 名同学每人 1 套。如果直接发放大概每 4 名或 5 名同学会拿到相同的试卷，我们借助武汉大学珞珈在线网教平台的考试系统发放每一套试卷时将各小题的顺序打乱，这样虽然少部分学生拿到的试卷相同，但题目的顺序也不相同，有效减少了互通答案的可能。

(四)拟定考试要求

由于我们是首次尝试线上闭卷考试，为了保证考试的顺利进行，我们提前拟定了古代

汉语课程考试要求。古代汉语课程考试要求除了一般闭卷考试的纪律要求以外，还包括线上考试所需设备的使用要求、考场要求等。

1. 考试所需设备的使用要求

由于是线上考试，我们要求学生提前准备好一台电脑和一部带摄像头的手机。电脑作为答题设备，手机作为监考设备。在考试过程中电脑和手机都要保证有网络支持。古代汉语期末考试采用武汉大学珞珈在线网教平台考试系统，学生需提前用学号和密码登录武汉大学珞珈在线网教平台，确保电脑能够顺利运行武汉大学珞珈在线网教平台考试系统。摄像手机需提前下载腾讯会议软件。考试时使用腾讯会议进行监考，监考老师既可以同时观看所有考生的画面，也可以放大任何一个考生的画面。摄像手机要求置于考生左后方或右后方 1 米位置，让主考老师能看到电脑屏幕、桌面和考生本人，摄像手机放置好后中途不得移动[1]。摄像手机需有充足电源保证整个考试过程不关机。

2. 考场要求

要求学生选择安全、封闭、无干扰的房间作为考场，禁止在公园、网吧、餐厅等开放场所进行考试。电脑、键盘等考试用品必须放在桌面上，考试过程中房间禁止他人出入，考场内不能有任何考试禁止物品出现[1]。考生未经监考老师同意，不能擅自离开考场。考试过程中需保证房间光线充足，监考的摄像手机摄像清楚。

(五) 指导学生熟悉考试流程

由于大多数学生是首次参加古代汉语课程的线上考试，对线上闭卷考试的要求和考试流程并不了解，为此，我们专门组织学生进行了一场考试流程的演练，对如何布置考场、如何答题、考试的具体要求都做了一对一的指导，保证每一位学生都完全了解考试的全过程。在演练过程中我们发现很多学生对放置监考摄像手机的位置还不太清楚，有些太靠后遮住了电脑和桌面，有些太靠前无法展示桌面的全貌，经过一对一的指导和调整，所有同学都找到了规定的机位。

(六) 做好应急预案

线上考试相比线下考试，所使用的设备更多，不可控的因素也更多。因此在考前我们讨论了可能出现的问题，并针对问题拟定了解决方案。例如，我们采用线上考试系统，一旦系统出现问题，学生将无法答题。为此，我们将考题做了 pdf 格式备份，一旦考试系统出现问题，我们将立即通过邮件形式将 pdf 版本的试卷按编号发送给学生，确保考试顺利进行。

二、考试过程

考试开始前 30 分钟，考生按要求准备好考场、电脑、摄像手机和网络。考生通过电脑登录考试平台，摄像手机需进入教师事前安排的腾讯会议指定会议室，并将昵称修改为真实姓名，考试过程中，考生手机摄像设备全程开启。监考教师在考试开始前30分钟时，通过监考画面核验考生身份信息并检查考生的考试环境、考试设备是否符合要求。

考试正式开始时，考试系统会自动开启，考生开始答题。此时监考老师通过监考画面实时观看每一位考生考试画面直至考试结束。在考试过程中，监考老师还要及时处理学生遇到的各类突发情况。本次考试出现了系统不能正常显示试题的情况，我们立即启用 pdf 备份试卷，很快解决了这一突发问题，保证了考试的顺利进行。

三、考试结果

本次古代汉语考试，90分以上2人，80~89分19人，70~79分8人，60~69分5人，及格率达100%，考试成绩呈正态分布。学生的考试成绩和我们平时掌握的学生的学习情况相一致，说明本次线上闭卷考试考出了学生的真实成绩。从考试结果来看，学生已较好地掌握了音韵、语法部分的知识点，达到了预期的教学目标。此次考试也说明在新冠疫情的影响下线上教学的质量和学生的学习质量并没有因此而降低。

四、反思与总结

总体来说，本次古代汉语线上闭卷考试比较成功，取得了较好的结果，这也说明疫情下线上闭卷考试是可行的，并且尤具独有的优势。

(一)线上闭卷考试的优势

1. 考场不受空间的限制

考场不受空间的限制是线上闭卷考试最突出的优势。此次新冠疫情致使学生不能按时返校，传统的线下考试因受考场的限制也不能举行。而线上考试不受空间的限制，即使学生在家也能通过电脑参加期末测试，完成规定的学业。

2. 更加节省人力物力

线下闭卷考试不需要专门准备考场，考生和监考老师节省了奔波考场的时间和精力。试卷完全无纸化，节约了资源。试卷的客观题可借助机器进行批改，节省了教师批改试卷的时间。总的来说线上闭卷考试更加节省人力和物力。

(二)线上闭卷考试工作目前存在的不足

目前线上闭卷考试依然处于摸索阶段，各方面都还不成熟，突出体现在以下方面。

1. 题库欠缺

线上闭卷考试试题有别于传统考试试题，要求题型更加灵活，传统的题库往往不能满足要求，同时一次考试需要更多的平行试卷，这就需要更大的题量，因此必须有高质量的题库作为支撑。试题是一张试卷的核心，而目前这方面的题库建设还很薄弱，因此建设高质量的、适用于线上闭卷考试的题库是重中之重。

2. 考试答题系统不完善

这次疫情中的线上考试出现了很多有关考试答题系统故障的问题，例如，古代汉语考试中间遇到了系统不能正常显示试题导致不得不使用 pdf 备份卷的情况，其他课程线上考试也出现了人数过多而导致系统崩溃的问题。考试系统的正常运行是线上闭卷考试顺利进行的保障。线上考试的形式在疫情之前应用范围有限，对考试答题系统的关注度不够，导致目前的考试答题系统还存在很多问题。今后的考试系统需更加完善以应对线上考试的需求。

3. 监考系统的缺乏

目前国外已有许多成熟的监考工具平台，如美国 ProctorU，但国内大部分学校没有引进[2]。此次疫情下国内线上考试大都采用腾讯会议、ZOOM 等作为监考系统，这些系统并不是专门的监考系统，使用起来也不太方便，例如静音，如果在考试过程中不开启全员静音，那么每个同学敲击电脑的杂音等都会被其他同学听到，影响答题；如果监考老师开启全员静音，一旦有同学出现状况需要和监考老师沟通，他必须离开座位到监考设备处关闭静音和监考老师沟通，同时他的声音也会被其他所有同学听到。又例如考生的网络中断，如何保证正常的监考，系统是否可以实现自动录制视频，作为考试的证据？解决监考上的问题需要有专门的监考系统。我们需要学习国外的监考工具平台，努力开发自己的监考工具平台，满足线上监考的需求。

4. 规范化的线上闭卷考试流程和要求的缺失

线上闭卷考试有别于线下考试，它的考试流程和要求与线下考试不尽相同，例如答题设备、监考设备、考场环境的要求，考试前后操作流程等。线上闭卷考试需要有规范化的流程和要求来保证考试的真实性、公平性。

这次新冠疫情作为线上闭卷考试的推手，让我们更加认识到线上闭卷考试的优势，线上闭卷考试在正常学期也可作为线下闭卷考试的补充。但目前线上闭卷考试依然处于探索阶段，在题库、答题系统、监考系统的建设和一套规范化的线上闭卷考试流程与要求的制定方面还比较欠缺。下一步需逐步完善线上考试的各个环节，使其能在需要的时候更好地发挥作用。

◎ 参考文献

[1] 汉考国际 CTI. 关于中国大陆地区开放汉语水平考试(HSK、HSKK)居家网络考试(专场)的通知[EB/OL]. (2020-05-22)[2020-09-21]. https://mp.weixin.qq.com/s/V9MGHsQUtYYVjaS8F5LF_A.

[2] 苏永康. 在线考试的是是非非[EB/OL]. (2020-05-21)[2020-09-21]. https://mp.weixin.qq.com/s/cQbKPMiuiJYo1wJUWfvu4A.

信息技术视阈下国际私法教学改革创新研究

乔雄兵
（武汉大学　法学院，湖北　武汉　430072）

【摘　要】信息技术给传统的国际私法课程教学带来影响。信息技术给国际私法教室、教师与学生的交流方式、国际私法课程的教学和考试制度以及国际私法教学资料的查阅方式等都带来影响。信息技术对国际私法教学既有积极一面，也有一些不足之处。要改革与完善信息技术背景下的国际私法教学，我们需要借助于专业化教学平台，充分利用各种媒体技术，积极探索多种教学方法。

【关键词】信息技术；国际私法；教学；改革

【作者简介】乔雄兵（1974— ），男，湖北仙桃人，法学博士，武汉大学法学院副教授、硕士研究生导师，主要研究方向为国际私法、国际民事诉讼法、国际商事仲裁法、国际食品安全法等，E-mail：qiaoxb001@163.com。

21世纪的人类社会是信息化的社会。网络正引起社会生产和生活方式的变革。随着信息技术和互联网的发展，如何合理利用网络提高学生自主学习和创新能力，从而提高学生综合素质引起了越来越多国内外学者的关注。在国外，目前绝大部分大学已经使用网络教学平台。在国内，也有很多学校及教师开始使用网络教学平台、课程网站等方式来辅助教学。

2020年年初，突如其来的疫情不仅对人们的生活产生了重大影响，也给高校的教学带来了严峻的考验。疫情期间，各院校纷纷利用信息技术，改成线上教学，借助各种软件，如企业微信、钉钉、腾讯会议、腾讯课堂、QQ、希沃白板及Zoom等进行直播教学。虽然广大教师经过短暂的磨合后大多适应了这种教学方式，且都顺利地完成了教学计划。但在疫情可能短期无法消除的情况下，如何利用信息技术进一步深化法学专业课程教学改革，提高教学效果还有很多问题值得研究。

国际私法是以国际民商事关系为调整对象，以解决国际民商事法律冲突为其核心任务的法律部门。国际私法课程也是高校法学专业的16门核心课程之一。与其他法学学科相比，国际私法有诸多的特殊性，如调整对象特殊、概念生涩、调整方法独特、内容复杂等，因此，一直以来，如何讲授国际私法也是众多国际私法学者所探索的课题。与其他国内法学学科相比，信息技术对国际私法课程教学显得更加重要。进入21世纪以来，随着信息技术和互联网的发展，如何适应新时代的需要，如何借助信息技术改进国际私法教学方法，培养更多的我国“一带一路”倡议所需要的涉外复合型法律人才是每个高校国际私法专业教师不可回避的课题。因此，本文拟探讨信息技术对传统国际私法教学的冲击和影响，并探讨在网络环境下如何改进国际私法教学的问题。

一、信息技术对传统国际私法教学的影响

(一)信息技术对国际私法教室产生影响

在信息技术科技发展前，著名法学院主要靠著名教授来支撑。清华大学老校长梅贻琦先生曾说：“大学，非大楼也，乃大师也”。[1]不过，随着信息技术和网络的发展，一些普通的法学院也可以拥有国际著名大师的演讲资料。在发达国家，网络科技进入法学教室非常普遍。依靠网络科技，一些不知名的法学院学生可以学到比排名靠前的著名法学院学生更多的东西。例如，在美国一些小法学院通过购买一些法学大师的音像资料和数据资料，在网络中传播，并将网络数据库与教室连接起来。[2]随着信息技术的发展，网络教室改变了传统的国际私法课程授课方式。在网络教室，国际私法课程的声音与文字资料可以被保存在服务器中，服务器24小时开通，学生在任何地方任何时间都可以上课学习。同时，他们同教师之间的讨论与交流也随时可以通过在线答疑、微信、QQ等方式进行。

在国内，目前也有越来越多的学校重视网络教室在法学教学中的作用。一些学校购买了国外著名大学法学教授的授课视频。同时，很多学校已经将一些专业课程教学视频材料全程上网，这样学生就可以随时随地通过网络进行国际私法等法学专业课程的学习，而不是仅仅局限于传统的有限课堂教学。例如，武汉大学法学院国际私法精品资源共享课程就已经将课程负责人的全部授课视频在爱课程网(www. icourses. cn)上全部公开，供对国际私法感兴趣的同学随时学习。

(二)网络对教师与学生的交流方式产生影响

在传统的法学教学模式下，教师与学生之间的交流主要是在课堂上完成的。在课堂上，教师讲授，学生有问题向老师提出，老师当场解答。这种交流方式非常单一，从而导致交流效果并不明显。以笔者的教学经验来看，因为很多学生课前对老师讲授的知识并没有预习，在课堂上提问并不积极，所以师生交流并不普遍。然而，在在线教学环境下，教师与学生之间可以通过多种方式进行交流。首先，教师可以在专门的课程教学网站上向学生布置学习任务和作业，学生可以通过提交作业或在线讨论参与到教学活动中。而教师也可以通过批改作业以及回复学生的短信与学生进行交流。其次，教师与学生之间还可以通过微信、QQ等随时就有关问题进行探讨。线上教学的这种优点不但可以有效提高学习者的自我认知感，还可以提高学生的内在学习动力，使其积极参与线上学习，从而提高国际私法专业课的教学效果。

(三)信息技术对国际私法课程的教学及考试制度产生影响

信息技术的发展对法学院的教学及考试等制度会带来很大的影响。首先，信息技术会

对国际私法课程教学设计带来影响。教学设计是为了实现一定的教学目标，依据课程教学内容、授课对象和教学环境，运用教与学的原理，为学生策划学习资源和学习活动的过程。[3]线上教学的主要优势在于信息资源传送的即时性、学习者学习的自主性、教学资源的共享性等，因此网络环境下的课程设计需要考虑资源是否够用，是否能及时解决学习过程中的疑难以及资源调用是否便捷等。传统法学专业课程讲义主要是文本讲义，但是在网络环境下的讲义资料则主要包括视频资料和文本资料等。视频资料主要包括课程内容讲解、重点案例评析、作业讲评等。文本资料则包括教学要点、重难点知识讲解、在线自测练习、考点解析、期末复习指导、综合练习等。因此，网络的发展必然会对国际私法课程教师备课及课程设计带来影响。

其次，网络科技将会对国际私法课程的考试制度带来影响。传统的课程考试都是纸质考试，一般是课程学习完毕，老师出题打印出来后学生参加考试。但是，在网络环境下，计算机考试将逐渐取代原有的纸质考试。在美国，目前有很多法学院已经推行在线考试。一般是课程讲授完毕后，在课程统一考试时间学生登录专门的考试系统进行答题，从而完成试卷。在线考试可以全面地考核学生掌握知识的能力，因为这种考试更加侧重考核学生解决实际问题的能力，如考核学生在线搜索最新的案例并进行评析。在国内，2020 年上半年的疫情使得各个高校被迫改革考试方式，纷纷采取在线考试、线上出题线下考试、在线讨论及课程论文等方式来应对疫情带来的挑战。同时，笔者相信，在不久的将来在线考试模式将会成为高校专业课考试的重要模式。

(四)信息技术使教师与学生的角色发生互动

随着信息技术的发展，学生与老师的角色会发生互动，因为网络是开放的，学生可能会比老师更快地接触新知识、新资料，从而使得教师和学生的角色发生互换。学生、教师的角色互换，使得我国法学院更加开放，更加面对司法实践，其发展的结果是使得我国法学教育从逻辑的法律向经验的法律转变，从情感的法律向理性的法律转变，从书本的法律向社会存在的法律转化。[1]信息技术带来的这种转变对整个法学教育的发展具有很强的积极意义。对国际私法教学而言，由于其内容的涉外性，网络拥有更多的教学和学习资源，学生有更多的机会接触新的信息，从而实现彼此角色的互换和互动。

(五)信息技术对国际私法教学资料的查找产生影响

无论是发达国家还是发展中国家，法学院图书馆都在不同程度上受信息技术的影响。例如，在美国，一些知名大学法学院图书馆有相当部分的资料为电子资源，包括法学数据库、电子期刊、电子非期刊文献等。信息技术影响着法律图书馆的发展模式，影响学生和教师资料查询和阅读的方式。法律图书馆很大程度上受信息技术的影响。采取网络化的数据库，使得法律图书馆的使用可以分为两个区：一是传统的书架区；二是计算机区。更多的学生愿意在“计算机区”学习，而书架区对学生的吸引力在减弱。在法律图书馆的计算机区，通过互联网扩展图书馆的使用时空，使得图书馆的使用“无疆界化”和“无闭馆化”。[1]同时，很多图书馆建立有馆际互借系统，当各个法律图书馆数据联网后，各网络数据库中的法律信息资源便实现了信息共享，这将使得各个法律图书馆的管理成本大大降低。在网络图书馆，学生和教师能通过网络在校园内或校园外任何地方随时查阅和下载网络数据库的法律资料。

在我国，目前几乎所有中文法学核心期刊都已经上网，可以在中国学术期刊网络出版总库上搜索到全文。还有一些著名的法学报纸，如《法制日报》《人民法院报》等都有了网络版。而关于外文资料，目前很多法学院购买了世界上较著名的几大法律数据库，如Westlaw、LexisNexis、HeinOnline 等数据库。在网络图书馆，学生可以通过这些数据库搜索到与国际私法课程有关的最新研究资料，包括案例、论文、法规以及其他资料等。

(六)信息技术对国际私法课程教学模式产生影响

在传统的教学模式下，教师教学手段单一，教学方法机械，忽略了学生自主学习和运用法学知识的能力，影响了学生创造性思维的形成和创新能力的培养。在很多大学，传统的教学模式基本是所谓 3P 模式，即讲授(presentation)、练习(practice)、输出(production)。传统的教学以固定教材和大纲为目标，非常机械。传统的教学模式以教师为中心，强调集体学习，教师很难关心和指导个别学生的学习，学生的个性需求得不到真正的反映。教学手段陈旧、单一，虽然大多数学校已经采用多媒体课件教学，教学过程依然比较机械。[4]

然而，在网络环境下，传统的教学模式会面临挑战。网络环境下法学课程的教学模式主要是以学生为中心，在整个教学过程中，教师主要是起组织者、指导者、帮助者和促进者的作用。教师要利用各种网络平台充分发挥学生的主动性、积极性和首创精神。信息技术使得信息不仅能在很广范围内迅速传播，还能控制、分析、合成以及重新组合这些信息。信息技术的这些特点都会对国际私法课程的教学模式带来影响。

二、利用信息技术进行国际私法教学的利与弊

(一)信息技术能帮助学生提高对国际私法知识的理解

国际私法是一门比较法学科。与其他法学学科相比，比较研究的方法对国际私法学习具有突出重要的意义。国际私法理论与实践，常常需要把各有关国家的实体民商法拿来比较，从而找出它们的差异和发生冲突之所在；同时，还需要比较研究各国的冲突法，从而判定是否需要采用某项一致的冲突原则以寻求判决结果的统一。[5]在谈及比较法的重要性时，巴迪福等也曾指出，既然国际私法的国内法还具有决定性的作用，从而每个国家都有自己的国际私法立法、判例和学说，这就不但产生了对各国不同的国际私法制度进行比较的必要，而且也有进行比较研究的条件。[6]因此，学习国际私法经常需要比较各国的有关民商事立法和其他有关法律制度。而借助网络，学生可以很方便地获取各国有关的国际私法最新立法及案例等相关资料，从而加深对国际私法学科知识的理解。例如，目前，在从事国际私法统一方面影响最大的一个组织是海牙国际私法会议，在学习相关国际私法内容

时，学生通过浏览该机构的网站（www. hcch. net）可以掌握该组织最新通过的国际私法公约，还可以通过网站公布的某公约的谈判背景资料，了解各个成员国对该公约某个问题的观点以及相关国家的立法是如何规定的。这样，通过比较学习，学生能对国际私法知识有更深的了解。

（二）信息技术能刺激学生积极主动地学习

国际私法是一门涉外性学科，在很多方面与其他学科有很大不同。正如有学者指出的那样，国际私法是一门学习和教学都比较困难的课程。它同时具有很强的理论性和技术性。它不但要求学生和老师具有法理学、民法、商法、婚姻法、继承法、知识产权法等方面的基础，而且它有一套全新的概念和理论体系。[7]所以，国内大学一般都会在大学三年级的时候安排国际私法课程的讲授和学习。即便如此，我们也应该看到，国际私法对我国而言完全是舶来品，晦涩的术语、抽象的理论增加了学生对于国际私法的理解难度，阻碍了学生学习国际私法课程的兴趣。而信息技术的发展，为国际私法的学习提供了多种学习方式。正如有人指出，网络可以至少提供四种不同形式的学习方式。第一，学会求知（learning to know）。学会获取有关人类生活的广泛的知识及少数专业领域具有深度的专业知识。第二，学会去做（learning to do）。学会获取有关职业和其他方面的知识及技能。第三，学会相处（learning to live tighter）。主要是指学会发展理解和欣赏其他人的能力。第四，学会做人（learning to be）。主要是指发展一个人的个性和更广泛的自治、判断和个人责任。[8]通过网络，学生既能学习到国际私法课程专业知识，还能通过与他人协同学习、分组讨论等学习很多为人经验和知识，从而激发学生的求知欲和好奇心。因此，信息技术能极大地提高学生学习的主动性和积极性，从而使其进行国际私法课程的创造性学习。

（三）网络拥有丰富的国际私法学习和教学资源

现代信息技术的多样性使得多数课程可选用的线上教学素材非常丰富，大大扩宽了传统教学内容的范围。与其他学科相比，国际私法学科拥有更丰富的网络资料。据笔者不完全统计，国际私法学习的网络资源主要有以下几方面：首先，中文期刊方面，有中国学术期刊网络出版总库、重庆维普中文期刊数据库、万方数据库等。通过这些数据库，学生可以获得有助于国际私法知识点学习的资料。其次，中文综合数据库，主要有北大法宝、北大法意、月旦法学知识库以及超星中文电子图书等。再次，在英文数据库方面，主要有Heinonline、Justor、Lexis、Westlaw、Kluwer Arbitration 等。目前，我国很多学校购买了这些英文数据库的全部或部分。例如，武汉大学图书馆就购买了包括以上四个数据库在内的绝大部分法律数据库。最后，免费的网络资源。除了以上的收费数据库外，目前，网络上有大量国际私法教学及研究所需要的资源，主要包括：

（1）国外大学法学院图书馆，此类最典型的是康奈尔大学法学院图书馆（http：//www. lawschool. cornell. edu/academics/index. cfm）；加州大学伯克利分校法学院图书馆（http：//www. law. berkeley. edu/library/classes/iflr/pil. html）；芝加哥大学法学院图书馆（http：//guides. lib. uchicago. edu）等。

（2）国外学术机构的网站，如海牙国际私法会议（http：//www. hcch. net）；罗马国际统一私法学会（http：//www. unidroit. org/）；马克斯普朗克国际法研究所（http：//www. mpil. de/ww/en/pub/news. cfm）；联合国国际贸易法委员会（http：//www. uncitral. org/en-index. htm）；美国国际法学会（http：//www. asil. org/mission. cfm）；冲突法网（http：//conflictoflaws. net/）。

（3）国内政府机构及学术机构的网站，主要有：最高人民法院（http：//www. court. gov. cn）；中国涉外商事海事审判网（http：//www. ccmt. org. cn）；中国外交部条法司（http：//www. fmprc. gov. cn）；武汉大学国际法研究所（http：//translaw. whu. edu. cn）；中国国际私法学会（www. cspil. org）；中国仲裁网（http：//www. china-arbitration. com/）等。

不过，尽管信息技术对开展国际私法学习和教学具有重要的意义，但是，必须指出的是，借助信息技术利用网络进行国际私法教学也存在不足之处。正如有学者指出的那样，信息技术对法学教育也是一把双刃剑：它既可能成为一种良好的教学方法，也可能存在更多的不确定性。[9] 当前，利用信息技术进行国际私法教学也存在很多问题。

首先，信息技术给学生学习国际私法带来了方便，但也带来网络抄袭的问题。因网络资源非常丰富，所以，对于老师布置的作业，一些学生不是自己查找资料去完成，而是通过网络搜索引擎搜索，抄袭别人的作品，然后采取复制加粘贴的方式来交给老师。然而，由于网络资源浩如烟海，有些时候老师也不一定能准确鉴别，这更加助长了网络抄袭恶习，从而直接影响了国际私法教学和学习的效果。

其次，利用信息技术开展国际私法课程教学缺乏对学生的有效管控和监督。以 2020 年上半年的国际私法课程教学为例，因为课程教学全程通过在线教学方式完成，作为课程教学教师，无法约束学生，也无法判断学生是否时刻都在认真听讲，更无法准确了解学生的学习效果。

再次，利用信息技术开展国际私法课程教学对学习者利用信息技术的能力和网络搜索能力有更高的要求。教师上课如果采取线上教学的方式，就需要学生能熟练掌握各种教学软件的使用技巧。此外，国际私法课程的很多知识专业性很强，因此，学生需要很强的专业知识背景以及较强的网络搜索能力去搜索网络的有关资料。

最后，网络知识良莠不齐，需要学习者去鉴别。网络国际私法学习资源虽然丰富，但是良莠不齐。因为网络是开放的，任何人都可以把自己的东西上传到网络，所以并非每个网络资源都是对学生有用的，也并非每个网络资源都是正确的。有些网络资源对国际私法课程的学习是无用的，甚至是错误的。因此，需要网络学习者能利用自己的专业知识去鉴别，只有这样才能合理地利用网络。

三、信息技术视阈下国际私法教学的特点

（一）教学平台网络化

在国外，目前绝大部分大学已经使用网络教学平台，比较流行的有 WebCT、

Blackboard、Moodle、Angel、Atutor、eCollege、Eledge 等多种。例如，Blackboard 在线教学管理平台在全球有 2800 多所大学和教育机构使用，包括普林斯顿大学、哈佛大学、斯坦福大学、西北大学、杜克大学等。Blackboard 在线教学管理系统以课程为中心集成网络"教""学"的环境。教师可以在平台上开设网络课程，学习者可以自主选择要学习的课程并自主进行课程内容学习。不同学习者之间以及教师和学习者之间可以根据教学的需要进行讨论、交流。Blackboard 为教师、学生提供了强大的教学和学习的网上虚拟环境，成为师生沟通的桥梁。该平台主要功能有网络课程建设、教学资源展示共享、教学互动、巩固学习及数据统计及测评反馈等。[10]除 Blackboard 以外，其他网络教学平台都具有类似的功能，这些教学平台都在不同国家被应用。

(二) 教学方式的先进性

传统教学的中心是教师的教，而在线教学的中心是学生的学。在借助网络进行的教学中，教学不再是满堂灌，学生应该在教师的指导下根据自己的需要进行学习，教师与学生之间、学生与学生之间的交流也是自由的。在线教学中教师的主要作用是组织、调控，并以作业评价的方式去帮助学生，而学生则借助网络进行国际私法课程的自主学习，并通过学生独立的分析、探索和实践真正掌握国际私法的知识。这种方式正是瑞士心理学家皮亚杰所提出的现代构建主义教学方法所追求的目标。构建主义教学方法重视学生在学习活动中的主体性作用，重视学生对具体情景进行意义的构建；强调学生对知识的主动探索、主动发现和主动建构。构建主义提倡在教师指导下的以学生为中心的学习，强调学生的认知主体作用。该方法也不忽视教师的主体作用，教师是意义构建的帮助者、促进者，而不是知识的传授者和灌输者，学生是信息加工的主体，而不是外部刺激的被动接受者和被灌输的对象。[4]

(三) 教学目标的多样性

近年来，随着大学的扩招，入校学生的差异越来越大。由于学生个体存在很大差异，学生的知识结构、学习起点、学习方法等都决定了教学目标的多样性。传统的教学流水线难以实现多层次的教学目标，而借助信息技术的在线教学模式可以根据学生的实际情况，确定教学起点和目标。在线教学可以很方便地实现布鲁姆所提出的知识、理解、运用、分析、综合、评价等各种学习目标。

(四) 教学方法的多样性

信息技术下的网络教学打破了学校教学这道围墙，冲破了教室的限制，打破了传统高校以班级为单位，主要由教师来授课的教学方法。在网络环境下，学生可以在任何地方自行接收在线教学材料，自主学习。学生还可以通过网络收集最新的专业资料，进行超前学习。此外，学生与老师之间也可以通过各种网络工具进行交流探讨，以加强对专业知识的学习。

(五)教学过程的互动性

在网络背景下，教学的很多环节是在线进行，包括教学、辅导以及综合实践，网络环境下的教学平台提供了师生直接对话的最好机会，学生可以把学习中遇到的问题在网上直接发布，教师也可以在网上进行有针对性的辅导。

美国很多大学法学院就充分强调教学过程的互动性。美国大学将互联网与传统媒介有机地结合起来，有效地解决了教与学的交互性，如通过“公告板服务”“讨论组”系统，建立高效、迅速的通信联系。学生通过 E-mail 将作业或疑难问题发送给教师，教师可以随时查询电子信箱，批改作业或回答学生疑难，进行“异步-非实时”的教学交互。学校还通过“协作学习”的方式，在教师指导下，分配学习项目，让一组学生协作完成，开展“同步-实时”的教学互动。学校还利用传统媒介，包括电话、电视会议及面谈、课堂面授等方式，满足师生信息交流的需求。实践表明，一些在传统课堂上不大愿意提问的学生，更容易通过网络与教师或同学联系，增加了师生之间的教学互动，提高了学习效果。[11]

(六)教学资源的共享性

法学是一门实践性很强的学科，法学教育的一个重要目的就是引导学生如何利用所学的法学知识解决实际生活中的法律问题。法学课程的教学资源包括教材、法律法规、司法解释及典型案例等，但是在传统的法学教育方法下，教师给学生提供的资源是有限的。在网络教学模式下，学生通过网络可以获得无限的网络资料，因为网络资源具有共享性。这就避免了以前师生交流受时间和地域限制的缺点。

四、信息技术视阈下开展国际私法教学的模式及方法

(一)借助专业化教学平台

21 世纪高等教育发展的必然趋势之一是教育的信息化和数字化。网络教学平台是高校信息化建设的一个缩影，是集教学、管理及服务于一体的系统平台。目前，在欧美等发达国家利用信息技术进行辅助教学的大学越来越多，网络教学平台已经成为大学师生不可缺少的手段，国外众多大学极其重视网络教学平台在教学辅助中的重要作用。据统计，在美国有 98%左右的高等院校已经配置有教学平台。[12]随着信息技术的发展，国内开发和使用的网络教学平台随着网络教育的发展和广泛应用而迅速崛起，在不少高校内得到应用。目前比较成熟稳定并获得一定使用率的网络教学平台有超星学习通、腾讯课堂、中国大学MOOC、清华教育在线、天空教室网络课堂等。因此，笔者认为，要提高教学效果，需要借助一个成熟的网络教学平台。目前，武汉大学本科生院推出了武汉大学珞珈在线教学平台(http：//www. mooc. whu. edu. cn/portal)。该平台有部分课程的慕课资料，授课老师也可以根据需要建设自己的教学网站。

(二)有效运用各种媒体技术

在网络环境下，教师进行国际私法教学需要有效利用各种媒体技术辅助教学。从现有网络技术看，教师能充分利用各种教学平台、电子邮件以及各种实时聊天系统等进行辅助教学。首先，教师可以利用网络教学平台，如超星学习通向学生推送教学资料，并对重要教学环节进行教学诊断。教师还可以利用一些教学平台的数据分析功能了解学生对所学知识的掌握情况。其次，在教学过程中，教师可以通过电子邮件将文本文件以及其他格式的文件及时传送给学生，并与学生之间通过电子邮件实现非实时异步沟通与交流。最后，授课教师还可以通过各种聊天系统，如QQ、微信、企业微信、钉钉等，就国际私法教学及实践中的热点、难点问题等实时进行正式或非正式的讨论。

(三)借助网络采取多种教学方法

教学方法主要由教师、学生、教学内容、教学工具等要素构成。在专业课教学中，教学方法的作用十分重要，它将教师与学生、教师与教学内容、学生与教学内容紧密联系起来，并使之互相作用，以此来实现教学系统的整体功能。教学方法主要指为达到教学目的，实现教学内容，运用教学手段而进行的、由教学原则指导的一整套方式组成的师生互相作用的活动。[13]教学方法既包括教师组织教学的方法，也包括引导学生学习的方法，还包括师生互动的方法，因此，凡是为达到教学目的而采用的一切方法、手段、途径等都属于教学方法的范畴。前已述及，国际私法作为调整国际民商事关系的学科，与其他法学学科相比，它具有调整对象特殊、内容广泛且复杂、理论抽象、概念生涩等特点。这些特点决定了国际私法是一门难学的课程，这种现象不仅在中国存在，在国际私法研究比较成熟的英美法系也同样是如此。例如，著名的美国法官卡多佐就曾说过冲突法是很难掌握的，它是法律教学中最令人困惑的问题之一。[14]笔者认为，在网络环境下，应该充分利用以下教学方法：

1. 在线模拟法庭

所谓“纸上得来终觉浅，绝知此事要躬行”，实践教学对于应用性非常强的国际私法来说显得尤为重要。从国际私法规范来说，既有一般的冲突规范、统一实体法规范，还有国际民商事程序规范(国际民事诉讼规范和国际商事仲裁规范)，因此，通过模拟法庭和模拟仲裁既可以加强学生对理论知识的理解，也可以提高学生对国际私法实践知识的运用能力，还可以激发学生学习国际私法的兴趣。正如有学者指出的那样，事实上，法律实务在高校的模拟必须借助信息通信技术才能实现，而且，欲使法学教育成为未来法律的教育实验室，以通信技术为基础的模拟法庭在场所式教育的发展中将十分重要。更为重要的是，在虚拟和真实的实践中使用信息通信技术有助于诊所教育的最佳教学应用和有效管理。[9]

从实际情况来看，法学院学生学习国际私法课程一般是在大三，这时学生一般已经学习了民法、民事诉讼法等相关学科知识，即将走上社会，因此，此时通过模拟法庭或模拟仲裁庭的方式可以很好地锻炼学生的组织能力、表达能力以及解决实际问题的能力，从而为走上社会做好准备。在国际私法教学实践中运用模拟法庭或模拟仲裁庭的方法主要是指教师通过精选案例，学生以各种不同的角色投入其中，通过对案件的全真模拟审判或仲裁来理解和掌握相关知识，从而提高综合能力。

2. 在线案例教学法

法学是一门实践性很强的学科，因此，法学教育应非常重视法律职业教育，着眼于培养应用型人才，而实践教学则是实现这一目标的关键。正如有学者所言，我国法学教育应该加强本科生实际工作能力的培养，还必须关注由于中国的实际情况而产生的一些法律问题。[15]涉外法治人才培养，更要在打牢学生的法学基本知识理论基础上，强化涉外法律实践教学，切实提升学生实践动手能力和解决实际问题的能力。[16]但是，过去我国的法学教育忽视了法律职业教育，实践教学也不被重视，这导致了法学毕业生与实践部门的严重脱节，也给学生的就业带来了很大的影响。有学者就指出，我们的学生在学了几年国际私法，走向社会后无论是做律师还是做法官都办不了一件涉外民商事案件，因为课堂学习的案例十分有限，而且国际私法教学也忽略了培养学生国际私法意识和国际私法思维。[17]

国际私法作为法学学科中的一门应用性学科，应该更加重视实践性教学。而对国际私法课程而言，开展实践主要可以通过以下几种方式来进行：首先是课堂案例分析，通过经典案例的分析来培养提高学生运用国际私法知识解决实际问题的能力。其次，模拟法庭以及模拟仲裁庭，让学生亲自参与诉讼和仲裁实践来提高对理论知识的运用。再次，法律诊所教育，通过法律诊所培养学生解决实际问题的能力。最后，实习基地实习。让学生到司法部门或律师事务所参加实习，了解所学知识在实践中的运用，提高对理论知识的认识。但是，在现有教学体制下，要想有效地开展实践教学还存在很多问题，比如，在案例教学方面，许多学生就认为现有的国际私法教材案例过于遥远，因为很多国际私法的经典案例来自西方学者的著作，这些案例都来自 18 世纪乃至更早时期，学生认为与中国实践联系并不密切。同时，各种教学辅导用书中虽然也涉及了一些中国的案例，但是很多案例也是中华人民共和国成立初期的案例，缺乏时代感。尽管主讲教师可以通过各种途径去收集一些司法实践中最新的案例，但是典型的国际私法案例在现在的司法实践中并不多见，这无疑给国际私法案例教学带来了一些困难。但是，在信息技术语境下，教师可以利用收集的最新的中国国际私法案例，组织学生开展线上讨论和分析。

3. 信息技术视阈下的双语教学

双语教学产生于 20 世纪初期，但真正被各国广泛运用则是在 20 世纪 60 年代。双语教学是最近几十年来我国大学教学改革的热门话题。我国学者认为，一般而言，双语教学是指在大学教学中使用中文的同时，不排斥并鼓励在合适的学科专业领域使用国际上通用的英语(或其他适用的外语)和先进的英语(或其他适用的语种)教材进行教学。[18]对国际私法课程而言，实施双语教学显得尤为重要，它是适应经济全球化与教育国际化的需要，也是培养复合型人才的需要，同时也是国际私法课程学习的需要。[19]

在信息技术视阈下，教师进行双语教学有了更多的选择。首先，教师可以借助网络收集国外著名大学有名的国际私法学者撰写的教材、论文等来准备双语教学资料。其次，学生也可以直接利用网络查找或收集有关国际私法的学习资料。最后，在授课过程中，教师也可以通过播放国外大学著名学者的讲课视频等来辅助双语教学，以提高学生的学习兴趣。

不过，必须指出的是，尽管目前很多学校已经开展了国际私法课程的双语教学，但是推行双语教学依然存在很多的问题。首先，缺乏统一的适合中国学生需要的双语教学教材。其次，很多学生对双语教学并不热心。据笔者曾经做过的调研，很多学生认为双语教学会加重他们的学习负担，因此，他们对双语教学持反对态度，还有一些学生持无所谓的态度。推动国际私法课程的双语教学，我们还有很长的路要走。

4. 在线互动教学

"互动教学法"是进行课堂教学改革的一种探索，其特点是充分体现以学生为主体的教学原则；教育学生学会做人、学会求知、学会生活、学会审美。目的是煅炼学生的身体、促进学生身心健康发展。任务是培养学生独立思考能力、理解能力、归纳应用能力、思维想象能力以及分析问题和解决问题的能力。"互动教学法"是教师与学生之间，学生与学生之间，课内与课外之间，师生互相讨论、互相观摩、互相交流、互相学习的一种教学模式。对于国际私法课程的互动教学，有学者提出教学理念上要实现五变：变"以教师为中心"为"师生共同探索"；变"以教材为中心"为"教材和课外读物并重"；变"以课堂为中心"为"课堂与课外并重"；变"以传授知识为中心"为"传授知识与培养能力并重"；变"以学会为中心"为"以会学为中心"。[20]这无疑是很有见地的观点。

在线教学为国际私法课程进行互动教学提供了极大的方便。在网络环境下，教师可以根据课程教学内容，设定具体的学习目标和任务并在网上发布。同时，教师可以围绕学习主题，制作相关的学习资源提供给学习者，或利用网上学习资源引导学习者进行学习。此后，学习者利用网上学习资源进行自主学习和协作学习，并参加实时或非实时的答疑或讨论。讨论可以在学习小组内，学习小组之间或师生之间进行，以形成师生、生生之间的网上互动，从而解决学习中的问题。最后，教师通过与学习者实时或非实时的交流或批改作业，在网上对教学活动进行总结发言，对作业或练习过程中的主要问题进行评讲，同时对整个教学过程进行评价。

5. 多媒体教学

多媒体技术是以计算机技术为核心，将文字、数据、图形、影像、音频、视频等媒体合而为一的一种模式。多媒体课件，顾名思义就是利用多媒体技术而设计开发的一种教学媒介。通过多媒体课件可以很形象地将教学素材呈现给学生，提高学生的学习兴趣和学习积极性。心理学研究表明，人们学习过程中，通过视觉获得的知识，占 83%，听觉占 11%。人们学习时，使用视觉媒体，其注意力集中的比率为 81.7%，使用听觉媒体为 54.6%。前者比后者高得多。同样学习一份材料，让学生光听，3 小时后能记住 60%；采取光看，3 小时以后能记住 70%；视听并用，3 小时后能记住 90%。3 天后，3 种学习方法的记忆率分别为 15%、40%、75%，视听并用的记忆率远远大于两者之和。[21] 国际私法作为一门实践性很强的法学学科，利用多媒体教学工具显得尤为重要。借助多媒体教学工具可以将最新的国际私法案例反映到教学实践中，同时还可以借助多媒体选择合适的教学视频，以提高学生的学习积极性。目前，多媒体教学已经成为绝大部分国际私法教师必备的教学工具。

多媒体教学可以克服传统教学方法的弊端，调动学生学习的主动性，提高教学的参与性。在国际私法教学中，多媒体教学方法可以节约板书时间，提高上课效率，将抽象的国际私法理论知识以形象的形式展现出来。要充分发挥多媒体在国际私法教学中的作用，多媒体课件的制作要求相对要高，如果只是把板书从黑板移到电脑，这是根本达不到应有的效果的，所以课件必须内容丰富，能进行多种链接，扩充教学内容，能充分引起学生的兴趣。但是，多媒体仅仅只是提高教学效果的一种手段，并不能完全取代教师的讲授，不能将手段当成目的，所以教师依然要不断提高自己的教学和学术水平。

五、结语

信息技术的发展给国际私法课程的教学改革提供了有利的条件，正如美国学者所指出的那样，电子教室最大的好处就是它达到了一个进步的教育人所追求的梦想：教学和娱乐的统一。虽然不确定电子教室是否会真正实现这一目标，但正是这种希望使实现变得如此有吸引力。[22]

然而，我们也应该看到，信息技术也是有局限的，线上教学也不能取代传统的教师与学生之间的面对面教学方式。面对面的教学方式可以带来新奇、兴奋及活力，这是在线教学所不能比拟的。要提高国际私法教学效果，我们就应该借助信息技术，充分利用各种网络工具，采取多种混合教学方法。但是，我们也应该看到，信息技术不能解决所有问题，这点我们应该有清醒的认识。

教学是一门博大精深的艺术，教学有法，教无定法。只有我们每一位高校教师行动起来，以全部的激情和精力投入教学的改革与创新中，才能真正解决高校教学所面临的问题。

◎ 参考文献

[1] 张楚廷，熊继承．大学的独特性在哪里[J]．高等教育研究，2019(10)：10.
[2] 吴志攀．大学法学教育与网络的互动性[J]．中国大学教学，2003(4)：18.
[3] 刘旭红．网络环境下建筑设计课程的教学设计[J]．徐州建筑职业技术学院学报，2010(1)：51.
[4] 付小平．论大学英语课堂教学与网络环境下自主学习的有效结合[J]．考试周刊，2010(10)：108.

[5] 李双元．国际私法(冲突法)[M]．武汉：武汉大学出版社，2001.
[6] 巴迪福，拉加德．国际私法总论[M]．北京：中国对外翻译出版总公司，1989.
[7] 韩秀丽．从学科特性上反思国际私法本科教学中多重教学方法[J]．通化师范学院学报，2007(3)：91.
[8] Mudasiru Olalere Yusuf. Using the internet for teaching, learning and research in higher education[J]. The Journal of Nigerian Association of Teachers of Technology, 2006, 6：164.
[9] 刘满达．互联网对法学教育的影响——从形式到内容[J]．西南政法大学学报，2006(6)：6.
[10] 施莉莉，叶建．基于blackboard平台的翻转课堂教学模式——以“中国近代史纲要”课程为例[J]．温州职业技术学院学报，2020(6)：85.
[11] 将磊宏．美国大学实行电子化教学的启示[J]．中国大学教育，2003(7)：46.
[12] 朱书慧．促进网络教学平台在高校中有效应用的策略研究[D]．开封：河南大学，2011.
[13] 王策三．教学论稿[M]．北京：人民教育出版社，1985.
[14] 莫里斯．法律冲突法[M]．李东来，等，译．北京：中国对外翻译出版公司，1990.
[15] 苏力．法治及其本土资源[M]．修订版．北京：中国政法大学，2004.
[16] 黄进．完善法学学科体系 创新涉外法治人才培养机制[J]．国际法研究，2020(3)：9.
[17] 陈煜儒．毕业后不会办案，国际私法教学面临挑战[N]．法制日报，2005-12-15.
[18] 黄进．关于国际私法教学的几点思考[J]．武大国际法评论，2003(1)：315.
[19] 郭玉军，乔雄兵．国际私法双语教学的思考[J]．武汉大学学报：哲社版，2005(3)：379.
[20] 肖永平．国际私法教与学的革命——利用多媒体开展国际私法教学的理念、模式和方法[J]．法学评论，2003(3)：155.
[21] 李翌．谈网络环境下法学教学及意义[J]．辽宁高职学报，2006(4)：92.
[22] Siva Kumari. Teaching with the internet[J]. Journal of Information Technology for Teacher Education, 1998(3)：365.

抗疫期间利用钉钉群上网课的几点思考

吴　江

（武汉大学　信息管理学院，湖北　武汉　430072）

【摘　要】疫情期间线上直播授课在保证教学质量方面发挥了重要作用。本文基于钉钉的实际应用进行教学设计，开展线上教学，探索直播授课和小班讨论的新型教学方式，以社会计算和信息经济学为例，分享利用信息技术进行授课的过程和体会，以期对未来发展线上线下融合的新教学方式提供参考。

【关键词】线上教学；小班教学；直播；钉钉

【作者简介】吴江（1978—　），男，浙江东阳人，武汉大学信息管理学院教授，博士生导师，武汉大学电子商务研究与发展中心主任，主要研究方向为商务数据挖掘、社会网络计算、智慧医疗健康、大数据科学学、信息计量与信息服务，E-mail：jiangwu.john@qq.com。

为保障疫情防控期间的教学进度和教学质量，实现“停课不停教，停课不停学”，身处疫情中心的武汉大学从2020年2月17日正式开启了线上教学。疫情期间，钉钉、QQ群、腾讯课堂、腾讯会议、飞书等很多平台免费提供了辅助线上教学的新功能。面对一大堆扑面而来的新技术、新工具，从来没有线上主讲经验的我十分茫然，心中充满了各种忐忑和不安。

本学期，我承担了两门本科生课程，分别为专业选修课社会计算和信息经济学，两门课分别有80多位同学选修，还有20来位同学旁听。在线上进行大班教学有一些优势：如果双方网络流畅，学生没有像以往因坐在教室后排而听不清的担心，在线上环境中，所有学生仿佛都是坐在教室第一排，这种待遇很不一般。但是由于无法与学生面对面交流，教师会更难与学生互动，更难及时把握学生的学习状态。

一、选择网络授课平台

如何选择合适的授课平台，从而稳定且保质保量地完成教学任务，是我首先需要面对的问题。第一次课开始前两个星期，在录制授课视频的同时，也开始着手准备测试各种授课平台，召集研究生一起对比测试了QQ群、腾讯课堂、钉钉群和飞书等平台。考虑到钉钉具有直播回放的功能和平台稳定的优势，并且作为教学工具来说各项数据清晰，例如直播中每位同学的观看时长，作业中每位同学获得的点赞和评论数等，数据统计直观方便，能够快速掌握学生的学习状态。因此，最终采用钉钉群作为主要教学平台，也在珞珈在线上创建了慕课，配合学习通 APP，上传了电子书和相关视频等，供学生提前查阅，同时保留了 QQ 群作为沟通渠道和备选授课平台，利用多种方式开展课前课后教学活动。钉钉直播创建页面和直播展示界面见图 1。

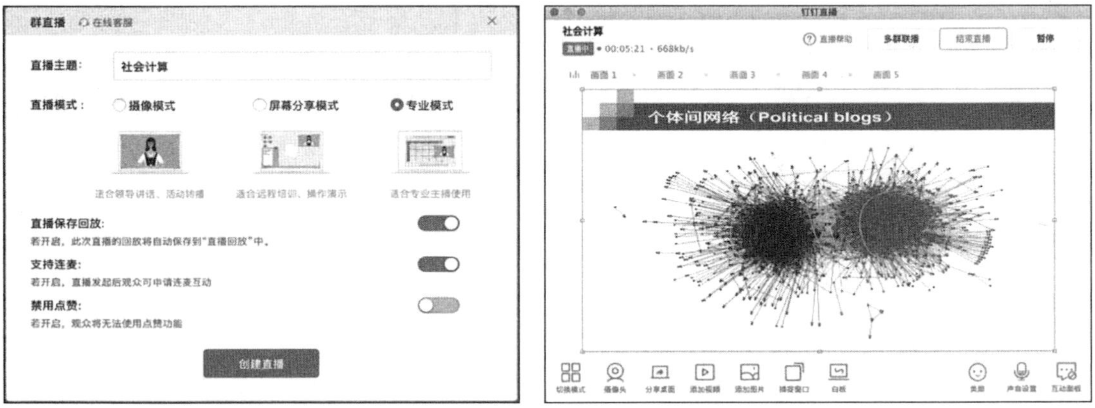

（a）　　　　　　　　　　　　　　　　（b）

图 1　钉钉直播创建页面(a)和直播展示界面(b)

二、利用钉钉进行直播授课

利用钉钉完成了两周的直播课程，线上教学开展得比较顺利。我采用的是“专业模式”，可以分享摄像头、桌面、视频、图片等，并且最多能够预先加载 5 个画面，每个画面中可以嵌套进声音、图片等各种元素，直播过程中画面切换非常快捷。通过两周时间的摸索，总结出不太成熟的钉钉群授课五步法：①课前预热。一般提前 10 分钟开始直播，用当堂课要讲的 PPT 作为直播画面。这时候，学生会陆续进入直播间，如果画面静止并无声音，会比较尴尬，因此我会提前放一两首网络热门歌曲，以便大家确认“眼神”，顺利进入直播间。②课前签到。提前 10 分钟通过钉钉群投票功能来签到，获取学生的到课情况。③上课直播。采取录播和直播结合的方式，以直播为主，将原有的 45 分钟时长的每节课，按照讲授知识点尽可能控制在 30 来分钟的讲解时长。④互动交流。配合直播连麦、随堂作业、学习圈讨论以及学习通讨论区等方式开展多种形式的互动。⑤课后作业。结合钉钉群和珞珈在线布置作业，通过线上完成评阅来评估学生的学习效果。钉钉群的教学应用见图 2。

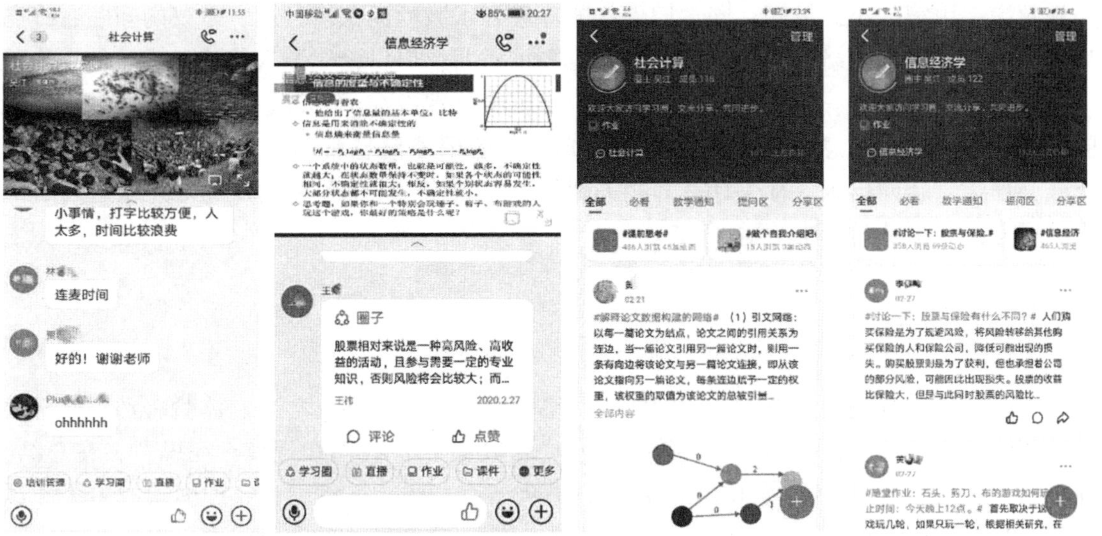

(a)社会计算课上互动　(b)信息经济学课上互动　(c)社会计算课后作业　(d)信息经济学课后作业

图 2　钉钉群的教学应用

三、在钉钉上开展小班教学

为了提高学习效果，在信息经济学课程中，除大班授课互动外，也尝试开展了小班教学，将大班分成 3 个小班，选取疫情期间的网络突发热点事件作为讨论议题，以钉钉视频会议方式，结合 PPT 录屏和直播来进行小班分组讨论，并在钉钉视频会议界面中全程录制视频，课后在大班群中进行分享。由于钉钉群允许在线播放视频，这样也方便同学们进行课后回顾。

3 月 5 日晚 18：30，信息经济学第三堂课在钉钉群中如期进行，本次课以小班讨论的方式进行。小班讨论的流程和可选议题在第一周上课时已告诉同学们以便提前准备。第一次线上小班讨论，为保证效果，我与助教在课前反复沟通，在视频会议中多次进行了 PPT 演示测试，调整并优化了研讨方案，同时我们将可能出现的问题及应对方案提前告知学生，编写并分享了《小组讨论钉钉屏幕共享说明》《小组讨论钉钉视频会议操作手册》《钉钉视频会议放视频声音小解决方案》等。原计划由各小组自主播放 PPT 演示，后来考虑到网络差异以及大家对工具掌握的熟练差异，为了保证小班讨论按时顺利完成，最后决定由助教统一播放各组演讲视频，学生再开展讨论。

为了这次讨论课，同学们做了非常认真的准备。所有同学被分到 3 个小班，我们建立了 3 个小班钉钉群，每个班分 7 个小组，同学们自由组队，汇报新冠疫情相关议题，其中包括钻石公主号、红十字会、物资分配、病毒潜伏期、双黄连、疫苗研制等热点话题。同学们根据前两节课所学的信息不完全、不确定性、风险、信息不对称等知识进行了深刻的分析与讨论。大家搜集了大量的资料，PPT 内容翔实，分析角度多样化。第一个小组演示完视频后，由第二小组提问，同学们隔着屏幕展开了激烈的探讨，对有争议的问题各抒己见。虽然期间因为网络卡顿等问题出现了一些小插曲，但讨论仍渐入佳境，最后一个小班一直讨论到晚上九点一刻才结束。我在三个小班中分别参与了一节课的讨论，很高兴看到同学们不仅用到了信息经济学课上学到的知识，还用了信息管理学、信息系统设计与分析、心理学、新闻出版、社会计算等相关课程上的知识，大家都对这次新冠疫情进行了深入的思考，我也从讨论中受益匪浅。

四、总结

在全国共同抗疫的当下，老师们转战网络教学平台当主播，学生们体验有别于往日教学的新模式，这其实也是另一形式的“抗疫”。经历疫情，我们在观察，在思考，在总结，在行动，在成长。“00后”会和在抗疫前线的“90后”一样，终将成为守护国家的主人。虽然网课时常会伴随着一些小插曲，但在这非常时期，这样别样的课堂将愈发显得珍贵和难忘。期待在春暖花开时与同学和老师们再次相聚在美丽的珞珈山下！

大学物理线上线下混合式教学探索

郝中华
（武汉大学　物理科学与技术学院，湖北　武汉　430072）

【摘　要】利用“珞珈在线”慕课教学平台以及多种信息化教学手段，对大学物理课程进行了“以学生为主，以学生为本”的线上线下混合式教学模式探索，收到了良好的教学效果，有效提高了学生学习的积极性以及主观能动性，锻炼了学生团队合作能力以及语言表达能力。混合式教学模式的尝试为本科生教学改革积累了经验，为进一步深化“以人为本”的课堂教学改革提供了有效的借鉴。

【关键词】大学物理；慕课；混合式教学

【作者简介】郝中华(1977—)，女，山东济宁人，博士，武汉大学物理科学与技术学院副教授，主要从事光学方面的研究，E-mail：zhhao@ whu. edu. cn。

一、引言

斯坦福大学校长约翰·亨尼斯在2012年本科教育计划报告中指出，新一轮本科教育改革的关注点“不应仅仅是大学应该教什么”，也要关注“大学应该怎么教，学生应该怎么学、学得怎样”。纵观世界各国的教育目标，最为一致也最为重要的一条就是“培养学生独立人格和批判性思维能力”。由此可见，课堂应充分尊重学生个性，注重对学生思维能力的培养，因此现代大学人才培养的理念也应该从知识的传授转变为对学生思维的培养。针对武汉大学“培养具有国际竞争力的拔尖创新人才和各类专门人才”的本科人才培养目标，我们要秉持以“以学生为本”的教育理念开展本科生课堂教学[1]。在这种新形势下，传统的教师一言堂的教学方式在培养学生的自主学习能力、创新性思维等方面的弊端和不足已凸显，因此需要探索合理有效的教学方式和学习方法。

在当下互联网+时代，大规模开放式在线课堂(慕课)迅速兴起，对高等教育传统的教学模式提出了挑战[2-4]。相比于传统课堂，慕课具有广泛的开放性、透明性、自主性以及优质资源易获取性，学生学习不会受时间和空间的限制，学习方式更加灵活，并且基于慕课平台学习分析技术对学生的学习数据进行个性化记录和分析，一方面有助于学生自我调整学习计划和学习方法，另一方面也有助于教师了解学生的学习效果和反馈，并及时促进教师对授课内容和安排做出修正。大学物理是国内外高校理工科本科生必修的公共基础课程，本课程可以锻炼学生的科学思维能力，提高学生科学素质素养，一直以来都是备受学校重视的基础课程。国内很多高校如清华大学、北京大学、中山大学、山东大学等大学物理课程纷纷在诸如学堂在线、爱课程、大学慕课网等多个平台上在线开放。武汉大学大学物理课程组已经制作了光学近代物理内容课程视频，并且在爱课程、珞珈在线等网络平台上线。大学物理上册内容力学、热学和电学等内容的慕课视频正在制作之中。慕课固然可以为学生提供超越了时空局限的学习方式，但线上慕课学习缺乏传统的课堂面对面交流互动的气氛，对学生自主自律性要求非常高，能够坚持全部完成课程学习的学生比例非常低。

基于目前高校学生仍然是以线下课堂为主的教学方式，一方面需要提供多样化的线上教学资源，另一方面也需要对线下课堂教学方式进行改革，结合线上线下教学各自的优点，充分利用优质网络教学资源为线下课堂教学提供服务，以提高学生学习的积极性，发挥学生的主观能动性，设计和构建“以学生为主，以学生为本”的线上线下混合式教学模式。鉴于此，本人利用“珞珈在线”慕课教学平台以及多种信息化教学手段，对大学物理课程进行了线上线下混合式教学的探索和尝试，收到了较好的教学效果。

二、教学实施过程

2019 年秋季本人承担的遥感信息学院大学物理 B 下课程采用了线上线下混合式教学方式尝试。2020 年春季本人作为项目负责人承担了计算机学院大学物理 D1 的教学工作，由于新冠疫情的原因，师生无法返校实现线下授课，采取了腾讯课堂线上直播授课和珞珈在线学习通课堂活动相结合的授课模式。两个课程均采用了珞珈在线网络教学平台，以及腾讯 QQ 班级群作为主要的教学交流工具。主要教学实践如下：

(一) 线上学习资源建设

课程开始之前，在珞珈在线平台上传课程全部的慕课视频、PPT 课件等资源，每章都设置了单元测试题，课后作业。学生随时可以在线上开展自主学习。本课程线上资源主要为学生提供预习和复习功能。学习过程中遇到困惑可以在平台上发帖求助也可以在线下课堂或者 QQ 群里提问，教师或者同学均可以参与讨论回答。

(二) 线下课堂教学

线下课堂依据教学计划结合线上资源以及平台互动交流功能进行了多种方式混合的授课，主要包括：

1. 充分利用学习通多种课堂互动功能

线下课上通过手机签到、随机选人等功能进行课堂互动，提高学生课堂参与度和学习兴趣。

2. 线下课堂开始前 5 分钟课堂小测

提前在学习通上输入 2 到 3 个小问题，一般是上次课知识点或者本次课即将学习的内容导入问题，课上要学生通过手机学习通进行限时回答测试。完毕后，利用学习通投屏功能，将回答投影到屏幕上(见图 1)，每个学生的答案均可以呈现，然后稍加讲解，开始新课。这既提高了学生的学习兴趣，又可以检测学生的知识掌握情况。

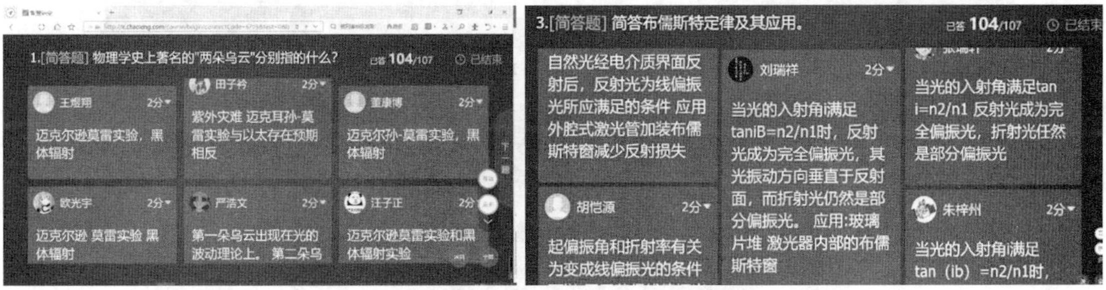

图 1　学习通平台课前小测示例

3. 分组讨论

在学习光的薄膜干涉知识点时，将学生分为 10 组，每组 11 人，要求学生观看珞珈在线线上教学视频，每小组自制肥皂泡并拍摄视频，同时加上原理讲解，制作 PPT，上传到学习通平台。利用 1 次线下课堂时间，进行分组展示并讲解讨论(见图 2)。同学们精心录制了视频，制作了精美的 ppt，认真细致地进行板书讲解，不仅对薄膜干涉知识点有了透彻的理解，并且对相关内容的应用和前沿进展都进行了拓展。

图 2　学生分组讨论展示

4. 调查问卷

课程开始前，期中考试以及期末考试后，在线上分别做了 3 次课程问卷调查，就学生学习状况进行了充分的摸底，收集学生对课程内容以及教师授课方式的建议，方便教师及时了解学生学习状态，并调整自己的授课方式，从而提高教学效果(见图3)。

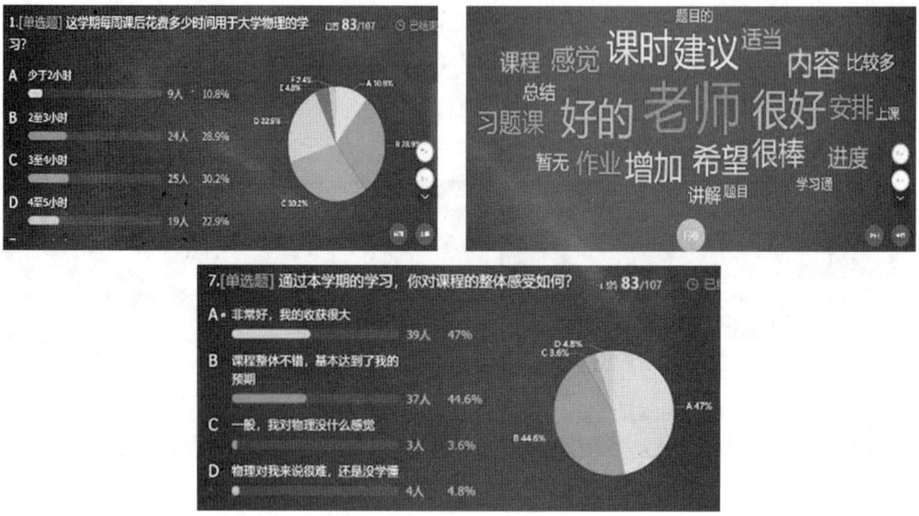

图3 学习通平台调查问卷示例

5. 主题讨论

对有些难以理解的知识点，在线上开展讨论(见图4)，鼓励学生积极发言，加深自己的理解。学生的自主学习能力、沟通交流能力以及批判性思维能力得到大大的提高。

图4 学习通平台在线讨论示例

6. 每章知识结构思维导图

每章教学结束后，为了加深学生对知识结构体系的理解，在线上布置作业，要求学生整理每章的知识结构思维导图(见图5)，上传到学习通平台让教师批阅。这锻炼了学生对知识的归纳总结能力。

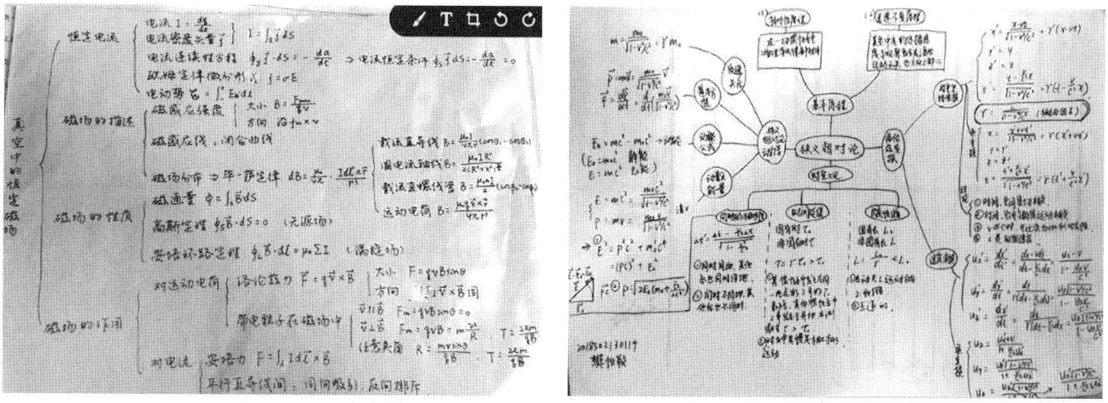

图 5　学生章节总结思维导图示例

7. 每章单元测试

每章结束后教师精心准备 10 道左右练习题作为单元检测(见图 6)，由学生在课下通过学习通平台，限时半小时内完成，由系统自动批阅打分，及时检测学生学习情况。

图 6　章节单元测试示例

(三)课后学习交流

依靠班级 QQ 群、学习通讨论区等工具进行通知、章节教学要求、课件和学习资料的上传，并随时在线交流讨论，实时回答学生的提问，及时掌握并解决学生学习中遇到的困难。在这些交流互动中本人和同学们建立了深厚的联系，经常深夜还在线回答学生的问题。

对课后重难点习题录制了讲解视频上传到群文件(见图 7)，方便学生随时学习。

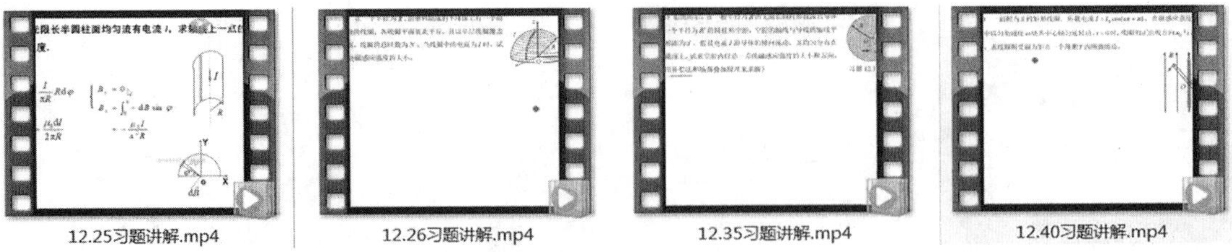

图 7　习题讲解视频文件截图

三、教学实践总结

(一)混合式教学的优势和收效

混合式教学相对于传统面对面教学具有以下优势：①改进了教学设计。根据课程教学要求，教师精选线上教学资源，提前布置学生预习，线下课堂上通过设计的问题引导学生进行思考、讨论，充分调动学生的学习积极性。②学生在线上可以体验高水平教师团队的授课，超越了时间和空间的限制，具有灵活多样的学习方式，可以收到更好的学习效果。③利用课程平台提供的多种功能，学生之间、师生之间开展了自由讨论和互动交流，诸如课堂签到、抢答、问卷、作业、测试、调查等多种功能，能够使老师更方便地掌握每个学生的学习状态和课堂参与程度，有利于教师更加有针对性地了解和辅导学生的学习。

2019—2020 学年两个学期的大学物理混合式教学实践，取得了很好的教学效果，学生学习兴趣得到很大提升，学生自主学习能力、团队合作交流和批判性思维能力等各方面都得到了一定程度的锻炼和提高。2019 年秋季，在全校同期开设的 10 多个同类型大学物理课程中，本人所主讲的班级期末考试成绩(课程统考网上阅卷)排名第一，学生对本课程的评教结果在物理学院名列前茅。在课程结束后的调查问卷反馈信息中，学生普遍反映相比于传统课堂教学，更喜欢这种线上线下混合式教学模式。2020 年春季学期由于疫情原因在腾讯课堂平台进行直播授课，在直播授课的同时，也穿插了珞珈在线视频资源的利用以及课堂互动工具的使用，教学效果反映普遍良好。

(二)今后需改进的地方

大学物理课堂规模比较大，基本都是 100 人以上的大课堂，开展课堂讨论会有些不便，不能充分照顾到每位同学。有些讨论可以转到线上进行。以后会在规模较小的班级继续开展混合教学模式。

学生反映自己看慕课动力不足，更适应于线下课堂方式。这对网上平台教学资源的建设以及课程考核评价机制提出了更高要求。今后制作和修订视频时需要提高趣味性和互动参与性，同时对学生平台学习活动记录实行积分管理。

进一步完善课堂教学和线上教学活动的安排计划，做到线上线下教学时间的合理分配。

◎ 参考文献

[1] 黄明东，李炜巍，张娟. 提升本科人才培养质量，创建世界一流大学[J]. 中国大学教学，2016(1)：26-29.
[2] 王文礼. MOOC 的发展及其对高等教育的影响[J]. 教学研究，2014(2)：53-57.
[3] 陈小平. MOOC 的发展及对高校物理课程的影响[J]. 大学物理，2015(8)：38-40.
[4] 腾利华. 借鉴 MOOCs 的方法进行大学物理教学改革的尝试[J]. 曲阜师范大学学报，2016(3)：125-128.

信息技术时代人才培养的几点思考

杨　妍

（武汉大学　资源与环境科学学院，湖北　武汉　430072）

【摘　要】以大数据、人工智能等为核心的信息技术正推动着高校理工科人才培养不断变革。本文在信息技术时代背景下，从传统教学方法存在的问题、信息技术时代高校教学面临的新挑战以及高校教学改革方法等几个方面展开探讨，包括学生学习心态和理念的变化、教师在教学手段、教学思路等多方面面临的新挑战和改革方法，以期为信息技术新时代培养优秀人才提供参考和借鉴。

【关键词】信息技术；人才培养；理工科；教学改革

【作者简介】杨妍（1983— ），女，湖北武汉人，博士研究生，武汉大学资源与环境科学学院讲师，主要研究方向为 GIS 与灾害风险评估，E-mail：yangyan5290@foxmail.com。

一、引言

人才是新时代、信息时代发展最为核心的资源，如何培养出符合新时代发展要求的人才是高校教育工作的主要任务。信息技术发展迅猛，特别是大数据、人工智能、5G 以及物联网等新兴技术正席卷全球并加速着世界科学技术的变革，对相关人才的数量和质量需求与日俱增，对高校工程人才的教育培养也提出了新的挑战。本文针对信息技术时代的理工科人才培养，从传统教育方法存在的问题、信息技术时代高校教学的新挑战以及高校教学改革方法三个大方面进行了探索。

二、传统教育方法存在的问题

教学模式是教育理论和教育方法的综合活动程序和框架，能反映教师教学和学生接受知识的传授情况。回顾传统高校教学模式，多以理论知识授课和学生被动接受为主，考核方式以基于书面教材等知识的卷面考试为主要方式，评价方法相对单一。存在教学成果与社会需求脱轨的问题，如学生所学理论知识不能完全满足信息技术新时代的工作需求，对实际应用中专业问题的独立思考能力不足，解决问题方法缺乏强化训练，实战经验较弱。

并且，部分学生进入社会工作后还存在不懂团队合作沟通、难以独立承担等问题，不太符合新时代高综合素质、创新型人才的培养目标。

此外，传统高校教学知识体系主要是面对原有社会需求，而随着大数据时代的到来、5G 和人工智能技术的快速发展，新工科等新型人才需求应运而生，传统教学模式和课程设置的内容已无法满足新的人才专业技术的需求。

再者，由于信息技术的完善，传统教学手段很难吸引在当代多元化环境下长大的高校学生；现代高校教育的信息内容也逐渐透明化，学生对于国内外不同高校的教学课程可以通过网络技术直接学习并可筛选，这对高校课程的设置以及教师讲课的技术水平提出了更高要求。[1]

三、信息技术时代高校教学面临的新挑战

信息技术时代的发展对学生产生了一定的影响，从而对教师的素质和教学模式以及培养方案等都带来了新的挑战[2-3]。

1. 学生的学习心态和理念变化

当前的大学生处于一个具有信息量大、知识获取碎片化、知识表达多样化、时间碎片化等特征的大信息时代，因此他们对学习的心态和行为也产生了相对变化，表现为以下几个主要方面：①学生的自主意识更强，更早地开始思考自己的社会价值和使命，对知识内容的选择有更多主动性；②专注力相对减弱，受到吸引的外界信息变多，很难对相对枯燥的理论知识产生兴奋点，对具有故事性或聚焦社会热点的信息内容更有兴趣；③很难接受程式化、固定化、缺乏综合性和分析性的实习课程，不喜欢按部就班，对能够激发独立思考和自主创新的实践课程兴趣更浓；④受到媒体及其他技术发展的影响，对视频、动画、虚拟显示等表达知识的手段更能产生兴趣。

2. 教师面临的挑战

面对信息技术的飞速发展，教师不仅要掌握课程的知识内容及前沿热点，还需主动转变传统教学观念，充分利用信息技术在教育教学上带来的新优势，主动学习新的信息技术软件和方法，将信息技术比如自媒体、虚拟实验室、线上线下相结合等技术有效地融合于教学过程，增加教学的直观性、活力性和灵活性[4]。这就要求教师不断地提升自身的综合素养，跟进信息时代的技术发展，熟练掌握有效的教学方法和新兴平台，结合专业内容为学生提供前沿的培养方法。

同时也可以利用信息技术比如大数据技术，通过大数据得到的数据分析结果，学习和分析学生在不断革新的信息时代环境下的学习心理及行为的整体变化，调整已有培养方案或教学方法[5]；对于个体学生，还可以通过大数据分析挖掘其自身优势，为不同特征学生定制个性化的培养方案，帮助他们发展自己的优势能力[1]。

四、高校教学改革建议

1. 培养方案

信息技术的快速发展也对理工科人才培养的需求产生了一定影响，比如新工科的产生，因此，可针对信息技术时代的社会新需求并结合信息技术使培养方案目标化和平台化。依据培养目标构建不同的“教学培养目标组(线)”(见图 1)[6]，并利用信息技术构建新型教学平台，实现不同培养方案的应用、管理和维护平台化，便于增加学生选课的灵活性、全面性和科学性。

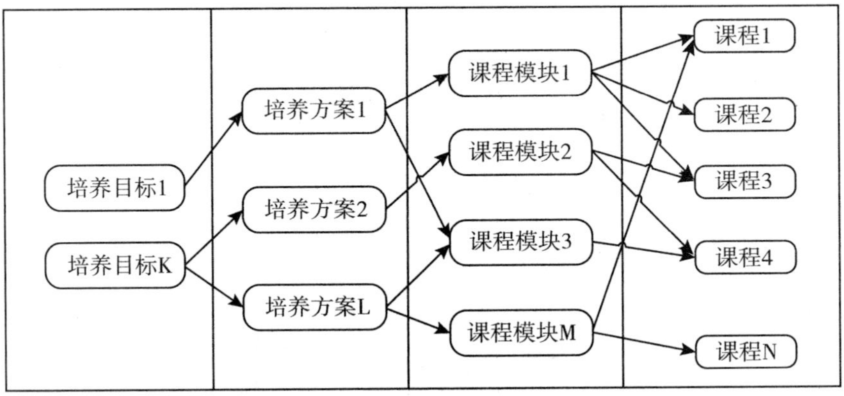

图 1　教学培养目标组及其子课程模块与课程的相互关系

比如，可以构建多目标培养方案系统，系统需要确定每项方案的明确目标，包含每条培养方案线对应的子课程，并理顺和标示每门子课程之间的衔接关系，在系统中标注同类课程的可换选课程，并设置相应学分；教师帮助学生在初期拟定培养目标，在这个基础上学生依据培养方案自行灵活选课，并允许学生在后期学习过程中可以通过增加或更换选课来调整自己的培养路线，教师起到引导和辅助支持的作用。其中对于子课程的划分，还可以借助大数据技术进行课程相关挖掘分析，同时结合已有课程设置体系通过院系讨论最终定制划分方法和具体内容。

2. 教学手段

线上教学在 2020 年疫情期间成为必不可少的教学手段之一，同时在信息技术时代的背景下，线上教学也逐渐展现出其特有的不受时间地点限制、资源丰富、可反复学习等优势，因此教学手段也可以相应调整[7-8]。比如，可以通过自媒体平台线上授课，使教师与学生之间的互动和交流更实时有效，包括可实时共享资源链接、电子文档、分享相关视频等，学生在课上没有听懂的部分可以课后回放复习，并且在社交媒体中，许多平时不好意思开口的学生也更敢于提问和提出自己的想法，从而增强其主动参与性。还可以通过建立课程视频库方便学生在发现自己缺乏的知识内容后，通过课程视频库找到相关课程，进行课后自学。教师也可以根据自己所长分组编制教学课程视频，让一门课融入更多优秀老师的观点和教授。

同时，由于目前线上课程的构想及建设尚在初期，线下课程仍然非常重要，因此可以将两者相结合实现互补，比如线上课程可以作为预学内容，让学生提前进行自学和初步理解，线下课程则可以作为加强课程，帮助学生回顾难以理解的重难点并做一些前沿的实例讲解和启发式讨论。

除了课程视频库外，还可以通过信息技术建立实例库、习题库和线上线下讨论组等。部分应用课程可以设置相应的线上实例库，学生通过学习平台的线上实例库可以查找到对应课程的可开放实用案例，方便扩充其对相应理论知识在实际应用中的理解，实例库可以由教师提供也可以由社会提供，作为衔接学校学习与实际应用的桥梁。通过信息技术还可以建立线上平台专业习题库，包含课程对应习题集，习题集完成后的自动检查和打分，分数统计以及强弱知识点分析等。还可以建立类似学术交流的迷你讨论组和课程论坛，主要针对某一条培养方案或某一门课程实时建立讨论组，其时效、人员数量和形式可灵活设置。

3. 教学思路

在信息技术时代下，除了教学模式上有很多可以完善之处外，在教学思路上，也需要教师转变思维，一方面要帮助学生建立系统性概念，另一方面也需要理解学生的视角和思考学生未来的综合能力培养[9-10]。

(1)情景式教学。游戏、微博、抖音等是当下大学生离不开的活动和社交媒体，而新潮和时尚是当下大学生的主流兴趣和理念，在教学过程中可以将教授的理论知识点从学生日常生活的兴趣点中引出，以减少学生与专业课程之间的隔阂感。同样，由于各种融媒体的出现，各类 App 弹出的社会热点消息也是学生常常会看到和关注的，因此也可以带领学生聚焦社会热点，特别是与学术前沿和热点相关的新闻，比如全球变暖问题、疫情全球化问题、无人驾驶车的研发要闻等，帮助学生聚焦思维注意力，融入专业知识点提起学生的兴趣点并使其加深理解。

(2)聚焦重点知识线，强化学习方法。信息时代是一个海量知识的时代，学生能够获取到大量的不同类别的知识，传统课本上的知识点，学生可以很容易地通过网上获取，因此不同于传统教学方法，信息技术时代的教学需要帮助学生抓住重点，可通过知识图谱、思维导图等方式帮助学生掌握系统性知识体系的同时使每个部分的重难点清晰可懂。

此外，对大学生的教育不仅仅是知识的教授，更重要的是学习方法的教授。大学四年是专业课学习的开始和前期掌握，进入社会后专业技能的需求会发生变化，特别是在信息技术变革如此快的当下，快速、系统地进行专业知识再学习的方法和能力是信息时代环境下教师需要重点教授给学生的，同时培养学生在实践中对课堂理论举一反三和快速掌握新知识的能力。

(3)以组为单元的任务学习。通过分组完成任务的方式帮助学生明确学习目标和实现学生团队合作。学生作为学习任务的主体，教师作为辅助，使学生发挥更多主动性和创造性，并且在任务完成过程中，通过团队协作模式可以锻炼学生的协作性并充分发挥学生各自的长处来共同完成任务，也便于学生将来进入社会工作时更好地融入团队。

(4)校企合作。此外还可以通过校企合作提高学生的综合素质和竞争力。信息技术时代下许多企业对技术人才的综合素质要求发生了变化，为了更好地培养符合新时代的技术人才，可以通过多种校企合作形式来实现。比如，设立企业实习课、邀请企业技术人员与学院教师合作讲学等，以提高学生进入工作后的技术针对性、思考力和承担力[11]。

4. 学生的主动性

信息时代的大学生具有主动掌握知识获取权的需求，不同于传统的被动式知识接受，现在的信息获取更容易、内容丰富、可选性多，相对枯燥或被动的科目及教学方式较难吸引学生的注意力。当学生主动对科目感兴趣时，才可能有长期学习的意愿。同时现代学生对自我价值感的需求也越来越明显，因此，除了课堂理论教学和实习课程，还可以通过系统化引导学生参加各项大学生竞赛活动，比如大学生创新创业大赛、各类大学生专业相关竞赛等，调动学生的参与性和积极性，同时通过大赛帮助学生看到自己的专业水平和未来发展潜能，以帮助其后续学习和培养。

五、结束语

近年来随着信息技术的发展，社会对人才的需求也发生了一定的变化，比如新工科的产生，同时信息技术也对人才培养的方式产生了重要影响，如何培养适应信息新时代的人才是高校教育者需要提上日程的首要问题。本文从信息时代学生的特征变化、传统教育方法存在的问题、教师教学方法和思路面临的挑战以及高校教学方法改革等几个方面进行了探讨，以期为信息技术新时代的人才培养提供参考和借鉴。

◎ 参考文献

[1] 李成．自媒体时代高校地理信息系统课程教学改革探索[J]．教育教学论坛，2020，7(7)：88-89.

[2] 刘慧平，白穆，穆晓东．实践以学生为本的地球科学实习课程教学理念[J]．中国大学教学，2010(1)：51，70-71.

[3] 许贤泽，徐逢秋，鲁兴．精密机械设计 MOOC+翻转课堂教学模式研究[J]．大学教育，2020(6)：60-62.

[4] 许新惠，赵筱青，夏既胜．“翻转式”模式下的地理信息科学专业野外实习教学改革研究[J]．测绘与空间地理信息，2018，41(3)：40-41.

[5] 段炼，韦英岸，陆汝成，廖超明，娄信强．测绘地理信息专业背景下的时空数据挖掘课程设计[J]．南宁师范大学学报(自然科学版)，2020，37(1)：36-37，161.

[6] 林健．新工科专业课程体系改革和课程设计[J]．高等工程教育研究，2020(1)：1-24.
[7] 李满春，陈焱明，夏南．“走进地理学”MOOC研发与设计[J]．中国大学教学，2017(6)：42，50-53.
[8] 吴红波．基于雨课堂模式下的GIS实践教学改革初探[J]．测绘地理信息，2019，44(5)：113-116.
[9] 段炼，廖超明，陆汝成，胡宝清．新工科背景下GIS应用创新人才培养教学改革[J]．广西师范学院学报：自然科学版，2019，36(2)：163-166.
[10] 李翔．去“GIS化”潮流下高校GIS专业新手教师未来发展探究[J]．中国教育信息化，2020(4)：72-76.
[11] 谢宏宇．广州大学地理信息科学专业校企协同育人模式探究[J]．测绘与空间地理信息，2020，43(5)：4-10.

关于 MR 技术在 GIS 实验教学应用中的思考

吕秀琴

（武汉大学　资源与环境科学学院，湖北　武汉　430079）

【摘　要】为提高 GIS 实验教学效果，跨越地形实体和 GIS 空间数据之间的认知差异，提升对空间分析和可视化方法的理解深度，探索利用混合现实技术自然的交互方式以及对于 3D 模型良好的可视化功能，提出将 GIS 空间分析的实验教学内容融入混合现实交互环境中，实现实验教学内容的视听同步和实时沉浸，以增强学生的实验兴趣，丰富教学实验内容。

【关键词】MR；GIS；空间分析；可视化；实验教学

【作者简介】吕秀琴(1980—)，女，湖北随州人，博士，高级实验师，主要从事地理信息智能化处理及 AR/MR 技术方面的研究，E-mail：winterlxq@ whu. edu. cn。

【基金项目】武汉大学实验技术项目(WHU-2021-SYJS-09)；武汉大学实验技术项目(WHU-2018-SYJS-08)；武汉大学实验技术项目(WHU-2016-SYJS-11)；地理信息工程国家重点实验室开放基金项目(SKLGIE2018-M-4-2)。

一、引言

空间分析是 GIS 的核心功能之一，它特有的对地理信息(特别是隐含信息)的提取、表现和传输功能，是地理信息系统区别于一般信息系统的主要功能特征[1]。目前，国内已经有众多学者进行三维空间分析的研究，在理论研究方面比较成熟，并在多领域运用三维空间分析技术。如将三维空间分析技术运用到城市规划，实现三维场景中的坡度分析、日照分析、路网规划分析等空间分析技术，提高城市规划管理的科学性以及效率[2]。基于可视化技术对运河航道进行建模，进而利用三维空间分析的理论方法对航道数据进行空间分析，为航政管理部门提供有效的技术支持[3]。

空间分析与可视化一直是武汉大学资源与环境科学学院 GIS 专业课程的重要内容。其中，空间分析算法和可视化方法的展现形式直接影响着学生的实验效果和学习质量。在目前的实验教学过程中，GIS 空间分析的教学主要依赖于传统的显示器配合鼠标、键盘的交互模式。这种常规的、平面式的交互界面和其他相关课程的专业实验基本相同，实际操作的形式较为单一。而有关三维空间关系和分析的专业知识，需要学生有较强的空间想象能力才能更好地理解。为了使这一重要专业知识在 GIS 实验教学中取得更好的教学效果，研究融入新的教学手段和技术一直是空间分析相关课程实验教学的主要目标。

2020 年年初，面对突如其来的疫情肆虐，学校在“停课不停学，停课不停教”的号召下，积极部署了教学安排，开展了在线教学，网络直播、线上多媒体、虚拟现实、混合现实等信息技术被广泛运用到网络教学中。特殊时期，信息技术在教学中发挥了重要作用。在诸多利用信息技术的教学手段中，混合现实技术(mixed reality，MR)是信息化技术和网络虚拟化技术的最高级表现形式，通过融合现实实体和数字化模型而产生新的可视化、可交互环境。对于 GIS 实验教学而言，以混合现实的形式展现空间分析算法和可视化方法，在直观性、交互性、扩展性等方面具有明显优势，符合信息化和网络化教学的特点。因此，将混合现实技术引入实验教学，对于增强学生的实验兴趣，使其全面深入地学习理解实验教学内容，多样化地开展实验，提高实验教学质量，都具有重要意义。

二、当前 GIS 实验教学中的不足

目前，国内院校 GIS 实习课程中，关于 GIS 空间分析与可视化、数字地表模拟与方法等实验教学内容的实验手段，采取的仍然是台式机上的软件平面操作。GIS 空间分析的实验教学通常采取两种主要方式，一种方法是借助 ArcGIS 等商业软件进行功能流程实践，另一种方法是利用编程语言进行算法实现。前者的主要问题是学生无法深入了解算法原理，后者的主要问题是算法流程是代码形式，不够直观，学生也存在不加思考，直接复制代码的现象。现有的动画教案展示是固定的形式，无法交互和修改参数。而可以交互和修改参数的软件，却不能看到数据变化的动态过程。通过对部分学生进行调研，学生也普遍反映实习只是按照步骤进行，对其中操作的含义和参数设置的含义没有了解。

同样，在笔者所在学院有关 GIS 空间分析与可视化、数字地表模拟与方法等实验课程中，主要采取的也是商业软件(例如 ArcGIS，MapGIS)配合实验数据和实习指导书的模式。实验技术依赖于商业软件提供的功能模块，在功能扩展性方面受到一定的限制。实验方法通常以验证性的数据处理和结果输出为主。此外，整个实验流程都在电脑屏幕上进行鼠标和键盘操作，这种常规的平面式的交互界面和其他相关课程的专业实验基本相同，实际操作的形式较为单一。

三、MR 技术在 GIS 实验教学中的应用

1. MR 技术

虚拟现实(virtual reality，VR)、增强现实(augment reality，AR)和 MR 是近年来信息技术高速发展的产物，融合了数字图像处理、计算机图形学、多媒体技术、网络技术等多个信息技术分支，其应用领域涉及教育、军事、娱乐和医学等行业。“现实”是指该技术

需要实时计算出摄影机的影像位置与角度。其中 VR 技术就是利用信息技术模拟现实生活中的事物。AR 技术是在 VR 的基础上发展起来的新技术，是通过计算机系统提供的信息增加用户对现实世界感知的技术，将虚拟的信息应用到真实世界，并将计算机生成的虚拟物体、场景或系统提示信息叠加到真实场景中，从而实现对现实的增强。而 MR 是 AR 的进一步发展，是一种将图像、视频、声音等通过计算机计算得到的信息叠加在物理世界之上的技术。与 AR 技术相比，其拥有的与三维场景的交互能力更为强大，运用人体自然的交互方式，通过对观察者的头、手势、语音等的捕捉和识别，了解观察者在三维场景中的意图，实现与三维场景中模型的自然交互。

2. MR 技术运用于 GIS 教学的思索

GIS 涉及的教学内容十分丰富，包括地理学、地貌学、地图学、空间数据处理、空间信息可视化等。首先需要根据教学大纲，梳理教学内容和 MR 技术之间的关联性，即哪些内容可以完全由 MR 技术进行教学，哪些内容 MR 只是辅助手段。然后根据关联性列表，确定需要进行哪些技术开发和资源集成整合，从而满足具体的教学要求。例如缓冲区分析、剖面分析、通视分析、光照分析等，都涉及空间三维交互和结果展现，非常适合于 MR 技术来呈现。而 GIS 数据的转换，更多地是有关对数据结构的理解，则可以适当在其中通过 MR 来呈现算法过程。

另外，要充分利用 MR 混合现实中有关“现实”的特性。MR 与 VR/AR 最大的不同之处是具有现场环境的感知能力。因此，MR 教学可以将教学环境和教学内容真正地融为一体。例如，武汉大学资源与环境科学学院开设有地理学综合实习，且有针对性地制作了庐山实物沙盘。传统教学中，在进行野外实地实习之前，对庐山地形地貌的认识只能通过对实物沙盘“看一看”和“听一听”来了解粗浅的内容。而在 MR 技术的支持下，可以首先通过激光扫描、近景摄影测量等数据采集手段针对实物沙盘重建一个电子沙盘，或者直接通过遥感影像和庐山真实的 DEM 数据重建一个三维模型，然后将电子沙盘或三维模型部署在 MR 环境中，就能把许多难以直接在真实世界中展现的教学内容，通过虚实融合的方式，在“眼前”叠加在实物上进行逼真而丰富的表达。例如，可以任意地在实物上高亮显示地形等高线、地貌类型，进行空间分析，而且不受教学场地的限制，教学内容随时和教学环境紧密结合。

为了更好地适应教学，还需要考虑符合 MR 技术的具体产品。目前 MR 眼镜包括 Meta、Megic Leap、Nreal Light、Bridge、Microsoft HoloLens 等。其中最值得关注的产品是微软的 HoloLens。HoloLens 是一种头戴式的显示单元，拥有独立的计算单元及各种类型的传感器、光学透镜等，其自身带有的深度摄像头可以快速扫描并构建三维场景[4]。作为混合现实技术最具代表性的设备，其被广泛应用于可视化应用程序的研究当中，如在三维地理信息中利用 HoloLens 的体系结构和方法。根据全息 3DGIS 的开发过程，设计全息 3DGIS 的体系结构。实现用户与虚拟三维数字城市、虚拟数字三维城市与物理世界的交互，并将全息数字城市映射到物理世界[5]。HoloLens 的环境感知、全息显示和交互接口，可以实现教学内容的视听同步和实时沉浸，例如可以包含对地形的多种空间分析功能。同时为了增强用户体验，还可以增加手势交互功能，学生可以利用手势控制实验对象的空间缩放、旋转、拾取。因此，利用 HoloLens 将 GIS 空间数据的特点和分析方法展现出来，通过虚实结合、三维空间的立体交互方式，使学生跨越地形实体和 GIS 空间数据之间的认知差异；全方位多角度的虚实三维交互实验，可以帮助学生更为直观且深刻地理解空间分析和可视化方法。

3. 基于 MR 环境的 GIS 教学可行性分析

GIS 课程中有大量内容涉及三维场景，例如三维地形地貌展现、三维空间分析等。在三维开发环境中，Unity 是全球应用非常广泛的实时内容开发平台。具有跨平台、组件式开发等特点，在三维开发环境中优势明显。用户只需要将相应的脚本文件挂载在三维模型上，便可以实现模型的相关动作。Unity“所见即所得”的开发方式，使学习更加容易。其交互式的开发环境以及较强的渲染能力，可以快速实现逼真的三维场景搭建。2019 年，Unity 中国版编辑器正式推出，针对本土化需求提供服务，方便国内开发者使用。Unity 还提供技术支持服务，通过线上问答、项目分析、现场培训等形式为中国开发者解决技术难题。

此外，微软 HoloLens 可以基于 Unity 来开发全息应用程序。在 Unity 中可以利用 Hololens 仿真器进行仿真测试，实现 GIS 三维对象的缩放、旋转、拾取等操作，从而为 MR 环境的测试和调式提供直接手段。HoloLens 通过 SDK 提供的丰富 API 方便进行各类功能的开发。目前微软 HoloLens 2 已经在国内全面开售，价格并不昂贵，可以在实际的教学过程中进行小规模的应用。

综上所述，MR 技术已经完全具备在 GIS 实验教学中开展的技术条件和可行性。Unity 天生所具有的三维游戏开发特点，以及 HoloLens 独特的虚实融合体验，势必吸引相当一部分教师和学生深入实验教学环境中，从而提升 GIS 实验教学的效果。

4. 基于 MR 环境的 DEM 空间分析实验教学实现

以 Unity3D 为开发环境，通过 HoloLens 提供的全息显示及交互接口，实现对数字高程模型的可视化展示以及空间分析功能。混合现实环境开发设计主要分为数据创建层、环境开发层、程序部署层(见图 1)。设计实现了一个完整 DEM 空间分析的 Hololens 程序，在 Unity3D 中渲染了 DEM 地形，利用 Hololens 仿真器在仿真环境中进行仿真测试，实现了手势、语音交互等功能，并利用已经实现的交互功能对 DEM 对象进行缩放、旋转、拾取及剖面分析、通视分析、光照分析等空间分析功能。将 DEM 空间分析功能在 Unity3D 开发环境中调试完成后，通过 XR 插件管理器(XR Plug-in Management)和 HoloLens 2 提供的无线通信接口建立连接并进行程序部署，从而实现 DEM 空间分析混合现实环境的真机实验，其结果见图 2)。在真实的场景中呈现出虚拟的地理模型及其相关空间分析的混合效果。

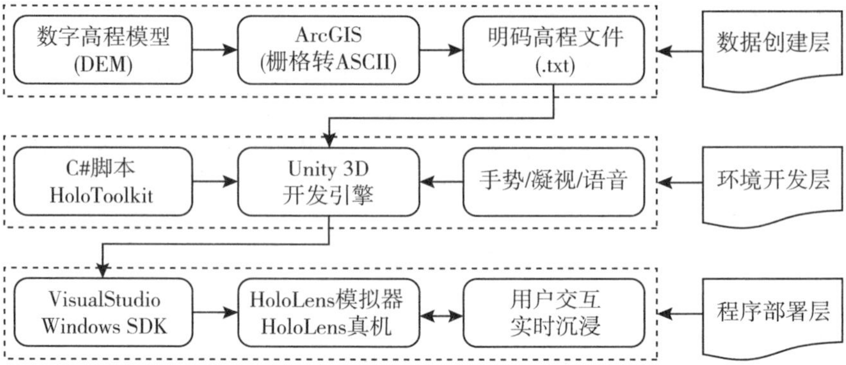

图 1　DEM 空间分析混合现实环境开发技术流程

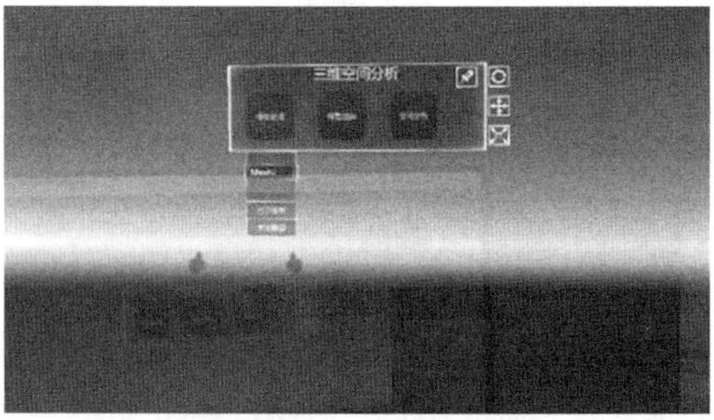

(a) HoloLens 2 环境中的虚拟面板

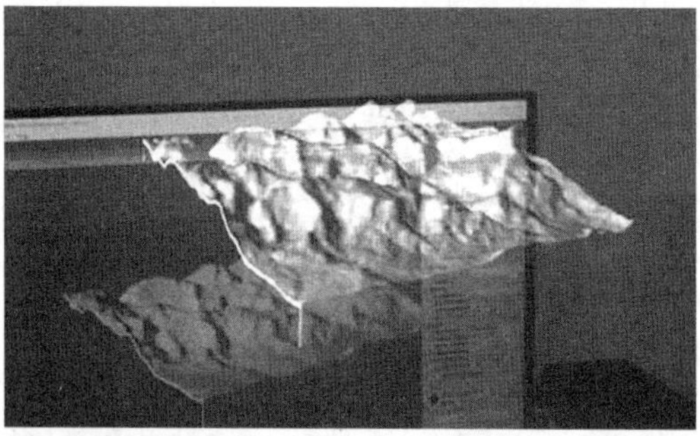

(b) HoloLens 2 环境中的 DEM 模型

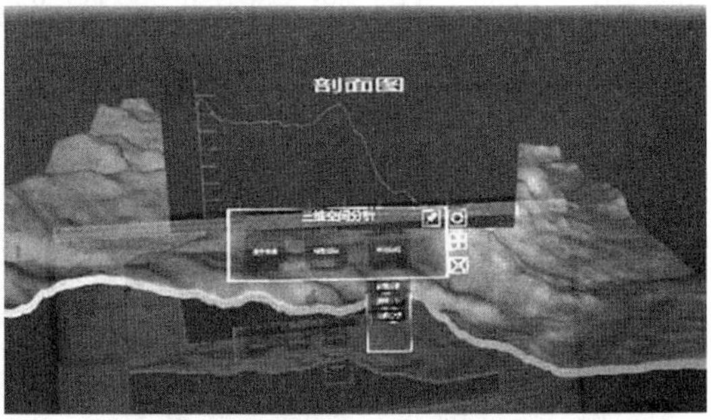

(c) HoloLens 2 环境中的剖面分析

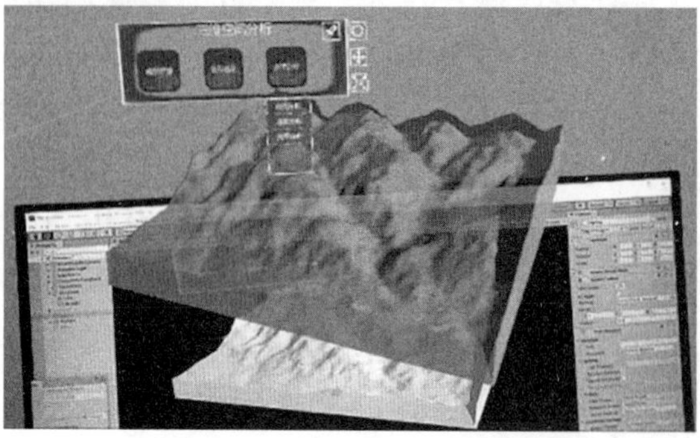

(d) HoloLens 2 环境中的通视分析

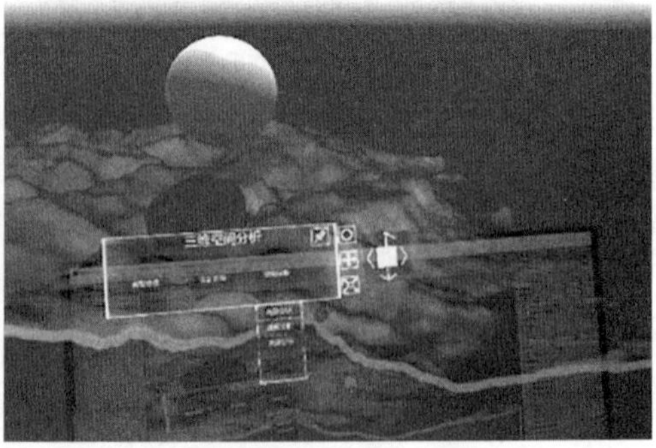

(e) HoloLens 2 环境中的光照分析

图 2　HoloLens 2 真机实验结果

四、结语

本文从目前 GIS 专业课程中空间分析和可视化实验教学的实际出发，探讨了 GIS 空间分析与可视化的重要性，以及当前 GIS 实验教学中的不足。根据 MR 技术的特点和优势，提出将 MR 融入 GIS 实验教学，通过虚实结合、三维空间的立体交互方式，使实验教学跨越地形实体和 GIS 空间数据之间的认知差异，进行全方位多角度的虚实三维交互实验，提升对空间分析和可视化方法的理解深度和广度。最后分析了 MR 技术在 GIS 教学中的可行性。

GIS 实验教学的混合现实环境建设，对于增强学生的实验兴趣，使其全面深入地学习理解实验教学内容，多样化地开展实验，提高实验教学质量，都具有重要意义。此外，MR 实验环境还有助于提高 GIS 空间分析及可视化的实验教学水平，可以融入实验室其他相关的专业实验和科学研究中，对于提高实验室实验教学能力和科研条件都具有积极的推动作用。

◎ 参考文献

[1] 邬伦. 地理信息系统——原理、方法和应用[M]. 北京：科学出版社，2005.
[2] 刘树辉. 面向城市规划的三维空间分析方法研究与实现[D]. 阜新：辽宁工程技术大学，2017.
[3] 于丽娜. 三维空间分析技术在数字航道中的应用研究[D]. 南京：南京理工大学，2012.
[4] S. Karthika et al. HoloLens[J]. International journal of computer science and mobile computing，2017，6(2)：41-50.
[5] Wei Wang，Xingxing Wu，Guanchen Chen，et al. Holo3DGIS：leveraging microsoft holoLens in 3D geographic information[J]. ISPRS International Journal of Geo-Information，2018(7)：60.

面向新工科的“能源与动力工程”专业课程教学方法改革

——以战“疫”时期汽轮机原理线上教学为例

谢诞梅　刘先斐　喻红梅　张恒良　岳亚楠

（武汉大学　动力与机械学院，湖北　武汉　430072）

【摘　要】在COVID-19疫情给中国和世界带来巨大冲击的时期，高校教学受到前所未有的挑战。在新形势下，适应“新工科”的发展与要求，确保教学质量，是高校每位教育工作者的责任和任务。围绕如何进行线上教学的“怎么教”和“教什么”等问题，作者进行了积极探索。“师生时空分离、教学分离”的特殊形势下，通过线上教学这种手段，不仅向学生传递了温暖、帮助学生找到了解决工程问题的钥匙，而且激发了他们探索新领域的积极性。

【关键词】新工科；教学方法；汽轮机原理；线上教学

【作者简介】谢诞梅(1962—)，女，湖北黄冈人，博士，武汉大学动力与机械学院教授，博士生导师，主要研究方向为汽轮机流动特性与叶片设计，E-mail：dmxie@whu. edu. cn；刘先斐(1974—)，男，湖北武汉人，硕士，武汉大学动力与机械学院讲师，主要研究方向为汽轮机可靠性，E-mail：358842558@ qq. com；喻红梅(1972—)，女，江西新余人，硕士，武汉大学动力与机械学院讲师，主要研究方向为热能动力，E-mail：510135231@ qq. com；张恒良(1977—)，男，湖北鄂州人，博士，武汉大学动力与机械学院讲师，主要研究方向为汽轮机强度，E-mail：zhl811 @ 163. com；岳亚楠(1986—)，男，山东枣庄人，博士，武汉大学动力与机械学院教授，博士生导师，主要研究方向为传热传质，E-mail：yyue@ whu. edu. cn。

2017年，教育部召开了高等工程教育发展战略研讨会，与会专家探索并提出“新工科”建设行动路线(“天大行动”)——“问产业需求建专业，构建工科专业新结构”。2019年4月，教育部、科技部等13个部门联合启动“六卓越一拔尖”计划2.0，全面推进新工科、新医科、新农科、新文科建设，提高高校服务经济社会发展能力。武汉大学能源动力类专业(能源与动力工程、核工程与核技术)是典型的跨学科专业。为适应新形势发展的需要，近几年，武汉大学动力与机械学院动力工程系在教育部能源动力专业教学指导委员会 6 项教学改革项目(含 2 项重点项目)的资助下，以新工科建设为目标，进一步推动“现有专业交叉复合、与其他学科交叉融合”，强化对专业课程理论性、工程性和实践性的建设，对相关专业的人才培养模式和教学方法等进行改革，以求全面提升学生的创新能力。

2020 年一场突如其来的 COVID-19 疫情给中国和世界带来了巨大的冲击。特殊情况下，在线教学成为学校教学的主要手段和支撑[1]。如何在在线授课中化被动为主动，寻求教学改革的突破口，交出一份尽量令人满意的战“疫”答卷，是每个有责任感的教育工作者所面临的挑战。为切实做到“教师不停教、学生不停学”，教育部要求各学校全面进行在线授课。面对在线授课中的师生时空分离、教学分离的特殊教育方式[2]，任课教师只有多元并用、多措并举，才能克服自身心理受社会环境、网络条件和学生表现等不确定因素的影响；同时，任课教师还要注意直播中教师的形象、语音和语调等，进而充分发挥线上教学的优势，规避其弱点，最终完成教学任务、实现教学目标。

2020 年春季开学前，武汉大学本科生院为广大师生提供了很多线上教学指导，并不断加强技术力量、维护直播系统稳定。动力工程系为“能源与动力工程”专业卓越工程师班开设的汽轮机原理与“核工程与核技术”专业开设的专业英语均从第一周开始授课，作者每周线上授课 4 次；为“核工程与核技术”专业开设的核动力汽轮机与核动力汽轮机课程设计也采用线上授课。下面以汽轮机原理为例，简单从四个方面总结线上授课教学方法改革的经验。

一、在线直播授课的课前准备

2020 年年初武汉疫情最为严重。接到正常开学的教学任务是鼠年大年初四，当时正值疫情“至暗”的时期，身在疫区的人对病毒心存恐慌。尽管如此，为了确保第一次线上授课正常进行，老师们克服多种困难和心理障碍，进行了充分的课前教学准备工作。这些工作首先从编写教学日历开始，为了适应新形势的要求，我们先后修改了 3 次教学日历，以求让学生提前掌握教学进程。武汉大学录制的汽轮机原理 MOOC 课程中 21 个知识点的视频已于 2019 年在爱课程(中国 MOOC)网上线，在同类课程中是全国第二个上线的，并于当年年底面向全国开课，选课人数瞬间超过 200 人；同时，也在武汉大学“珞珈在线”上线。疫情中，为确保已有线上教学资源能正常使用，满足学生学习的基本要求，老师们反复与上述课程网站的技术人员沟通、测试；接着，有序上传学习资料，包括教学大纲、教学日历、教材、教案初稿、视频等(作者一共准备了 226 个文件，其中：在珞珈在线上传 32 个文件，在 QQ 群上传 52 个文件)；随之，将学生名单、耳麦、直播台等准备就绪，并进行在线调试，以确保授课时不出现人为故障。线上授课实景见图 1。

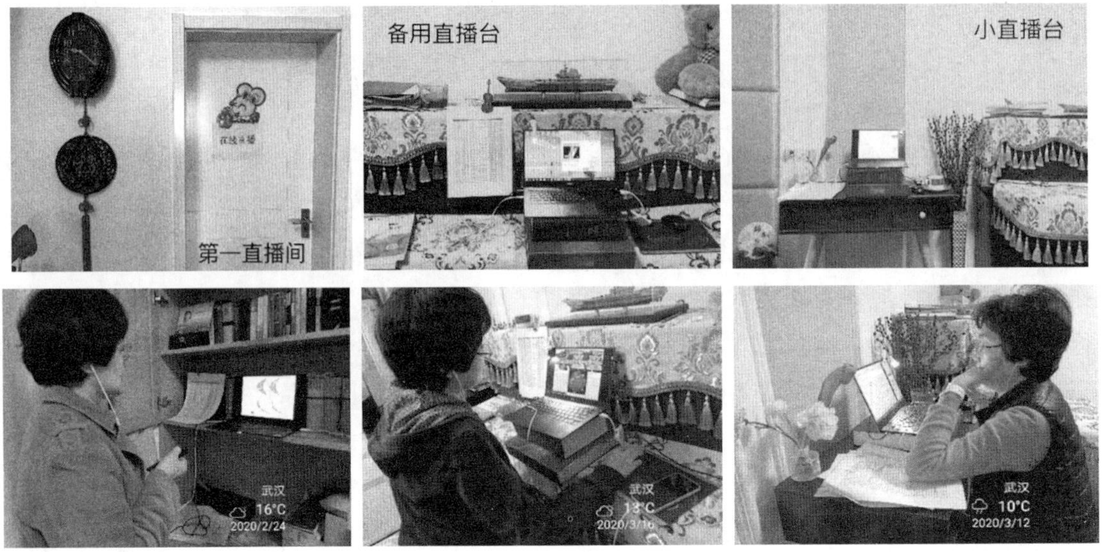

(a)第一直播间直播　　(b)备用直播台直播　　(c)小备用直播台直播

图 1　线上授课实景

二、在线授课方式的选择与应用

在线授课中，现代信息技术全面、深度融入教与学全过程，有慕课教学、直播教学、录播教学、视频会议、微信群、腾讯课堂、远程指导多种基本形态，且各具特色[3]。采用学校和同行推荐的爱课程网、“珞珈在线”、虚拟课堂(“学习通”)、QQ 群分享视频、腾讯课堂等手段进行调试。最终，经过与学习委员反复测试后，我们课程组决定采用以下“三部曲”模式进行线上授课。

(一)爱课程网与“珞珈在线”

首先将武汉大学录制的爱课程网和“珞珈在线”汽轮机原理 MOOC 课程推荐给学生，按课程进展要求学生先行观看相关知识点，完成相关练习。在观看学习 MOOC 知识点的过程中，学生相当于预习了有关教学内容的重点和难点；而在完成相关练习过程中，学生相当于进行了自我检测。因此，在正常上课时，学生们会带着问题学习。

(二)QQ 群分享视频与腾讯课堂在线授课

正常授课时，采用 QQ 群分享视频和腾讯课堂在线授课。为了充分利用线上授课时间，帮助学生有效掌握学习内容和线上学习方法，我们严格遵守“学生为主体”“教师为主导”的教育理念[4]，并据此设计教学方案。正式上课时，教师不时为学生设计提问环节，引导学生主动思考问题，调动其学习积极性，并及时掌握学习动态，且根据学生反馈及时改变方式并对重点难点进行重新讲解。此外，每周进行问卷调查，了解学生对课程内容的掌握程度。同时，鼓励学生在线授课时随时主动举手提问。

（三）录屏与QQ群线上辅导

全国同时大规模进行在线教学时难免会由于各种因素导致网络卡顿、掉线或线上教学效果欠佳的情况。尽管这是极个别现象，但是为了确保学生及时地学习完整教学内容，我们根据学生反馈，当天晚上或次日凌晨对这些课次进行录屏，并分享至QQ群。与此同时，针对网络教学特殊性，每次上课后，当天下午安排了一个小时的课下答疑。答疑由助教组织，主讲老师列席旁听。

采用上述“三部曲”模式授课取得了很好的教学效果。我们发现，线上教学时同学们的课堂活跃度比平时高很多；答疑时学生的参与度也很高。在师生的共同努力下，线上教学的整体效果优于平时。

（四）多维度考核

为切实保障实现课程目标，我们在本课程的考核体系中建立了多维度的评价体系，对考核方式和考核内容进行规划和探索。课程考核分为两大部分：总评成绩中期末考试和平时成绩各占60%和40%。考试题型中，为考核学生对课程掌握的完整性和工程问题的分析能力，我们设计有名词解释、简答题、分析题和计算题等题型，此外，为了避免学生死记硬背，我们还设计了多项选择题和单向选择题。平时成绩中，根据学生线上的自主提问及回答问题的表现，重点考核学生自主学习能力、创新能力和综合能力。

三、强化工程实践能力培养

为适应“新工科”对“能源动力类”人才培养的需要[5-7]，强化培养学生的工程能力和创新能力，武汉大学动力工程系在线上授课中多措并举。一方面通过设计提问环节引导学生畅想学科未来发展方向，另一方面强化我们的专业特色——依然保持与行业企业密切合作的传统，继续邀请多位企业导师走进“能源与动力工程”的“卓越工程师”班的云课堂（见表1）[8-9]，为同学们讲授汽轮机原理及汽轮机课程设计的相关章节。

表1　**企业导师课堂授课表**

时间	课程	姓名	工作单位	授课内容	课堂学时
2020年（2017级）	汽轮机原理	段**	某汽轮机有限公司，高工	汽轮机结构	2
	课程设计	杨**	某汽轮机有限公司，高工	汽轮机设计流程	3
2019年（2016级）	汽轮机原理	黄**	某核电研究院，研高	汽轮机典型故障	3
		刘**	某电网，教高	汽轮机转子振动	3

续表

时间	课程	姓名	工作单位	授课内容	课堂学时
2018 年（2015 级）	汽轮机原理	黄 * *	某核电研究院，研高	汽轮机典型故障	3
		高 * *	某汽轮机有限公司，研高	汽轮机新技术	3
2017 年（2014 级）	汽轮机原理	黄 * *	某核电研究院，研高	汽轮机典型故障	3
		刘 * *	某电网，教高	汽轮机转子振动	3

聘请企业导师走进课堂的教学模式取得了良好的教学效果。特别是在疫情中，当听到企业导师“能为武汉、特别是武汉大学的同学做一点小事是我莫大的荣幸”的开场白时，很多同学泪目了，大家感受到了全国人民传递过来的有温度和有穿透力的爱。更重要的是，通过企业专家不同视角的诠释以及所列举的鲜活案例，同学们了解了基础理论、专业知识、专业能力、工程素质的重要性。企业导师在一定程度上弥补了高校教师工程实践经验不足的弱点，实现了课堂教学经验丰富的教授和具有宝贵的设计、制造和运行经验的企业导师的优势互补。例如，企业导师列举的汽轮机及其长叶片设计流程，使同学们深刻认识了大型动力设备的工程设计思路和产品标准以及国之重器的重大需求。因此，聘请企业导师走进课堂的教学模式得到了同学们的广泛好评。

四、深化教学内容改革

面对“新工科”的要求，需要拓展“能源与动力工程”专业的内涵，在课程建设中体现多学科交叉融合。在线授课时，我们更加注意引用理论力学、材料力学、流体力学、工程热力学、传热学等基础理论，进而凝练本课程的知识点、重点和难点。为此，我们以先进的教育思想为引领，对在线教学内容进行改革，大到教学理念与教学方案，小到教学内容具体章节安排，我们从不同层面进行了再设计、再调整和优化，尽量增加互动、探究、讨论和交流等环节的比例。

PPT 教案虽然只是一种辅助教学工具，但它也是一种体现教师主导作用的呈现方式，教师不仅可以在教案设计中融入自己的教学概念，而且可以借助这个工具的附加功能让一些复杂抽象的概念变得灵动起来，赋予一些模糊的术语以生命，特别是在凝练关键知识点的时候，真正发挥 Power Point 的作用。作者所使用的 PPT 教案均为自己设计并且做到每次课前更新。

在讲述汽轮机原理时，首先要告诉学生这门课程的目标以及基本内容，帮助学生建立该课程的基本概念，并把这个思路贯穿在每一章的教学过程中。在讲反动度这一知识点时，要站在学生的角度分析热力过程曲线上每一段焓降的意义，每一个线条的颜色和动画顺序都要与自己的表达方式统一，争取不浪费一秒的时间。在讲解蒸汽作用在动叶上的力时，叶片轮廓上蒸汽作用力矢量的大小与方向都经过了精心设计，并与进出口速度三角形的绘制相呼应，进而在分析冲击力与反击力时，学生不觉得这些是难点。这样设计的页面才有层次感、对观众才具有吸引力，不会让学生感到枯燥，同时也突出了重点。

在线授课时，针对无法面对面交流的学生主体，教师的主导作用除了要传输基本知识外，更重要的是引导学生运用这些知识去分析和解决问题。在讲汽轮机结构时，其中一个重要的任务是教会学生看懂复杂的汽轮机剖面图，分清楚复杂图面上汽轮机的主要设备及其布置。我们的做法是先将汽轮机的剖面图分享给学生，再进行课堂讨论，引导学生从整体到局部认识高中压缸、低压缸的布置，再通过拖动图纸，由小至大、从静止部件到转动部件让学生逐个分析，培养学生的综合素质和表达能力。

五、结束语

不平凡的2020年注定将载入史册。战“疫”中的大规模在线教学是课堂在互联网世界中的延伸。每一位负责在线授课的教师都在探索持续推进教育教学变革的可操作性路径。面向新工科对“能源动力类”专业人才培养的要求，疫情中围绕如何进行线上教学的“怎么教”和“教什么”等问题，本教学团队每周进行了4次(10学时)的线上授课，2019—2020学年第二学期完成了汽轮机原理、专业英语、核动力汽轮机及核动力汽轮机课程设计等4门课程142个课堂学时的教学任务。团队成员从在线直播授课的课前准备、在线授课方式的选择与应用、强化工程实践能力培养、深化教学内容改革等方面进行了有意义的探索，通过大家的不懈努力，达到并超过了预期的教学效果。在“师生时空分离、教学分离”的特殊形势下，通过线上教学这一手段，不仅向学生传递了温暖、帮助学生找到了解决工程问题的钥匙，而且激发了他们探索新领域的积极性。

图2给出了评教结果(88.89%的同学参与了评教)。

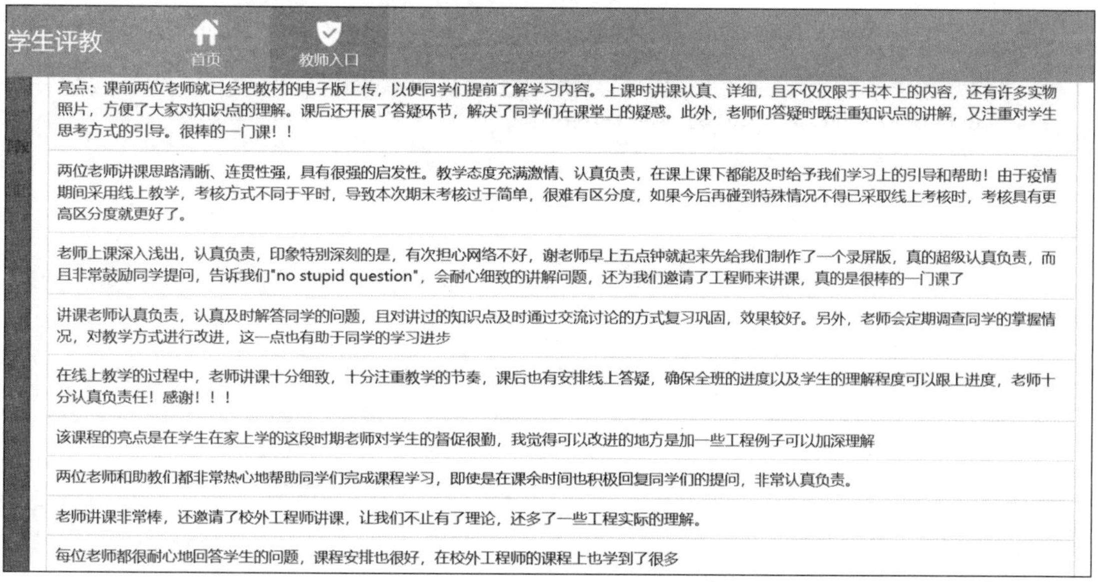

图2 2020年疫情后学生对汽轮机原理的评教(节选)

由图 2 可知，同学们对汽轮机原理的线上教学非常认可。

在此，谨向所有为线上授课付出努力的教师、同学和教辅人员致以崇高敬意！

◎ 参考文献

[1] 邬大光．教育技术演进的回顾与思考——基于新冠肺炎疫情背景下高校在线教学的视角[J]．中国高教研究，2020(4)：1-7.

[2] 吴岩．应对危机　化危为机　主动求变——做好在线教学国际平台及课程资源建设[J]．中国大学教学，2020(4)：4-15.

[3] 胡小平，谢作栩．疫情下高校在线教学的优势与挑战探析[J]．中国高教研究，2020(4)：18-22.

[4] 梁慧颖．后疫情时期大学教师教学发展将逐步走向自觉[J]．高等理科教育，2020(4)：15-17.

[5] 林健．新工科建设．强势打造．卓越计划．升级版[J]．高等工程教育研究，2017(3)：7-14.

[6] 张执南，陈环蓓，朱佳斌．逆向教学设计法在项目式教学中的应用[J]．高等工程教育研究，2018(6)：145-149.

[7] 林涛，韩风琴．新能源专业新工科人才培养模式探索[J]．中国电力教育，2019(4)：77-80.

[8] 谢诞梅，岳亚楠，胡雪蛟，等．"能源与动力工程"专业卓越人才培养机制探索[J]．中国电力教育，2019(8)：55-56.

[9] Yue Yanan，Xie Danmei，Xiong Yangheng，et al. Improving international level of engineering students education in energy related majors in China：some practices and challenges：proceedings of the 3rd Thermal and Fluids Engineering Conference (TFEC). Fort Lauderdale：TFEC，2018：1845-1848.

基于 SPOC 平台的非遗进课堂混合式教学模式探析
——以民间技艺的传承与创新课程为例

黄　敏　周慧敏

（武汉大学　城市设计学院，湖北　武汉　430072）

【摘　要】 随着信息时代的到来，SPOC 混合式教学模式在我国方兴未艾。从我国高校教学现状出发，厘清混合式教学概念，结合艺术审美、非遗进课堂、线上线下教学等关键问题，寻求多元化混合式教学模式的建构规律，对基于 SPOC 的混合教学模式设计出一种新的混合教学模式，并详细阐述它的总体框架、教学设计和实施策略等。将该模式应用于民间技艺的传承与创新课程教学中探索研究，分析教学实施过程中的经验和痛点，针对教学设计、考核方式、学情反馈、动态优化等问题展开探讨，力求在非遗传统文化课堂的教学创新中展开更多元化探索。

【关键词】 SPOC；非遗进课堂；混合式教学；通识教育；汉绣

【作者简介】 黄敏（1977— ），女，湖北武汉人，博士研究生，副教授，武汉大学城市设计学院副院长，主要研究方向为地域设计文化研究、非物质文化遗产传承、信息设计，E-mail：5708621@ qq. com；周慧敏（1995— ），女，安徽安庆人，武汉大学城市设计学院设计艺术学专业硕士研究生，E-mail：1284767635@ qq. com。

【基金项目】 2019 年度武汉大学教学研究项目教师教学发展专题研究项目“MOOC+非遗进课堂的教学创新与学生评价体系研究”阶段性成果；武汉大学 2018 年度 MOOC 课程项目“民间技艺的传承与创新”阶段性成果。

2015 年 3 月教育部出台《关于加强高等学校在线开放课程建设应用与管理的意见》，并在“建设在线开放课程公共服务平台”重难点任务中，鼓励各高校在课程资源和应用数据之间形成共享，营造开放的网络教学与学习空间。鼓励公共服务平台与国家开放大学教学平台开展合作，为高校师生和社会学习者提供优质高效的全方位或个性化服务。

在教育全球化和信息化的背景下，互联网技术的发展给教育带来深刻影响。MOOC（慕课）的诞生就是顺应发展的一种方式，SPOC 教学也应运而生。MOOC（大规模开放在线课程）的选学人群宽泛，在高校学分课程中采用存在一些难点，比如难以有针对性地调整难度、标准及目标来适宜于某一人群。SPOC（小规模在线课程）则是能够在高等学校有效落地的一种形式，比 MOOC 更接地气，更能够适应大学教学的需要[1]。

一、SPOC 混合教学模式

SPOC(small private online course)即小规模专有在线课程，2013 年由美国加州大学伯克利分校的阿曼德·福克斯教授提出。SPOC 通过设置参与准入条件和规模，将 MOOC(massive open online course)本地化为可供在校学生学习的课程模式[2]。学校可借助慕课教育的优势，开辟一种小规模的课程教学形式。授课教师将课程文件上传至网络学习平台，学生课前在线自主学习，教师分析学生自主学习的情况，在课堂上针对重点难点问题与学生进行交流。SPOC 是传统教学与线上教学的深度融合，故称为混合式教学。它能针对不同学习阶段的受众群体，进行更深层次的优质教学，有效弥补 MOOC 针对性不强、学习维度层次划分不清晰、学习难以深化等一系列问题。SPOC 混合教学模式具有以下三方面的优点：

(1)学习者起点水平一致，教学针对性强。SPOC 是有限制性的在线课程，课程准入往往和高校的学分课程相结合，平台可以帮助老师导入班级学生名单，而不由广大的在线学习者随意选入。这种准入方式可以保证在某一课程班级中的学生具有相同学科背景、拥有相似甚至相同的认知水平和认知结构，他们的学习需求和接受程度相对一致，同时班级规模也可以控制在一定范围之内，有条件参加线下教学。

(2)提高教学效率，保证学习质量。SPOC 教学模式所具备的线上优势，为教师调配课程资源提供了保障。课前，教师可以提前发布学习任务、设置作业、测验等学习环节。课中，可以基于平台对学生线上学习的学情反馈，设计教学情境、在线下进行重难点答疑讲解、展开相关教学。SPOC 线上平台作为专业的教学平台，比微信、QQ 等社交平台，在组织教学方面具有明显优势。

(3)提高学生自主学习能力。信息社会一方面带来知识爆炸的冲击，另一方面，海量碎片化信息侵占了人们的宝贵时间。为了提供系统化的优质高水平教育，高校传统教学已远远不能满足教育发展需要。SPOC 教学模式提供了线上平台，供学生进行自主学习，根据课程体系，学生可以不囿于课内知识，自主发散，融会贯通，更好地吸收知识点。因此，能在课前和课后做好相关知识的铺垫和消化，不仅能提高课堂效率，更能有效提高学生的自主学习能力。

二、非遗进课堂

2017 年 1 月党中央颁布《关于实施中华优秀传统文化传承发展工程的意见》，以中央文件的形式推动中华优秀传统文化的传承发展。2017 年 3 月颁布的《中国传统工艺振兴计划》提出了非遗进高校的主要任务。文件明确了地方高校介入非遗教育保护的角色扮演，对高校传承非遗文化提出了新的期望[3]。

为响应党中央号召，发挥高校参与本土非遗传承教育工作的优势，用根植于中华大地古老生存方式的中华美育精神为学校立德树人，民间技艺的传承与创新课程应运而生。

1. 高校授课让传统技艺“联姻”现代设计

2016年，在省市政府和江汉区文化和旅游局的支持下，武汉大学城市设计学院黄敏老师课程团队与汉绣传承人王子怡合作成立了“跨界”设计团队。结合传承人的艺术技法、高校教师的专业素养和学生的设计创意“优势互补”，开设了以汉绣为主要内容的公选课。王子怡，湖北省工艺美术大师，中国汉绣代表性传承人，外交部湖北省全球推介活动汉绣代言人。长期专注汉绣地域文化特色研究与创新转化的探索，创建汉绣“三位一体”教学模式，用于高校教学并取得成效。民间技艺的传承与创新课程于2016年面向全校本科生开设，是武汉大学首批创新创业课程，2017年“通识3.0”首批一般通识课程。依托该课程，武汉大学汉绣传承在短时间取得深入的效果，是高校知识人才与传统文化碰撞融合的反映，是对“文化知根，寻根立足”的认知与认同，是文化知识力量的显现。对于非物质文化遗产进高校传承，武汉大学提供了可借鉴的经验。

2.“中国工艺美术大师传承创新基地学校”发挥平台优势

2019年，为了贯彻落实习近平新时代中国特色社会主义思想和全国教育大会精神，中国轻工业联合会开展了“中国工艺美术大师传承创新基地暨大师进校园活动”，探索工艺美术传统技艺传承创新的新形式、新方法。

武汉大学获批首批中轻联“中国工艺美术大师传承创新基地学校”，基地目前已引入楚漆器、楚韵石雕、铜雕、汉绣、雕花剪纸等工艺美术大师与学校合作，共同进行相关理论、技术研究，开展现场教学、录制网课、组织论坛、举办讲座等活动。该基地的建设为SPOC课程提供了重要的师资力量。慕课视频以功底扎实、教学经验丰富的高校教师为主讲，德艺双馨的非遗传承人、工艺美术大师提供丰富素材，辅以优秀的教学辅助和运营团队支持，将综合性高等学校的教师资源、教学理念和教学资源有效配置，实现艺术审美体验课程的资源共享。

武汉大学非遗传承基地的建设，将整合多方资源，打造与国家政策相衔接、与时代发展共前进、与现代教育相结合、与传播推广相融合的新时代传统手工艺的高校非遗传承平台。

三、民间技艺的传承与创新课程混合教学模式设计

民间技艺的传承与创新课程是一门以中国传统文化为广袤背景、以民间技艺的认知为主要内容，以传统手工艺的典型样式为实践体验的艺术审美课程。课程介绍了民间技艺与节令、宗教、地域、习俗的关系，不同城市的特色手工艺，民间技艺和非物质文化遗产的关系，各国传承民间技艺的经验等，启发学习者对民间技艺立足当代的思考。

(一)教学设计新颖，课程受众面广

本课程采取“双线平行、双轨上升”的教学设计，沿着“理论”和“实践”两条平行主线

展开教学。理论教学：由浅入深，初识—走进—城市记忆—非遗视角—活态传承—总结探寻；实践教学：择取典型传统手工技艺，穿插在每单元最后一节“工艺实践”，线上进行操作示范，从认识刺绣的材料与工具到基础针法的讲解，从刺绣的过程到成品的展示。线下完善线上的新型翻转教学模式更好地体现理论教学成果。在理论课程教学的同时不定期邀请各类国家级非遗传承人、非遗大师进入课堂现场教学，共同进行相关理论、技术研究。根据学情及时更新完善，在SPOC运用中提升线上、线下教学效率。

(二)课程体验升级，应用广泛

据统计数据，该课程在中国大学MOOC平台运行两期，选课人数8000余人，2019年在校内“珞珈在线”SPOC翻转运用，选课人数622人，在“教师课堂教学质量评价”系统中“教师评价”99.86分，“课程评价”97.76分，排名前10%。MOOC平台学生评价“这是我体验过的最棒的课”“亲身实践真的能感悟到很多，课程非常棒”。课程师生互动交流畅通，在2019年夏季课程中，发布任务点59项，学生访问量达11054次，发帖总数900余贴，参与互动人数130余人。根据学生学情反馈，课程团队及时补充具有针对性的教学内容，如录制工艺实践“翰林如意示范视频”5个、“浪漫樱花示范视频”6个等，作为资料共享，帮助学生突破学习瓶颈，教学效果显著。

课程学习者以在校本科生居多，也有在职教师，还有不少毕业多年的社会学习者。其中，江西师范大学文旅学院的金明亮等出于对传统文化的爱好选修了民间技艺课程并获得优秀认证证书；有的教师同行为了进一步完善自己的教学，也进行了相关学习，天津中德应用技术大学的教师团队也将本课程作为SPOC使用。课程不仅受到高校师生的关注，也受到社会学习者的关注，武汉市农科院研究员谭珺隽由于热爱汉绣，慕名学习课程。课程建设受到政府文化教育部门、江汉大学、山西师范大学、湖北大学等学校的关注。由于课程的精心建设，山西师范大学和湖北大学正在积极将课程引入SPOC运用。民间技艺的传承与创新课程依托网络平台面向高校和社会开放，持续地为高校的教学提供更多服务，继续推动传统艺术审美教育优势同信息技术高度结合[5]。

(三)促进考核方式创新，实现学习目标

在评价机制上，由终结性评价向形成性评价转变，由传统教学中“一张试卷”向具有丰富形式的多元化考核方式转变。SPOC的出现及教育信息技术的发展，为教师采用更多考核方法提供了可能。该课程采用线上考核和线下考核相结合方式进行考核，线上考核部分，考试组织与评卷工作完全可以交给SPOC平台自动完成。线下考核则由任课老师根据课程特点及教学要求制定线下见面课、线下实践课和线下期末考试的考核标准，最后课程成绩由线上总评成绩和线下成绩综合评定。SPOC在不断促进教师改变考核方式，由单纯的考核“向考核也是一种学习转变”，由知识考核向能力考核转变。民间技艺的传承与创新这门课程在评价方式上打破了“一卷定水平”的传统考核方式。针对这门课程构建出清晰的线上线下混合教学模式模型，如图1所示。

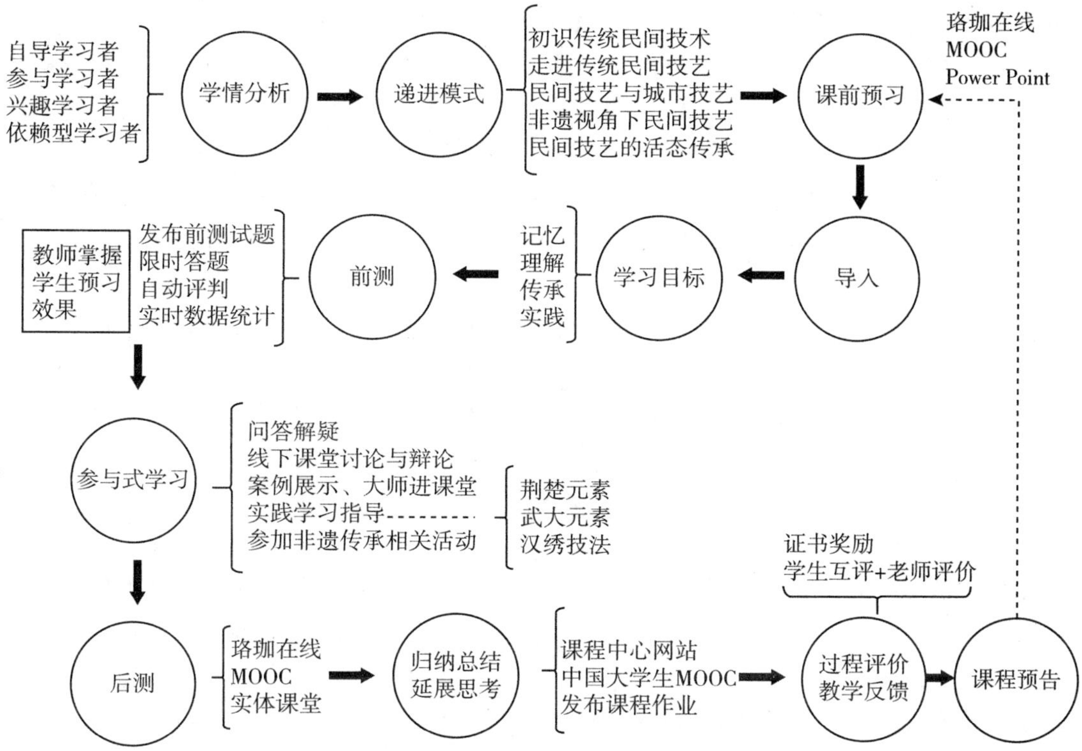

图 1 spoc 混合教学模型

四、民间技艺的传承与创新课程的 SPOC 运用与效果分析

(一)"珞珈在线"SPOC 校内运用、学情反馈分析

在武汉大学校内通识课程体系中，SPOC 平台采用"珞珈在线"和"学习通"平台。"珞珈在线"是电脑端平台，"学习通"是手机端 App，它们数据共通，操作优势互补。运用"珞珈在线"和"学习通"平台的线上教学主要完成三方面任务：一是普遍理论的认知，二是汉绣实践一般规律认知，三是高效课程互动和课程管理。校内通识课堂的线下学习也是解决三个目标：一是传统手工艺的重点讲解，二是汉绣实践的"手把手"教学，三是非遗大师进课堂的面对面互动。

这样的混合式教学，大大提升了课堂效率、丰富了授课形式，完成了传统课堂不可能达成的课程"干货"容量，增进了学生的体验感和获得感。武汉大学"教师课堂教学质量评价"系统数据，可以在很大程度上反映出学生对教学方式的反馈。2019—2020 第一学期和第二学期，学生评价"评教分数"为 97. 35 分(学生参评率 72. 37%)和 94. 63 分(学生参评率 90%)，反映出学生对课程的整体满意度较高；在评教问卷指标"在不考虑学习成绩的情况下，本着客观、真实和负责任的态度，我对该课程教学整体满意度"中，五星区间指标分别达到 96.23%和 88.37%；在评教问卷指标“该课程教学方法灵活多样，注重启发思维和能力培养”方面，五星区间指标则分别高达 96.23%和 93.02%；开放性问题则反映出学生的多元化反馈，在“该课程主讲教师讲课的亮点及改进建议”中，同学们表示：“真的是不愧为创新课程，请来了大师为我们讲课，我们近距离看到、感受到传统文化的美，觉得这个比在电视上、宣传单看到的感受强烈得多。甚至我们可以亲手做一份自己的作品，成就感满满”“教师将理论教授和实践体验相结合，能充分地使同学们对所学内容有所理解和感悟”。

评教系统的反馈，也为课程方式的动态调整和完善提供了可贵信息。例如 2019—2020 第一学期有同学提出“一个组的人数太多”，这一反馈引起了课程团队的重视，在后面一个学期的课程组织中，在实践分组上进行了优化调整。这一调整基于小组人数，却有多方面的优化，在下文中将详细分析。

(二) 根据 SPOC 学情动态调整优化课程

2020 年春季，由于疫情影响，高校大规模采取线上授课，本课程混合式教学的开展正好得到了有效的验证。课程组对 SPOC+的教学过程进行了精心准备和设计，实验性地进行原有慕课资源+原有课件讲授+新增网上资源的高效整合，完成了教学组织过程的新一轮优化，实现了实践教学体验的升级版。

基于对教学评价中学习效果、学习能力、价值体现等方面的深入思考，我们开始探索“文化认同+技艺传承+设计创新”的三步教学法。2020 年春季课程正值爱国热情高涨、全国关注武汉的特殊时期。我们充分调动学生的创作激情，以“传统手工艺+本土文化”为创新方法，以“汉绣+武汉文化”为创新内容，以设计学为学科基础，研发出“文化意向+可视化图标”→“图标+刺绣手作+包装推广”的文化解读到设计转化的课题范式，如图 2 所示。

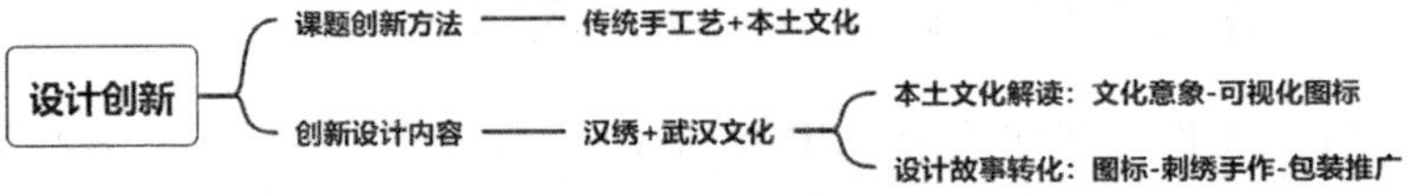

图 2　实践课题范式图

这一课题无疑更符合“传承与创新”的课程本质，但也对课堂教学提出了高难度的挑战：如何让非艺术类的学生在短短几周时间内，驾驭由抽象到具象、由概念到落地的转化，其中既包括文化发掘提炼，也包括图案绣稿设计和针法运用图，还将用推文的方式进行设计故事演绎推广，实现艺术体验更深层的课程获得感。

我们采取团队协作的解决方案，将此课题的能力要求提炼为四大方面：绘图、文案、排版、制作，学生分为 4 人一组，根据自身在某一方面的优势自由组合，每组完成一套作品。每位学生既能在某一方面体现引领作用，又能参与整个课题的实践体验。这种课题开展方式，既能保证教学环节的顺利推进，又为学生评价提供了切实依据，解决了之前课程学情反馈中反映出的分组问题，在一个侧面为杜绝部分学生“划水”、消灭“水课”提供了有效保障。混合式教学结出丰富的课程硕果，学生作品全部在课程微信公众号“珞珈女红”进行“作品微展”(见图 3 和图 4)。

图 3　2020 年春季学期学生作品“汉绣+楚服饰文化”

图 4　2020 年春季学期学生作品“汉绣+武汉高校文化”

混合式教学的多元课程模式、非遗进校园的社会资源整合，为新时代高校美育注入了新鲜活力。武汉大学民间技艺的传承与创新课程，正是在学校大力扶持慕课发展、倡导“成人”通识教育理念下，教师教学发展改革的一例。将 SPOC 的混合教学模式引入高校课堂教学中，为高校教育教学改革迈出探索的步伐。高校以 SPOC 的翻转课堂教学模式为学生开展教育教学活动，能够激发学生学习动力，使学生快速地融入教学活动中。同时，通过 SPOC 平台的非遗进课堂混合式教学创新模式的探析，让学生从民间技艺这一视角窥见灿烂、悠久的中华文明，进而传承民间技艺，发扬民族精神。

◎ 参考文献

[1] 王秀丽．MOOC 背景下的大学教学改革探索[J]．西部素质教育，2018(6)：84-85.

[2] 陈尧妃，陈焕通．基于 SPOC 的混合式教学模式探索与实践[J]．创新创业理论研究与实践，2019(13)：111-112.

[3] 姚松奇，陈晓．数字化背景下"非遗文化进校园"的传承教育创新研究[J]．萍乡学院学报，2018(5)：104-107.

[4] 蒲东兵，孙英娟，陈阳，张邦佐．基于 SPOC 的线上线下混合教学模式探究与实践[J]．长春师范大学学报，2019(10)：149-154.

[5] 李萍．地方高校非遗教育保护的服务模式研究[J]．广西民族师范学院学报，2016(2)：132-136.

高校大规模集中式网络教学组织实施及效果评价

严　鹏　吴云芳　高　晶　高义超
（1. 武汉大学　水利水电工程国家级实验教学示范中心
2. 武汉大学　水利水电学院，湖北　武汉　430072）

【摘　要】网络教学是通过将传统教学模式和现代教学模式的优势相结合，借助现代信息技术整合到一起，这种教育模式是对传统模式和现代模式的一种优化。本文从网络教学资源、平台和教学效果评价三个方面对2020年春节前后新冠肺炎疫情期间武汉大学水利水电学院大规模集中式网络教学组织实施的过程进行了总结和梳理，主要启示为：网络教学资源的建设应重在平时，还应继续加大优质课程MOOC建设，作为日常教学的备份；对大规模集中网络授课，网络教学平台的选择和防崩溃预案很重要；网络教学应特别注意发挥网络优势，重视教学效果适时反馈评价与服务。

【关键词】集中式网络教学；资源；平台；教学效果评价

【作者简介】严鹏（1981— ），男，湖北天门人，研究生学历，工学博士，武汉大学水利水电学院水力发电工程系教授，副院长，主要从事水利工程施工、岩石动力学、工程爆破等方面的教学和研究工作，E-mail：pyanwhu@ whu. edu. cn。

一、引言

2020年春节前后，一场突如其来的新冠肺炎疫情给人们的工作学习生活带来了巨大的冲击。面对新的严峻形势，为贯彻落实习近平总书记关于坚决打赢疫情防控阻击战的重要指示精神，教育部要求各地采取政府主导、高校主体、社会参与的方式，共同实施并保障高校在疫情防控期间的在线教学，做到“停课不停教、停课不停学”。在省教育厅和学校的统一部署下，武汉大学水利水电学院立即行动起来，充分利用各类网络在线教育平台和已上线的省、校两级优质在线课程教学资源，积极主动谋划新学期网络教学，把“网课不仅要开得起来，更要开得好”作为教学组织和服务的宗旨。

网络教学是在课堂中以互联网平台为新的教学环境，利用计算机访问本地及网上计算机资源，并使教师与学生或学生与学生之间通过网络进行广泛的交流与协作的教学模式。网络教学的历史最早可追溯到1962年，美国发明家和知识创新者Douglas Engelbart提出来一项研究计划，题目叫《增进人类智慧：斯坦福研究院的一个概念框架》，在这个研究计划中，Douglas Engelbart 强调了将计算机作为一种增进智慧的协作工具来加以应用的可能性。虽然历史较长，但真正进行大规模的网络教学应用，始于2008年华盛顿大学的Jim Groom 教授以及纽约城市大学约克学院的 Michael Branson Smith 教授在全球各国大学主办了他们自己的大规模网络开放课程。我国的网络教学活动主要在一线城市和教育发达城市开展，学生的比例较大。目前，我国在慕课总量、参与开课学校数量、学习人数等方面均处于世界领先地位，已成为世界网络教学大国。

网络教学的特点主要有：①教学媒体从传统课堂以书本为主的媒体转变为以书本、声音、图像和影像构成的多媒体和采用超文本、超媒体链接方式、具有检索功能的网络媒体，具有动态交互的特点(巢桂芳，2006)；②将传统课堂以教师的教为中心的灌输式教学转变为以学生的学为中心的自主学习，使教学过程变成教师为主导、学生为主体的过程，促进了学生内因作用的发挥，使他们从被动地接受知识转变为主动地获取知识(蒋东兴等，2004)。网络教学中教师从讲授者转变成学生学习活动的设计者、组织者和指导者。③教学传播也从单一的师生交流转变成教师、学生和电脑的三方交流，教学目的从使学生掌握知识为主转变为使学生学会学习为主(巢桂芳，2006)。

可见，网络教学除了可以实现传统课堂教学的功能以外，在教育思想、教育对象、教学过程、教学方法、教学资源的组织和应用、教学的时间和空间等方面，与传统的课堂教学有着很大的区别(姜庆，2002)。网络教学是一个多面手，具有完成传统课堂教学功能的能力，还具有很多可以成为传统课堂教学有益补充的功能，需要加以重视、研究和应用。在全国人民抗击新冠肺炎疫情的特殊时期，网络教学是贯彻教育部“停课不停教、停课不停学”要求的必然选择。虽然是被迫选择，如何上好集中网络课程，提升和保证网络教学的质量，则是高校教学管理和服务人员所必须考虑的重要问题。

高校开展网络教学，一般需要完成平台建设、资源建设和服务支持三大任务(蒋东兴等，2004；黄荣怀等，2003)。本文针对这三个基本点，以武汉大学水利水电学院在2020年新冠肺炎疫情期间的高密度网络教学组织过程为例，从教学资源准备和教学方案设计、教学组织与服务，教学质量评价三个方面对我们所做的工作进行了梳理，并提出了自己的思考，可供其他高校参考。

二、抗疫期间网络教学资源组织

网络教学资源的准备是开展高质量网络教学的基础。由于武汉当时是全国新冠肺炎疫情最严重的的地区。2020年1月23日武汉宣布关闭离汉通道，这是人类公共卫生安全史上最严厉的措施。由于关闭离汉通道、学校封校，社区和村子封闭，武汉大学水利水电学院的大部分教师无法到办公室办公，缺乏教学资源，只能通过网络搜集和重新整理。

1. 自制电子资源与集体备课

为了克服困难、提高效率，学院以系和课程组为单位组织老师们相互配合、互通有无，将原来的纸质讲义、教材等资源电子化，并制作电子版习题库。各教学团队以“空中课堂，集体备课”为主线，加强线上教研的针对性，充分发挥集体智慧，实现课程组内教师互助，共享和共同修改教学 PPT 和教案，为保证网上教学质量打下了坚实基础。

大部分教学团队组织骨干教师，提前录制了课程视频作为线上教学的补充。如学院水电站教学团队为方便学生理解复杂的水轮机结构，特意制作了三维动画。工程测量教学团队为解决远程课内实验教学难题，不仅录制了测量实验操作视频，还制作了操作模拟器，使学生能够感受到与实际课内实验相当的教学效果。

2. MOOC 资源利用

事实上，抗击新冠肺炎疫情期间，不仅武汉和湖北的高校，而且全国其他的高校在这特殊时段组织网络教学都面临相似的困境。为破解这一困局，教育部和中国大学 MOOC（慕课）平台公开了前两年建设的各级各类 MOOC 资源，供大家准备网课时使用。在 2 月 12 日国务院联防联控机制召开的新闻发布会上，教育部高教司司长吴岩说，“这次为应对疫情而供无偿使用的 22 个线上课程平台的 2.4 万门课程不是为应对疫情临时仓促制作上线的，而是这几年精心组织、精心培育、精心遴选的好老师的好课，应该说这些课是有质量保障的。”

武汉大学也建设了网络课程平台“珞珈在线”，该平台以本校教师主讲的课程为核心，还整合了全国高校各院系的本、专科课程信息，课程目录包含教育部规定的 13 个学科门类，共 1.5 万门课程，资源包括与课程相关的电子图书、期刊、论文、视频讲座、课程知识点，以知识点为中心的微视频、图片素材、动画、课件等。在水利工程领域，水利水电学院建设了 6 门在线课程，其中还包括 3 门国家精品资源共享课水利工程施工、水力学和工程水文学。这些资源成为当前抗疫特殊时期网络教学资源的主要来源。

三、教学平台选择与应用

平台是网络教学的前提，没有网络教学平台就没有网络教学。

为应对新冠肺炎疫情，1 月 29 日，湖北省发出通知要求，全省各类学校延期开学，具体开学时间视疫情防控情况决定。在这种情况下，武汉大学开始准备新学期网络教学方案。2 月 17 日是武汉大学新学期开始网络授课的第一天，这天估计全国约有 2/3 的高校开学，开始上网课。同时，还有很多中小学同时进行网络授课，预计网络压力将会非常大。因此网络教学平台的选择是保证网络教学顺利进行的重要保证。

为避免网络拥堵，开课前，水利水电学院设计了两种分别基于 SPOC 和 MOOC 混合的教学模式，即小课堂（学生数少于 70 人）采用视频直播为主，大课堂采用 MOOC 平台+网上答疑的模式进行。而两种模式又均有数个平台可供选用。

武汉大学教务处推荐基于学习通的网络授课平台，可以实现直播授课，也可利用学习通平台和武汉大学珞珈在线平台上已建成的丰富 MOOC 资源，开展视频自学和网上答疑混合模式的教学。

1. 网络直播授课

对于视频直播课堂模式，国内重要的专业平台有学堂派、雨课堂和学习通等，也有众多的社交软件平台可满足网络教学需求，如钉钉会议、腾讯会议、QQ 群视频及屏幕分享等。经过前期的测试试验，最后确定并推荐采用腾讯会议、QQ 群视频+屏幕分享、腾讯课堂这 3 种方式，一是较为灵活，可保证整体教学效果；二是因为这 3 种方式既可以满足网络教学需求，也可最大限度地降低网络教学对硬件的需求，为身处异地、缺乏足够硬件支持或农村地区的师生提供最大的线上学习的可能。

水利水电学院“水力学和流体力学”教学团队建设有国家级精品资源共享课水力学，是最早接受并采用社交软件平台进行直播授课的团队之一。开学前，教学团队几位教师一起收集教学资源，探讨网络教学软件，最后选择腾讯会议讲课与 QQ 群互动的方式顺利完成第一周网络教学任务。团队主讲教师感言：“虽然疫情阻挡了我们迈进教室的脚步，但网课给我们的学习提供了新的手段。通过四次网络教学直播的效果，我对疫情中的教学充满了信心，同学们克服困难认真学习的态度也让我备受鼓舞。希望抗疫早日胜利，希望早点在教室里见到孩子们!”

2. MOOC+视频讨论混合教学

对于 MOOC，以武汉大学“珞珈在线”MOOC 平台和中国大学 MOOC 平台(爱课程)为代表，可最大限度地利用多年精心建设的国家级、省级和校级精品视频资源。通过课程组教师分工，提前准备好教学视频资源，课程采用“学生提前预习视频+老师主讲 75%课堂时间+学生讨论 25%课堂时间”的模式。

国家精品资源共享课课程水利工程施工，采用了已上线的 MOOC 视频为主，辅以腾讯 QQ 群讨论的混合授课模式，成功避免了网络拥堵，而在学生观看视频的同时进行的在线答疑和互动，及时给学生答疑解惑，保证了学习效果。

2020 年 2 月 17 日是新冠疫情暴发后全国大部分高校网上开学第一天，雨课堂和学习通等全国通用平台集体崩溃，而在网络教育方面略显小众化的腾讯课堂、QQ 群直播、腾讯会议和钉钉等平台则运行平稳，成功避免了过度依赖中国 MOOC 平台、学习通等专业平台而造成网络崩溃的风险，显示了武汉大学水利水电学院前期线上测试的必要性和预判的准确性。

四、教学质量评价

网络教学过程中，学生和教师所处的时间、空间往往并不统一，教学过程的控制与管理变得非常复杂，直接影响学生的学习效率与课堂教学质量(姜庆，2002)。水利水电学院为切实保障网络教学质量，设计了立体课程质量评价体系，主要包含网课课堂师生互动、网络课堂督导和课后学生问卷调查。在一周网络授课结束后，立即组织召开由教师和学生代表参加的教学交流总结会，总结得失，继续提高。

1. 传统课堂教学质量评价方法

传统课堂教学效果的评价有如下特点：

(1)学习效果评价中客观测验占主导，自我评价较少，这种测验形式具有一定的片面性，不能全面反映学生的学习效果。评价结果中考试成绩比重较大，忽略过程指导。

(2)学习评价结果未被用作持续改进。学习评价结果不仅是对学生学习效果的衡量，而且是对该网络课程的质量评价，在一定程度上体现出该网络课程是否还有完善和改进的地方。每学期课程都应根据学习评价结果进行一定的数据或授课方式更新。

2. 网络教学质量评价方法

针对网络教学的特点，考虑到传统教学质量评价的不足，水利水电学院设计了以学生自评和互评、师生互评与教学督导评价相结合的立体教学效果评价体系：

(1)随堂知识点测验与课堂参与度评价。这是网络教学的特殊优势，预先准备好的随堂知识点测验可以瞬时分发给学生，学生随堂作答的结果经后台统计也是瞬时呈现给教师，教师可以根据情况进行补充讲解随时调整课堂进度。传统课堂如需要对每个知识点进行随堂测试，无法立即获得结果，也必将浪费大量的时间和精力。

(2)学习效果学生自评与互评。加强学生的自我评价和相互评价，有利于学生主动学习、自我反思。目前，学院已经实施了小班化教学，这样的教学方式更有利于在课堂上实施学生自主评价的学习方式。

(3)教学效果师生互评。师生互评指课堂上教师和学生一起就某个问题进行互相评价，以期营造师生平等的课堂氛围。

(4)教学督导评价。组织教学督导和教学管理干部加入教师的网络课堂，随堂听课，课后反馈。

(5)评价结果反馈和应用。学院建立教学评价反馈机制，学生互评、师生互评和教学督导评价的结果经汇总整理，及时反馈给任课教师。另外，在直播课堂，师生互评的结果也可以弹幕、即时留言等方式传达给教师。

水利水电学院国家级精品资源共享课工程水文学在网上授课教学中对网络教学中教师投入度、学生学习方式、学生精力集中时间、视频播放时间、网络讨论效果等指标进行了监测和统计。水生态与水环境课程在网络课堂上统计了学生参与度情况，结果表明约70%的学生认为MOOC授课效果为正常授课的75%以上(见图1)，而且师生互动可以真正做到以学生为中心，参与度计量管理，过程完整，快速反馈，可以使教师更有针对性地控制课程进度。借助MOOC平台，对课程考试结果可以进行快捷直观的分析(见图2)，有利于课程分析及改进。

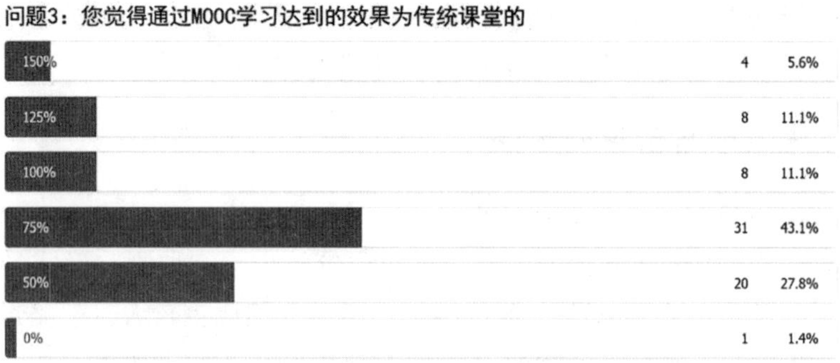

图 1　水生态与水环境 MOOC 教学效果分析

成绩构成	课程视频	章节测验	作业	考试
比例	20%	15%	15%	50%

最高分	最低分	平均分	标准差	及格率	优良率
98	0	89	13.72	98.11%	88%

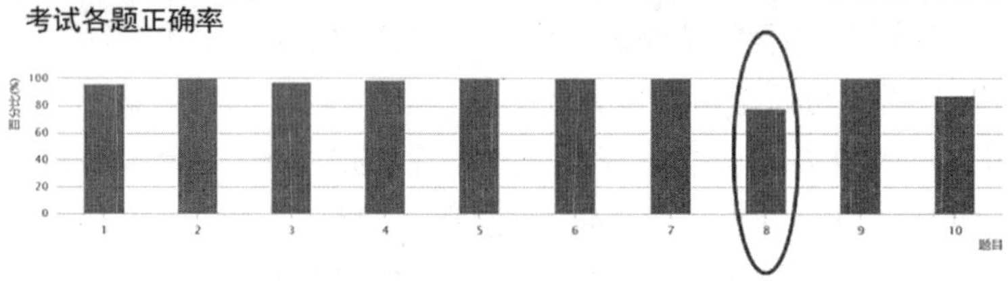

图 2　水生态与水环境 MOOC 考试结果分析

五、网络教学学生反馈

1. 网络教学的优点

经过一学期的网络教学，在线教学逐渐为师生所适应和接受，不仅获得良好真实的反馈，也表现出不可替代的优势。

(1)改变了教育场景，不受空间限制。万物互联，时空互通。线上课堂不是“讲台与课桌”，而是“人—机—人”。

(2)教育资源更丰富和多元化。在互联网上有很多的教育网站是免费开放的：网易公开课、中国大学 MOOC、慕课网等，这些网站里面的课程丰富，专业性也很强，适合不同专业的大学生学习。

(3)教学形式多样。线上课堂形式多样：录播、直播、虚拟试验、动画仿真、翻转课堂等，丰富的课堂突破了以往单一、统一的授课模式。

2. 网络教学的不足

除了上述优点，网络教学也存在局限性。

(1)由于学生与老师、学校相隔千里，因此在平时的教学管理中难以对学生进行有效的管控。

(2)部分学生或老师的硬件设备无法保障，导致教学效果受到较大影响。

(3)许多实践类课程，如测量学实验、大学物理实验开课困难，教学效果不佳。

(4)德智体美劳无法面面俱到，难以形成综合培养体系。线上课程的局限性造成有的学科授课效果不理想，比如体育类、艺术类等。教学应是门艺术而不是技术，教育和教学应该体现人文精神和对人的性格的全面塑造，应该体现温度和情感。

3. 网络教学学生建议

如今，疫情已经得到控制，教学逐渐常规化，教师和学生已经回归教室。针对疫情期间线上教育的优缺点，结合发展飞速的信息技术，学院教学可以从以下几方面改进：

(1)融合虚拟现实，搭建场景体验基地。对于部分专业课的课时可以进行一些调整，将一些课时分配给虚拟现实体验，让学生可以在线下的实验室戴上头显进入 VR 所构建的场景里，或者在线上点击搭建的 VR 场景去真正地体验和交互，用虚拟现实技术去弥补传统教育互动性不高、学生积极性不够的缺点。

(2)利用大数据打造个性化、多元化教育。任课老师和学生实时上传阶段作业和评分，经过大数据分析，得出学生现阶段知识的掌握情况和遗漏点，并对之后的学习给出有效建议，推荐相应的线上课程或书籍；对于公选课，在线平台可以在对学生的专业、兴趣爱好、性格特点等进行问卷调查后，总结出关键词，匹配合适的公选课。通过大数据智能平台，以线下为主、线上为辅的教学方式，最终达到改善学习成果、促进自主学习的目的。

(3)构建有机融合的线上线下混合课堂。上半年线上教学，验证了线上教学的可行性及生命力。复学后，如何让线上线下一体化，半年的线上教学提供了前车之鉴。线上线下混合课堂并不是线上线下的简单相加，而是两者的有机融合，使其产生整体大于部分的效果。

(4)充分利用学校硬件资源。随着教学模式回归线下，以往的教学方式将会回归主导位置，武汉大学主教智慧教室的建成是工学部学子的福音。智慧教室通过多屏幕、智能化的操作使课堂真正走向智慧。在以后的教学过程中，应努力将多媒体、新技术与课堂、学生结合起来，将课堂变得更加丰富有趣。“学学半”，让学生有上台解释、展示自己的机会，可以使知识更加牢固，提高学习效率。

六、结语

通过对 2020 年春节前后新冠肺炎疫情期间，武汉大学水利水电学院大规模集中式网络教学组织实施的过程进行总结和梳理，可以得到：

(1)网络教学资源的建设要重在平时，应考虑到这次突发公共卫生事件的紧急性和突然性，没有合理的资源应急储备作为日常教学的备份，是无法组织高质量网络教学的。另外，海量 MOOC 资源的利用，也是克服抗疫造成的阻隔困境的重要措施。

(2)网络教学平台选择很重要，应避免拥堵，保证网课能开得起来。对大规模集中网络授课，平台的选择和防崩溃预案很重要。

(3)重视适时反馈评价与服务，对提高网课授课质量至关重要。网络教学是通过将传统教学模式和现代教学模式的优势相结合，借助现代信息技术整合到一起，这种教育模式是对传统模式和现代模式的一种优化，同时也是继承和发展。因此可以说这种网络教育模式是我国现代科技发展的结果，也是经济社会发展的必然结果。

在新型冠状病毒疫情的考验下，学院的本科教学工作进行了前所未有的尝试与改革。这既是一次大挑战，也是一次大机遇。尽管学院教学已经从以"网络教学"为主的旧常态回归到以"课堂教学"为主的新常态，但如何在此新常态下建设新的教育体系，将信息技术与课堂教学更为深入地有机结合在一起，推动课堂教学革命，不断提升课堂教学质量，仍然是我们需要在持续的学习与实践中深刻思考和探索并不断为之注入新活力与增添新生机的重要命题。

◎ 参考文献

[1] 蒋东兴，张继才，罗念龙．高校网络教学现状与对策[J]．计算机教育，2004(9)：45-47.

[2] 巢桂芳．大学网络课堂教学模式特点与高校教师角色转换分析[J]．现代职业教育研究，2006(4)：1-3.

[3] 吴军其，赵呈领，许雄．网络教学与课堂教学的比较分析[J]．中国电化教育，2000(6)：12-14.

[4] 黄荣怀，张进宝，董艳．论网络教学过程的四个关键环节[J]．中国电化教育，2003(2)：61-64.

[5] 姜庆．网络教学过程的控制与管理[D]．武汉：华中师范大学，2002.

[6] 李文汉，孙红岩，高英．建设大学数学网络教学平台，促进高等教育内涵式发展[J]．牡丹江教育学院学报，2019(1).

[7] 余友飞．基于微课与网络教学平台的翻转课堂教学改革研究与实践[J]．商业经济，2019(6).

[8] 陈聪，黎俊玲．新时代高等教育内涵式发展的逻辑与路径[J]．武汉理工大学学报：社会科学版，2018，31(4)：176-181.

[9] 吴丹．高校交往教学的缺失与建构研究[D]．武汉：中南民族大学，2015.

[10] 张锐．疫情中，中国大学这样上直播课[N/OL]．南方周末，2020-02-18. https：//mp. weixin. qq. com/s/ZL3rX8oIiWgZH6maJh97kw.

[11] 青塔观察．高校网上开学首日：各大教学平台纷纷崩溃！[EB/OL]．青塔网，2020-02-18. https：//www. cingta. com/detail/16387.

新冠疫情下数字地形测量学教学和课程思政实践与思考

花向红　邹进贵　邢　诚　黄海兰
（武汉大学　测绘学院，湖北　武汉　430079）

【摘　要】本文在介绍教与学的内涵的基础上，介绍了思政元素融入数字地形测量学课程的教学途径，从教学模式、教学方法、考核方式和教育方法四个方面阐述了新冠疫情下数字地形测量学课程教学和课程思政的教学改革措施和实施效果。

【关键词】数字地形测量学，课程教学，课程思政，新冠疫情，线上线下教学

【作者简介】花向红（1963— ），男，汉族，江苏泰州人，博士，武汉大学测绘学院教授，主要研究方向为工程测量、三维激光扫描数据处理、专题GIS、室内外定位和测绘工程教学改革，E-mail：xhhua@ sgg. whu. edu. cn。

【基金项目】湖北省高等学校省级教学研究项目资助；武汉大学教学研究项目资助（YB-7-024）；武汉大学实验教学中心开放实验项目资助。

在传统的教学中，专业课程只重视对于学生专业理论知识和技能的教学，对教书育人中“育人”的环节重视不够。2016年，习近平总书记在全国高校思想政治工作会议上强调，要用好课堂教学这个主渠道，各类课程都要与思想政治理论课同向同行，形成协同效应。同时，信息时代使现今的教育发生了巨大的变化，老师的“教”再不是传统的粉笔加黑板的课堂模式，学生的“学”也不是过去的课堂加教材模式。在此背景下，如何寻求既适合教师的教又适合学生的学的有效教学方法和手段，如何在专业课程教学中融入思政元素，实现教书与育人的统一，是我们需要关注解决的问题。为此，本文探讨了如何将思政元素融入数字地形测量学课程教学实践的方法，提出了新冠疫情下的直播与录播相结合、在线MOOC与虚拟仿真实验、在线答疑与辅导、作业与课堂测试、程序设计和电子资源学习等学生学习与教师线上讲授和讨论相结合的教学模式，并付诸实施，取得了较好的教学效果。

一、教与学的内涵

教学是以培养学生的主体能力和主体人格为目标，教师和学生是教学过程的双主体[1]，它是教师的教和学生的学的共同活动，是一个复杂的、综合的系统。教师在教学

中起主导作用，而学生则处于教学的主体地位。教师的职责决定了其在教学过程中的主导作用，教师最根本的职责是教书育人，起着组织、引导、启发、指导、培养、训练、辅导、帮助等作用[2]。学生的主体地位主要表现为清楚自己是学习的主人，学习目标明确，并自觉调节和支配学习行为，实现自主学习；重视知识的巩固和积累，在学习过程中独立思考和创新实践。

1. 教师的教

所谓“教”是指教师传授给学生知识、经验和学习方法的过程。教师不但要指导学生学习接受知识的方法，而且要引导学生学会思维。教师如何“教”主要体现在下面几个方面：①精通教学内容，课前精心准备。在教学内容处理方面，首先按照教学目标和要求，认真备课，除此之外，还应通过查阅相关资料，了解学科前沿信息，对课程知识点现状、目前最新研究成果和不同的学术观点进行介绍，扩大学生的视野。②集中精力授课，注重讲课策略。在讲课过程中，首先应当提高学生课堂教学的参与度，充分体现学生主体地位。为了激发学生的学习兴趣和求知欲望，教师可以利用互动环节促进学生的发散思维，拓展知识点的创新应用，并以问题为导入，设置一些疑点和思考题，引导学生从不同角度用多种方法提出解决问题的思路和方法。同时，教师应充分利用教学中的每一个环节，辅以适量的作业和思考题进行训练、质疑和批判性的学习引导，鼓励学生大胆想象，扩大思路，培养创新思维能力。③创新教学方法，设计教学环境。采用讲练结合，将自主式、启发和案例式、研究式等多种教学方法巧妙引入课堂，设计课堂进程，引导学生学习。充分利用多媒体和网络环境、虚实结合实践教学环境，帮助学生理解理论知识，培养学生实践创新能力，从而帮助学生实现学习目标。

2. 学生的学

所谓“学”是指通过听课、实践和研究等途径获得知识或技能的过程。大学的学习既要求掌握比较深厚的基础理论和专业知识，还要求重视各种能力的培养。学生的学主要表现为专业性、自主性、多样性和创新性等学习形式。专业性学习主要表现为围绕专业学习相关的基础理论、基本知识和基本技能。自主性学习主要体现在可根据自己的特点合理地安排学习计划，在教师引导和指导下，通过学生对知识点的理解消化巩固、实践、创造等方法来实现学习目标。多样性学习主要表现为除了课堂教学外，还可以通过听学术讲座、学术研讨、参加第二课堂等活动来获取知识，通过实验、实习、科研和社会实践等实践性环节培养实践动手能力。创新性学习的主要体现是在学习知识的过程中，以已有的知识为基础，不拘泥书本，能提出新问题，通过创新学习，使学习者更具有自主性和与他人合作的能力。

二、思政元素融入课程教学

为了做好数字地形测量学专业课的课程思政[3]，达成课程大纲所设定的教学目标，应充分挖掘蕴含在数字地形测量学的课程思政元素，寻找思政教育与数字地形测量学专业课程的结合点，积极探索专业课开展思政教育的途径。通过各种不同的授课形式与教学方法，把社会主义核心价值观教育全面落实到课堂教学、实践教学中，实施多样化、嵌入式的思想政治教育，使学生在专业学习中受到潜移默化的思政教育，以期达到"立德树人"的教学成效。

1. 精心设计教案和做好思想教育预案

在明确课程专业目标和思政育人目标的基础上、对照工程教育认证的要求[4]，将课程和思政目标贯穿于整个教学环节，对教学活动进行精心设计。以教学目标为导向，以新版教材为基础，进一步优化课程教学内容、教学重点与难点，做好教学资源包括教材、网络资源等准备，使用有效的教学方法，安排适当的作业、精心设计制作 PPT 等。同时，通过文献查阅和案例分析，对照现有教学内容，挖掘可进行思政教育的切入点，做好思政教育的预案，从而达到教学方法灵活，讲课精，传授知识点准，教学效果好的目的。

2. 结合测量学知识点开展思政教育

通过讲解课程知识点，引入思政元素[5]。例如，在讲测量的基本概念时，描述测量在国家经济建设和国防建设的地位，在测量祖国山河的任务中融入学生的爱国情怀，在测绘技术的前沿介绍中融入国人的荣誉感；在讲地图知识点时，介绍中国古代地图测绘和现在地图测绘的成就，以帮助学生树立起文化自觉和文化自信；在讲坐标系统知识点时，阐述北斗卫星导航系统建设的意义和必要性，弘扬中国北斗精神；在讲角度测量、高差测量、距离测量、控制测量和碎部测量知识点时，融入理论联系实践、团队协作精神；在讲测量误差、测量精度知识点时，让学生从多个角度分析测量误差种类、来源和减弱消除办法，从而引导学生思考精度的重要性，渗入工匠精神这一思政元素。

3. 利用工程案例开展思政教育

在讲大比例尺数字测图工程项目案例[6]时，按照项目流程主要分为获取任务、收集资料、技术设计、控制测量、图根控制测量、碎部点测量、地形图绘图与编辑、资料的检查与验收、技术总结和提交成果等工作，在这个过程中融入的思政元素主要包括对学生进行测绘人对数据的精益求精、专业自律等工程伦理方面的教育；让学生切身体会到测量工匠精神的魅力，团队合作精神的重要性等，只有以工匠的态度打造诚信为本、追求卓越的核心理念，才能成就高质量的测量成果。

三、新冠疫情下的教与学

为了防止新冠疫情在学校蔓延，2020 年年初，学校将"教"与"学"从校园转移到线上，实施网上课堂教学。面对线上教学这一新型的教学方式，为了确保"停课不停学，确保教学质量不降低"，数字地形测量学课程组老师们通过组建 QQ、微信群等方式进行交流，通过多次在线教学研讨，对课前准备、在线授课和课程考核全过程进行了周密部署，通过直播、录播等教学方式，开启线上线下教学模式。

1. 创新教学模式，保证学生学习效果

根据课程特点，统筹线上教学特点与学生学习需求[7-8]，借鉴国内外相关课程的教学经验，采用多平台相结合的线上直播或录播+线下自学的教学方式，保证学生学习效果。为了防止网络拥堵或发生网络不畅等突发情况，课程组每位教师至少掌握三种平台的使用方法，直播中根据网络情况随时切换。直播方式主要采用 QQ 群分享屏幕、腾讯会议、腾讯课堂等平台进行授课。录播预先利用相关平台录制好上课时播放。线下自学主要通过珞珈在线、QQ 群和学习通，分发电子版教材、教学视频、PPT 课件、课外阅读资料等各种教学资源和作业；通过珞珈在线、学习通、中国大学 MOOC 和虚拟仿真教学平台让学生自主学习，进一步理解掌握课程基本知识点、仪器的原理使用和基本测量方法等。

2. 改革教学方法，提升学生学习质量

线上教学方法不管采用直播还是录播形式，课程组授课教师都通过 QQ、学习通和微助教等方式进行签到，及时了解学生的在线状态，更重要的是关心学生的学习状态与效果。课前做好教学 PPT 课件，设计好测验题和作业，提前发布教学计划和学习任务。课中按照设置好的教学目标讲解课程内容，引导学生完成各个任务的学习，及时解答学生的问题。每次直播前，都花 10 分钟左右的时间对上次课的知识点、重点和难点进行回顾，并适当安排提问、讨论互动环节，及时了解学生对知识点的掌握与理解情况，并根据需要调整授课进度。课程直播中，主要通过文字消息交流、课堂 QQ 作业、随机提问等方式，提高学生专注力。课程直播结束前预留几分钟进行交流，了解学生本次课程学习状况，对学生在学习过程中的不足，教师及时在线进行答疑释惑。

线下教学方法主要采用布置答疑、作业、观看视频、虚拟仿真实验等方法进行。通过 QQ、微信语音和文字等形式进行集体(单独)答疑，解决学生学习中遇到的问题；及时发布课后作业，限时完成，检测学生对基本概念、基本方法和基本计算的掌握情况，并及时批改作业，对学生作业中的问题进行逐一反馈；通过编程训练，让学生掌握基本的计算方法；通过观看视频，进一步掌握课程的知识点、基本测量和基本计算方法等；通过虚拟仿真实验平台的实验，掌握全站仪作业方法、水准仪作业方法、GNSS 作业方法和无人机大比例尺数字测图作业流程。

3. 创新考核方式，确保线上教学与传统教学考核质量同质等效

为了保证疫情期间线上教学与传统教学同质等效，课程考核仍由过程考核和期末考核两部分组成。过程考核成绩占课程总成绩的 40%，主要有考勤和课间考核(10%)、作业(20%)和观看 MOOC 知识点视频(10%)等。考虑到期末考核只能采用线上方式，课程组专题探讨了在线考试题型、试卷答题形式、试卷的分发、答题纸的上传、试卷批改、监考平台等技术问题，提出了在线开卷考试的出题方案，即加大了题目的灵活性，采用同一份

试卷，同样的题目，但数据是每个同学“量身定制”，将学生的学号信息融入计算题的数据构成中；同时，课程组自己编写程序，学生在网页上随机生成每个人的题目中所需要的数据，从而避免考试不规范行为。在考试流程方面，第一，考生实名（学号+姓名）进考场，调试电脑、网络和摄像头；第二，监考老师检查考生有效证件并要求学生签到（QQ群接龙签到）；第三，宣读考场规则；第四，分发试卷、获取数据；第五，开始考试、独立答题，监考老师分屏监控考场（截屏存档），领导、督导、教学办和学工办巡视考场（截屏存档）；第六，停止答题、在线提交电子答题纸，将电子答题纸另存为学号+姓名.PDF，通过珞珈在线提交；监考老师清点电子答题纸数量，并检查文档是否能打开，考试结束。

4. 充分发挥课堂主渠道作用，深入推进课程思政

充分发挥课堂主渠道作用，创新教育方法，将疫情及时融入课程，深入推进课程思政。根据疫情下的学生特点和疫情情况，将文化自信融入课堂，消除学生的焦虑烦躁情绪，激发学生的爱国情怀和责任担当。通过线上课堂开展包含制度自信、诚信感恩等元素的课程思政教学，鼓励学生积极关注官方信息，严格遵守学校和地方的相关防疫要求，做到不信谣、不造谣、不传谣，做好科学防护，彰显中国特色社会主义制度优势；通过航天遥感手段见证武汉蔡甸火神山医院建设进程和医院建设对周围环境的影响的具体实例，彰显测绘在新冠病毒疫情期间发挥的重要作用，提升学生学好测绘的积极性和勇于服务国家的爱国热情等；通过引导学生了解科学技术在战“疫”中发挥的关键作用，帮助学生坚定科技报国的志向；通过白衣天使、科研人员、部队战士等站在疫情防控前沿的榜样的力量，让学生理解不畏艰难、锲而不舍的敬业精神和敬畏生命、崇尚真理的科学精神。

四、结论与思考

教与学是高校实施育人计划的最根本任务。实施网络线上教学是对“互联网+教育”应用的充分展示。本文将思政元素融入数字地形测量学课程教学实践中，重点介绍了在新冠病毒疫情下数字地形测量学课程教学和课程思政的教学改革举措以及实施多平台相结合的线上直播或录播+线下自学的教学方式，提出了“开放命题”“同题目不同数据”“数据因人而异、网上随机生成”“考试流程标准化”“电子答题纸”和“线上流水阅卷”等举措，取得了较好的效果。

必须看到，课程思政作为一项系统工程，目前仍处于起步阶段，需不断深入探讨课程思政教学规律，研究如何将思政教育与专业课教育有机结合，探索网络信息时代线上线下混合教学的有效途径，引导学生积极践行社会主义核心价值观，磨炼工匠精神，培养学生的专业自信。只有这样，才能落实好立德树人根本任务，培养优秀的测绘人才。

◎ 参考文献

[1] 吴铁军. 浅议高校教学过程中教与学的关系[J]. 宁波师院学报：社会科学版，1994，16(1)：86：89.

[2] 朱建君，陈敏 . 高校教与学的辩证关系[J]. 河海大学学报：哲学社会科学版，2005，7(4)：79-81.

[3] 刘珊红，王翠平，兰燕. 测量学"课程思政"教学改革探索与实践[J]. 创新创业理论研究与实践，2020(9)：34-35.

[4] 邵亚琴，周显平，张会战，郭义，王翔，金剑[J]. 以工程教育认证为契机，践行"测量学"课程思政建设[J]. 科技风，2020(16)：57-58.

[5] 张洋，王玉娥. 课程思政在工程测量课程中的实践与应用[J]. 知识文库，2020(15)：97-99.

[6] 孟凡，超苏宇. 工程测量技术专业课程思政改革的途径[J]. 科技风，2019(19)：65-66.

[7] 王晓，孙佳龙，高祥伟，周立. 新冠病毒疫情期间高校测绘类学科网教方法研究[J]. 教育教学论坛，2020(39)：177-178.

[8] 孙双双，袁向丽，郭建章，王霞. 工程力学课程思政教育教学改革探索与实践[J]. 大学教育，2020(10)：83-85.

疫情之下高校在线教学的体验与思考

石小川　马　超　张　典

（武汉大学　国家网络安全学院，湖北　武汉　430072）

【摘　要】在防控新冠肺炎疫情的背景下，为了保证教学活动的正常、有效开展，广大高校开始探索由课堂教学到在线教学的转型。然而，如何适应教育形态和教学场景的转变，保证在线教学的质量仍面临较大挑战。本文以信息内容安全等课程为例，对在线教学的课程设计、教学内容和方式等方面进行讨论和分析，以期为疫情后高校在线教学的探索和发展提供一定的借鉴。

【关键词】疫情；在线教学；体验；探索

【作者简介】石小川(1984—　)，男，湖北武汉人，博士，武汉大学国家网络安全学院副教授，主要研究方向包括大数据分析、强化学习、无线传感器网络等，E-mail：shixiaochuan@whu.edu.cn；马超(1982—　)，男，湖北武汉人，博士，武汉大学国家网络安全学院讲师，主要研究方向包括深度学习、时间序列分析、强化学习、社交网络分析及分布并行计算，E-mail：chaoma@whu.edu.cn；张典(1988—　)，男，湖北武汉人，硕士，武汉大学国家网络安全学院实验技术教师，E-mail：zhangdian@whu.edu.cn。

【基金项目】本论文研究工作受2020年武汉大学教学研究项目“人工智能实验课内容建设与组织形式创新”(编号：YB-10)支持开展。

一、高校在线教学现状

多年来，我国普通高校全日制学生的网络教学基本上是处于探索阶段。此次突如其来的新冠肺炎疫情不仅对高校教学秩序产生了巨大的冲击，也有力地推动了高校网络教学的内生发展。疫情期间，教育部发布了《关于在疫情防控期间做好普通高等学校在线教学组织与管理工作的指导意见》[1]，这对我国普通高校几百万教师和管理者以及几千万学生来说，是个始料不及而又必须人人面对的挑战。各高校高度重视，依托教育部组织的22个在线课程教学平台、覆盖本科12个大学科门类、专科高职18个专业大类的2.4万余门在线课程及2000余门虚拟仿真实验课程资源，制订了疫情期间线上教学工作方案，根据对全国高校抽样调查的数据，平均每所高校使用平台数为8.1个[2]。各高校通过多个平台联合搭配使用，避免了因网络质量、访问量大等问题造成教学活动的卡顿、中断等问题，保证了教学活动的顺利实施，体现了“停课不停教与学”的宗旨。

1. 在线教学的主要形式

为确保线上教学的顺利开展，教师们积极响应、精心设计、准备多个预案，着力保证教学效果。据统计和问卷调查，绝大多数高校教师教学方式主要包括直播+在线互动、直播、录播+在线互动、录播、学生自主学习+在线互动等，教学方式平均使用数量为 2. 2 种。“直播+在线互动”“录播+在线互动”“使用在线开放课程教学”的比例在 80%以上，其中直播+在线互动的教学方式是学生最喜欢的教学方式。文献[3]中调研了武汉大学教师承担课程的线上教学方式及学生最喜欢的线上教学方式，其结果如表 1 所示。

表 1　**教师承担课程的线上教学方式及学生最喜欢的线上教学方式**

线上教学方式	教师承担课程的线上教学方式（人数/比例）	学生最喜欢的线上教学方式（人数/比例）
课程网站	182/24. 7%	527/13. 0%
录播	189/25. 6%	1293/31. 9%
直播	628/85. 1%	2068/51. 0%
群信息	468/63. 4%	80/2. 0%
课堂工具	76/10. 3%	37/0. 9%
其他	36/4. 9%	49/1. 2%

2. 在线教学中存在的问题

通过调查分析，目前高校的线上教学还存在不少问题和困难，主要表现在教学设备、教学管理和教学经验等多个方面，如表 2 所示。在传统教学中，教师能够根据学生的反馈及时调整教学节奏甚至教学内容。但在在线教学中，教师们难以监控到每个学生的学习状态，更无法及时调整教学内容，同时在课堂的掌控上也需要更多的摸索和适应，这些都给教师们带来了极大的考验。线上授课初期多个在线教育平台服务器崩溃，给教师们造成了相当大的压力。我们教授的 3 门课程里也碰到了 QQ 直播因为网络质量卡顿最终导致崩溃的现象，最后选择了使用“腾讯会议”平台作为备选方案，搭配 QQ 直播保证了网络教学顺利进行[4]。

表 2　**高校师生在线上教学中面临的主要问题**

教　师		学　生	
设备和网络	教学场地网络不稳定，出现卡顿、系统崩溃等现象	设备和网络	设备不能满足线上学习需要，学习场所网络条件不稳定

续表

教师		学生	
教学平台	线上教学平台尚不完善，操作繁琐，功能不齐全	平台和资源	不熟悉平台操作，多个学习平台切换，长时间使用屏幕易造成视觉疲劳
教学管理	作业批改不方便，难以掌握学生的学习状况	学习效率	缺乏学习氛围和监督，难以集中注意力
线上教学经验	线上教学经验不足，未尝试过线上授课	线上学习经验	不了解线上学习方法

3. 在线教学的特点和优势

教师网络调查信息表明，教师在线教学不仅丰富了教学资源还提升了教师教研能力。一方面，使用直播、录播、课程平台授课的方式，是教师对教学的一次全新体验，有了网络平台的承载，教师会用心地选择或者自建课程资源，提供更加全面、优质的教学资源；另一方面，相比传统教学，线上教学在课程设计上所花的精力较以往多，备课压力较以往大，但收获也更大。据统计，90%以上的教师认为线上教学需要花更多的时间及精力；一半以上的教师表示备课时间超出平时 1~2 倍。但他们已从前期的技术学习转向课程设计和实施，并能利用虚拟教研室积极发挥课程组的力量，集体讨论授课中遇到的问题，分享交流成功的教学经验，教学研究氛围更加浓厚了。对于学生而言，线上教学更为便利，无须来回奔波，只需坐在电脑前就能参与不同课程的学习。同时线上教学也为学生提供了更加丰富的学习资源，学校可以充分发挥自身的学科优势和师资优势，将最好的教学成果通过网络进行传播。教师和学生认为线上教学的最大优势如表 3 所示。

表 3　**高校师生对线上教学优势的看法**

教师认为线上教学的优势	人数/比例	学生认为线上教学的优势	人数/比例
提高学生自主学习能力	500/67.8%	提升自主学习能力	1838/45.3%
线上交流、学生踊跃发言	350/47.4%	线上交流、踊跃发言	1142/28.2%
积累共享数字资源	413/56.0%	自主点播、学习可控	2384/56.8%
其他	56/7.6%	学习空间自由	2679/66.1%
		方便获取课程资料、便于复习	2585/63.8%
		其他	125/3.1%

二、信息内容安全课程的在线教学体验

这学期我们的数据新闻和信息内容安全课程均进行了不少于 2 次的教学内容团队讨论。尤其是信息内容安全这门课程，因为是 3 位老师同时授课，由我们 3 位老师共同组成课程教学组，共进行了 3 次课程教学内容及方案研讨会，学期期间还有多次授课经验的分享与交流。因为线上教学与线下课堂有不小的差异，更需要良好的教学设计，而不是简单地将在线教学等同于网上直播，或把线下课堂搬到线上，将课件发给学生再进行答疑就可以了。学生对于简单使用录播材料自学，或者单纯收听直播照本宣科讲授课件等方式并不认同，加上教学环境的改变，原有的线下教学课件并不一定能够支撑线上的教学需求。因此教学设计对于在线教学的质量保证至关重要。在线上教学过程中，教学资料的选择、课程进度的掌控、讨论与讲授的比例分配、实时进行教学评价与经验交流等方面都需要做好教学设计。

1. 信息内容安全线上教学课程设计

我们信息内容安全课程组在课程设计方面有针对性地做了许多讨论和交流工作。对于在线教学，首先遇到的第一个问题就是学习资料分发与调整的问题。因为疫情来得突然，线上教学并不是在准备完善的情况下开展的，很多课程教材并未分发到位或是没有相关授权的电子书和完整的电子教材，学生只靠往年的线下课堂教学 PPT 资料学习这些课程是远远不够的。因此，我们做了很多扩展资料，将课本上的要点一一展开，结合新搜集的技术案例进行知识扩充，并将每一大章节的每个重要的知识点提炼出来，结合当前技术发展的现实情况进行了更新，重新商讨了课程大纲结构。

特别感谢任延珍老师还专门为一些重要的部分做了语音讲解，崔晓晖老师也提供了积累的大量技术案例视频，重新制作了全新的 PPT 教程。学生在学习过程中针对难点等疑惑问题可以进行回放和细听配套的语音讲解，有利于提高学习效率。

2. 在线教学内容和方式的调整

从以前面对面的现实课堂变成面对屏幕触不可及的虚拟课堂，考虑到人的注意力在面对屏幕和实体面对面的不同情况下会有较大的差异，因此，对于教学内容与方式都必须进行相对应的改进，需要设计足够的引导内容和互动方式来抓住学生们的注意力，避免因为长时间盯着屏幕而产生疲劳和走神。

往年的信息内容安全线下课堂首先以讲解“信息内容安全基本概念”为引导，再接着讲授会涉及的各种技术，比如“网络信息获取技术”“文本信息内容安全技术”“内容模式识别技术”“图像信息内容安全技术”“视频、音频”等，讲完了所有的相关技术之后才结合具体的应用目标和案例，带着学生去了解“网络舆情分析”“网络虚假信息分析”等，最后课程的后半段(11 周之后)进行课程实验。这个授课安排在往年的线下课堂上并没有什么问题，因为可以通过课堂现场的掌控去了解学生们的掌握程度，但是在这学期的在线教学过

程中，却收到了不少学生的反馈意见，很多同学反映说听完课程介绍之后直接进入技术学习阶段，之前没有接触具体的案例分析难免会感觉枯燥生涩，通过一些技术学习学到了原理却不知道怎么具体应用，等到后面讲到具体案例和项目任务的时候，却发现一些相关知识已经遗忘了。所以我们重新规划了教学内容和教学方式，将后半段的“网络舆情分析”“网络虚假信息分析”等具体的应用案例提前到前导介绍之后就开始给学生们讲解，一来可以调动学生们的兴趣，让他们知道学习了这门课程可以实现什么样的目标，生活中接触到的很多任务具体是怎么实现的；二来将具体的任务糅合到技术学习的章节一起讲，可以将很多技术环节具体解析给学生们，让他们知道哪种技术对应哪一部分的任务，具体可以实现什么，这样更为生动和直观。并且我们把以前 11 周之后才开始的实验课程提前到第 4 周就开始，让学生们学习了相应的技术章节之后就能够马上进行小组实验任务，加深印象，避免遗忘，使他们对动手实践以及团队合作有了更深刻的体验。

3. 学生互动与分享环节设计

在完成每一章节相关的实验任务和最终课程大项目之后，我们还设置了专门的互动与分享环节，让每一个小组的同学作报告，展示项目的成果以及分享其中遇到的困难与经验，并可以通过民主投票选出人气团队以及各类奖项。通过教学平台，学生的互动讨论和各项学习成果能够得到及时反馈并受到同伴关注。在任务学习的驱动下，在同组同伴“监督”的压力下，学生自主学习能力明显得到提升。此外，在线教学能够激发学习者进行探究性学习，提高学生的创新能力。通过合理规划和分配课前、课中、课后时间占比，做到“掌握学习”。课前学生自主学习、观看课件；课中开展研讨、答疑、小组讨论，完成课堂考核；课后完成必要性的作业和考核评价。这种新的教学模式让学生真正感受到自己成为主导自己学习进程、掌控学习方向的主角，大大地激发了学生自主学习的主观能动性和创造性。

三、总结与展望

希望疫情过后，这一段时期宝贵的线上教学经历能够促使线上教学模式通过改革不断完善，在未来和线下教育更好地相结合，丰富教学资源，创新教学方式，更好更快地实现“促进信息技术与课堂教学深度融合，推动课堂教学革命”这一目标。

◎ 参考文献

[1] 中华人民共和国教育部. 教育部应对新型冠状病毒感染肺炎疫情工作领导小组办公室关于在疫情防控期间做好普通高等学校在线教学组织与管理工作的指导意见[EB/OL]. (2020-02-04) [2020-03-16]. http://www.moe.gov.cn/srcsite/A08/s7056/202002/t20200205_418138.html.

[2] 胡小平，谢作栩. 疫情下高校在线教学的优势与挑战探析[J]. 中国高教研究，2020(4).

[3] 李晓锋. 武汉大学疫情期间在线教学报告[J]. 中国教育网络，2020(9)：70-72.
[4] 王成龙，宋锴，徐寅清，卜雪萌，李鹏飞. 新冠肺炎疫情下高校分阶段网络教学探索[J]. 现代养生，2020，20(6，8).

基于 MOOCs 教师的形成性评价对生理学学习的影响

韩　莉　陈桃香　彭碧文*
(武汉大学　基础医学院，湖北　武汉　430071)

【摘　要】在既往医学院本科教学中，学生在期末考试后只能查询到考试分数和成绩绩点，并没有及时给学生提供详细的学习过程情况反馈。本研究选取了武汉大学临床医学专业 686 名本科生，在生理学 MOOC 教学中采用“五步教学法”对课程学习过程开展了及时详尽的形成性评价。研究认为基于 MOOCs 教师的形成性评价五步教学过程，能够对生理学的教学有极大的帮助，帮助学生巩固知识、掌握教学重点并了解如何将理论基础应用于临床，提升学生的学习效果。

【关键词】形成性评价；MOOCs；生理学

【作者简介】韩莉(1974—　)，女，湖北武汉人，硕士，武汉大学基础医学院教办主任，主要研究方向为高等医学教育管理，E-mail：hanli120@163.com；陈桃香(1972—　)，女，湖北监利人，博士，武汉大学基础医学院生理学系讲师，主要研究方向为生理学，E-mail：chentaoxiang@whu.edu.cn；*通讯作者：彭碧文(1973—　)，女，湖北武汉人，博士，教授，武汉大学基础医学院生理学系副主任。

【基金项目】中华医学会医学教育分会和中国高等教育学会医学教育专业委员会项目(批准号：2018A-N05040)；武汉大学教学研究项目(批准号：2018JG063)。

一、背景

在高等教育的教与学活动中，学生对反馈的参与被认为是良好学习的核心，因而需要我们探索通过教学管理系统构成和传达形成性评价的创新方法。在教学的过程中常见的有学习评估或总结评估，也有伴随学习过程的评估[1]。形成性评价已经成为学生学习发展的一部分。这些形成性评价和及时反馈旨在促进持续和深入的学习。

生理学是临床医学专业的核心专业课，生理学知识的应用贯穿于病理生理学、药理学、内科学和其他学科课程。在执业医师考试中，生理学部分占比为总成绩中的 15%。在武汉大学医学院，考生的考试成绩(仅限最终分数和等级)以前是在教学系统上发布的，而学生可以在考试后大约两周(通常在寒假或暑假)在线查看分数。因而完全没有机会向学生提供考试信息的详细反馈，学生无法在生理学课程学习过程中及时自我评估和调整学习状态。

在本研究中，我们尝试通过“五步教学法”最大限度地增加形成性评价。

二、方法

本研究选取了686名临床医学专业(含5年制和8年制)本科生，在其二年级上学期为期12周的生理学课程教学中，基于生理学系构建的MOOC教学平台(2017年6月上线)https：//www.icourse163.org/course/WHU-1002531007，设计了一个网上评估反馈系统，使用五步教学法，引导学生通过MOOC学习并在章节考试后为其提供有关评估要素的详细反馈。

该教学评估反馈体系一共分为学习自测评价、讨论课堂评价、课后作业评价和期末考试评价四个部分(见图1)。学习自测为10个章节学习后的自测题部分，包含20个不计分的自测题和10个计入最后成绩的测验问题；讨论课堂评价来源于学生在MOOC学习中参与课堂讨论中学生之间的互相评价评分和教师在讨论课上基于同学的课前准备、课堂发言、参与程度等方面的即时评价，每个学生必须至少参与三次讨论；课后作业指整个课程结束后的1次书面作业，由4个论述题组成；期末考试采用了选择题和问答题。

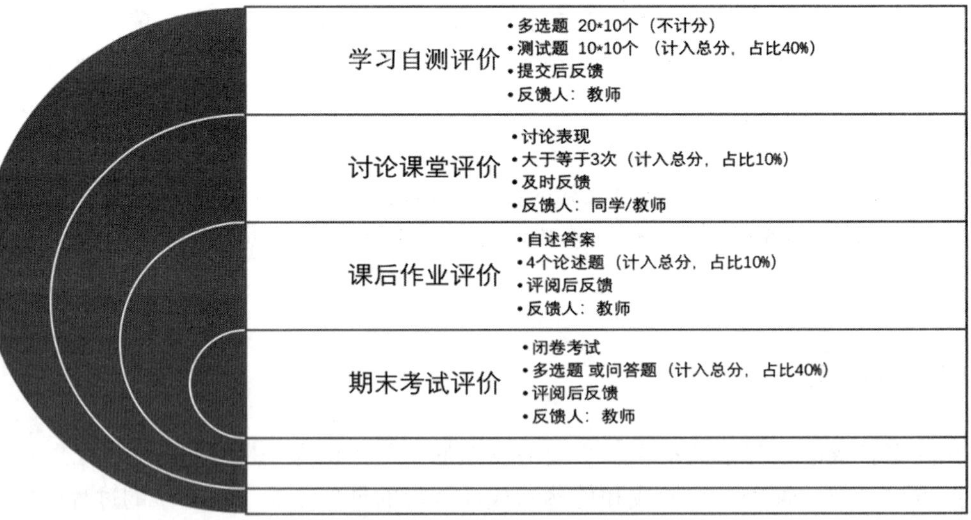

图1 生理学教学评估反馈体系

我们在教学过程中使用的“五步教学法”，实际上是在传统教学模式的基础上，强调了及时的反馈，以及师生的互动，见表1。

表 1　　五步教学法流程

步骤	周数	学习方式	学习地点	师生比	形成性评价
第一步	第一周	自我学习	线上	1：1	自测题、系统解析
第二步	第二周	理论讲授	教室	1：50	课堂提问、小测
第三步	第二至第三周	分组讨论	讨论教室	1：10	PPT 展示、发言，即时评价评分
第四步	第四周	动物实验	实验室	1：24	操作、实验报告，教师评分
第五步	第五至第六周	自我学习	线上	1：1	单元测试，系统评分并解析反馈

我们可通过“消化系统”教学的实例来说明如何在整个教学过程中最大化形成反馈，即我们称之为“五步教学法”的教学过程。

消化系统五步教学法示例：

第一步　学生在慕课平台预习。课前导读小故事《生牛肉的功效》描述了内因子的发现过程，调动学生对胃液成分的好奇心，引导学生进行科学分析和思考。然后，学生预览课件并进行课前自测，平台根据学生自测结果提供成绩反馈。[形成反馈-1]

第二步　学生带着问题参加线下学习。在线下学习中，教师详细讲授了胃液的成分、狗胃液监测分析实验、阐明胃液的分泌调节等重难知识点。线下学习前，教师事先已经从平台上获得了学生的预习情况和自测结果，讲课时会有针对性地强调学生容易混淆的知识。[形成反馈-2]

第三步　学生参与 PBL 学习。教师给出一个“胃溃疡”的教学案例，学生通过分析临床案例、查阅辅导资料、小组讨论等过程更深刻地理解胃溃疡及其他消化系统疾病相关的生理学基础机制。教师和学生在讨论课上基于学生表现互相给予评价并现场反馈。[形成反馈-3]

第四步　学生参与动物实验学习。针对消化系统教学设计了一个综合性实验“胆汁分泌调节与胃肠运动观察”，学生通过动手操作、观察实验现象、解释实验原理、分析实验结果进一步加强对理论知识的理解，增加手术操作能力。[形成反馈-4]

第五步　学生参与在线课程中的章节测试。学生即时得到测试结果后可根据知识掌握情况回看学习相关视频或课件教学内容。[形成反馈-5]

如果学生完成了整个教学环节后尚有疑问，可以通过在线讨论进行提问—答疑，从而实现了学习兴趣—预习—线下学习—讨论—案例—测试—回看复习—答疑等全路径的线上及线下课程的紧密结合。

总之，预览→离线学习→案例讨论→动物实验→复习过程将使学生尽可能多地自主学习，同时他们有机会获得最大的形成性评价。

三、结果

分析本次课程结束后的总评成绩发现，大多数学生可以在 MOOC 上获得比较优异的成绩：总分平均分为 93. 6±0. 2，其中多项选择题平均分为 95. 7±0. 2，讨论课平均得分为

97. 9±0. 4，课后书面作业平均得分较低，为 88. 7±0. 5(见图 2)。

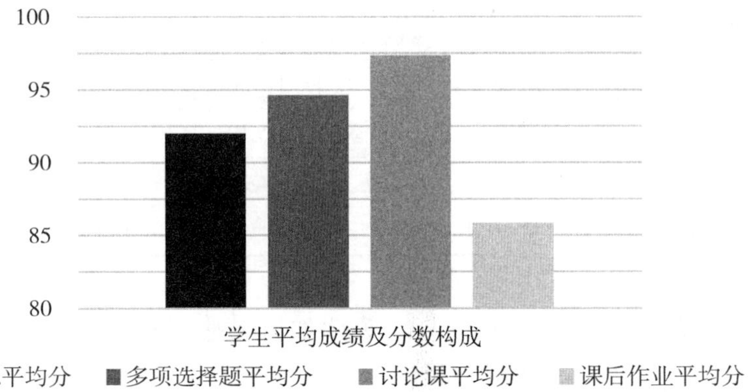

图 2　学生总评成绩及分数构成比较

从 2017 年到现在，每年有 680 余名学生注册生理学慕课课程。2018 年访客数量为 214981 次，共有 2521 个学生帖和 892 个教师响应帖；2019 年学习访问总数为 379490 次，共有 3714 个学生帖和 1078 个教师响应帖。

四、讨论

常见的教学反馈方法包括：批阅学生作业并反馈给每个学生、面对面交流反馈、课堂提问评述反馈、进一步答疑反馈等。随着信息化技术的使用以及现代教学方法和线上线下混合式教学方法的灵活整合，反馈的形式和受益面迅速扩大。

适当的形成性评价和有效的反馈是教学活动的驱动力，可以有效改进教师教学和促进学生学习。

在既往的教学中，教师仅仅通过分析学生的期末成绩而得到对本轮课程教学的反馈，并不能及时给教师提供在课程中改进其教学方法的机会。自 2017 年开始五步教学法以来，教师在这种最大化形成性评价教学中收获颇多，有效弥补了过去由于缺乏即时的形成性反馈，而无法帮助个别教师识别其教学中的弱点和问题的缺憾。尤其是针对年轻教师，虽然能通过督导、高年资教师给予他们教学建议和指导，但相比较而言，由于经常留在教室里与学生及时交流，教师能够获得学生对教学方法的反馈，或者能够通过学生存在疑惑的问题，去发现教学中可能被忽略的环节，进而反思教学。

反馈是有效学习的重要组成部分，形成性评价和及时反馈主要的受益方是学生。在评估 686 名学生的学习效果中，我们发现尽管少数人会抱怨形成性评价可能增加了他们的学习负担，但大多数同学认为形成性评价是受欢迎的，对于巩固知识很有益处。并且因为形成性评价往往是非常及时的，这在客观上促使学生重新规划课外时间，使得学习中的问题非常及时快速准确高效地得到解决。总体而言，学生普遍认为形成性评价可以帮助其深入了解正在学习的课程，为他们提供了关于如何改善学习的明确指导，明显提高了他们的自信心、自我意识和学习热情。

五、结论

采用形成性评价的生理学系统学习是否提高了期中-期末考试成绩可能需要更多的比较研究。武汉大学生理学系采用的五步教学法-形成性评价生理学学习系统得到了国内其他高校的关注，温州医科大学、蚌埠医学院、成都大学、中国师范大学、武汉科技大学、三峡大学以及湖北医药学院等国内多所高校逐步借鉴使用我们的课程体系和教学方法。

◎ 参考文献

[1] Schuwirth L W, Van der Vleuten C P. Programmatic assessment: from assessment of learning to assessment for learning[J]. Med Teach, 2011, 33(6): 478-485.

[2] Schuwirth L, van der Vleuten C, Durning S J. What programmatic assessment in medical education can learn from healthcare[J]. Perspect Med Educ, 2017, 6(4): 211-215.

[3] Rakoczy K, Pinger P, Hochweber J, et al. Formative assessment in mathematics: mediated by feedback's perceived usefulness and students' self-efficacy[J]. Learn Instr, 2019(60): 154-165.

[4] Lachner A, Burkhart C, Nuckles M. Formative computer-based feedback in the university classroom: Specific concept maps scaffold students' writing[J]. Comput Hum Behav, 2017(72): 459-469.

[5] Deng Y Y. Formative feedback in online and blended learning based on internet environment: proceedings of the 2018 2nd International Conference on E-Education, E-Business and E-Technology[C]. Beijing: ICEBT, 2018: 32-37.

[6] Roberson L M, Savage J R, Bellon J J. Linking clinical dietetic practice with educational development in Tennessee[J]. Journal of the American Dietetic Association, 1985, 85(12): 1600-1606.

[7] Adame T, De la Iglesia B, Ferrer M, et al. Formative feedback as a key to success in the final project: proceedings of the 8th International Conference of Education, Research and Innovation[C]. Rio de Janeiro: ICERI, 2015: 8437-8442.

[8] Miller T. Formative computer-based assessment in higher education: the effectiveness of feedback in supporting student learning[J]. Assessment & Evaluation in Higher Education, 2009, 34(2): 181-192.

[9] Ambiyar. Application of formative evaluation with instructor directional feedback to improve students learning outcomes on thermodynamics subject[J]. Advances in Social Science, Education and Humanities Research, 2015(14): 19-23.

[10] Avdic A, Gronberg P, Olsson H, et al. Student and teacher response system development

of an interactive anonymous real-time formative feedback system: proceedings of the 2013 Third World Congress on Information and Communication Technologies [C]. Hanoi: WICT, 2013: 25-30.

畅谈医学检验教与学的改革

郑红云[1]　申复进[2]　童永清[1]　李　艳[1]
（1　武汉大学　人民医院检验科，2　武汉大学　人民医院妇 III 科，湖北　武汉　430060）

【摘　要】本文分析实验诊断学本科生教学的改革方向。在本教研室现有教学改革的基础上深入探讨提高教学质量的举措，主要有：革新教学内容和教学形式，提高学生积极性；积极开展医学检验教育教学科研课题的研究工作，以研促教；积极促进线上教学资源共享；开展培训工作，提高医学检验教师总体能力与水平，进而提高学生综合素质。

【关键词】实验诊断学；教学质量；教学改革

【作者简介】郑红云（1980— ），女，湖北京山人，博士研究生，武汉大学人民医院检验科教学秘书，主要研究方向为实验诊断学课堂教学的持续质量改进，E-mail：shenzheng2008@ 163. com；申复进（1978— ），男，湖北京山人，博士研究生，武汉大学人民医院妇 III 科主任；童永清（1975— ），男，湖北洪湖人，博士研究生，武汉大学人民医院检验科副主任；李艳（1961— ），女，湖北武汉人，博士研究生，武汉大学人民医院检验科主任。

【基金项目】武汉大学医学部教学改革研究项目（2018029、2018034），武汉大学教师教学发展专项（2018JG055）。

一、前言

新冠肺炎疫情暴发期间，实验诊断学暂未安排线上课程，因而教研室对于线上教学尚无较多经验。但回顾疫情前后实验诊断学的线下课程，本教研室积累了较多经验的同时也在不断探索该课程教与学的改革方向。

医学检验是临床各学科疾病诊治、疗效监测和预后评估的支撑学科[1]，70%的临床决策受益于检验结果，它的质量和发展水平直接影响医疗诊治能力。因此，医学检验本科教学质量发展是医学检验领域发展，甚至是医疗行业整体发展的重中之重[2]。本教研室一直承担着临床医学 5 年制、5+3 和 8 年制的教学工作。在教学质量改进方面，本教研室也在教学授课幻灯制作、学科前沿、授课内容、教学方式、教师着装及精神面貌等方面不断努力，因此实验诊断学教学质量得到一定程度的提高。但医学检验的本科生教学仍然有很多工作要做，需要不断进行改革和创新。

二、本教研室实验诊断学教学现状

实验诊断学理论授课主要利用多媒体进行[3]。教师课前精心备课，搜集前沿知识和临床案例等，不断提高课件质量，激发学生课堂参与的热情。但实验诊断学是一门基础向临床过渡的特殊学科，不仅涵盖范围广，而且涉及的实验室检测指标多，教师要想在讲清楚课程内容的同时兼顾学生兴趣的确很难。为进一步提高实验诊断学教学质量，本课题组在2018年上学期末对两个不同学制班级的学生进行了问卷调查，主要了解学生自主学习能力、对课堂内容的理解情况、对教学效果的评价以及对授课教师的期望等。调查问卷的结果不理想，总体满意度仅为55%[4]。

针对本次问卷调查结果，为进一步提高实验诊断学理论教学质量，我们提出了整改方案，具体如下：①进一步加强对PPT内容的审核，避免授课内容过多；②PPT中增加案例分析，多针对重点知识展开课堂讨论；③提醒授课教师声音大一些，保持话筒打开状态，确保后排学生听得清楚；④精简PPT授课内容，突出重点和难点；⑤建议课堂上增加学生互动环节，多提问题，不要照本宣科；⑥开展随堂测试，巩固学生所学知识，并留出时间归纳总结；⑦引导学生回顾重点知识，介绍前沿知识，拓宽学生视野，将PPT留给学生课后复习等。2019—2020年连续两年实行该整改方案后，教学质量得到一定程度提高，但仍然达不到理想的效果。教学改进前后学生满意度结果如图1所示：

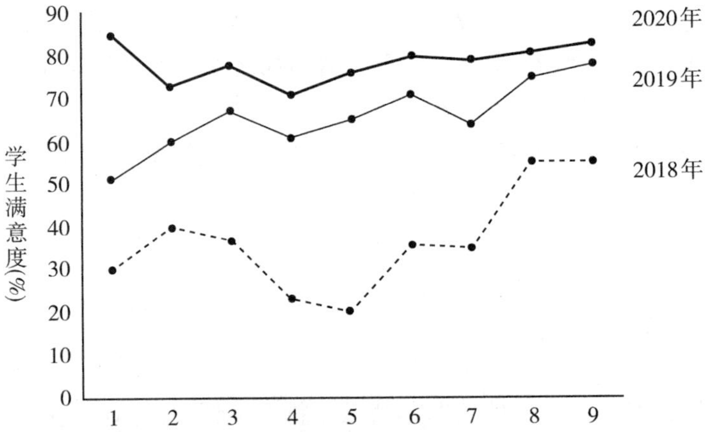

注：教学随堂问卷九大题目分别是：①学习目标；②提问是否解决；③知识小结；④学习方法；⑤重难点的掌握；⑥是否与学生互动；⑦多媒体效果；⑧教师知识情景；⑨教师授课效果。

图1　教学改进前后学生满意度

三、教与学的改革设想

(一)医学检验教学内容和教学形式的革新

基于医学检验目前的教学模式和要求，现有的课堂教学尚不能完全满足本科生日益增长的知识需求和就业目标，需要进行相应的课程改革和创新。目前的医学检验课程标准依然只能满足临床教学的基本需求，最大的问题是实际教学依照教学大纲，而教学大纲又必须与教材一一对应[5]，如此死板的课程设置只会让医学检验变得乏味无趣，改革势在必行。改革的主要方向，一是教学内容的扩展，二是教学重点需要重新规划，三是教学形式的革新。

1. 教学内容的扩展

教育的最终结果是要满足社会不同岗位对人才的需求[6]，医学检验也不例外。根据相关社会调研结果，医学检验专业的学生主要就业方向为医院检验科、医院输血科、血站、病理科以及疾控中心等，还有一小部分人到医疗器械或试剂公司就业。为使毕业生就业时能基本满足上述岗位的能力要求，可以考虑在现有课程课时基础上额外增设一些线上的选修课程。在不增加线下课时及学生负担的情况下，同学们可以根据自己的实际情况选修感兴趣的课程，主要包括：①医学检验仪器的使用与维修课程。随着科学技术不断发展，新的检验技术和自动化检验仪器已在临床得到广泛使用，出现了许多自动化、流程化的检验工作操作平台，同时分子诊断技术的飞速发展使检验技术向着更精准的方向发展。医学检验专业学生在掌握基本检验技术基础上，还要熟练操作各种检验设备，同时需要了解相关检验仪器构造和基本原理，能对仪器进行常规保养与维护，并能对常见故障进行准确判断与处理。目前虚拟仿真实验技术已开始应用于不同检验技术的仿真教学，期待未来在教学方面可常规应用。②血液管理学等课程。部分医学检验专业毕业生会走向医院输血科及血站岗位，因此应结合岗位能力需求，在医学检验专业课程体系中增设相关课程，主要包括输血技术、血液制品学和血液管理学等。③病理检验技术课程。现实生活中，有一小部分医学检验专业毕业生就业去向是各级医院病理科，因此应增设病理检验技术课程，让学生了解基本病理技术，如切片、染色、组织化学和免疫组化等。④卫生理化检验技术课程。有少部分医学检验专业毕业生在疾控中心就业，因此应增设卫生理化检验技术课程，让学生了解各种样品卫生理化检验所需要的知识和技能。⑤人际沟通与社交基本礼仪等课程。针对少数毕业后与人打交道比较多的岗位，应进行此项课程的培训，减少其入职后的挫败感。⑥人文教育课程。主要内容是如何保持良好心态以及较好的抗压能力。目前少部分学生的抗压能力比较差，甚至极少部分学生发生抑郁或精神类问题，必须引起重视。

2. 正确处理教材和讲义内容，两者须有机结合

目前常规的本科生教学采用的模式仍然是学生提前预习教材相关的章节，教师根据大纲内容进行授课，学生再结合讲义线下复习。学生必须在通读教材的基础上再根据讲义提炼重点知识，但容易导致学生只看讲义内容而忽略课本上的基本概念。反过来，教师制作讲义可根据大纲要求掌握的重点提炼精华内容，同时也可以与时俱进，适当加入一些最新进展。随着分子诊断与个体化医疗的发展以及感染性疾病、重大传染病尤其是2020年新冠肺炎等的发生，检验医学的内容已经远不止我们印象中的三大常规。分子诊断技术已被

广泛应用于疾病诊断、药物选择、预后判断及风险评估等；感染性疾病也早已突破常规的微生物培养，高通量测序技术和质谱技术可以快速鉴别出病原菌，从而实现对病原的早期诊断。此外，实验室生物安全防护的系列举措在实验室检测中至关重要。上述内容可被适当纳入教学讲义，让学生充分了解实验诊断学的发展现状以及未来的学科发展方向等。

3. 教学形式的革新

传统的老师讲学生被动接收的局面已经过时了[7]。建立更有趣味更具创造力的教学形式需要大家集思广益。①实现广泛的 PBL 教学：实验诊断学课程内容多、抽象难以理解又具有较强的系统性、抽象性、相关性，同时还涉及尖端领域，最终会造成很多学生对本课程的学习缺乏信心及兴趣，因此必须实现教学互动，才能最大限度提高学生的学习兴趣。②案例式教学：有助于激发学生的学习热情，培养学生分析问题和解决问题的能力，同时可提高教师的业务素质和创新能力，实现教学相长。本教研室自 2018 年起，教学模板内容中便已添加了案例分析的内容。2020 年则规定了案例分析的具体格式和要求。同时本人也申请了题为“实验诊断学案例选择与编写”的教学项目(项目编号 2018029)，目的在于搜集经典案例并应用于常规教学。通过案例编写实施案例式教学突出以病例为先导，以问题为基础，以学生为主体，以教师为主导的原则，它不仅是一种教学方法，更重要的是一种教学思想和培养模式，符合当前实验诊断学教学中加强对医学生实践能力培养的要求。③建立以疾病谱为导向的临床思维模式[8]：建立常见病多发病的临床检验路径，有系统地在疾病的诊疗过程中穿插医学检验项目内容。本教研室一直致力于检验医师的培训，且已获批题为“建立临床检验诊断路径并应用于实验诊断学教学”的医学部教学项目(项目编号 2019013)和题为“临床检验诊断路径的建立”的武汉大学研究生精品课程(2018)。积极筹建检验医师队伍，逐渐建立以疾病为导向的临床检验诊断路径，主要分两步走，一是建立常见疾病成熟的临床检验诊断路径，二是将实验诊断路径和实际案例分析应用于本科生的理论教学，借以逐步提高实验诊断学的教学质量。④提高实践技能教学的比例：武汉大学第一临床学院于 2018 年开始着手打造智慧教育中心，核心思想是创建技能培训中心以及智能化的技能考核体系。同时智慧中心也引入了虚拟仿真模拟场景，让学生拥有身临其境的体验模式，有助于教学质量的提高。同时本教研室于 2019 年加入教育部模拟仿真医学联盟并参与制定《虚拟仿真实验教学课程建设指南》(2020 年版)，旨在共同开发虚拟仿真技术模型用于临床教学。

(二)以科研促教学，进一步提高教学质量

医学检验教育教学工作关系到医学检验专业人才的培养，同时也关系到医疗事业的根本，因此必须引起我们的高度重视。开展医学检验教育教学科研课题的研究工作来促进医学检验专业教育教学工作的开展，其中的主要原因有以下几点。

1. 教学经费相对不足

现状是申请教学项目的标书与实际中标的数量不匹配，教学经费相对还不足。本教研

室近三年获批教学项目6项，相对还比较理想，但仍然还有比较好的想法没有机会实施。

2. 鼓励申报科研项目

科室自2018年起颁布了教学激励政策，鼓励和督促青年骨干教师们申请各类教学课题，撰写教学论文，参与各类教学活动。教研室教学项目的顺利实施不仅极大地提高了青年教师们的教学热情，而且对提高实验诊断学课程的教学质量也提供了较为充分的理论依据。

3. 促进教学科研的相互转化

大学需加强对教学项目的管理和落实，提高教学项目结题质量，真正把教学项目研究落实到实际的医学检验教学工作中。本教研室医学部教学项目“建立临床检验诊断路径并应用于实验诊断学教学”研究结果于2020年发表于《中华检验医学杂志》[8]。同时我们在2019年开辟了课外讲堂，将该课题较为成熟的临床检验诊断路径应用于课堂教学，获得了学生们的广泛好评。我们期望能真正地将教学研究结果运用于教学实践，实现教学科研的相互转化。

4. 设立交叉学科的教学项目

可设立较大型的教学课题，鼓励交叉学科的教学项目，比如信息学与医学检验、临床医学与医学检验、人文科学与医学检验、虚拟仿真模型与医学检验等，实现教学质量的全方位提高，使多学科受益。

(三)线上教学资源共享

鉴于2020年爆发新冠肺炎后，所有的教学都被迫转为线上教学这一现象，我们不得不陷入深深的思考，线上教学不仅要存在，而且还要大力发展。同时实现学科优势教学资源共享，建设专门的医学检验专业教学资源库不仅对本科生教学有利，而且对研究生乃至他们毕业后的继续教育学习都有重要意义。

1. 网络优质资源库共享

利用物联网、云计算、大数据等技术促进院校、校校联合共建教学资源。先对专业教学资源建设进行系统化设计，遵循“重点建设、以点带面”原则，避免资源库建设成为“杂货铺”，让部分优质教学资源国家级精品课程和国家级资源共享课程、优秀教学视频、各类教师讲课比赛等实现共享。

2. 开发手机版教学资源及管理库

实现上述网络版共享资源在手机上也能随时使用。这个方面需要与软件开发人员共同设计，开发实用的教学资源共享及管理的APP。同学们不仅可以从APP上学习各个章节的知识点和经典案例分析，而且还能随时留言与老师互动答疑，这对提高学生的学习效率、知识的掌握能力都能起到较好的促进作用。

3. 建立"医学检验形态学"微信公众平台

由于形态学内容涉及的临床标本种类多、有形成分千变万化、形态识别主观性强，搭建"医学检验形态学"微信公众平台可进行广泛交流，提高学生的兴趣和对图片的识别能力。

(四)开展培训工作，提高医学检验教师总体能力与水平

教师的教学能力直接影响到教学质量，青年教师的素质、教学能力和教学水平决定着学校未来人才培养质量，是学校可持续发展的重要保证[9]。首先必须开展有针对性的培训。绝大多数教师希望在自己的空余时间满足自我的业务提升。大多数院校培训形式主要是讲座培训、进修学习、学术会议、学历提升等，培训形式过于传统，没有创新。可以根据教师特点进行分级培训，根据医学检验教师发展现状，可分为三级：第一级骨干教师，他们不仅具有精湛的专业知识，广博的科学知识，而且人生的阅历丰富；第二级临床医学出身教师，他们拥有丰富的临床实践，他们的言行在临床教学中对学生起着模范的作用，但教学模式应最大限度地革新，充分利用其懂得临床疾病诊疗的背景；第三级青年教师，他们大部分是刚毕业的研究生，有较强的创新思维，但在教学方法上认识不足。因此，合理化的分级对教师培训的开展是非常有利的，根据这三个等级开展培训，因人而异，不仅满足各级教师的需求，而且大大提高了教学质量。

1. 针对青年教师的培训

应参加课程标准、教材、教学技能的培训以及一些专题培训，还要增加教师职业道德培训，尽快胜任自己的教学岗位。培训模式根据其特点，可用项目教学法：在培训教师的指导下亲自处理一个项目，通过整个项目过程的学习，加深掌握教学计划内的教学内容。也可用案例研讨法：通过不同的案例总结方法，更直接地训练年轻教师分析问题、解决问题的能力。

2. 针对临床医学出身教师的培训

培训过程应多提高其参加教学改革的积极性。主要培训其进行案例式教学以及采用将来的临床检验路径教学，以常见疾病为主，培训其录制专门的网络课程教学，供学生课余学习。

3. 针对骨干教师的培训

针对骨干教师的培训理念必须富有前瞻性，发挥其专业引领和指导性作用。主要培训方法有：①讨论法：一般可分成一般小组讨论与研讨会两种方式。以专题演讲为主的研讨会，能够与培训教师进行信息交流，这样可使骨干教师多年总结的经验教训得以发挥，激发教师的培训热情。②设立名师讲座法：针对骨干教师设立名师讲座，更好地帮助这些教

师捕捉到医学前沿的研究动向，拓宽这些骨干教师在科研上的发展方向，同时带动整个教师队伍的发展。③出国或到其他高校进修访学：鼓励其多参加教研改革活动。

四、结论

我国实验诊断学教育研究现状主要包含三个方面，一是教育方法、教育模式落后。课堂教学学时安排较少，内容较多，教师授课习惯并墨守“灌输式”的教学方法，在教学过程中，以教师为中心，以教材为中心，课堂大部分时间在讲授书本知识，教授内容单一反复，学生思维模式单一固化，知识面过窄。二是部分教师跨学科知识面不广。授课教师可能只对部分章节或学科熟悉，其他不熟，因此，在授课过程当中，当疾病诊断出现多个学科实验室检查项目时便不能准确清晰地把问题阐述清楚。随着临床疾病相关临床实践指南的不断更新，不同疾病的实验室检查项目也随之不断更新，此时，授课教师需要根据实际情况不断更新自己的知识水平才能更好地为实验诊断学的教学服务。三是部分授课教师缺乏激情，实验诊断学涉及的都是实验室检查指标，项目枯燥乏味，授课教师也极易出现疲于应付的局面。基于此，实验诊断学的教学模式必须大刀阔斧地改革和创新。教学改革重点必须在教学内容、教学形式、教学方法、前沿扩展、师资水平、线上课程共享等方面共同努力，只有这样才能实现实验诊断学的教学与临床实践紧密结合，才能培养优质一流的医学人才。

◎ 参考文献

[1] 黄辉，邓均，蒋丽莉，等．对我国检验医学教育改革的一些思考[J]．国际检验医学杂志，2012，33(20)：2559-2560.

[2] 蒋红梅，潘卫，莫非，等．关于普通高校医学检验技术专业本科教学改革的思[J]．医学教育研究与实践，2020，28(1)：21-24.

[3] 郑红云，王海博，申复进，等．实验诊断学理论教学质量评价调查分析．卫生职业教育，2019，37(5)：25-26.

[4] 万晓华，许晓风．LBL、PBL 和 TBL 教学模式在实验诊断学教学中的应用[J]．中国案例，2017，18(4)：99-101.

[5] 韦三华，董轲，沈建军．八年制医学生实验诊断学教学改革与实践[J]．中国当代医药，2016，23(26)：170-176.

[6] 张国发，李跃，王健，等．地方本科高校人才培养的特质及应用型课程建设策略[J]．大庆师范学院学报，2020，40(5)：114-121.

[7] 王竹立．我国教育信息化的战略思考和路径选择[J]．现代远距离教育，2013(4)：62-69.

[8] 童永清，赵志军，徐万洲，等．急性呼吸道感染病原体的临床检验诊断路径[J]．中华检验医学杂志，2020(7)：687-690.

疫情影响下教育信息化的发展

赵　熠

（武汉大学　口腔医学院，湖北　武汉　430079）

【摘　要】 2020年新冠肺炎在全球爆发，为了应对疫情对传统教学的影响，教育部下达了“停课不停学”的部署和要求，利用现代信息技术实现的在线教育面临前所未有的机遇和挑战。从推进教育信息化发展的方面，探讨教育现代化对口腔医学学科教学的影响，探索教育信息化所面临的问题和对如何利用快速发展的信息技术辅助长学制医学生与规培学生教学的思考。由于学生、教师所用设备软件的不可控性，教育现代化发展的同时仍存在许多问题。针对这些问题，需要关注特殊学生及教师群体，有效结合信息和传统教育资源，以更好地推进教育信息化的普及。

【关键词】 新冠疫情；长学制医学生与规培学生；教育信息化；在线教育

【作者简介】 赵熠（1981— ），男，湖北武汉人，医学博士，硕士生导师，武汉大学口腔医院修复科副主任医师，主要从事口腔颌面部溶骨性疾病、全口咬合重建与前牙美学修复方面的研究，E-mail：zhao_yi@ whu. edu. cn。

一、前言

教育现代化已在我国发展多年，处于快速发展、逐渐完善的过程中。2020年年初新冠疫情在我国爆发，为阻断疫情向校园蔓延，全国多地教育部门陆续宣布延期开学。为响应国家“停课不停学”号召，我国各大院校在疫情防控期间积极组织提供线上课程，为学生们居家学习提供必要的学习支持服务。如此大规模的在线教育，体现了政府、学校、教师、企业的责任和担当，同时也充分发挥了全社会的信息化创造力和凝聚力，让全社会教育资源得到了极大的释放与均衡，让参与其中的教师、学生对在线教育的认知全面提升，大规模的在线教学实践同时推动了我国教育信息化的创新和完善。

疫情影响为传统的课堂教学提供了新的发展思路，尽管日常的教学活动当中，口腔修复教研室教师已经开始尝试使用多媒体等线上教学平台展开内容教学，但一般只是用于补充和辅助，还未尝试过全程离开面对面课堂展开教学。可以说，这个特殊时期的线上教学活动既是对口腔修复教研室以往长学制医学生与规培学生教育现代化建设成果的检验，更是为未来长学制医学生与规培学生教育现代化建设提供了推动力。作为教师，我们应该思考如何在教育现代化的背景下将面对面课堂和网络虚拟课堂结合，以便在新时代开展教学工作。

二、教育现代化对于长学制医学生与规培学生教学的影响

长学制医学生与规培学生教育本身是一个与时俱进、不断发展的过程，与所处的历史时期和社会条件密不可分，具有鲜明的时代特征。教育的发展过程本身体现出医学生对知识的需要和自身价值，因此每一个时代的教育理念也都是该历史时期下的产物，表现出不同的形式。在社会科技信息化飞速发展的今天，现代化教育对于长学制医学生与规培学生教学有着举足轻重的影响。

(一)现代化教育促进本科教育实践创新

计算机网络技术等现代化信息技术逐渐展现着对现代大学教育的影响，从教育理念和教育方式等层面对教育现代化的内涵进行了全新的阐述。信息技术的快速发展和应用让长学制医学生与规培学生教育的方式发生了深刻转变和创新，除了教学方法和教学手段得到更新之外，原有的教学模式也实现了转变，教师和学生从教和学的定位转变为互动的关系，呈现出与传统教育形式不同的特点。例如传统的阅读方式已经转变为在线阅读，数字化阅读让各项工作融为一体，实现教学活动的信息传递创新。总体来看，信息技术为长学制医学生与规培学生教育提供了丰富的教学资源，让学生和网络技术之间形成信息交换，信息技术为学生提供分析问题和解决问题的空间，促进学生综合能力的发展。由此来看，使用信息技术后可以促进长学制医学生与规培学生教学内容的传递，教学内容的质量也会随之提升。

(二)现代信息技术促进长学制医学生与规培学生培养观念的创新

教育观念的突出表现是传统教育朝着现代信息化教育转变，这也是大学长学制医学生与规培学生教育区别于其他教育的突出特点。从教育观的角度来看，传统的教育更加注重面对面课堂效果，将其作为长学制医学生与规培学生培养结果的主要判定依据。但教育现代化让我们更倾向于采用信息技术辅助教学工作，尤其是疫情影响之下，以直播和录课为主的教学方法被大规模应用，说明教育发展已经倾向于建立在信息利用的基础之上。现代长学制医学生与规培学生是新时代接班人，他们应该成为信息时代的高素质医学人才，除了具备传统的德智体美劳能力素养外，还应该具备信息意识和创新能力，适应新时代社会对人才的客观需求。现代化教学手段已成为人才培养的形式之一，以计算机网络为核心的关键技术在人才信息能力优化方面具有独特的优势。也正是多媒体的模拟功能和交互功能，让信息交流变得更加及时开放，为现代素质教育的实施提供了更理想的环境。现代信息技术促进了长学制医学生与规培学生培养观念的创新，让长学制医学生与规培学生教育的课堂教学模式有了新的发展途径。通过网络教育培养出来的长学制医学生与规培学生，在信息筛选和加工能力方面也会更加突出，并学会在网络环境下利用自我分析能力解决生

活当中的实际问题。

(三)现代信息技术促进教学管理的创新

现代信息技术对教学工作的影响持久而深远，在现代教育管理模式之下，信息传递和交流不再只通过传统的书面方式进行，无论是信息传递的速度还是信息传递数量都发生了显著变化。现代教育管理系统已成为教师主要的办公载体，帮助教师更加稳定地管控教学工作。以目前的线上教学形式来看，主要包括三种类型。第一类是直播授课，这种教学方式和传统的面对面授课有着类似的地方，都是教师主导教学工作的开展。不过这种形式对技术要求较高，且对教师对于信息工具的熟练使用和信息能力提出了明确要求。第二类是学生自主学习，这种教学形式以学生为核心，学习资源作为保障，学生可以在网络数据库获取学习资源，需要学生有很强的自制力和学习兴趣。最后一类则是课程直播和自主学习相配合的形式，教师和学生都可以成为学习过程中的主体，按照课堂学习和计划的实际要求，在不同的教学环境中相互切换。在疫情防控时期，无论是实时直播还是线下教学都离不开教育信息化的支持，而长学制医学生与规培学生教育也具有环环相扣的学习计划，让教师的教学管理工作有了新的思路。

疫情的出现提醒我们要树立正确的教育信息化观念，跳出传统观念束缚，正确认识到信息时代教育的发展。现代社会教育不仅具有知识传递的功能，还可以形成良好的社会风气，让新时期的长学制医学生与规培学生具备现代科学知识和价值观念。互联网技术的发展为社会教育提供了重要的载体，但如何利用互联网进行社会教育，还需要进行深度探索。一直以来，医学院教学都关注学校教育和课堂教学，应逐步完善现有的教育体系，逐步构建与现代化建设相适应的教育模式，服务于长学制医学生与规培学生的学习需求。

三、教育现代化暴露的问题及思考

疫情发生以来，大规模地让学生接受线上教育是口腔修复教研室教学的一次新尝试，但也可以同时促进在线教育的普及，让现代社会的线上教育模式成为未来发展的主要方向之一。疫情将线下教学阻断，变成全线上教学，从而也彻底暴露出了教育信息化发展的各种问题，主要包括：一是在现实中，由于学生家庭生活环境差异较大，部分学生的网络环境和硬件设备不能支持在线教学。二是客户端出现卡顿，网络不畅，对授课造成影响。三是部分教师在软件操作方面不熟练，教师的信息化技术和信息素养亟待提高。四是在疫情期间，仓促开展长学制医学生与规培学生在线教育，各项教学准备工作均有不足，难以保证教学效果。五是部分学生的自律性较差，信息素养和数字化学习能力较低，他们学习的持久性很难有保证，难以独立完成在线学习，效果不尽如人意。这些都凸显了口腔修复教研室在线上教学方面需要适应的新方向。同时，疫情引起的广泛线上教学，大规模地培养了修复教研室的师生应用习惯。之前擅长使用教育现代化手段上课的教师数量不多，但因这次疫情，教师们都要上网课。同时这次教师们还会通过视频看课，在短时间里观摩了大量优秀教师的授课，也会促进教师反思自己的教学，从而在教学水平上会有大的提高。当然，教师最大的进步可能是信息素养方面的，信息化水平都得到了提升，因此疫情之后，修复教研室本科教学模式必将迎来重大变革。

在变革中，针对疫情期间中网课教学暴露出的各种问题，我们做出如下两点思考：

一是复课后要有的放矢地组织教学和有序推进教育现代化建设，推动线上线下智慧课堂教学法的落实。有的放矢的重点是要关注特殊群体。对学业基础较差、家庭背景较弱的学生以及农村地区的学生，要特别关注，加强家校沟通，确保学生的学习状态。继续推进信息化进程，需鼓励、督促学生更多地将互联网应用于学习和工作，而非只用于娱乐和社交，利用快速的不断推进的信息化促进长学制医学生与规培学生成长。

二是线上教育的核心问题仍然是教学资源的开发和教学质量保障，以此为基础实现网络空间内的智能化教育体系。我们作为教学工作者，不能简单地将网络手段当作教学辅助工具，而是要正确认识线上教育和线下教育的价值，既发挥网络空间的优势也发挥传统教育资源的功能，从关注知识点过渡到关注学生能力本位发展，更加关注学生在学习过程中的成果。教育工作本身是一项专业性较强的工作，所以线上教育同样需要专门的人才队伍支持。随着今后线上教育的进一步普及，网络教育在教育领域中的地位会越来越高。涉及教育重大问题的改革创新和教育资源配置，应该成为教育部门的工作方向，无论是基础的教学教务管理还是其他行政事务管理都要以人才培养为基础目标，对教育实践形态的发展作出新的社会概括。

四、讨论

此次疫情虽然给口腔修复教育工作带来了一定的阻碍，但也是检验口腔修复教研室教育信息化建设成果的“试金石”，成为口腔修复教研室在线教育蓬勃开展的“助推器”，是保障长学制医学生与规培学生在疫情期间有学可上的有效措施。但在线教育、居家学习仍存在很多问题值得我们关注。怎么利用好这次机会，在解决已暴露的问题的基础上完善在线教育模式，充分发挥在线教育优势仍然是我们亟待解决的问题。相信只要广大教职工能正确认识信息技术的时代特征，促进长学制医学生与规培学生教育的信息化发展，就能正确发挥其促进作用和积极影响，坚定地在教育信息化建设工作中扮演好自身角色，依托网络和多媒体进行的开放式教学计划促进师生角色和地位的转换，为长学制医学生与规培学生的创造性学习提供有利条件。

◎ 参考文献

[1] 张东. 基于“现代信息技术发展”的本科教育课堂教学模式创新与探索[J]. 智慧中国，2020(5)：80-81.

[2] 张明，毕渔民. 疫情防控背景下推进教育信息化的建设与其未来发展趋势[J]. 黑龙江教师发展学院学报，2020(9)：77-79.

[3] 齐萧菂. 冠状病毒疫情对中国远程教育影响的思考[J]. 科技与创新，2020(18)：44-

45，49.
[4] 郭颢．试金石与催化剂——由疫情时期看教育信息化建设[J]．黑龙江教师发展学院学报，2020(9)：80-82.
[5] 朱大群，吕传强，范晓文，等．信息技术在口腔专业教学中的几点应用[J]．中国信息技术教育，2014，(4)：38-39.
[6] 顾明远．教育要迎接后疫情时代挑战[N]．兵团日报(汉)，2020-09-11(006).
[7] 刘德亮，黎加厚．黎加厚博士谈教育信息化[J]．中国电化教育，2002(1)：5-8.

浅析信息化背景下学籍管理工作的必经之路

肖安东[1]　仁珂彤[2]　丁红利[1]　帅小兵[1]　李靖波[1]
（1　武汉大学　本科生院，2　武汉大学　哲学学院，湖北　武汉　430072）

【摘　要】学籍管理是高校教学与管理工作的基础，对于人才培养和高校发展具有重要意义。传统的学籍管理模式由于自身的不足已经不适应新时代的教育理念且无法满足多样化的工作需求。加强信息化建设，将先进技术引入学籍管理领域，实现互联网与学籍管理工作的有效融合，是提高学籍管理工作生产力和创造力，发挥与创新学籍管理工作价值的重要途径，也是顺应时代发展，贯彻以学生为本的现代教育理念的必经之路。

【关键词】学籍管理；信息化；高等教育

【作者简介】肖安东(1982—)，男，湖南邵东人，硕士研究生，武汉大学本科生院教务处主任秘书，主要从事教学管理工作，E-mail：23211152@qq.com；仁珂彤(1997—)，女，陕西咸阳人，本科学历，武汉大学哲学学院外国哲学专业硕士研究生在读，E-mail：1814357405@qq.com；丁红利(1974—)，女，汉族，山西晋城人，工程硕士，武汉大学本科生院主任秘书，主要从事教学管理工作，E-mail：29322483@qq.com；帅小兵(1972—)，男，贵州福泉人，硕士研究生，武汉大学本科生院主任科员，主要从事教学管理工作，E-mail：601980559@qq.com；李靖波(1984—)，男，安徽六安人，本科学历，武汉大学本科生院教务处，主要从事教学管理工作，E-mail：181564932@qq.com。

学籍管理工作与学生的在校学习及未来发展息息相关，是高校管理工作的重要组成部分。传统的学籍管理方式存在着费时费力、效率低下且无法实现数据分析与资源共享等问题和不足，从而无法满足目前信息量大且需求多样的工作现状，也不利于推进高校管理工作的整体进步。“互联网+”是将互联网技术成果与经济、教育和社会管理等领域深度结合，从而提升创新力和生产力的发展新业态。随着时代的发展，互联网与各领域的结合日益密切，信息化已然成为各领域的发展新趋势。如何在信息化背景下将互联网与计算机技术引入高校学籍管理工作，实现两者的深度融合，提升学籍管理工作的信息化水平，更好地发挥学籍管理工作的价值，成为高校学籍办应该重点思考和研究的问题。

一、实现学籍管理信息化的必要性

学籍是学生能够在高校内接受教育的重要依据，它贯穿于学生从入校到毕业的全部过程之中，对学生的在校学习和未来发展都具有重要作用，因此也是高校必须进行完整保存的档案。通常情况下，学籍办需收集、保存一定年限内的学生在校期间的信息和档案资料。随着我国高等教育的扩招，高校学生数量不断增加，这给学籍档案的汇总、完好保存工作提出了不小的挑战。此外，“一般而言，高校学籍管理包括入学注册、课程修读与考核、成绩记载、学籍异动、学业警示以及毕业资格与授予学位资格审核等一系列内容”①。工作内容与形式的繁杂多样，要求工作人员从多方收集学生资料并整合处理，一定程度上增加了学籍管理工作的难度。

如果使用传统的档案管理模式，既耗时耗力，无法保证工作的高效完成，严重影响服务学生的质量和水平，也不符合信息化时代教育改革发展的背景和趋势。因此，加强学籍管理的信息化建设，既是解决工作问题、提高工作效率，最大限度发挥学籍管理工作价值的重要途径，也是依据时代的发展而改革和优化学籍管理制度的必经之路。

二、学籍管理信息化的具体应用

1. 通过信息化，加强学籍工作管理

学籍工作的主要面向对象、服务对象是学生，但高校的教务系统仅供工作人员独立使用，这就导致学生在办理学籍异动、在读证明、成绩证明、证书补办等需求频繁类申请时，需持纸质材料前往所有相关部门审核，效率低下且不能实现校内各管理部门间的实时共享，严重影响服务学生的水平和质量。

为了加强信息化建设，学校准备引进新的管理系统，在系统中为每位学生建立单独的个人档案，将学籍档案数据化，并通过大数据使得各部门一体联通，实现校内各部门之间的资源共享。在这种信息化的学籍管理方式下，一方面，学生可以使用校园网访问个人信息主页，在线上自主完成课程选修、退选与重修申请、考试报名或缓考申请、学业成绩及绩点查询、转专业申请和推荐免试研究生个人申请及材料上传等工作，从而对个人学习情况持有更多的主动性，可以依据自身基本情况自主进行选择，也能够更加便利地及时掌握自身学业现况并适时做出相应调整。另一方面，对于需要教务处或校内其他部门审核的各项工作，学生和工作人员都可以在线上分别实现申请和各层级审核。教育信息化建设下，这种以线上系统为技术支撑的学籍管理方式不仅会大大提高工作效率，而且也更利于保障学籍审核工作的准确性、公正性和可监督性，促使学籍管理工作更加科学规范。

2. 通过制度建设，引导学生主动学习

学生是高校的原动力，学习是学生的第一要务，如何在信息化背景下通过制度建设引导学生潜心向学，回归学习本位是学籍管理部门需要思考的问题。通过学籍管理信息化建

① 袁镜瑶，郝丽芳，倪维晨．“以学生为本”的高校学籍管理改革与实践研究[J]．现代职业教育，2020(9)：14-15.

设，学生的学籍和学习信息得以处于一个动态更新的状态，不但可以记录基础学业考试成绩，也能够随时更新学生平时考核情况以及创新创业实践等成果。这就有利于教务部门通过优化学分和课程认定，完善 MOOC 课程学分认定办法，放宽交流学生课程在推免和评奖方面的限制，补充学生创新创业实践成果的认定办法，以便更好地激励学生自主学习，端正学习态度，让学生回归到第一任务学习上来，激发学生多修课，修好课。

学业预警机制也是引导学生调整学习态度，顺利完成学业的重要举措。信息化建设下，学校职能部门与各学院之间实现了资源信息共享，从而便于各学院依据不同学科的特点，制定不同的学业预警标准。此外，学生不仅可以随时通过个人信息主页查询个人学业情况，当处于学院学业预警标准时，也会及时收到相关通知，以便其能够及时调整个人状态，投入学习中。

3. 借助数据分析，为制度、政策提供背景支持

高校学籍管理工作不能仅仅限于对学生信息档案的整合和存储，其更大的价值应在于通过对学生数据信息的分析，为后续的制度改革和政策制定提供参考与背景支持。在信息化建设下，可以借助相关数据提取技术，对学生数据进行提取，并在此基础上通过相关分析工具，深度分析和挖掘学籍数据信息的价值，为教育、管理理论上的创新提供有效可靠的数据资料。

例如，高水平运动队、高水平艺术团和少数民族等学生因其特殊性，相较于普通学生需要更多政策上的支持和关怀。通过对这些学生的数据进行提取和分析，可以获得学生学业成绩、选课方向、课外活动参与情况甚至生活方面的综合信息。在这种数据信息的支持下，一方面，学校可以更有针对性地根据现实问题和需求，面向这些学生制定相关政策，展现高校的人文关怀。另一方面，也有利于这些学生更好地适应学校生活，增强对学校的认同感。

三、学籍管理信息化的重要意义

随着时代的不断发展，各领域的生产力水平将与信息化程度息息相关，对于高校管理工作而言，互联网与计算机技术的融入，更是使其工作成果实现了从量到质的转变。目前，高等教育现代化改革在要求教育理念不断创新以及“互联网+教育”模式深层推进的同时，也给相应的高校管理工作提出了新的目标。学籍管理作为高校管理工作的重要组成部分，它的工作目标不再仅是学籍档案的汇集与处理，而是寻求在此基础上的创新与提升，发挥学籍管理工作的价值。通过加强信息化建设，将先进的技术引入教学管理领域，降低了管理工作的人工成本，提高了工作效率，并且能够突破时空的限制，将档案资料数字化，增强档案的完整性并实现资源共享。信息化是一个不断发展的进程，学籍管理工作的价值也将在学籍管理信息化建设的不断加强中持续绽放出全新的光彩。

课堂教育是学生获取知识的基础途径，但在知识经济与智能科技日新月异的当代社会，线上教育的优势也进一步凸显，并逐渐成为一种不可或缺的教育模式。新型教育模式

在高校中的推进与发展必然要求配套的管理支持，而这也是学籍管理信息化的重要意义之一。因为信息化建设下实现的大数据管理、数据分析、资源共享、线上协同办公都为逐渐多元化的教育模式提供了管理层面的技术支持。这一优势在此次疫情期间体现显著：例如，武汉大学于2020年1月26日开始筹划延期开学期间本科教学工作，各部门克服困难，密切协同，搭建教学平台，汇聚教学资源，动员全体师生，2月17日(原定开学时间)顺利开始进行本科生线上教学。截至7月16日，本科教学课头数合计4258门，授课教师2213人，学习学生共计23865人、3032，117人次，全校理论课程开课率达到97.46%。“珞珈在线”平台平稳运行，共运行课程26436门次，平台访问总量达到137513376人次。

“高校育人的宗旨是立德树人，作为教学管理人员必须树立‘以人为本’‘以生为本’的工作理念，强化学生的主体地位，避免将面向学生的管理工作过分行政化。要以为学生提供便利为工作目标，以学生满意度为衡量工作成果的标准，不断提高服务意识”①。传统学籍管理模式的低效率提高了学生的时间成本，较为单一僵硬的服务形式与内容也无法满足学生的切实需求。信息化建设下，大量烦琐的材料提交和审核工作都转移到了线上，节省学生时间的同时也提高了学生的满意度，充分体现了学生的中心地位。新时代大学生的需求是多样的。加强信息化建设，能够不断发掘学籍管理工作中的多样性功能，力求满足学生一切合理需求，使学籍管理模式更加人性化，并在工作中贯彻尊重学生、服务学生、以学生为本的理念。

四、结语

学籍管理工作作为高校管理工作和教学活动的基础，一方面它关系到人才的培育和高校的发展，因此也必然要随着教育理念的新要求和时代的发展而持续创新。另一方面，学籍管理工作的本质在于服务学生，合理利用一切资源去提高工作效率，发挥工作价值是贯彻落实以学生为本的工作意识的必经之路。在伴随着互联网和计算机技术不断发展而来的信息化背景下，大数据及先进技术的发展与应用使各领域的生产力和创新力都实现了新的突破。因此，时代在为学籍管理工作提出新要求的同时也为其指明了前进的方向——加强信息化建设。信息化建设将不断为学籍管理工作注入新的活力，引导学籍管理模式规范化、人性化、科学化、现代化，为学生和高校的发展保驾护航。

◎ 参考文献

[1] 袁镜瑶，郝丽芳，倪维晨."以学生为本"的高校学籍管理改革与实践研究[J].现代职业教育，2020(9)：14-15.

[2] 胡潇月.高校学籍管理工作现状及提升途径[J].知识经济，2020(7)：160，162.

① 胡潇月.高校学籍管理工作现状及提升途径[J].知识经济，2020(7)：160，162.

建设信息化管理平台　助力大学生科研创新训练

丁家玲

（武汉大学　本科生院，湖北　武汉　430072）

【摘　要】搞好科研育人是落实新时代立德树人的根本任务之一，大学生科研创新训练是落实科研育人的重要手段，是提高大学生创新能力和实践能力的重要途径。论文针对当前高校大学生科研创新训练管理现状，在梳理大学生科研创新训练管理的运行机制和业务流程基础上，提出并构建了由大学生学科竞赛管理、大学生创新创业训练计划管理、毕业论文（设计）管理、实习实训管理和创新学分管理五大部分组成的大学生科研创新训练信息化管理平台，其应用到武汉大学大学生科研创新训练管理的各个环节和科研成果的认定中，实现了"过程管理"与"目标管理"并举，提高了工作绩效。

【关键词】科研育人；科研创新训练；信息化管理平台

【作者简介】丁家玲（1969—　），女，湖北荆州人，大学本科，武汉大学本科生院主任秘书，主要从事高等教学管理，E-mail：115647187@ qq. com。

一、引言

2019 年教育部印发了《关于深化本科教育教学改革，全面提高人才培养质量的意见》（以下简称《意见》），要求高校坚持立德树人，围绕学生忙起来、教师强起来、管理严起来、效果实起来，深化本科教育教学改革，培养德智体美劳全面发展的社会主义事业建设者和接班人。[1]《意见》强调要改进实习运行机制，优化实习过程管理；深化创新创业教育改革，持续推进国家级大学生创新创业训练计划；要强化科研育人功能，统筹规范科技竞赛和竞赛证书管理，引导学生理性参加竞赛，达到以赛促教、以赛促学效果。由此可见，搞好科研育人是落实新时代立德树人根本任务的重要内容，是新时代大学生高质量培养不可或缺的重要部分。

大学生科研创新训练是落实科研育人的重要手段，是提高大学生科研能力、创新意识、创新能力及综合素质的重要途径之一，是本科人才培养的重要组成部分。然而，当前高校科研创新训练教学类型繁多，过程管理复杂，质量监控难度大，各环节信息统计困难，管理部门间信息难以共享，构建一个覆盖面广，集过程管理、质量监控、信息汇总统计于一体的高校大学生科研创新训练信息化管理平台具有重要的现实意义。

二、大学生科研创新训练信息化管理平台构建

(一)大学生科研创新训练信息化管理平台构成

高校大学生参与科研创新训练主要可分为大学生学科竞赛、大学生创新创业训练计划、毕业论文(设计)和实习实训四大部分。其中，大学生学科竞赛是以竞赛的方法，通过实践活动发现问题、解决问题，提高学生理论联系实际和独立工作能力的一种教育培养方式，对大学生科研能力、创新能力、实践能力、团队精神等综合素质的培养起着积极的作用。大学生创新创业训练计划包括创新训练项目、创业训练项目和创业实践项目三类，目标是通过实施大学生创新创业训练计划，促进高等学校转变教育思想观念，改革人才培养模式，强化创新创业能力训练，增强高校学生的创新能力和在创新基础上的创业能力，培养适应创新型国家建设需要的高水平创新人才。毕业论文(设计)是高等学校本科生教学计划的重要组成部分，是理论与实践相结合，教学与科研、生产相结合的过程，是本科生必不可少的教学阶段，是对学生进行综合素质教育的重要途径，它有着任何课堂教学或教学实习所不可替代的功能，要求学生针对某一课题，综合运用本专业有关课程的理论和技术，做出解决实际问题的方案。高校通过毕业论文(设计)可以培养学生综合运用已有知识独立解决问题的能力，因而它在培养高级专门人才过程中有着特殊的地位。实习实训模拟实际工作环境，教学采用来自真实工作项目的实际案例，教学过程理论结合实践，更强调学生的参与式学习，能够在最短的时间内使学生在专业技能、实践经验、工作方法、团队合作等方面得到提高。以上四方面科研创新训练活动需要学校教务处、学院、学生、指导教师、评审专家的参与，共同完成普通高校的科研育人工作。

(二)大学生科研创新训练信息化管理平台的构建原则

根据科研育人实践教学工作立德树人、提高学生的创新能力和实践能力的目标以及四大科研创新训练活动的特点，科研创新训练信息化管理平台构建应遵循以下几个原则：(1)易用原则。平台系统的使用应简单，操作便捷；(2)可扩展原则。平台具有良好的扩展性，方便与学校用户其他子系统的对接；(3)实时性原则。科研创新训练每个环节的实施过程均有重要时间节点，要做到每个节点的实时性质量监督；[2](4)灵活性原则。各高校在实际开展科研创新训练时，各环节实施过程有所不同，系统能结合学校自身实际情况定制业务管理过程。

(三)武汉大学大学生科研创新训练信息化管理平台构建

武汉大学大学生科研创新训练信息化管理平台共分为五个子系统：(1)大学生学科

竞赛管理系统。包括项目立项管理、项目过程管理和项目总结三个环节。具体包括项目申报、项目审核、项目评审、项目过程管理(经费管理、培训日程管理、参赛学生管理、指导教师管理、中期检查、阶段进展报告)、项目立项信息统计分析和学科竞赛成绩统计分析等功能。(2)大学生创新创业训练计划管理系统。实现了项目申报(审核)、专家评审、项目立项发布、项目进展记录、项目中期报告提交(审核)、项目结题、项目汇总查询、过程数据统计、数据备份归档等功能。(3)毕业论文(设计)管理系统。实现了课题申报(审核)、学生选题(审核)、指导教师下达任务书、学生提交开题报告、论文写作、论文上报、论文评阅、论文答辩、成绩评定、论文抽检、论文评优、查询汇总、报表统计、材料打印和数据备份留档等功能。(4)实习实训管理系统。通过对实习的课程安排、实习资源的配置与管理、实习质量监控、实习考核等手段,解决学校实践教学中的管理问题,通过对学生的实时辅导、智能记录、在线考核、实习鉴定,解决学生实践能力的培养问题。(5)创新学分管理系统。创新学分是指全日制本科生在校期间,根据自己的特长和爱好从事科研、创业或社会实践活动所取得的优秀成果,经学校创新学分评审委员会评审认定后被授予的学分。创新学分管理系统用于对大学生参加学科竞赛等科研创新训练活动取得的成绩的认定管理,具体包括科研成果的申报、专家评审、成果认定、创新学分认定、信息汇总与统计分析等功能。大学生科研创新训练信息化管理平台如图 1 所示,四大科研创新训练管理系统和创新学分管理系统分别如图 2、图 3、图 4、图 5 和图 6 所示。

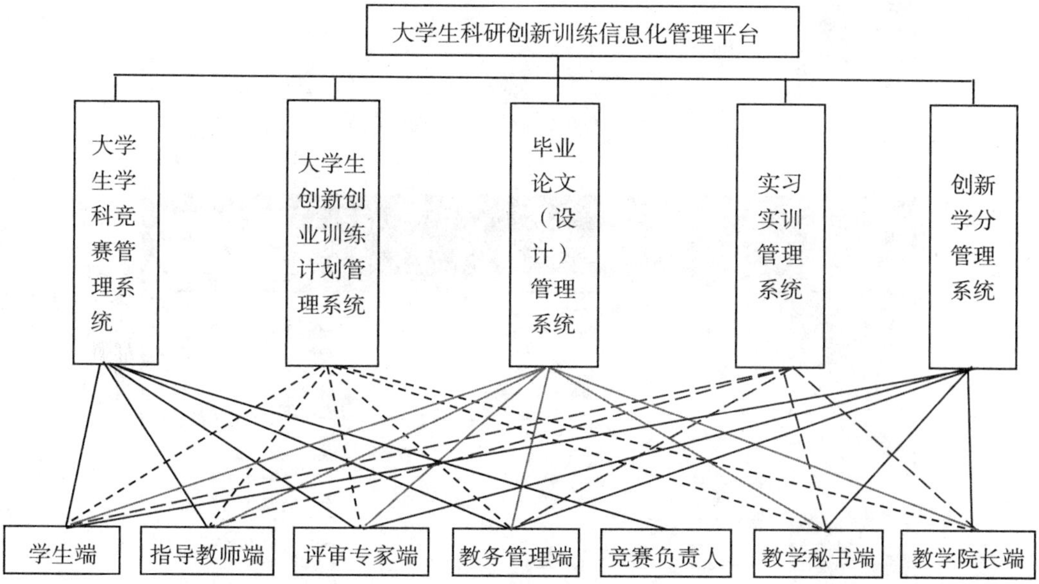

图 1　大学生科研创新训练信息化管理平台

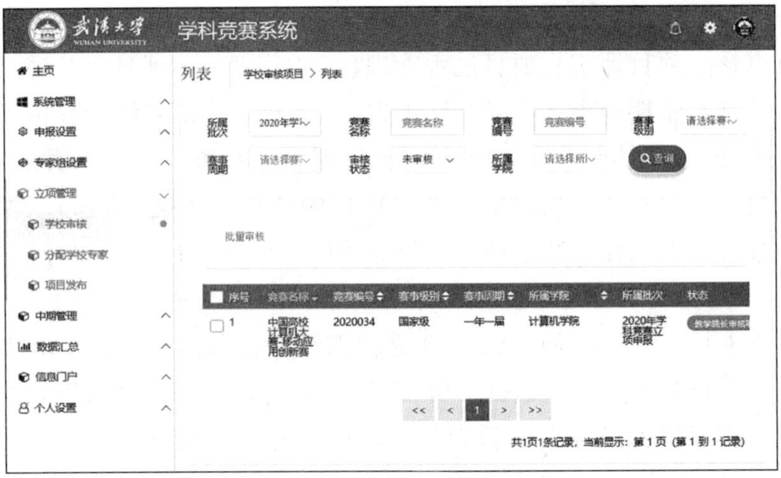

图 2　大学生学科竞赛管理系统

图 3　大学生创新创业训练计划管理系统

图 4　毕业论文(设计)管理系统

图5　实习实训管理系统

图6　创新学分管理系统

三、大学生科研创新训练信息化管理的实施与成效

武汉大学大学生科研创新训练管理平台各子系统采取分期建设的方式进行，目前已全部完成平台五个子系统的建设，并已应用到大学生科研创新训练管理的各个环节和科研成

果的认定中。以 2019 年为例，大学生科研创新训练实施成效如下：

(一)大学生学科竞赛

2019 年共有 49 个学科竞赛项目获得立项，涉及 26 个院系、100 多个专业，资助经费 300 多万元。在各类学科竞赛中共获得国家和省部级奖项 956 项、共 3749 人次。其中国特 13 项、国一 136 项、国二 195 项、国三 132 项，省特 8 项、省一 205 项、省二 170 项、省三 97 项。学校对 2019 年学科竞赛指导教师和学生进行了奖励，奖励指导教师总计 332 人次、92.99 万元，奖励本科生总计 4552 人次、217.31 万元。

自 2017 年 12 月 14 日首次发布普通高校学科竞赛结果以来，中国高等教育学会《高校竞赛评估与管理体系研究》专家工作组已连续四年发布榜单，在 2020 年中国高等教育学会发布的 2015—2019 年全国普通高校学科竞赛排行榜中，武汉大学以 599 项获奖总数、98.4 分的成绩居全国综合排名第三位，再次位列全国前三名。武汉大学为学生参与竞赛搭建了广阔的平台，使学科竞赛成为学生长知识、强技能、提素质的有效平台，不断构建交叉、融合、开放的创新人才培养格局。

(二)大学生创新创业训练计划

2019 年武汉大学大学生创新创业训练计划立项项目 804 项，其中 150 项为教育部立项的创新创业训练计划项目，93 项为湖北省教育厅立项的创新创业训练计划项目，561 项为学校立项的创新创业训练计划项目，覆盖本科生人数为 3069 人。

学校通过大学生创新创业训练计划管理系统对 2018 年 150 项国家级项目进行中期检查，对 2019 年 150 项国家级项目进行初期检查，从项目进展情况、问题与解决措施、经费使用情况等多维度进行检查，保障项目顺利有序进行，同时对 2018 年校级项目 640 项、2017—2018 年国家级项目 146 项共计 786 项进行了结题验收。

在第十二届全国大学生创新创业年会中，武汉大学共推荐 7 个“国创”项目参评，其中 4 个项目入选年会并斩获 1 个“我最喜爱的项目”、1 个“最佳创意项目”及 1 个“优秀指导教师”奖项。

(三)毕业论文(设计)

学校充分依托本科生毕业论文(设计)管理系统全过程线上管理的优势，科学组织、有序推进本科生毕业论文(设计)工作，保障毕业论文开题报告、查重检测、答辩、优秀论文评选等环节的组织与实施。2019 年参加毕业论文(设计)的学生共计 7633 人，其中双学位学生 802 人，指导教师 2184 人，涉及 32 个院系 124 个专业，评选校级优秀学士学位论文共计 345 篇。

2019 年是施行毕业论文全面查重的第三年，提交检测的论文数量总数为 7417 篇，其中文字复制比在 15%以下的论文总计 6899 篇，占比 93.02%，15%~20%的总计 378 篇，占比 5.10%，20%以上的为 140 篇，占比 1.89%，总体情况良好。

(四)大学生实习实训

在专项经费的支撑下，武汉大学于2019年引进了“校友邦”实习实训管理平台，推进实习工作信息化，加强实习过程管理。2019年开展实习实训项目共1280项，国际化实习实训交流项目21项，实习实训总人数12340人，其中参加集中实习的9903人，集中实习比例80.25%。2019年参加实习实训教学的教师2081人，其中具有副高以上职称的教师1265名，占比60.79%。校外指导教师参与人数921人，具有中级以上技术职称的教师907人，其余为行政管理干部，符合指导教师资格，教师资质整体水平较高。

武汉大学大力推动实习实训基地建设，不断深化产教融合。2019年武汉大学签署实习实训基地协议50个。目前，共建有517个实习实训基地，包括国家级大学生校外实践教学基地14个、省级实习实训基地11个，可充分发挥国家级基地等高水平实习基地的示范引领作用。绝大多数实习基地可接纳学生数大于各届平均学生数，为学生提供了稳定、优质的实习场所，进一步推动了武汉大学本科生实习实训工作稳定开展、质量稳步提高。

(五)大学生创新学分

武汉大学2019年完成了创新学分制度修订工作，从认定范围、认定标准、认定流程等方面对创新学分评价指标体系进行了全面梳理，确保各项条款严谨规范，印发《武汉大学创新学分认定办法》(武大本字〔2019〕29号)，并将文件内容落实到大学生创新学分管理系统中。

根据《关于开展2019年创新学分申报的通知》(武大本函〔2019〕44号)文件精神，积极动员，广泛宣传，2019年共组织34个院系申报创新学分，接收646个学生1227项申报材料。根据《武汉大学创新学分实施办法》(武大教字〔2010〕15号)，邀请专家对各类别的创新成果进行了评审，有474名学生累计获得1608.5分创新学分。

四、疫情期间信息化平台的作用与思考

2020年突如其来的新冠病毒疫情对全社会造成深刻影响，学校一度被迫停课、停学、停教。为应对疫情，高校教育模式推陈出新，“停课不停教、停课不停学”，大规模实施在线教学。在线教学实践中，广大师生充分发挥主观能动性和创造性，共克时艰，化危为机，掀起一场高教领域的“学习革命”，教师的“教”、学生的“学”、学校的“管”和教育的“形态”都发生了革命性的变革，形成了在线教学的新范式，对本科教育教学改革创新发展有着深远的意义。由于近几年来武汉大学大学生科研创新训练信息化平台建设的持续推进，面对疫情，武汉大学充分利用和发挥信息化平台的作用，将科研创新训练整体推向线上进行，确保了大学生毕业论文(设计)、毕业实习、大学生学科竞赛、大学生创新创业训练计划、大学生创新学分认定等工作均按计划开展，并产生了积极效果和较好的社会影响。大学生如期完成教学计划、毕业生按期毕业，不仅把疫情对教学的冲击影响降到最低，也赢得社会的认可，人民日报、澎湃新闻、今日头条等都进行了报道。

随着科学技术的发展，特别是信息技术的迅猛发展及其在教育教学领域的广泛应用，信息化技术作为一种新的教学手段被引入高校课堂教学，扩大了教学时空，丰富了教学资源，改变了传统的教学形态和模式。同样，信息化技术作为一种新的教学管理手段被应用到大学教学管理，也改变了传统教学管理的形态和模式。突如其来的新冠肺炎疫情的冲击影响，让人们认识到教育信息化的重要性，加速了教育信息化的应用发展。加强信息化平台建设，满足新变局新形势下教育教学的需要和大学生科研创新训练的需要已然成为毋庸置疑的发展趋势。当前，学校开展以“促进信息技术与课堂教学深度融合，推动课堂教学革命”为主题的“教与学的革命”珞珈论坛，希望通过论坛学习和讨论达到以下目标：探讨和总结疫情对高校本科教学带来的巨大冲击与机遇，促进信息技术与课堂教学进一步深度融合，推动课堂教学革命，不断提高课堂教学质量；构建新常态下的教师“教”与学生“学”的新模式。从教学管理的角度看，需要认真思考如何通过信息化平台建设构建信息化教学管理体系，以适应信息化教学发展的新变化和新需求。就信息化平台建设而言，需要不断总结信息化平台在教学实践应用中的经验和教训，优化平台系统，拓展平台功能，丰富平台资源，提升管理效能，从而高质量服务于教与学的发展需要和大学生科研创新训练的发展需要。

五、结语

培养大学生创新意识、精神和能力是适应国家经济和社会发展及国家战略的紧迫需求，是高校全面提高人才培养质量的必然要求。大学生科研创新实践是促进大学生增强创新意识、激发大学生创新创业热情、提高创新创业能力、培养团队精神的有效途径和重要载体，是高校拔尖创新人才培养的目标追求。高校必须高度重视并创造条件，科学设计学科竞赛、大学生创新创业训练计划、毕业论文(设计)和实习实训的运行机制，优化业务流程，加强大学生科研创新平台建设，强化信息化管理，“过程管理”与“目标管理”并举，将大学生科研创新训练工作向纵深推进，切实提高工作绩效。

◎ 参考文献

[1] 教育部关于深化本科教育教学改革全面提高人才培养质量的意见[EB/OL]. http://www.moe.gov.cn/srcsite/A08/s7056/201910/t20191011_402759.html.

[2] 刘志奇，李兴莉，李慧芬．地方高校实践教学管理信息化的探索与实践——以太原科技大学为例[J]．教育现代化，2020(35)：1-4.

后疫情时代高中高校衔接新模式实践探索及思考

白　玉

（武汉大学　本科生院，湖北　武汉　430072）

【摘　要】2020年，面对突如其来的新冠肺炎疫情，武汉大学本科招生工作也经历了前所未有的考验。在延迟开学、线上教学、高考延期等种种不确定性因素面前，招生工作在严格按照相关规定完成本科招生、录取等各项基本工作的同时，充分利用多种线上手段圆满完成了招生宣传、咨询服务等工作，颇具创造性地迈出了探索高中高校衔接新模式的坚实一步。本文将按照研究背景、历史脉络、发展现状及未来趋势的基本思路对后疫情时代的高中高校衔接新模式展开较为全面的探讨，并将结合武汉大学本科招生工作实际提出有针对性的对策建议。

【关键词】后疫情时代；高校招生工作；高中高校衔接模式

【作者简介】白玉（1982— ），女，湖北天门人，硕士研究生，武汉大学本科生院招生处主任秘书，主要从事招生政策与招生宣传方面的研究工作，E-mail：baiyu@whu.edu.cn。

一、研究背景

20世纪90年代以来，我国高等教育事业迎来了巨大变革，各方面呈现出崭新的发展态势。一方面，随着“大扩招”的到来，我国大学的毛入学率正不断提高。从数量上看，我国已然成为世界上高等教育规模第一大国；[1]另一方面，“规模大”并不完全等于“质量高”。新形势下国际国内发展的客观实际对人才培养质量提出了更高的要求。特别是自2019年年底“双一流”建设全面展开以来，国内各高校为全面提升本科人才培养质量，普遍将大学的工作重心有意识地下移，越来越重视新生进入大学校园之前的“前置”工作。

如果把高校的人才质量视为生源质量与培养质量综合作用的结果，那么招生工作就是在负责为学校的生源质量把好“入口关”，从而影响到一所高校人才培养的战略全局。这一基本认识正逐渐成为国内高校的共识，招生工作助推高校人才培养“下移”和“前置”的趋势也使得大学与高中的衔接问题成为高等教育领域的一个新热点。

二、高中高校衔接模式的历史脉络

国内各高校对大学与高中的衔接一直在进行积极的探索与尝试。

2013 年起，教育部与中国科协联合推出“英才计划”，在北大、清华、复旦等 20 所全国重点高校开展中学生科技创新后备人才培养试点工作。各地区也在面向高中学校积极推进各类政策举措，如陕西省教育厅实施的“春笋计划”，选拔优秀高中生提前接触大学课程；江苏省教育厅确定 14 所普通高中开展拔尖创新人才培养试点，加强普通高中与高等院校和科研院所的密切合作等。[2]

高校方面较为典型的实例有，南京师范大学凭借其作为师范院校的优势，充分利用大学的教授团队，从 2000 年起开始探索中学教育与高师教育“双向对接、融合互动、交互共享”的协同创新途径。[2] 与此同时，高中学校也在积极作为、应势而动。例如，华东师范大学第二附属中学在 2014 年已经初步探索出本校的卓越学院体系与大学先修课程的实施方案。[3]

随着新高考改革浪潮逐渐袭来以及 2020 年起自主招生政策取消和“强基计划”政策的出台等一系列的变化，新的时代形势下，高中高校的衔接问题面临着怎样的新出路？后疫情时代又如何重构着对这一问题的思考方式与解决路径？这些问题使我们有必要在厘清历史脉络的基础上，对其发展现状进行深入洞察。

三、高中高校衔接模式的发展现状

1. 从整体格局来看，总体规模庞大而均衡性不足

基于前文所述的种种背景因素，目前，无论是大学方面还是高中方面都给予了高中高校衔接问题足够的关注与重视。但不可否认的是，高中高校衔接问题受到了我国教育资源发展现状这一宏观环境的制约。从宏观格局来看，我国目前的高中高校衔接模式呈现出总体规模庞大而发展不均衡的特点。

目前，国内较为常见的高中高校衔接活动有大学教师到高中宣讲、高中与高校开展教学交流、大学校园开放日及面向高中生开设的各类夏令营、冬令营等。虽然总体规模较为庞大、形式相对丰富，但我国教育资源分布不平衡的现状导致了高中与大学的各种衔接活动多面向位于经济较发达地区的高中或重点学校的优秀学生。而数量更为庞大的县城高中或经济欠发达地区的高中则难以开展有效的高中高校衔接活动，这些地区的高中学生也很难得到提前与大学近距离接触的机会。[1]

2. 从参与主体来看，重视教师交流而忽视学生本位

从目前高中高校衔接模式的参与主体来看，大学与高中的结合点大多数仍局限于教学会议、座谈交流等形式，尚未能探索出以学生为本位的长效互动机制。例如，在学术会议

上，参会的中学教师与大学教师一起探讨当下热点；一些大学常常组织中学教师进行培训，中学也会邀请大学教师作为相关的指导教师或顾问等。

然而，无论从历史沿革还是本质内涵来看，高中高校衔接模式的主体都应该是广大高中学生。教师之间的交流固然重要，但能否真正激发高中生的主体性和参与感是这一模式能否得以继续发展的关键所在。显然，各方还需要更加重视学生本位，打造出真正符合高中生特点、为高中生所喜闻乐见的衔接模式。

3. 从活动内容来看，宣传性突出而服务性不足

目前，高中高校的衔接模式仍趋向功利化。现阶段的各种衔接活动主要是“课程”的衔接，还未能真正做到“教育”的衔接、“人才培养”的衔接。前者倾向于暂时的“宣传”，后者则是长久的“育人”。

以武汉大学往年举办的“校园开放日”、重点中学校长论坛等活动为例，这些活动大多侧重于对武汉大学学科实力、院系特色、名师风采等的集中展示，而在精准捕捉高中学校及学生的需求、提高大学优质资源的匹配与服务能力、完善高中与高校的长效互动机制等方面略有不足。

基于以上几点，目前国内的高中高校衔接模式虽然取得了长足的发展，但从整体格局、参与主体、活动内容等方面来看，仍然存在诸多矛盾需要探索和解决。而新冠肺炎疫情的爆发则为我们重新思考这一问题提供了契机。

危机来临时，如何“危”中寻“机”、化“危”为“机”？武汉大学本科招生工作给出了应有的答案。

四、武汉大学助力高中高校衔接模式开辟新局面

2020 年 1 月，新冠肺炎疫情全面爆发时，正值武汉大学寒假招生宣传工作的关键时期。武大学生线下回访母校活动被迫取消、各省各片区的招生组难以在短时间内实现精准的联络与沟通……在线下行动受阻之时，各项招生工作应如何平稳推进？延迟开学、线上教学、高考延期……在前所未有的不确定性面前，应该如何向有志于报考武大的高三学生传递信心？当时，武汉作为全国疫情的震中，又该如何让广大考生及家长打消疑虑，向他们传递“英雄的城市”“伟大的大学”所具备的独特魄力？这一切都给高中学校与武汉大学的沟通与衔接提出了很大的考验。

凭借互联网，高中与高校的接触方式从线下转到了线上。事实证明，在此模式下，高中与高校间的交流并没有因为传播载体的改变而变得疏远。相反，得益于便利的网络环境，高中高校的交流变得更加频繁、更具互动性和参与感，这也为高中高校的衔接提供了一种新的思路和模式。在此期间，武汉大学率先行动，进行了积极的实践探索。

1. 尽最大努力减轻疫情影响，开设“珞珈直播”系列课程

疫情期间，为加强与高中的联系和交流、在最大程度上减轻疫情因素对招生工作的影

响，武汉大学招生工作处在3月至7月推出了“珞珈直播”35期线上系列课程和39场各地招生组分省直播。大致可分为以下两个阶段。

3月份，面对延迟开学、高考延期等可能对高中生学习生活、心理状态等方面产生影响的不确定因素，招生工作处在3月至4月间邀请相关专家、教师、优秀学子面向高中生开设了17次课程，内容涵盖了心理疏导、备考指南、经验分享、学科解读等，每场直播课程观看人数都在千人以上，相关介绍和解读的公众号文章平均阅读量在3000次以上。

7月份进入志愿填报阶段，招生工作处适时调整课程内容，连续推出18场“珞珈直播”课程（见表1）。主讲人有副校长周叶中、副校长唐其柱、优秀校友、各学院院长、优秀学生、招生组长等。授课内容也更加全面，涵盖了专业介绍、学习生活、志愿填报指导等。同时，招生工作处鼓励各招生组积极开展面向各自省份的直播宣讲。疫情期间招生组共进行分省直播39场。

表1　　**武汉大学2020年7月珞珈直播课表**

日期	主题	主讲人
7月10日	我心中的武汉大学	周叶中（武汉大学副校长）
7月11日	学基础学科，担国家大任——武汉大学基础学科的优势	王建波（物理科学与技术学院党委书记）
7月12日	强大的行业支撑——武汉大学的工程科学和信息科学	秦昆（遥感信息工程学院副院长）
7月13日	科技创造美好生活——武汉大学资源与环境科学学院、城市设计学院、印刷与包装系专业介绍	资源与环境科学学院院长、城市设计学院院长、印刷与包装系系主任
7月14日	武汉大学的抗疫贡献与临床医学	唐其柱（武汉大学副校长、医学部部长）
7月15日	武汉大学2020年招生新政策及信息获取	王福（武汉大学本科生院副院长、招生工作处处长）
7月16日	武汉大学是考生的一个最优选择	李明（优彼致愿董事长）
7月17日	武汉大学卓越的本科教育	张绍东（武汉大学本科生院院长）
7月18日	武汉大学拔尖创新人才培养的摇篮——弘毅学堂	石兢（武汉大学弘毅学堂院长）
7月19日	志愿填报时先选学校还是先选专业	朱炜（学生就业与指导中心就业指导与咨询办公室主任）
7月20日	珞珈少年成长记——优秀学生分享	武汉大学优秀学生
7月21日	武大优质的学生创业、就业与深造	武汉大学学生就业与指导服务中心
7月22日	安徽招生组招生宣传及填报志愿在线咨询	安徽招生组
7月22日	吉林招生组招生宣传及填报志愿在线咨询	吉林招生组

续表

日期	主题	主讲人
7 月 23 日	北京招生组招生宣传及填报志愿在线咨询	北京招生组
7 月 24 日	高考志愿填报的原则和策略	赵健(武汉大学第六届十佳教师、资深职业规划师、湖北生涯规划课程名师)
7 月 25 日	武汉大学 2020 年招生新政策与志愿填报	王福(武汉大学本科生院副院长、招生工作处处长)

“珞珈直播”线上课程立足专业性、系统性、科学性，紧密结合考生的需求特点和招生工作的时间节点，不仅为考生在疫情期间安心备考提供了支持，而且持续助力考生返校复课、志愿填报的全过程，对考生起到了较为理想的指导和帮助作用，也为特殊时期高中高校的衔接模式提供了一定的借鉴。

在开展线上直播课程的同时，招生工作处还进一步优化、扩展了“网上校园开放日”网站的功能，全新推出了集咨询、直播、查询等为一体的“武汉大学招生宣传在线”平台，不仅为高中生全面深入地了解学校、享受答疑服务提供了平台和窗口，也为相关学院和招生组教师集中宣传、精准答疑提供了便利。

2. 充分发挥武大学生的朋辈优势，有针对性地开展线上帮扶

在全国各地的高中学生延迟开学、居家备考期间，招生工作处动员和组织学生志愿者开展了“一对一伴学”的线上活动。前后共有 373 名武大在校生以志愿者的身份参与活动，他们在学习群中带领 1300 多位高中同学坚持每天学习打卡，定时搜集和回答同学们提出的问题。其中，还有 514 名高三学生与志愿者实现了一对一匹配，以更精准地了解和满足高 3 学生的学习需求。

招生工作处组织优秀学长学姐开展“在珈伴学”备考经验分享直播，面向高中生分享备考经验、报考常识、专业介绍、大学生活、成长经历等，仅在 3 月份就吸引了两万多名高中学生和家长前来听课。[4]

3. 利用新媒体手段，提升武大招生工作的传播力和影响力

招生工作不仅承担着“对内”把关生源质量的职责，也在很大程度上承担着“对外”传播和塑造高校形象的责任。高中与高校的衔接要始终坚持学生本位，具体体现在招生宣传工作中，就是要坚持用户本位、拉近目标群体(高中学生)与高校的心理距离。

疫情期间，各类信息真假难辨、媒介内容良莠不齐、舆论生态异常复杂，这也对如何利用各种媒介手段提升武汉大学招生工作的传播力和影响力提出了更高的要求。2020 年 2 月 18 日，在中央电视台《新闻 1+1》栏目中，主持人白岩松在采访窦贤康校长时专门提及了武大招办给高三学子写的一封信。这封信不仅言辞动人、态度诚恳，直击高三学子的心灵，而且在最艰难的时刻向高中生展现了武大的精神与风骨，传递了坚定的信心与力量。

事实上，这封信也是招生工作处在疫情期间利用微信公众号、微博、抖音等多种新媒体平台面向高中学生组织内容生产与输出的重要组成部分。以微信公众号“武大招办”为例，疫情期间，该公众号从2020年1月到9月共计发布推送396条，粉丝数从58005位增长至86646位，净增28641位。这些平台几乎每天都会收获大量来自高中学生、家长及关注武大的社会各界人士的留言，或寄托心愿与祝福、或表达决心与向往。

疫情期间，高中与高校的衔接模式依托新媒体平台呈现出了新的发展趋向。

五、高中高校衔接模式的未来趋势及对策建议

1. 坚持党的领导，以国家需求为根本导向

习近平总书记强调，立德树人是中国特色社会主义教育事业的根本任务。无论从世界正面临的百年未有之大变局，还是实现中华民族伟大复兴中国梦的战略全局来看，党和国家事业发展对教育的需要、对科学知识和优秀人才的需要都比以往更为迫切。

高校作为人才培养的主阵地，承担着“为党育人，为国育才”的历史使命，应该始终坚持党的领导，紧密围绕国家发展战略全局，以国家需求为育人工作的根本导向。

2020年1月，教育部出台了《关于在部分高校开展基础学科招生改革试点工作的意见》，决定在部分高校开始实施“强基计划”。[5]“强基计划”的出台立足我国国情和教育发展现状，深入总结了高校自主招生16年的试点经验，充分借鉴了上海等地高考综合改革试点的成果，也自然会成为今后一段时期内高中高校衔接模式的重要抓手。

2. 立足高考实际，以大政方针为基本指南

高考作为高中学生进入大学求学深造的选拔性考试，承担着“为国选才”的作用，也为高等教育的人才培养把守着“入口关”。近年来，高考一直在考试方式、出题形式等方面进行改革。2017年浙江、上海作为第一批新高考改革省市进行改革后，2020年已有北京、山东、海南、天津4省市的新高考方案实施落地。2021年，又将有8省的考生按照“3+1+2”的模式进行考试。中共中央、国务院印发了《深化新时代教育评价改革总体方案》，该方案对高校的评价环节也做出了进一步的要求。[6]

在此环境下，人才培养的“下移”和“前置”逐渐成为一种趋势，高中学校迫切需要了解高校相关政策的调整与变动，如果高校能在高中阶段就与高中合作进行基础学科领域人才的培养与评价工作，并为学生进行有针对性的生涯规划，将对后期的人才选拔起到重要的参考作用。如果高中和高校的供求关系能得到更加精准的捕捉与匹配，高中高校衔接模式也会迎来新的发展空间。

3. 坚守育人初心，平衡宣传效果与服务价值

如前文所述，武汉大学在2020年上半年开设的“珞珈直播”系列课程做到了化“危”为“机”，充分依托线上资源的灵活性、互动性和丰富性，面向高中生开设了一大批直播课

程。然而，这一形式仍不可避免地存在着一定的现实局限，在未来仍有较大的发展空间。

例如，这些课程虽然涵盖了一部分有关心理疏导、备考经验分享等服务性较强的内容，但课程的主旨和主体仍然聚焦于对学校各个学院和专业的介绍。而高中生显然无法在短时间内对多个专业产生兴趣，只会按照“先入为主”的观念，选择自己感兴趣的课程来听。这不仅不利于高中生全面而充分地了解高校和专业，而且会在一定程度上让知识传播的效果有所削减。

从这一层面来看，虽然疫情期间探索出来的“珞珈直播”新形式较之以往的“校园开放日”“中学校长论坛”等线下活动，明显强化了服务属性和育人功能，但在处理宣传性和服务性的辩证关系方面、在短期传播效果与长期育人效果的平衡方面仍有很长的路要走。

4. 顺应时代变革，探索线上线下结合新路径

未来的高中高校衔接模式应该更加顺应时代的发展趋势，既要汲取疫情期间线上工作的宝贵经验，也要反思其中存在的缺陷和不足，通过探索线上与线下相结合的方式来开展衔接工作，切实提高衔接工作的针对性。

疫情期间，学校开展的线上课程主要面向全国的考生及家长。由于受众规模庞大、结构过于复杂，无法客观、科学地评估其实施效果。未来可以更有针对性地面向高中开设系列课程，根据高中的个性化需求进行科普讲座等。

线上与线下相结合的模式还可以扩大高中与武汉大学的合作范围与渠道。多样化和差异化的衔接机制不仅涵盖了面向优秀学生的精英项目，也包括面向普通学生的衔接项目，从而使中学生在高中阶段就能够提前了解武汉大学、学科和专业，引导学生从只关注成绩到更加关注人格的养成与完善。由此，高校与高中的关系也从传统意义上的“选拔”关系进阶为理想中的“共生”关系。

总体而言，高中与武汉大学的衔接模式更多地是为了过渡，而不是选拔和拔尖。后疫情时代，高中与武汉大学应以互动交流促进理解，使招生与培养相结合，在共同参与学生培养的过程中了解和发掘学生的潜质，帮助学生真正走上成长、成才的高起点和快车道。

◎ 参考文献

[1] 张艳丽．从大众化向普及化过渡：我国高等教育发展模式研究[D]．厦门：厦门大学，2018.

[2] 缪志聪，张睿．大学与高中怎样深度衔接？协同创新，打破大学高中教学之间的壁垒[N]．中国教育报，2017 年 4 月．

[3] 搜狐教育．新高考改革下高中与高校衔接研讨会在沪召开[EB/OL]．2014-12-24. https：//learning. sohu. com/20141224/n407246217. shtml.

[4] 白玉，李津．【停课不停学】武汉大学全方位助力高三学生复习备考[EB/OL]．武汉大学新闻网，2020-03-31. https：//news. whu. edu. cn/info/1002/59066. htm？ from = groupmessage &isappinstalled=0.

[5] 教育部．服务国家重大战略需求 选拔培养基础学科拔尖创新人才——教育部高校学生司负责人就《关于在部分高校开展基础学科招生改革试点工作的意见》答记者问[EB/OL]．2020-01-25. http：//www.moe.gov.cn/jyb_xwfb/s271/202001/t20200115_415580.html.
[6] 中国政府网．中共中央 国务院印发《深化新时代教育评价改革总体方案》[EB/OL]. 2020-10-13. http：//www.gov.cn/zhengce/2020-10/13/content_5551032.htm.

学生编

疫情期间线上教学调研报告
——基于新闻与传播学院2018级、2019级教学情况

袁佳蓓　谢雨村　穆柔烨　石修远　沈阳熠
（武汉大学　新闻与传播学院，湖北　武汉　430072）

【摘　要】2020年年初新冠疫情席卷全国，武汉大学位于疫情中心武汉，以线上教学模式开展了春季学期的教学活动。基于武汉大学新闻与传播学院疫情期间线上教学的实际情况，通过问卷调查法和深度访谈法，本文总结和探讨了线上教学的特点和优缺点，并为后疫情时代的线上教学提供可参考的调整方向。

【关键词】线上教学；高等教育；网络教学；新闻传播

【作者简介】袁佳蓓(2000—)，女，汉族，安徽安庆人，本科生，武汉大学新闻与传播学院在读，E-mail：yuanjiabei@yeah.net；谢雨村(2000—)，女，土家族，湖北恩施人，本科生，武汉大学新闻与传播学院在读，E-mail：1156734359@qq.com；穆柔烨(2000—)，女，汉族，安徽太和人，本科生，武汉大学新闻与传播学院在读，E-mail：1216078636@qq.com；石修远(2000—)，女，汉族，上海人，本科生，武汉大学新闻与传播学院在读，E-mail：green225n@163.com；沈阳熠(2000—)，女，汉族，浙江长兴人，本科生，武汉大学新闻与传播学院在读，E-mail：215474937@qq.com。

一、线上教学的背景

互联网为各行各业提供了新的生产与运营方式，面对面的教育教学也开始借助互联网实现跨时空、跨区域的传播。在高等教育领域，随着MOOK(慕课)模式的提出与推广，其在国内线上高校教育中得到了广泛的运用。[1]国内高校在长期的线上教学实践中，多数采用了制作成视频课程上传网络的形式，真正体现互联网的“共享精神”，实现了资源的有效配置。在教育资源依旧不均衡的情况下，互联网与教育的结合成为一种弥补数字鸿沟的方式。高校依靠慕课资源，开展“翻转课堂”等线上线下结合的教学方式，可以提高学生学习自主性，增强互动性与多元性。在高等教育中线上的优质资源往往作为线下教学的补充。

在2020年新冠病毒疫情肆虐之时，大部分高校无法开展线下教学，转投线上，对中国的线上教育来说具有里程碑意义。在这一时期，线上教学与此前的慕课呈现出不同的特

点，由录播转直播，由单一平台转向多个平台，互动方式多样化，由补充成为主要教学方式。依靠各类直播软件，教师突破时空限制，在疫情期间完成高质量教学任务。2020 年疫情期间，武汉大学新闻与传播学院的老师们同样采用线上教学的方式进行知识传授，根据所处环境和教学资源的不同，老师们采用语言直播、录音上课、视频直播等多种方式，依靠腾讯课堂、微助教等多类平台和学生进行文字、语音等形式的互动，互联网便捷的数据搜集使得教师更容易观察到同学们上课签到的状况。

线上教学开展以来，相关的讨论不断涌现，对于线上教学质量的担忧则是其中的重要议题，缺乏学习氛围使得学生的有效学习时间较短，学生在没有约束的环境中较难实现专注。[2] 在此次疫情期间的线上教学中不少同学和教师也遇到了诸如网络卡顿等问题，互联网中的互动虽然便捷，但非面对面的教学也限制了老师对学生上课状态的直接观察，削弱了临场感。本文基于新闻与传播学院在 2020 年疫情期间的网络教学情况进行探讨，为未来线上教育发展提供借鉴。

二、调研设计

本次调研主要采用问卷调查法，结合深度访谈法获取研究材料。由于疫情期间(2019—2020 学年第二学期)，2017 级学生参与专业大实习，2016 级学生主要准备毕业论文写作和答辩，因此利用问卷星平台制作的调查问卷发放到新闻与传播学院 2018 级、2019 级学生群中获取样本。根据调查问卷后填写者自愿提供的联系方式，调研小组共联系了四位同学进行深度访谈。

参考线上教学和线下教学中涵盖的主要教学设计和教学需求，在基本信息之外，问卷设计关注了签到、上课、作业、课上课下交流、期末考核(包括论文与考试)等方面的教学实际情况与学生体验。在采访提纲设计中，侧重于关注受访者在线上教学中的具体体验以及看法和建议。

基于以上调研设计，我们开展调研和回收材料，并在下文中予以分析。

三、问卷分析

我们结合新闻与传播学院在 2019—2020 学年第二学期的教学情况，针对 2018 级、2019 级同学设计了一份调查问卷，① 并在年级大群中发放。共收到了 63 份有效答卷，覆盖两个年级约 16%的学生；其中男女比为 1∶9，基本符合本院学生性别比例现状。

1. 签到

根据调查结果，95%的同学对线上签到持非负面态度，由此可见，比起一般教学中的传统签到方式，线上签到工具提高了签到效率，节省了课程有效时间。对线上教学签到必

① 限于篇幅，调查问卷具体内容略。感兴趣的读者可以联系作者获取。

要性态度的矩阵均分为 3. 38，高于一般临界点 2. 5，即大家普遍认为“线上教学签到有一定必要”。其中直播课的签到认可度为 4. 13，最高；录播课的签到认可度为 2. 63，最低。由此推断，对于录播课，老师本身的教学录屏时间和教学安排不一致，在此情况下要求学生强制到点学习未必合理，并且录播课的倍速、随时打开性功能模糊了时空性质。

2. 课程教学形式

在课程教学形式选择上，学生对网课授课方式的态度为，最倾向视频直播，其次是录播+直播，接受度最低的为文字。对于文字和语音发送接收双方需要分别打开，非同步交流会损耗双倍的课堂时间，因此它们不太被接受。而视频直播+录屏可以满足学生即时上课的需求，也能在课后回顾课件和老师重难点的讲解。

疫情期间线上教学方式主要为直播和录播两种形式，教师依据所授科目特点选择适合的授课方式。相较于录播，视频直播课程更大程度上还原了线下教学的模式，通过实时语音教学拉近学生与教师间的距离，以更好地达到教学目的。因此，大部分教师选择视频直播的方式来进行疫情期间的线上教学，而受到时差等其他因素影响的教师则会选择录播、直播与录播相结合的方式进行课程教学。

值得注意的是，同为腾讯系直播课堂工具，腾讯课堂比腾讯会议得分更高。从两款应用名字中也可窥见，腾讯课堂是专为网课设计。腾讯课堂具有签到、举手等多项功能，可以满足老师查签到、同学发言等多种需求。除了当堂的直播外，腾讯课堂还会记录教师的上课内容，在课程结束的 24 小时内生成课程录播并上传至课程主页。在疫情期间，部分学生可能会经历实习与学习相冲突的情况，录播则有效地帮助了这部分学生对错过的课程内容进行学习。此外，相较于单纯的录播，腾讯课堂的录播能够记录课上的学生发言、教师与学生的探讨，能够对单纯的教师授课内容起到补充作用，以便学生更好地掌握知识点。同时要注意的是，网课期间，如果不同课需要切换不同学习工具，对学生本身也是注意力的分散，因此如果大部分课程使用的软件不同，学生接受度也会下降，如 Bilibili 视频网站、学习通、ZOOM 等。

而录播的局限性就更强，例如教师和学生间无法进行实时互动、无法保证学生的听课效率等。录播的优势也很明显，即学生可以随时随地拖动音频条复听自己掌握薄弱的部分。因此，直播与录播相结合的形式，成为疫情期间教学效率最高、满意度最高的教学方式。

3. 课程作业

对于课程作业的接受度，课后阅读和独立论文得分最高，得分最低的是田野调查，其次是小组作业。受疫情影响，学生的活动受了很大限制，在此情况下要求学生进行田野调查其实是不合理的，也限制了很多选题的发挥。针对小组作业，一向口碑较差，而线上交流可能进一步加重小组内划水、联系不上人等问题。

在建议中，有同学提出论文要求应当更加明晰。这一建议的背景是调查显示论文等非即时考核形式较普遍；部分课程受到认可的原因是“字数压力不大，有时间打磨论文”“论文不多，有时间读书”。深度访谈中，也有受访者反映有些课程中，存在论文字数要求过高的现象。离开线下互动的线上教学更依赖非即时的论文作为考核形式，这一形式对学生运用知识、深入思考的要求更高，但教、学双方对于大量的论文写作都存在进一步调整的空间，教学中对论文字数、考核方向、课程考评分数构成等都应当结合实际和学生水平与意愿做合理调整。

4. 课上课下交流

线上教学中，学生和老师的交流互动也与线下教学有较大差异，主要体现为以下两大特征。一是文字交流成为线上交流的宠儿；二是网络技术促进了学生与老师的交流。这两个特征也存在相互关系。

文字交流在所有的交流方式中独占鳌头，87%的同学表示，所修课程中有老师采用文字的交流方式，52%的同学认为，文字是最佳的线上教学课堂交流方式。在线下教学中，学生和老师的课上沟通都是直接高效的面对面交流，按照惯性思维的方式，我们通常会认为线上交流中开语音或麦克风交流会成为主导，但恰恰是文字交流占据了上风。选择文字交流最佳的理由中，大部分人表示是因为“不尴尬”，除此以外还有“思考更清晰”“多人同时讨论提高效率”“避免信息在传输过程中减损”“方便记录和回看”等。

网络环境为学生提供了避免尴尬的交流方式——不露脸、匿名发表等，没有群众的目光注视，也不会泄露自己的外在身份信息，这种匿名或者“半匿名”的方式提高了学生发表看法提出问题的自信心和活跃度。这也是为什么文字交流会成为学生课上交流的首选。文字交流的环境下，只有姓名这一信息暴露，甚至可以匿名完全不暴露信息，减少了学生对于“说错了怎么办”等问题的担忧。而文字的记录和可回看性也便利了课堂讨论的回顾。同时，在网络环境下，语音、视频等更具有临场感的交流方式也为更及时的沟通提供了便捷。

此外，线上教学中，学生和老师的交流互动依然存在被动现象。有 80%的同学表示和老师有课上沟通，但在“是否会主动选择与任课老师进行交流？”这一题中却没有明显的主动性体现。

大多数同学表示，和老师交流受到了“平时分”这一项的影响，但通过观察发现，在线下教学过程中，尽管同样存在“平时分”，学生课上发言的积极性也明显少于线上教学，这也说明，虽然存在被动现象，但是“课堂讨论发言”这一项平时分在线上教学中才得以真正的体现和考核。

5. 期末考核

绝大多数人表示，线上教学的课程都在线下开学之前完成了期末考核，这表明线上教学也可以顺利地进行期末考试和教学情况总结。

受网络环境影响，期末考核的方式大多是提交电子版期末大作业，如论文、策划案、大设计等，或者是采用开卷考试，尽量回避线上闭卷考试带来的作弊等不良考试现象，其中 97%的同学表示参与了论文和策划案的考核方式。

51%的学生表示本院上学期的期末月(5月中旬至6月中旬)使人产生了焦虑情绪，37%的学生表示占用了休息时间。这也直观地导致了对于这些考核方式的认可度，学生更倾向于开卷考试的方式，而不是使用最多的论文策划案等。而在作业这一板块的调查中，学生对论文、读后感这些方式的认可度最高。由此可见，学生期待降低期末考核的负担，提高平时教学成绩的比重。

84%的学生表示，支持采用线上线下相结合的教学方式，以结合两种教学方式的优点。受调查的学生表示，线上教学方式存在方便交流、多媒体应用广泛、可回放等可取之处，减少了线下教学的时间成本，如在宿舍和多个教学楼之间奔走等(见图1)。

图1　关于“线上教学有哪些可取之处”的词频分析

6. 其他意见

学生们也指出了线上教学需要进行以下改进和规范。

①建议平衡不同课程线上教学中的作业和考核方式。防止论文或小组作业扎堆，增大学生的课业负担，占用比线下教学更多的课后休息时间。

②避免使用语音消息的方式上课，采用音视频的直播、录播方式，提高教学效率，同时也方便学生记录知识点，并同步上课。

③线上教学不能流于形式，完善线上教学的流程、考勤方式，规范上课环境。

四、深度访谈与分析

在问卷的最后部分同学自愿留下了联系方式，表示愿意接受采访。我们共联系到了四位同学，以QQ文字采访的形式，与他们沟通了关于线上教学的看法。

在这次案例并不多的线上采访中，我们发现最有趣的一点在于，对于课程的评价确实有较高的主观性。仅在受采访的四位同学中，就有一位同学给了同门课程最高评价，而另一位同学给了最差评价；在高校线上教学覆盖广泛的学生群体中，本身存在对课程和教学方法的各种偏好，而学生的学习习惯也有较大差异。因此在适应线上教学和评价课程、教学方法时，和线下教学一样，在不同个体间具有个性化和差异性，可能与线上教学本身的关联性较小。

在更深入的交流中，这四位同学也有一些共同的观点。第一，认为课程具有趣味性、案例丰富、讲解有逻辑层次是一门课程吸引学生的要点。课堂上，引用案例多、讲解生动有趣，或操作性更强的课程，更受到同学们欢迎。由于线上教学使用智能设备，屏幕的隔断使课堂交流更难抓住学生注意力，在无法限制学生跳转到其他应用或网站时，应通过更具有趣味性和操作性的教学内容弥补这一缺陷。第二，认为线上教学较之线下，“氛围”成为重要因素，即“学习氛围”缺失而“安逸氛围”出现。有同学将“学习氛围”总结为三点，空间意义上的氛围、时间延展性上的氛围(投入学习工作的日常流程)，以及个人思维习惯上对“屏幕”中介的抗拒。他们也提到，在家的舒适氛围、无强制的时间约束等，实际上不利于同学们保持自律、规范的时间管理状态，消磨了意志。在文化空间理论中，文化等要素同地理空间一起构成一个空间的整体，相似地，线下教室同样应被视为教学氛围和教室本身的结合体。一方面，教室是学生和教师身处的现实空间；另一方面，教室也构筑了学生和教师的课堂状态。在今后的线上教学中，应当注重对弥补教学“临场感”的探索，避免线下环境影响学生进入学习状态，如安逸的卧室环境同以往较严肃的课堂状态的差异。

五、结语

综合上述分析，基于新闻与传播学院 2018 级、2019 级同学的案例，可以发现线上教学是一个复杂的问题，涉及从线上到线下教学方法、教师与学生角色、场景缺失等各个方面的讨论。“线上教学”不仅仅是教学本身，还涉及其中无法缺席的硬件角色、无法弥补的线下人际交流缺失等，是这些综合因素共同构成了线上教学的图景。

疫情强制性地使教学转向线上，这种情况下，线上、线下两种迥异的教学模式形成鲜明对比。在这一过程中，也必然出现可以借鉴参考的优点，如缓解了部分同学回答问题的尴尬，提供了自由学习、自主学习的更大空间等。不可否认的是，对于某些课程而言，线上教学仅仅是实现了工具的转换，任课老师并没有根据线上背景与要求作出转变；疫情与线上教学某种程度上放大了现存问题，而非催生了新问题。如“照本宣科”等，在原先的教学中就存在，由于屏幕的隔断，其对教学的负面效果更严重了。

此外，后疫情时代的线上教学可以偏向直播与录播结合的方式发展。在课程作业、课后阅读材料的数量和要求上，应加以明确，避免“过犹不及”，为学生带来较大负担。教学中还应当充分重视学生教室“临场感”缺失的问题，弥补学生学习环境之间的差异及其造成的课程体验和学习效果的差异。

在未来，线上教学必然渗透到日常高校教学中，此次疫情中的经验也将成为未来改进线上教学的重要参考。我们期待将来能够看到更完善、更丰富生动的线上教学，为高校教学在后疫情时代的发展助力。

◎ 参考文献

[1] 钟秉林．互联网教学与高校人才培养[J]．中国大学教学，2015(9)：4-8.
[2] 房林．浅谈高校“线上教学”的现状、问题及嵌入路径[J]．市场研究，2018(12)：15-17.

疫情下高校思政课在线教学的误区及其辨正

耿春晓

（武汉大学　马克思主义学院，湖北　武汉　430072）

【摘　要】疫情期间，在线教学成为各高校完成思政课教学任务的首选方式。在此期间，人们对在线教学的认识发生着明显的变化，但同时也产生了一些错误的或片面的认识，其中，尤以“直/录播论”“无用论”“线下化论”“替代论”这四种认识误区最为凸显。认为在线教学就是思政课教师的在线直（录）播秀，是学生获取学习的资源数据库，是简单的线下教学转线上教学，是可以替代传统的线下教学的。这些误区是对高校思政课在线教学的目标和任务、重要性和必要性、特殊性和复杂性、功能作用等的片面认知，严重影响高校思政课在线教学的开展。若不及时进行辨正，将会影响在线教学的开展及未来的运用，不利于高校思政课教学模式的改革和创新。

【关键词】思政课；在线教学；误区；辨正

【作者简介】耿春晓（1992—　），女，山西平遥人，武汉大学马克思主义学院博士研究生，主要研究方向为思想政治教育基础理论与方法研究，E-mail：1101140974@qq.com。

在线教学是“运用互联网、多媒体、人工智能等现代信息技术进行教与学互动的教育方式”①，是高校教育教学实施的重要介质，是疫情期间高校思政课开展的主要形式。在此期间，高校思政课在线教学的地位逐渐上升，重要性越来越凸显，功能发挥更加显著，人们对高校思政课在线教学的认识发生着深刻的变化。但与此同时，也出现了一些认识上的论断误区，这些误区是对高校思政课在线教学的片面理解和片面解读，若不及时进行纠正和辨正，将会影响在线教学的开展及未来的运用。

一、误区一：“直/录播论”，认为在线教学就是思政课教师的在线直（录）播秀

疫情发生后，在线教学成为“停课不停学”“停课不停教”的重要承载方式，那么究竟什么是在线教学、如何开展在线教学就成为高校思政课在线教学首先要回答的问题，人们

① 左惟．趋势与变革：高校开展在线教学的几点思考［J］．中国高等教育，2020（7）：10.

对高校思政课在线教学的正确认识至关重要。但当前对在线教学的界定和在线教学的主体认识存在两种误区。

(一)把在线教学定义为一种直(录)播的课程

认为高校思政课在线教学就是在线的直播或录播课程。这一认识误区的产生主要是源于此次疫情期间部分教师为了上课省事方便，预先把要讲解的内容录好，在线上课堂中进行音频直播，让学生课上听已录好的音频课程即可。若有的学生因网络环境差而无法准时参与在线教学，则选择课程录播方式将事先录好的课程分享给学生，这就使得部分家长和学生认为思政课在线教学就是简单地在线直播或录播课程。

(二)把教师的在线教学等同于网红直(录)播

认为高校思政课教师的在线教学如同网红直播或录播，主要是将在线教学纯粹看成教师的直播"秀"或录播"秀"。认为高校思政课教师进行的在线教学就如同网红直播或录播的目的一样，网红直播是向大众推销产品、博取关注以期达到大众购买产品、产生共鸣，而思政课教师的在线直播是不断向学生推销内容、传递思想、灌输意志以实现学生思想统一、接受教育的目的，这一认识严重歪曲了高校思政课教师在线教学的功能和定位。这一观点的产生主要是由于部分教师除了正常的在线授课外，会在一些直播平台，如斗鱼、虎牙、YY 等直播平台开通自己的个人直播秀，引发了一系列反响，"网红教师"等字眼博得家长和学生的关注，致使有的人将思政课教师的在线教学等同于教师自身的直(录)播"秀"，认为是在展现教师自身的个人直播。

(三)辨正

对于第一种认识我们不能说它完全错误，但这一理解是有偏差的。这一观点对高校思政课在线教学的目标和任务存在一定的误解，有的教师可能只是为了完成教学目标和教学任务而进行直(录)播课，但高校思政课在线教学绝不仅仅是简单的在线直播或录播课程，因为高校思政课在线教学是不能脱离立德树人、铸魂育人等根本宗旨和根本任务的，在特殊时期，高校思政课需要借助在线教学平台，向学生进行教学内容的直播或录播授课讲解，但同时高校思政课在线教学授课过程中，需要充分考虑学生对原有课程内容的学习程度、对网络环境的诉求、对此次疫情相关事宜的关注的解答需求和一些在线不可控因素的应急处理等，而简单的直播或录播是不需要考虑这些因素的。通过高校思政课在线教学，在在线课堂交流中掌握学生的思想动态并及时进行引导，在在线课堂释疑解惑中及时发现并匡正学生存在的错误认知，这是思政课在线教学的弹性任务。

第二种认识很明显是对高校思政课教师的功能和定位没有理解到位。疫情期间，高校思政课教师进行的在线教学，肩负着引导学生正确认知、安抚稳定学生情绪、监督学生学业学习等职责；教师是高校思政课在线教学的核心主体，是学生在特殊时期思想指引、情感申诉、学习需求的重要引路人和监督者，"办好思想政治理论课关键在教师，关键在发挥教师的积极性、主动性、创造性”①。思政课是落实高校立德树人根本任务的主渠道。而思政课教师是这一主渠道发挥作用的核心力量，此次疫情的爆发，倒逼着高校思政课教师运用网络平台进行在线教育教学。在线教学的网络复杂性和此次疫情事件的突发性，对高校思政课教师提出了更高的要求，他们不仅要对网络平台娴熟应用，而且要把握此次在线教学的特殊任务，既要做好在线教学的相关工作，又要时刻解答此次疫情对学生带来的负面影响，还要通过剖析此次疫情背后所彰显出来的民族精神、爱国精神、抗疫精神等，为学生树立战胜此次疫情的信心。我们能看到许多老一辈的思政课教师为了开展好在线教学，也都尝试了各种第一次。第一次在线上面对学生讲课、第一次使用在线平台等，为了更好地上好这门课，他们虚心求教，也在不断学习各种技术的使用，不断突破自我，充分体现了思政课教师既要彰显“课程背后所承载的‘道’”，又需要用好“线上教学的‘术’”②。这是不同于当下盛行的那种泛娱乐化式的“网红直播”，高校思政课教师进行在线教学有其自身的功能和任务，也始终谨记自身的使命和责任。

为此，疫情期间的高校思政课在线教学，既不是简单的直播或录播课程，也不同于网红教师直播的个人秀，而是借助在线平台进行直播或录播，采用在线答疑、互动等方式，以班级为单位进行思政课的授课和释疑。通过思政课在线教学的“学习体验”③和互动引导，增强学生对党和国家战胜此次疫情和攻坚克难的信心，提升学生对党和国家的信任度，照顾和安抚好学生的负面情绪，并顺利推进思政课教学任务的实施和开展。

二、误区二：“无用论”，认为在线教学仅是学生获取学习的资源数据库

疫情期间，高校思政课在线教学无法像传统课堂教学一样，直接在教室电脑上展示 PPT 或通过版面设计在黑板上展现主要内容。而要让学生听得不那么吃力、学得不那么费劲、上得不那么无聊，高校思政课教师在进行在线教学前，往往会先将授课主要内容的 PPT、教学大纲等知识点材料上传，供学生课前预习、课中学习、课后复习巩固使用。但对于这种现象，有部分人指出，高校思政课的在线教学，仅仅是让学生获取学习的资源数据库，认为上不上这门课都是无所谓的，学生通过自学运用这些资源就可以掌握相应的知识，有了资源数据库完全可以自学，更有甚者，甚至断言高校思政课在线教学是没有用的。

（一）辨正

疫情期间，高校思政课在线教学的开展是非常重要也是十分必要的，有关高校思政课在线教学“无用”“上不上无所谓”等认识，忽视了高校思政课在线教学的重要性和必要性。

---

① 习近平主持召开学校思想政治理论课教师座谈会强调：用新时代中国特色社会主义思想铸魂育人贯彻党的教育方针落实立德树人根本任务[N]. 人民日报，2019-03-19(1).

② 周明明. 把握思政课线上教学的四个特性[N]. 中国教育报，2020-09-24(8).

③ 杨威. 论思想政治理论课的学习体验及其优化路径[J]. 马克思主义与现实，2019(6)：193.

1. 忽视了疫情期间高校思政课在线教学的重要性

认为高校思政课在线教学上不上都无所谓，只注重在线数据资源库的获取，错误地把已有的资料等同于高校思政课的全部知识和全部教学内容，大大降低和忽视了疫情期间高校思政课在线教学的重要性。需要指出的是，在线教学不等于在线资源的搬运，高校思政课开展在线教学时，会充分考虑学生对在线教学知识点和拓展扩充知识的要求或诉求，在授课时针对学生的不同需求等特殊情况对课件进行修改补充，或临时调整课程内容，需要充分考量到学生的可接受度和可理解度，这对于及时发现问题、引导学生正确认识问题是十分重要的。尤其是疫情期间，疫情防控的艰险、困难等给学生带来的震撼、波动和心绪不宁等心理，需要通过思政课在线教学进行鼓励、安抚；可以说，疫情防控是高校思政课社会实践的大课堂，疫情防控中所体现的凝聚力量、团结意识、爱国主义等精神，都是高校思政课在线教学的基本素材和基本元素，都需要通过在线教学及时为学生传递表达出来，从而充分发挥高校思政课在线教学立德树人的重要价值。

2. 忽视了疫情期间高校思政课在线教学的必要性

无论是教师提供的在线教学资源库，还是网络上现有的学习数据库，暂且不论这些资源数据库的优劣、好坏，它们仅仅是学生学习的辅助资料，是为了更好地让学生学习课程内容、更好地消化吸收和理解课堂知识，这些资料库并不能完全替代高校思政课在线教学。在特殊时期和网络发达的当下，高校思政课在线教学是非常有必要的，通过思政课在线教学的问答互动、在线平台作业提交情况，教师能够及时掌握学生的思想状况、能够为学生及时辨别学习资源、在线答疑释惑、及时引导和监督学生学习。尤其是疫情期间，高校思政课在线教学的开展，对于疏导学生学业焦虑心理、健康忧虑心理、安全卫生担忧心理和疫情引起的惶恐等心理是非常有必要的。为此，可以说疫情期间高校思政课所发挥的育人功能、心理安抚作用是不可替代的。通过开展高校思政课在线教学，对于及时引导学生正确认识和分析党情国情、正确分析和认识时政、正确认识和分析热点问题、树立正确世界观、人生观、价值观等都是非常有必要的。

(二)本节结论

综上所述，高校思政课在线教学并不纯粹是学生获取学习的资源数据库，因为通过高校思政课在线教学，学生除了能获取和掌握一定的学习资料，还能通过教师的在线讲解、答疑和引导，收获有厚度的理论知识、有深度的问题剖析、有温度的心理关怀和有力度的战疫信心。

三、误区三：“线下化论”，认为在线教学就是简单的线下教学转线上教学

在线教学是线下教学的重要辅助方式，从某种程度而言，在线教学是线下教学的一种

重要补充。但在疫情影响下，因无法进行线下课堂教学，在线教学就成为最主要的教学方式。但当前存在对在线教学方式的认识误区，认为在线教学就是简单的线下教学转线上教学。这种把在线教学作为传统线下教学模式的在线搬移，主要体现在两个方面：

（一）把在线教学看成简单的在线线下化

认为在线教学就是把线下教学的内容、流程、模式直接转为在线教学就可以了，简单地把高校思政课在线教学等同于线下教学转在线教学，这种观点忽视了在线教学的特殊性。这一误区的存在主要是源于部分教师在开展在线教学中，纯粹照搬线下教学流程，甚至有的教师仍然采用传统的直接念 PPT 的形式进行在线讲课，使得原本学习自觉性差的学生更加无法专注听课，出现“以前在教室里面设计好的‘包袱’，却在在线课堂中得不到学生的反馈”①的情况；也源于部分教师对在线教学理念不熟知、在线教学要求不熟悉和在线教学操作不熟练，在开展在线教学时仍采用老一套方式方法，跟不上新的教学理念和教学进程，致使部分家长和学生认为在线教学不过就是简单的在线线下化而已。

（二）把在线教学看成简单的“课堂搬家”

疫情发生以来，在线教学实际上仍处于探索和摸索阶段，很多高校要求可以适当降低在线教学的难度，着重对学生基础知识和基本功底的夯实，但这不等于把线下课堂知识直接搬运到在线教学，并不是搞简单化的“课堂搬家”，在线教学有其特殊性和复杂性。

（三）讨论

在线教学的实施，“是对我国近年来教育信息化发展成果的一次综合考验，也是充分利用信息技术创新教学模式的一次集中探索”②，在线教学是不同于传统形式的线下教学的，教师与教师、教师与学生、学生与学生之间，无法面对面坐下来探讨课程如何上、无法面对面授课问答、无法面对面互动交流，诸多线下的教学流程和教学模式不再适用于在线教学，在线教学对于教师的授课理念、授课能力、网络平台运用能力的要求更高，纯粹单一的 PPT 教学不适用于在线教学，而且高校思政课在线教学也有其自身的独特性和开展实施的独立性。疫情发生以来，高校思政课在线教学不仅要运用仍适用于在线教学的线下教学方式推动教学，也要在通过在线平台进行授课时关注到不同学生的需求，还要抓住此次疫情背后所体现的民族精神、所蕴含的民族大义和爱国情怀，通过在线教学更加形象生动地说明大力弘扬抗疫精神、爱国主义精神和民族团结的重要意义，发挥出高校思政课的独特价值。

与此同时，高校思政课在线教学，既要考虑到国家正在发生的大事、国家发展大势，又要考量到学校教学目标和教学要求、教师自身能力素养和媒介平台的熟练运用程度，还要考究各种网络信息对学生的影响程度、网络社会思潮对学生价值观的侵扰程度，更要考

---

① 李锋亮．线上教学，高校教师应做持久战准备[N]．中国科学报，2020-06-23(7)．

② 吴砥．在线教学的三个难点和三个误区[N]．中国教育报，2020-02-22(3)．

察到学生对思政课在线教学的特殊要求或特殊诉求，也要注意到资本主义国家借此次疫情对我国进行的多方面污蔑和攻击等一系列特殊复杂的国情、校情、师情和生情，以便推进高校思政课在线教学。

为此，高校思政课在线教学并不是简单地线下教学转线上教学，不是纯粹的“课堂搬家”，而是有其自身的特殊性和复杂性。思政课在线教学需要充分考虑在线平台的独特性和不可控性，考虑学生网络自主学习性及其在线课程的期待，考虑网络环境的复杂性和不稳定性，考虑教师的“在线”能力和应急答疑能力等诸多因素，所采用的教学方式、讲授的教学内容、施展的教学环节等都需要适时做出调整。

四、误区四：“替代论”，认为今后的在线教学可以替代传统的线下教学

（一）此论的片面性

高校思政课在线教学，打破了传统教育教学模式的限制，突破了时间和空间的制约，为今后高校思政课教学提供了一种新的教学模式和教学方法。而且疫情期间，在线教学所发挥出来的作用和功能是显而易见的，其重要性和必要性不言而喻。那么在线教学与线下教学要如何突破常规进一步提升教学质量，成为人们关注的一个焦点。

此时就有部分人指出，既然在线教学不仅能节约教学成本，还能突破时空限制，教师“教”得自由、学生“学”得也自由，那么今后的在线教学就可以完全替代线下的课堂教学了。这一认识显然是不对的。暂且不论疫情期间高校思政课在线教学是否做到了与线下思政课教学同质同效，就单从这一观点本身来看，它不仅夸大了在线教学的功能和作用，也弱化甚至贬低了线下课堂的重要性。

（二）讨论

疫情期间，在线教学确实凸显了其本身的优势、发挥出了诸多紧跟时代的功能，彰显了独特的价值，从表面上看，在线教学暂时替代了线下课堂教学，但那种认为今后的在线教学势必会替代传统的线下教学的观点，既忽视了在线教学现存的缺点，也没有看到和考量到线下课堂教学的优势和价值，没有正确认识到两者之间的逻辑关系。

1. 在线教学的问题

在线教学除了当前所凸显出来的价值外，也有其自身的不足和当下难以解决的问题。首先，表现在在线教学平台系统不完善且仍存在诸多不可控因素，在开展在线教学时，高校思政课教师“不得不借助腾讯课堂、钉钉、微信群、QQ 群等工具，在各大教学平台间不断切换”①，一旦在线人数过多，就会出现网络卡顿，甚至崩溃的局面，极易使讲的人、

① 陈雪珍．疫情影响下高校思政课线上教学的调查与思考[J]．前沿，2020(2)：102.

听的人丧失耐心和热情。一经打断讲解思路，很容易导致在线教学质量大打折扣，严重影响教师“教”和学生“学”的效果。其次，表现在在线教学中学生的思想转变难以把握，高校思政课在线教学能较好地调动学生的学习积极性和增强学生的学习体验性，但会慢慢消磨教师的主导和引领作用，学生极易受到网络中各种信息的侵扰，他们的思想安全问题需要思政课教师去发现和纠正，若纯粹开展在线教学，师生之间无法面对面沟通交流，极易淡化师生之间的情感交流、思想引导，学生的思想意识极易脱离正确价值的引领。长此以往，育人就会成为空谈。最后，在线教学并不是万能的，是不能替代线下教学的，高校思政课线下教学有其自身无法被取代的优势。传统的线下课堂教学能够使师生之间面对面地交流，“容易形成一种有现场感的集体交流氛围”①，师生间、生生间的互动是双向的甚至多向的，相较于在线教学而言，线下教学能较好地体现师生间的人文情怀。

2. 两者的正确关系

高校思政课在线教学的发生和存在绝不是要去替代线下教学，两者应相互补充、相互超越，在线教学超越现有的传统线下课堂教学的，传统的线下教学要充分运用在线教学平台，发挥在线教学的线上优势。如高校思政课的开展，可以更多地将课前内容的预习、课中学习活动的发起和推动、课后作业的巩固和答疑等放在线上进行，既为线下课堂的导入和知识点的检查巩固等节约时间，也可以让学生有更好的学习体验，更好地提升线下课堂教学的质量和效果。同时，线下课堂教学也可通过此次疫情为高校思政课教学改革带来的机遇，超越以往的教学模式，去构建一种新的教师教学和学生学习的生态。

为此，高校思政课在线教学是难以替代传统的线下课堂教学的，而我们要做的不是琢磨两者谁取代谁或谁替代谁，而应充分挖掘在线教学和线下教学的优势，不断摸索在线教学和线下教学的融合机制、混合式教育教学机制，让它们共同为提升高校思政课的教学质量服务。

◎ 参考文献

[1] 习近平主持召开学校思想政治理论课教师座谈会强调：用新时代中国特色社会主义思想铸魂育人贯彻党的教育方针落实立德树人根本任务[N]. 人民日报，2019-03-19(1).

[2] 杨威. 论思想政治理论课的学习体验及其优化路径[J]. 马克思主义与现实，2019(6).

[3] 吴砥. 在线教学的三个难点和三个误区[N]. 中国教育报，2020-02-22(3).

[4] 陈雪珍. 疫情影响下高校思政课线上教学的调查与思考[J]. 前沿，2020(2).

[5] 王竹立. 替代课堂，还是超越课堂？——关于在线教育的争鸣与反思[J]. 现代远程

① 王竹立. 替代课堂，还是超越课堂？——关于在线教育的争鸣与反思[J]. 现代远程教育研究，2020(5)：38.

教育研究，2020(5).
[6] 李锋亮．线上教学，高校教师应做持久战准备[N]．中国科学报，2020-06-23(7).
[7] 左惟．趋势与变革：高校开展在线教学的几点思考[J]．中国高等教育，2020(7).
[8] 周明明．把握思政课线上教学的四个特性[N]．中国教育报，2020-09-24(8).

信息化背景下高校本科教学改革初探
——以武汉大学信息管理学院为例

何善平
（武汉大学　信息管理学院，湖北　武汉　430072）

【摘　要】信息技术的快速发展推动了高校本科教学改革的进程，而2020年的新冠疫情也极大地推动了高校线上信息化教学实践。通过对武汉大学信息管理学院在疫情期间开展的教学活动进行调研及部分可视化，得出其教学方式在师生交流互动、科研启蒙、学生的国际化视野与自我管理方面具有一定优势，同时也存在开展条件与教学形式方面的不足，最后为高校开展信息化教学和推动本科教学改革提出建议。对当前广大高校课堂与信息技术深度融合以及推进教学改革，提升高校本科教学质量具有一定的借鉴意义。由于存在高校、学科等方面的差异性，未来的研究值得进一步深入。

【关键词】信息技术；本科教育；线上教学；教学改革；

【作者简介】何善平(2001—)，男，侗族，湖南怀化人，武汉大学信息管理学院本科在读，E-mail：2669984450@ qq. com。

一、引言

当前，我国网络信息技术与相关信息产业正迅速发展。互联网与越来越多的传统行业实现深入融合，“互联网+”思维正逐步推动我国各行各业的新发展，信息技术的快速发展推动了教育移动互联网的形成。[1]翻转课堂、混合式教学在过去的一段时间内均取得了长足发展。[2]2020年春季学期受新冠疫情的影响，绝大多数高校本科教学采用线上教学的方式进行。与此同时，线上教育的大规模开展进一步推动了信息技术与高校本科教学的融合，为推动信息化教学提供了重要动力。

新冠疫情期间，武汉大学信息管理学院(以下简称“学院”)围绕“停课不停学”目标充分依托线上平台开展线上教学，推动实现课堂教学改革与信息化教学发展。本文对学院疫情期间相关教学活动进行分析，总结其信息化教学过程中的优势与不足，以求为高校提高本科教学质量提供经验参考。

二、信息化教学模式概述

考虑课程特点与教学效率的原因，学院的师生在实际开展线上教学的过程中采取了众多可取的教学模式。根据师生互动与教学平台的情况，可以将学院的教学活动划分为线上同步教学、线上异步教学与混合线上教学三种教学方式。[3]

1. 线上同步教学

线上同步教学是指师生利用腾讯会议、腾讯课堂、钉钉、QQ 等线上平台开展直播教学课程，在学院的教学活动中多见于理论课的学习。此种模式相对而言具备较好的师生互动性，在一定程度上还原了线下课堂的部分特征，即在教学过程中教师与学生能够进行同步思考。教师在授课的同时，学生通常以文本消息或语音形式完成教学互动，此种方式得到了包含信息资源建设、目录学概论在内的课程的运用。

2. 线上异步教学

线上异步教学是指教师选用 MOOC、万方等平台的精品在线课程(一般由课任老师参与制作)，学生每堂课程完成一定时长的教学视频学习，教师在教学互动过程中主要发挥引导、答疑和补充的作用，将课程的自主权交与学生。此种教学方式的优势在于精品在线课程的制作往往需要教师长时间的准备，并得到了视频制作团队的帮助，因而在课程内容充实度、视频质量方面都比线上同步教学具备一定的优势。而其缺点也不言自明，由于制作时间的因素，当下学科动向和热点无法在课程中反映。此种方式得到了包含信息描述、信息产品与服务营销在内的课程的运用。

3. 混合线上教学

混合线上教学是指教师综合采用视频录制、PPT 演示录制以及直播会议课程的手段，实现同步和异步教学的融合，多见于实验课或者实操性较强的课程。此种教学模式切合实验课程教学所需要的细致指导，采用视频录制也让学生能够进行实验步骤的精确参照和课后回顾。在学生学习教学视频的同时，老师利用腾讯课堂等工具解说视频当中涉及的问题，以实验操作解说为主。此种方式得到了包含信息系统分析与设计在内的课程的运用。

三、信息化教学模式评价

学院在疫情期间开展信息化教学的过程中灵活地运用了多种教学模式以提高教学质量，在实际的教学活动中也取得了显著的成效。但不可否认的是学院的信息化教学仍处于探索阶段，在教学过程中存在一定的局限性。

(一)教学优势凸显

1. 教学交流互动增强

教学交流可以划分为师生交流与学生合作交流。受传统思想的影响，我国高校本科课堂的师生互动相对较弱。在大多数高校的教学活动当中，教师容易成为主导者，从而学生更多地选择被动听讲。[4]而在此次疫情期间信息化教学过程中传统课堂被转移到线上，老师与学生之间的距离更近，师生关系更加平等，更多的学生敢于在线上课程交流中展现自己的观点与想法。以目录学概论课程为例，线上教学内容及课程交流情况分别如图 1 和图 2 所示：

图 1　目录学概论讨论内容词云图

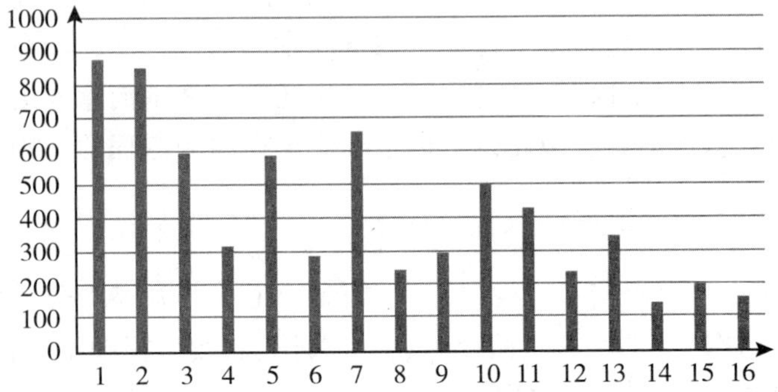

图 2　目录学概论每周讨论数分布直方图

从师生交流角度来看，教师通过 QQ 视频会议给出生活中的目录学问题，学生以 QQ 的方式积极回复教师的问题。看似传统的提问互动方式却由于线上方式的加持与教师的频繁引导，其课程互动质量与数量均取得了良好效果。通过对课堂讨论中 QQ 消息记录的可视化处理，可以清晰地看到通过教师引导、趣味问答等方式可以实现矛盾的转化，师生交流得到一定加强。

从学生学习合作交流方面来看，为研究在推动信息化教学改革过程中，线上教学与线下教学对于学生之间合作交流情况的影响，通过选取图书馆学系疫情前后两学期的教学形式相近的共 6 门课程，依据学生小组合作展示的名单，在进行小组合作的节点（学生）之间构建连边，可视化学生之间的合作网络并进行聚类分析。学生合作交流网络信息如表 1 以及图 3 和图 4 所示：

表 1　**疫情前后教学中学生合作网络信息表**

授课时间	节点数	连边数	聚类数	课程名称	课程性质
疫情前 线下教学	51	270	7	图书馆学基础	必修
				中国图书和图书馆学史	选修
				信息检索	必修
疫情后 线上教学	51	266	5	信息资源建设	必修
				目录学概论	必修
				信息系统分析与设计	必修

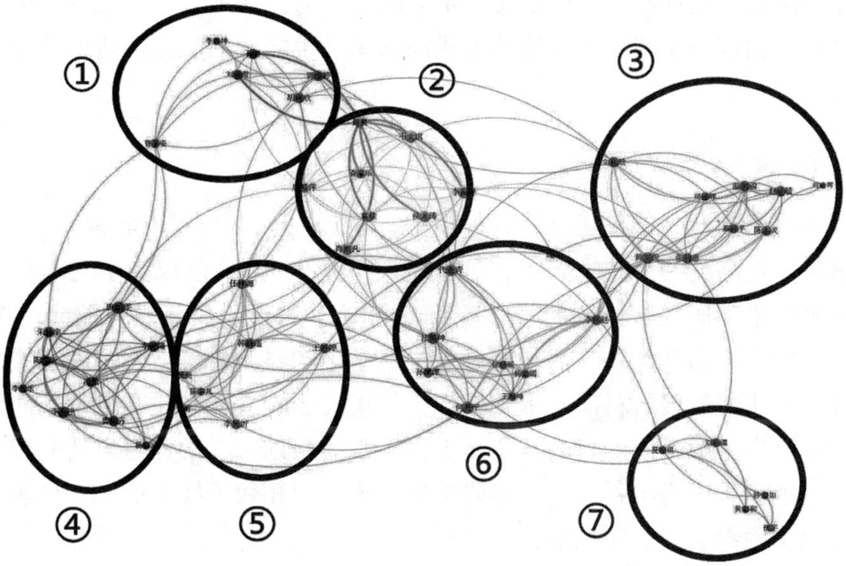

图 3　疫情前学生合作网络(7 个社群)

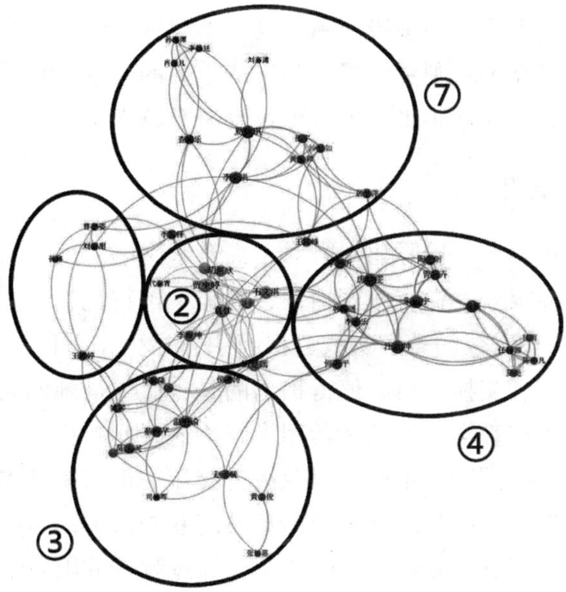

图 4　疫情后学生合作网络(5 个社群)

图中的节点代表学生，连线即代表合作交流情况，可以发现：疫情前后两个学期图书馆学系 51 位同学之间的连线数量分别为 270 与 266，两者相差不大。而进一步对其进行聚类分析之后可以发现，线下教学中学生的交流社群集合少了 2 个。在相近课程、人数的情况下，连边数量相近，但是社群却变少，在很大程度上是由于疫情期间学生们因学习任务需要而线上合作交流机会增多，导致原来一些社群(社群⑤和社群⑥)的节点与其他节点进行交互并融入其他社群，即原本交集不多的学生通过线上合作交流有了更为密切的联系。从中可以推测疫情期间线上交流的方式加深了学生之间的交流沟通，推动了合作交流与共同学习。

2. 科研启蒙教育加强

在推动双一流高校与学科建设的过程当中，“以学生为中心”的教育观念、教学方式，是影响教学质量提高的一个关键因素。[5]当前，“以学生为本”已成为学院本科教育的重要原则。在注重学生素质教育的同时，学院将本科学生的科研启蒙教育放到更为突出的位置。在疫情期间开展信息化教学活动的过程中，学生的科研启蒙教育得到了快速发展。

信息技术的快速发展对科研学术交流产生了重大影响，尤其是在疫情期间催生的线上学术会议为本科生了解科研的目的与意义提供了重要帮助。学院通过邀请领域内的专家开展众多的线上学术讲座为本科生走近科研提供渠道。而相较于线下的学术讲座，从时间成本因素考虑学生的参会意愿明显增强。

同时，由于交通、安全、经济等众多因素，之前本科生参与国际学术会议的机会较少。而在信息技术的帮助下，线上国际学术会议则成为这个问题的最优解。以学院在疫情期间主办的 ACM/IEEE 数字图书馆联合会议(JCDL 2020)为例，作为数字图书馆领域历史最悠久、学术性和影响力最强的顶级国际会议，学院推动了该线上会议与本科生科研启蒙教育工作的深入结合。在平时则更应倡导和支持学生的学术创新活动，注意吸收学生参与教师的科研项目，尤其要为低年级学生认识科研与了解学术前沿提供契机。[6]

3. 国际化视野提升

在高校本科教学过程中，国际化视野对于提升学生的思维方式、学习能力与科研潜力并将其培养为具备世界眼光，拥有中国情怀，彰显中国特色，道德高尚、能力较强的国际人才具有重要作用。[7]在以往的教学实践过程当中，学生拓展国际化视野的方式主要依托于寒暑期短期出国交流、交换项目。值得提出的是，此类措施的人群覆盖度的确有限。而正是疫情期间信息技术在教学中的实际运用为解决这一问题提供了答案。

通过充分利用教师的国际学术资源以及线上交流的形式提升本科生的国际视野。笔者查询学院官方网站得知，学院是国际顶级信息学院联盟(iSchools)的首个发展中国家成员，目前共有教授 43 位，副教授 30 位，讲师 3 位，通过频繁的国际学术合作与访学活动，超过 90%的学者具有出国留学或访学经历，其中去向以美国为主，如图 5 所示。

学院教师的国际学术资源较为丰富并存在巨大价值，将这一类学术资源成功地融入本科生的线上教学过程中无疑将为本科生的培育提供重要力量。[8]以学院疫情期间的图书情报学科专业英语课程为例，教师通过邀请全球顶级信息学院联盟 iSchools 创始人 David Fenske 以及美国加州大学伯克利分校的 Michael Buckland 教授进行学术交流分享，帮助学生了解国际图书情报学科领域的发展动态，提升学生国际化视野。

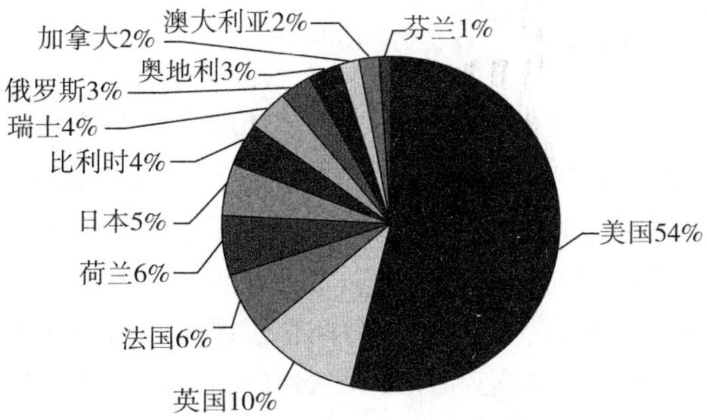

图 5　武汉大学信息管理学院教师出国交流分布图

4. 自主学习与管理能力提高

由于新冠疫情的影响，学院在进行信息化教学过程中仅能通过线上方式实现教师与学生们的交互。老师们在整个教学过程中的作用相对被削弱，知识的获取将进一步依靠同学们自身，这无疑对学生们提出了更高的要求。而在这一过程中，遇到的问题也成为倒逼学生提升自主学习与自我管理能力的动力。教师在这一过程中要发挥好引导、答疑和鼓励的作用，激发学生的求知欲和自学能力，提高学生的学习效率。

以信息描述课程和信息系统分析与设计课程为例，通过对网络教学平台学生观看时长记录的研究发现：相当一部分学生利用视频回放积极进行自学与知识复盘。尤其是信息描述课程，由于课程难度相对较大并且课程视频能够回看，同学们观看教学视频的时长显著增多，远超过了课程要求的 32 个学时，而课后实验报告的撰写也提升了学生对于知识的理解。信息化教学为学生回顾课程知识提供了更加方便的方式，通过视频回放学生进行自主学习的条件也得到增强。事实上，大学生的自我管理能力正是学生综合素质的重要体现，高校在加强本科知识教育的同时，也应注意学生自律习惯的养成。[9]

（二）教学不足体现

1. 开展条件相对严苛

在学院推动信息化教学过程中，研究发现一大难题便是线上教学的开展条件相较于传统课堂而言更为严苛。从教师教学的角度出发，线上教学平台多样化，提升了教师的操作难度，尤其对于适应了传统课堂的年长教师而言具有一定挑战性。同时，线上平台未及时闭麦问题也存在时常干扰教学秩序的情况。从学生学习的角度出发，首先线上教学对于设备、网络、学习环境的要求相比于传统课堂更高。而学生在不同线上教学平台的切换适应过程中，也会增加精力消耗，导致注意力的部分分散。由此看来，推广信息化教学过程中线上教学相比于线下教学的开展条件相对较为苛刻，难度更大。

2. 教学形式有待丰富

前文提及通过合适的方式能够实现师生交流互动增强。但从整个教学过程来看，线上教学这一形式缺失了线下教学的部分优势，单靠线上教学来取得课程教学效果并非易事。[10]一方面，实际教学活动的确难以全部开展。尤其是对相当一部分实验课而言，线下的面对面指导和实际操作过程显得必不可少。另一方面，线下教学的优势在于教师能够通过观察每一位同学的表情、声音、状态等适时调整授课内容的深度和进度，而仅限于文字的沟通交流难以确定学生的学习状态和保证课堂秩序。正是在此背景下，仅依靠线上的信息化教学存在教学形式单一化的问题，从而难以保证教学质量。

四、信息化教学改革建议

根据学院在疫情期间开展信息化教学过程中体现出来的优势与不足，结合目前开展信息化教学的现有经验提出笔者自身的一些建议，希望能够为学院继续深入推进信息技术与本科教学深度融合，推动教学革命提供部分帮助。

1. 整合优质教学资源

疫情期间，学院教师无论选用何种线上教学模式在开展教学活动的过程中都产生了相当数量的课程视频、文档等学习资源。部分教师采用腾讯课堂等具有回放功能的平台授课时，学生能够充分利用这一功能进行教学内容的深度学习，部分优质教学资源的利用率便得到了大幅提升。

信息化教学也离不开线下教学。从线下教学资源的利用上来看，国外高水平大学的部分举措具有重要借鉴意义。通过将线下课堂的完整录像和讲义资料上传学校门户网站，通过校园网络访问的方式既为学生的学习提供了帮助，又在一定程度上留存和保护了学校独有的教学资源，可谓一举多得。

因而在信息化教学的推动过程中，建立存储学校本科教学视频、讲义等优质教学资源的信息门户网站显得意义重大。

2. 完善教学基础设施

在推动信息化教学与教学改革的过程当中，教学基础设施的完善也显得尤其重要。疫情期间的线上教学在一定程度上反映出学校在教学基础设施等方面的建设仍然不够完善。例如线上授课平台和考核平台的多样化虽然体现了本科教学的灵活性，但也体现出标准化的网络教学平台建设工作不够完善。同时，在线上教学过程中，学生教材的获取也成为一大难题。图书馆作为教学科研服务机构，目前虽然已经实现了教材数据库的初步建设，但是教材种类较少，难以满足教学需求。此外，线下教学教室紧张、部分教室电源缺失、校园网络不稳定等问题始终存在，在很大程度上将影响信息化教学的开展。因而完善教学基础设施对线上以及线下教学都显得尤其重要。

3. 综合利用线上线下的优势

前文在讨论推动信息技术与课堂教学融合的过程中，始终注意对线上教学与线下教学两种形式的探讨。线上教学具有课程灵活、开拓视野等众多优势，而线下教学则在面对面体验、学习氛围等方面具有优势。在经过深入实践探索之后发现两种教学形式各具特色，推广混合式教学的意义重大。而打造线上线下双重课堂对于教师传授知识和学生学习知识提供了极大的便利。当然，目前线上线下融合教学过程中存在的不足之处也应引起足够的重视，要积极进行优化和改正，使其服务于教学活动，始终围绕以学生为中心推动课堂教学改革。[11]

五、结语

信息技术的快速发展为推动教学改革提供了无限可能。线上教学和线下教学的推广与融合始终是值得长期思考的话题。新冠疫情在某种程度上推动了线上教育的深入实践，武汉大学信息管理学院在疫情期间开展的教学活动对提升本科教学水平具有相当的可取之处。当然在推广信息化教学的过程中应该始终注意克服线上线下教学存在的不足，教师应转变教学观念、学生应转变学习观念并提升信息素养。[12]总而言之，高等学校应当在大数据时代坚定不移地推动信息技术与课堂教学的深度融合，推进课程教学改革，提升本科教育质量，为建设中国特色社会主义培育出高质量人才。

◎ 参考文献

[1] 刘佳佳，方迎香，左伟芹．移动互联网对本科院校教学模式改革的影响研究[J]．教育教学论坛，2020(34)：155-156.

[2] 宋艳玲，孟昭鹏，闫雅娟．从认知负荷视角探究翻转课堂——兼及翻转课堂的典型模式分析[J]．远程教育杂志，2014，32(1)：105-112.

[3] 毛茜，魏佳佳，赵观兵．"互联网+"背景下高校本科混合式教学应用与管理研究[J]．行政事业资产与财务，2020(16)：117-118.

[4] 亢晓梅．师生课堂互动行为类型理论比较研究[J]．比较教育研究，2001(4)：42-46.

[5] 刘献君．论"以学生为中心"[J]．高等教育研究，2012，33(8)：1-6.

[6] 段华洽，王朔柏．深化教学改革　创新教学模式——高校本科课堂教学模式创新研究[J]．中国大学教学，2009(4)：35-37.

[7] 史晓婷，霍祥湖．高校学生国际化视野提升有效路径探析[J]．教育教学论坛，2020(36)：108-109.

[8] 刘庚．引导海归教师参与学院国际化建设方法的研究[J]．教育教学论坛，2019(2)：192-193.

[9] 宣裕方．论大学生自律意识的培养[J]．学校党建与思想教育(高教版)，2006(11)：

52-53.

[10] 王玉生，宋晓燕，张天杰．线上线下结合的教学模式探索[J]．华北水利水电大学学报(社会科学版)，2019，35(3)：39-42.

[11] 颜正恕，徐济惠．线上线下一体化“互联网+”个性化教学模式研究[J]．中国职业技术教育，2016(5)：74-78.

[12] 谢幼如，邱艺，黄瑜玲，等．疫情防控期间“停课不停学”在线教学方式的特征、问题与创新[J]．电化教育研究，2020，41(3)：20-28.

线上教学效果与课堂革命的反思

——来自普通学生的视角

魏宇辰

（武汉大学　经济与管理学院，湖北　武汉　430072）

【摘　要】突如其来的新冠疫情深刻地影响了我们日常生活的方方面面，作为武汉大学在校的一名普通本科生，本文从学生视角并结合自身体验反思了疫情下线上教学的优势与不足，对未来信息技术革命下的教学革命提出了自身的期待与担忧，为“教与学革命”提出了一些见解。

【关键词】线上教学；教学革命；学生视角

【作者简介】魏宇辰(1999—)，男，辽宁大连人，武汉大学经济与管理学院本科生，E-mail：weiyuchen1999@ whu. edu. cn。

随着信息技术的高速发展，社会进入“互联网+”时代。互联网企业主动渗透到各行各业，借助技术优势，迅速“颠覆”了传统实体行业固有的思维定式。变革的时代需要变革的思维，互联网信息技术的快速发展，也为教育未来的变革之路提供了新的动力和路径。近年来，各高校也在努力尝试“互联网+高校教育”这一崭新的线上教学模式。2020 年突如其来的新冠疫情更是令线上教学由线下教学的辅助手段摇身一变成了主要的教学方式。那么线上教学的效果究竟如何？师生的体验与评价又是怎样？本文将从一个普通在校大学生的视角给出答案。

一、线上教学的体验与收获

2020 年年初，新冠病毒疯狂肆虐，在医务人员前赴后继与病毒殊死搏斗的同时，后方的教育战线也做出了“停课不停教、停课不停学”的安排①。在疫情最为严重的武汉，武汉大学的线上教学也有条不紊地开展着：学校首先使用学习通与珞珈在线平台将每位同学的选课信息导入所选课程，由任课教师在平台上对所有学生发布授课通知与安排。接下来，通过 QQ 群、微信群、钉钉群、腾讯课堂、腾讯会议等方式进行线上授课与互动。尽管有时会出现网络卡顿、延迟以及麦克风、摄像头等技术问题，整体来看，授课效果还是

① 教育部. 关于在疫情防控期间做好普通高等学校在线教学组织与管理工作的指导意见，2020-02-04.

比较理想与成功的。特别值得一提的是，武汉大学为每一位本科生提供了线上学习的补助金，许多老师更是克服重重困难完成了正常的授课。以我个人的体验为例，每位老师都尽职尽责地安排课堂教学与考核：有的老师为了能够更好用板书讲解证明推导过程，同时使用了多个电子设备和平台；有的老师为了保证期末考试的公平客观，对每位同学“私人订制”了试题；还有的老师更是成为“网红名师”，录制了全部课程的视频放置于平台上供同学们反复观看学习，如此种种不胜枚举。

以我所上的博弈论课程为例，老师在开课之初便告诉大家更好的网络课程资源和材料资源，不强制必须在线现场听课，可以自由选择课后回放自学，同时老师更是在每节课中间询问大家的掌握情况与难易程度，做到了充分的交流与沟通。除此之外，线上教学中为师生参与互动提供的技术支持和心理支持是最令我惊喜的。我平日在线下课堂很少在课堂上与老师交流，一方面是线下授课时间宝贵，一般我很难组织好提问的语言，因此不愿意打断老师的思路；另一方面自尊心理和压力也使我不愿意当众发表观点。但线上课堂一方面因为老师看不到同学的反应急需得到学生的反馈，另一方面线上教学互动主要是通过文字来表达，学生便有较充分的时间组织语言，可以在没有听众压力的情况下表达出清晰的观点，更容易获得学习的成就感。比如在行为经济学课程中，我们充分借助了弹幕的功能，进行了许多有趣的线上行为实验，深刻体会了所学知识的现实应用与体现，妙趣横生又印象深刻。

但同时，线上教学对于我们普通学生而言，使得正常学习的成本大大增加，不仅需要保证在家里有一个良好的学习环境，更要尽力克服在家导致的放松感以便全身心投入学习状态。以我个人的经验为例，我在学校的教室里上课，不仅有浓厚的学习氛围，更有身边共同努力的同学做伴，效率很高，成就感也很强。但疫情使我们只能留在家中学习网课，注意力很难长时间集中于课堂，更容易被网络中其他事物所吸引。更为关键的是，线上学习不仅缺少身边的学习氛围，也缺少必要的督促方式，这样更容易使我们陷入自欺欺人的假用功状态。最后结课的考核也很难达到在校时的严格程度，我们的学习动力更容易被消磨。当然我们的付出和各位老师，特别是身处武汉的老师相比显得微不足道，再次向各位疫情中坚持授课的老师们表示感谢。

二、线上教学的优势与价值

课堂教学是现代学校教学的主要组织形式，其最显著的特点是固定化和确切化，这样有利于保证教学效率和整体学习质量，但也有明显的缺欠：如只能在规定的时间和场所进行教学活动，所需的教育教学成本较高，同时也不利于满足学生个性化发展需要，知识拘泥于老师的讲授和课本。在线教学则突破了这种固定性和封闭性，使教学时空变得开放自如。其重要优势包括：时空开放化与虚拟化不再需要固定的物理性空间，节约了成本。同时线上教学几乎能够无限反复进行，有利于学生复习、理解和巩固，体现了个别化学习优势。

当然，线上教学除了拥有由于教学过程和方式的独特性带来的优势以外，还对全社会的发展有着更为深刻的影响与重要价值。首先，基于互联网的教学为拓展优质教育资源创造了条件。“慕课”“云课程”等基于互联网的教学模式大大降低了学习者享受优质教育资源的准入条件，为学习者带来了极大的便利，有利于加速优质教学资源的拓展，满足社会和公民对于高质量教育的迫切需求。其次，线上教学的多元与便捷可以有效促进教育公平，打破传统教育的时间和地域限制，使学习者可以在几乎任何地点自主学习，在很大程度上改善了目前优质教育资源配置不均衡的现状。最后，在线课程的建立为我国高校向国际化高水平方向建设发展提供了拓展的平台。

三、线上教学存在的主要不足以及反思

当然，我们既需要肯定线上教学的积极意义与巨大优势，但也需要考虑线上教学目前的不成熟与缺点。固然疫情之下的应急性线上教学十分仓促与不完善，但即便是以在线教学为主的开放大学和网络教育也没有完全取代实体课堂，这说明其存在着严重的不足与局限性。

首先，线上教学大部分仅仅是线下课堂搬到网络上的无奈之举，并未真正发挥信息技术的优势。线上教学本来应该具有的开放性、灵活性、差异性等特点没有得到体现，课堂呈现依然是固定化、封闭化、同质化的内容，只是换成了网络时空上的固定、封闭和同质。自然，这种水平的线上教学，还很难谈得上完全取代实体课堂、推动课堂根本的革命。这既说明传统教学的自身逻辑依旧有其存在的合理性，也间接说明现代的线上教育无论在理论、技术上还是应用上都没有达到较为理想的地步。课堂革命并不是教育技术自身所能突破的，信息技术发展只是课堂革命的条件，而能否推动课堂革命实现归根到底取决于人们对信息技术创新性运用的程度。

其次，信息技术的飞速发展固然带来了丰富的知识与获得它们的便利性，但这些知识往往是开放的、零碎的、非结构的、非逻辑的，线上教学虽然可以保证灵活性和个体化，却缺少了线下教学中老师对信息的整理与选择，更缺少了老师对学生除了知识以外的精神教育。比如，我们选择武汉大学，不单单是为了学到在别的学校也能学到的书本知识，更渴望在校园环境里学到社会性品质、态度、情感和观念，而这些是不可能在线上教学中获得的。

最后，线上学习需要我们具有极强的自主学习能力和自律性，而这一点是大多数学生难以做到的。清华大学科学家以其教学选课系统的日志数据为切入点，对线上教学前后同期学生的学习、生活特点进行了解读。他们根据 HTTP 协议的特点对日志数据进行了清洗和整合，并以不同的视角对数据进行可视化和分析，发现学生在脱离了校园环境后，访问教学选课系统的会话量下降了 25%～47%，使用移动设备访问系统的人次下降了约 7%，系统平均浏览时长下降了约 8%。他们认为，线上教学期间学生对于校园学习、工作的积极性发生了明显的下降，需要学校更加重视对学生积极性与学习能动性的调动，从而提高教学质量。家庭和学校是两个不同维度的空间，长期以来，在人们的认知中，“家”是让人感到安逸而舒适的特定空间，“学校”相对来说更讲规则，是知识交流的空间。在安逸

的空间内将自己置身于一个规则明晰、知识输出与知识获取的场景之下，需要教师和学生双方凭借自制力来克服心理舒适区，做到高度自律。

四、“教与学革命”的理想与现实

教与学革命同时蕴含两层含义，一方面意味着高校教学理念、过程、方法与技术等一系列整体性范式的转变，另一方面也意味着学生学习观念、习惯和方式的转变及其创新意识的加强。而现代信息技术与教学过程的深度融合，被普遍视为实现这一革命的重要手段和路径。在疫情暴发之前，这一革命的概念还多停留在概念和倡议上，传统教学理念及其模式依然根深蒂固，信息技术革新与教学过程改进大多相互独立。这一次大规模在线教学，虽然形式上是应急之举，但就其实质而言，意义是全方位的，影响是深刻而长远的。

由上述实际体验和分析，我们可以发现传统教学与线上教学各有优势和不足。因而，展望未来，实现这一革命应充分发挥信息科技与教育教学融合发展的创新优势，促进高校线上线下教学融合发展，使得既能突破传统教学的时空限制并发挥教师在教学过程中的主导作用，又能充分体现学生作为学习过程主体的主动性、积极性与创造性。这种融合表面上看是新技术与传统教育的融合，实际上也是课程平台多种功能、多种资源、多种学习方式、多种考核评价方式的融合。

实现教与学革命，首先是教师的教学范式需要作出革命性转换，利用和发挥现代信息网络技术的优势，超越“教师讲、学生听”的旧有模式，打造翻转课堂。我校文建东老师便是这样的一个杰出代表，近年来，他借助慕课等线上优质资源相继开设了微观经济学、宏观经济学等课程，取得了较好效果。我十分有幸曾参加了其中的学习，在课堂上文老师通过精选、布置和推送慕课资源让学生线上自主学习，并在网络上与大家交流、引导，真正实现了从过去传统的“先教后学”到“先学后教”的有效转变。这样的课堂不仅使我们学习到了线下课堂的知识，也收获了线上独有的来自老师的引导和启发，从而使我提高了独立思考和解决问题的能力，同时也培养了对经济学的学习兴趣，为我后来的转专业提供了重要支持。因此。我认为翻转课堂和混合式教学不失为现代信息技术对传统教学的有效改造形式。它既保留了传统教学的优势，又提高了学生的参与性和学习热情。

当然，学生作为教学的参与者和学习的主体，是教与学革命最终有效实现的落脚点。单靠教师客观的教学观念和模式的转变远远不够，还必须以学生主观的学习观念、习惯和方式的转变及其创新为前提条件。在这次线上学习过程中，部分同学不免存在自主学习能力较弱、自律性不足的问题。这固然与一直以来的应试制度有关，但我们更应该寻找主观原因，应该正确看待学习的意义，端正学习态度，改变自身学习方法。除此之外，我们当代大学生与学校各位年长的老师相比，信息技术意识、能力和素质基础普遍较好，因而我们同时也应该合理利用网络提供的丰富知识和信息，以推动教与学革命。

教与学革命除了要改变人的观念和方法，更离不开技术与制度的支撑。从这次线上教学的体验过程中，我们很容易发现仍缺少稳定而高效的统一线上教学平台。这样的平台不应该仅仅是线下课程被简单搬到线上，更应该是师生间良好互动的有效平台，可以实现集授课、答疑、指导、考核等多功能集于一体。另外，国家部委以及各高校应重视信息素养的提高及其与传统教学的融合，如出台相关政策促进大学教师信息化素养的不断提升，鼓励学生提高自主学习能力等。

跳出信息技术这一单纯的载体，这次疫情对我们实现教与学革命更重要的启示其实是：要确立超前意识和应变意识，主动提升应变和求变能力①，主动接受新知识、新技术和新理念，这不仅对教与学，更对人生有着重要意义。

◎ 参考文献

[1] 孔啸，刘乃嘉，张梦豪，徐明伟. COVID-19 疫情前后高校在线教学数据分析[J]. 清华大学学报(自然科学版)，2021，61(2)：104-116.

[2] 刘振天，刘强. 在线教学如何助力高校课堂革命？——疫情之下大规模在线教学行动的理性认知[J]. 华东师范大学学报(教育科学版)，2020，38(7)：31-41.

[3] 陈武元，曹荭蕾. "双一流"高校在线教学的实施现状与思考[J]. 教育科学，2020，36(2)：24-30.

[4] 刘振天. 一次成功的冲浪：应急性在线教学启思[J]. 中国高教研究，2020(4)：7-11.

[5] 谭永平. 混合式教学模式的基本特征及实施策略[J]. 中国职业技术教育，2018(32)：5-9.

[6] 钟秉林. 互联网教学与高校人才培养[J]. 中国大学教学，2015(9)：4-8.

[7] 房林. 浅谈高校"线上教学"的现状、问题及嵌入路径[J]. 市场研究，2018(12)：15-17.

① 刘振天. 一次成功的冲浪：应急性在线教学启思[J]. 中国高教研究，2020(4)：7-11.

新冠疫情对劳动与社会保障专业教学内容和教学形式的影响及建议思考

蔡舟青

（武汉大学　政治与公共管理学院，湖北　武汉　430072）

【摘　要】2020年新冠疫情使社会各界共同面对一张艰难的“考卷”，全国高校教学也面临着巨大的挑战与机遇。本文从劳动与社会保障专业的角度，剖析了疫情对该专业教学内容和教学形式带来的影响，提出要在后疫情时期强调社会保障功能、“互联网+社会保障”社会保障应急机制等内容教学的建议，并依托于疫情时期开展线上教学的背景，提出社会保障专业线上线下融合教学模式的构思。

【关键词】社会保障专业；教学内容；教学形式；新冠疫情

【作者简介】蔡舟青(2000—)，女，湖北荆州人，武汉大学政治与公共管理学院本科在读，E-mail：962735300@ qq. com。

一、研究背景

2020年年初，一场突如其来的疫情打乱了所有人的生活节奏。社会保障作为国家治理体系的重要组成部分，在维护社会稳定，保障人民健康，解决人民医疗后顾之忧，促进就业，保障困难群体的生活以及促进经济发展方面发挥着重要的作用，是社会的稳定器和安全阀。劳动与社会保障专业是综合性的、跨学科的、培养扎实的社会调查和研究能力的专业。如何科学调整教学方案和教学内容，使人才培养目标与社会需求相吻合，是教学研究的重要内容。社会保障在本次疫情中发挥的重要作用和新的发展趋势是下一阶段社会保障专业教学的重要导向。因而有必要对本次疫情中催生的诸多有关社会保障的热点问题进行总结，探讨其对后疫情时期社会保障专业教学内容的影响，以提高学生时事敏感度和专业分析能力为目的，采取多样化的教学方式全方位提高教学质量。

针对新冠疫情对高校正常开学和课堂教学造成的影响，教育部印发《关于在疫情防控期间做好普通高等学校在线教学组织与管理工作的指导意见》，要求采取政府主导、高校主体、社会参与的方式，共同实施并保障高校在疫情防控期间的在线教学，实现“停课不停教、停课不停学”。各高校应充分依托各级各类在线课程平台、校内网络学习空间等，积极开展线上授课和线上学习等在线教学活动，保证疫情防控期间教学进度和教学质量。

因而对此有必要做一个系统的梳理，总结反思线上教学对社会保障专业教学形式的影响，深入探讨线上教学的优势和教学过程中出现的问题，考虑在后续的常态化教学中如何充分利用线上教学的某些有效做法，促进后疫情时代线上线下融合教学模式的发展。

二、疫情对社会保障专业教学内容的影响

1. 强调社会保障功能在疫情中的发挥，增强学生学科自信心和归属感

社会保障在本次疫情中发挥了保基本民生、保医疗救助、保市场主体、信息收集、增强政府公信力等基础性作用。

就基本民生方面来看，首先，本次新冠疫情导致大量企业停工停产，国内生产和消费受到重创。2020 年一季度，我国 GDP 同比下降 6.8%；其中，第一产业同比下降 3.2%；第二产业同比下降 9.6%；第三产业同比下降 5.2%。① 而企业的经营状况直接导致了严重的就业问题，并且刚好与春节假期重叠，导致返工困难，就业总量压力加剧，结构性矛盾非常突出，失业水平可能达到新高。② 而失业保险金则在其中发挥了保基本民生的作用，确保失业人员及时足额领取失业保险金，对就业困难人员和疫情严重地区，通过发放失业补助金的方式保障群众的基本生活。

其次，各级机构通过网上受理、初审待遇申领等方式，按月预发养老保险待遇，确保参保人权益。对于领取待遇人员未按期办理资格认证的，不暂停待遇的发放。这些措施都保障了民众的基本生活不因疫情产生太大的影响。

在医疗救助方面，首先，人力资源和社会保障部等在 2020 年 1 月 23 日就表示，工作人员发生的相关费用，由工伤保险基金和单位按工伤保险有关规定支付。这些措施能使从事患者治疗和护理等人员感到安心，并对因疫情感染病毒的医护人员在治疗费用、疗养费用上给予补偿。再者，早在 1 月 22 日，国家医保局就会同财政部确定了对确诊和疑似患者实行先救治、后结算的总要求，同时，经办机构预拨专项资金用于新冠肺炎医疗救治。这些措施对确保患者得到及时有效救治、控制疫情蔓延发挥了重要作用。

在市场主体方面，国家通过免征中小微企业三项社会保险单位缴费部分，对大型企业等其他参保单位三项社会保险单位缴费部分可减半征收的规定，帮助企业纾困。在信息收集方面，医疗保险机构和医院之间建立的信息系统以及对参保人员基本情况的掌握，可以显著确认疑似病例、确诊病例身份，获取社保基金的支出信息等。还可以通过失业保险金的领取状况评估就业形势，通过企业社会保险费的缴纳状况评估企业经营形势等。③

---

① 田盛丹．新冠肺炎疫情及其应对政策对我国宏观经济的影响——基于可计算一般均衡模型的分析．消费经济，2020(6)：1-19.

② 莫荣，陈云，鲍春雷，黄湘闽．新冠疫情与非典疫情、国际金融危机对就业的影响与对策比较分析[J]．中国劳动，2020(1)：16-30.

③ 王旭．分清角色 相互衔接——突发公共卫生事件与医疗保险关系的思考[J]．中国社会保障，2003(9)：20.

在增强政府公信力方面，因为养老保险、医疗保险、工伤保险、失业保险在保民生、保治疗方面发挥了巨大的作用，从而使民众能够更加相信政府的力量，同心抗疫。例如在控制疫情方面，医保提供了很好的资金支持，能够让老百姓放心、主动去看病，相信政府处理公共危机的能力，在行动上配合国家"应收尽收、应治尽治"的防疫政策，不因费用问题延误治疗、继而造成更大范围的传播。

学生专业选择的信息来源主要是基于网络信息和自媒体的渲染、高年级学长的宣讲会、家长的意见以及专业老师的影响，再加上很多学生认定专业好坏主要依靠就业率、热门度、毕业薪资等指标，部分学生对于社会保障专业是缺乏自信的，认为其是一个"冷门""鸡肋"的专业，缺乏学科认同感。以前的社会保障专业教学往往更注重于理论知识的学习，且由于社会保障政策可能离大部分学生的生活比较遥远，学生很难全身心投入地体验社会保障在维护社会稳定中所发挥的作用。我国的社会保障体系日益健全，在抗疫中发挥了"稳压器""安全阀"的职能，本次的疫情不失为一个契机，借助学生对疫情和社会保障的真实体验，让学生加强学科自信和归属感，培养学生民生情怀和社会责任感。在后疫情时代的教学中，要重点强调社会保障体系在本次疫情中发挥的重要作用，通过大量数据、案例、视频等方式引导学生了解劳动与社会保障专业在经济社会发展中的地位与作用，让学生意识到社保知识并非空中楼阁，增强学生的学科认知，激发学生专业兴趣。

2. 强调"互联网+社会保障"的重要发展趋势

新冠疫情下的社会保障具有联合互联网的强大功效。社保部门利用"互联网+政务服务"，结合各自的实际工作情况和特点，积极研究引导参保人员和用人单位实行"不见面"办事，大力推行"网上办""掌上办""电话办""邮寄办"等非接触办理方式，探索容缺受理和事后补交材料等经办模式，并且利用信息系统对社保经办各个环节进行监管，及时制止和发现违法违规行为。① 例如，国家医保局、国家卫生健康委联合印发《关于推进新冠肺炎疫情防控期间开展"互联网+"医保服务的指导意见》(以下简称《意见》)，明确常见病、慢性病患者在符合条件的互联网医疗机构复诊，诊疗费和药费可依规进行医保报销。《意见》明确，对符合要求的互联网医疗机构为参保人提供的常见病、慢性病线上复诊服务，各地可依规纳入医保基金支付范围。互联网医疗机构为参保人在线开具电子处方，线下采取多种方式灵活配药，参保人可享受医保支付待遇。医保部门加强与互联网医疗机构等的协作，诊疗费和药费医保负担部分在线直接结算，参保人如同在实体医院刷卡购药一样，仅需负担自付部分。这一政策打通了互联网医疗的医保支付通道，将有利于减少群众就医购药时的交叉感染风险，使群众享受在线医保结算的便捷服务。问题快速处理、质量效率提升等，为构建现代化社保网络打下基础。所以，从长远发展角度出发，利用互联网及相关技术对加快我国社保体系现代化建设十分关键。

传统的社会保障专业教学忽略了数字化对社会保障的影响，如社会保障概论、社会保险等学科基础性课程所使用的教材并没有突出互联网的重要作用，在课堂教学中也并没有

---

① 罗玉兰."互联网+"与社保基金安全[J].中国社会保障，2020(4)：76-77.

关于“社会保障+互联网”的专题学习内容或者案例探讨。在推动社会保障数字化转型的浪潮下，在打造社会保障“千里眼”“顺风耳”的时代形势下，越来越多的人祈盼着更加高效便捷的社保经办服务，同时也有许多问题需要集思广益。如何在“互联网+社会保障”的背景下提高居民的满意度？此种模式是否会影响社保基金安全？它对网络安全技术和人力资源管理又提出了怎样的挑战？在新环境下应该如何定位社保分中心的角色与作用？如何创新互联网医疗模式？在课程中融入“互联网+社会保障”的有关内容，可以让学生通过案例分析和文献阅读加深与互联网的交互，意识到自己的专业与这个时代的进步发展紧密相连，认识到互联网对社会保障建设的巨大作用，深度剖析“互联网+社会保障”模式所存在的问题，紧跟时代热点，主动思考探究。

3. 强调社会保障应急体制建设的思考

在本次疫情中，社会保障在保基本民生、保医疗救助、保市场主体、信息收集、增强政府公信力方面都发挥了重要作用。但面对重大突发公共危机事件发展速度快、破坏力强、影响范围广的主要特点，常态化、一般化、标准化、严格化的社会保障应急机制尚不完善。社会保障不仅要有应对平时普遍性风险的能力，而且要有应对突发性风险的功能。这次疫情应对中，各主管部门体现了主动性，但因缺乏相应的应急机制，可能出现政策性漏洞甚至与现行制度冲突的情形，还因地方各级主管部门一时难以跟上新政策的步伐而存在落实不到位的情况，财政责任的分担将是后续工作中的一个难题。① 同时，这次出台的众多政策性文件几乎都是临时性、一次性文件，其中有许多合理的规定可以且应当被纳入现行制度安排。如非典期间的养老金及时发放政策、失业保险金发放政策以及医疗保险费兜底政策在此次新冠疫情中都得到了延续，没有较大改变。说明此种社会保险政策在应对公共卫生事件时具有常规性和一般性，可以将其纳入专门的应急机制，避免再有公共卫生事件发生时依旧采取临时性一次性的文件解决，难以统筹，也耗费时间和资源，使各级政府在面对危机时能够从容应对。

社会保障应急措施具有明显的应急性和临时性，如何建立起稳定性和灵活性有效统一的社会保障应急机制是当下研究的热点问题。传统的社会保障理论教学是系统的、固化的、静态的，而有关社会保障应急体制的教学是全新的、动态的和有针对性的。切入公共突发事件的视角，能让学生更加系统地了解我国社会保障体系和应急管理体系，挖掘最新的前沿热点与科研进展。通过让学生了解在本次疫情中各省市的社会保障应急行为和应急水平的差异，让其深入探讨如何快速识别公共危机导致的社会保障需求、应急保障物资协同调配的难点问题、社会保障应急管理信息公开制度的必要性、短期社会保障应急政策所带来的长期影响、本次疫情中的社会保障应急政策是否具有延续性等问题。

① 鲁全．重大突发公共卫生事件应对与社会保障治理能力现代化——“抗击新冠肺炎疫情与社会保障研讨会（通讯）”观点综述[J]．社会保障评论，2020，4(2)：3-6.

三、疫情对社会保障专业教学形式的影响

如今，面对面的讲授法仍然在劳动与社会保障专业课程教学中占支配地位。这种教学方法缺少对学生学习行为和学习方法的应有关注，也缺少师生互动。① 为贯彻落实教育部文件精神，武汉大学劳动与社会保障专业根据校情学情制定了疫情防控期间在线教学实施方案，对在线教学的资源选用、平台支持、教师教育技术培训、教学督导与教学管理等进行细致安排。学生利用钉钉、QQ、微信等平台进行线上学习，教师从台前走向幕后变身“主播”，与学生“隔空喊话”，积极探索多样化网络教学模式。新冠疫情时期的教学形式有着巨大的改变，而信息平台和技术手段对教学过程的全面渗透更是重中之重。下面笔者将结合线上平台的利与弊，提出后疫情时代劳动与社会保障专业“线上线下”融合教学模式的构思。

1. 线上教学平台的优势与劣势

(1)优势。首先，线上平台教学有利于学生克服心理障碍，使其能更加积极表达观点。在线下课堂上，学生往往对发言有着不同程度的心理障碍，而线上课程的开展避免了一些不便当面交谈的尴尬，具有平等的畅所欲言的交谈优势，每个人都能通过文字勇敢地表达自己的观点，是教师和学生进行交流的良好渠道。其次，在线教学的一个优势在于能使资料展示更具灵活性和多样性。在学习某一个知识点时，老师可以提相关知识点的问题，让学生去找答案，把知识点转化成学生主动去探究的问题，大大提高了学生的主动性。另外，因为社会保障专业的教学常常涉及大量的数据展示、政策分析等，老师可以把不同的知识点转化成不同形式的媒介，运用图片、数据表格、视频、音频等元素构建课程的知识体系，实现知识的可视化，提高学生的学习兴趣。最后，在线教育在空间、时间上具有明显的优势，学生可以在任意场合、任意时间进行学习，不再局限于线下的课堂学习，节约因去固定地点学习造成的时间成本、人力成本和交通费用等。很多网络教学平台是直播加录制的方式，均有课程回放功能，如果在直播时间无法参与学习，学生可以回放上课视频，使得学生学习知识的途径更广泛。

(2)劣势。首先，线上教学平台缺少表情和肢体语言展现，无法得到及时反馈。线上教学大多采用的是观看名师视频、录课或是直播的方式授课，老师在授课过程中观察不到学生的反应，学生也不能第一时间将自己不太懂的地方反馈给老师；教师在线下课堂中往往通过生动的表情和肢体动作来对知识进行举例说明，吸引学生的学习兴趣，进而促使课堂氛围更加轻松。而线上教学使师生的互动缺乏互通性，双方隔着一层“冷冰冰”的屏幕，无法及时传达教学热情和接收反馈，不能促成课堂的良性互动。其次，课堂效率和教学质量受到挑战。线上教学更强调学生的主动性和自控力，学生和老师隔着屏幕，老师无法了

---

① 姚贱苟，覃浩文．新趋势下劳动与社会保障专业课程教学的问题与改进[J]．教育观察，2019，8(31)：55-57.

解学生的实时状态，如果有学生走神或者做其他事情，老师根本无从得知。在线上学习的过程中，由于签到、点名等形式都具有一定的不可控性，学生可以随时随地打开身边的网络终端加入或退出课程群。当无法形成一定的学习氛围时，学生很难做到自觉地学习。最后，线上教学具有一定的局限性，不是所有的劳动与社会保障专业课程都完全适用于线上教学。选择作为网络教学的课程，知识的更新周期较长，一般基础性的课程较为适合，例如：管理学、公共管理学、社会保险等，而具有基础性但难度较高的课程如高等数学、线性代数、保险精算这类课程并不适用于线上教学，它们往往需要大量的课后练习且理解难度较高。

2. 后疫情时代“线上线下”融合教学模式的构建

(1)课前平台选择。“工欲善其事，必先利其器。”为实现高质量交互，采集学习成效数据，需要综合利用智慧教学工具、网络交互工具，智慧教学工具可解决数据实时采集和反馈的核心问题，不同网络教学平台的稳定性、教学功能、题库功能、运营功能和控制功能都具有不同的特点。笔者总结了在疫情期间比较受欢迎的几款平台的功能和特点(见表1)，教师可以根据课堂人数、课程内容要求以及课程性质的不同多元化地选择在线教学工具。

表1　**不同网络教学平台的功能比较**

功能	雨课堂	智慧树	超星学习通	阿里钉钉	腾讯会议(课堂)	QQ	好分数	ZOOM
视频直播	支持	不支持	支持	支持	支持	不支持	不支持	不支持
PPT+语言直播	支持	支持	支持	支持	支持	不支持	不支持	不支持
屏幕共享	支持	不支持	不支持	支持	支持	支持	支持	支持
课堂互动	支持	支持	支持	少量支持	少量支持	不支持	支持	少量支持
板书	支持	不支持	支持	不支持	不支持	支持	支持	支持
学生发言	文字、图片	文字、图片	文字、图片	视频、语音	视频、语音	均可	均可	文字、语音
课程回放	支持	即将支持	支持	支持	不支持	不支持	支持	无
过程数据	全面	有	师生数据	无	无	无	有	无
控制	举手、签到、弹幕、投稿	签到	签到	连麦、签到	控麦、禁言	禁言、封禁	禁言、封禁、锁屏、禁音、踢出	禁言

(2)课程流程设计。本次疫情期间线上教学的经验应被应用到“翻转课堂”教学模式的设计中，成为加快线上线下融合教学的契机。劳动与社会保障专业“线上线下”融合教学

模式流程设计见图 1。

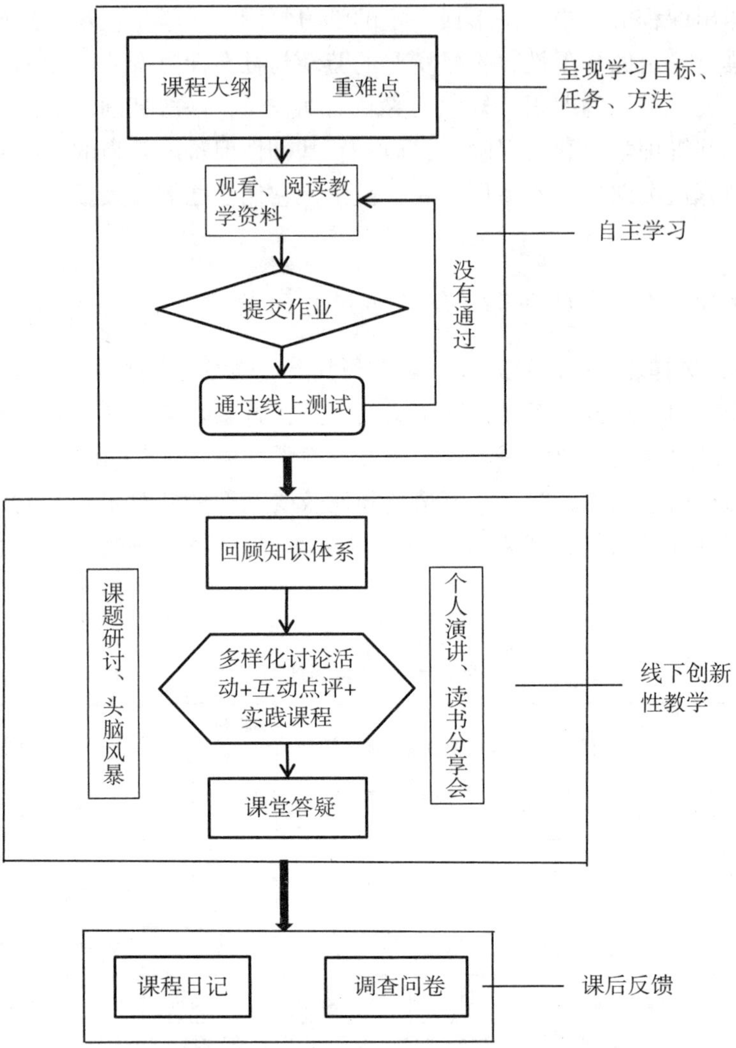

图 1 “线上线下”融合教学模式流程设计

教师应重视课前预习，通过线上平台发布视频、PPT、图片、网络链接、课程大纲及重难点等，呈现自主学习任务，包括学习目标、学习方法、学习内容和要求，让学生认真观看和阅读视频、论文、书籍等与课堂教学有关的资料，做好课前准备。学生的预习情况将影响课堂活动的参与度，必要时可设计课前小测验以督促学生预习。

课上需要提供大量的多样化的教学活动，如课题项目研讨、头脑风暴、答疑讨论、小组作业、情景模拟、案例分析、个人演讲、读书分享会、思维导图制作等活动，避免线下教学活动的单一化，多途径地提高学生的自主学习能力，同时也要通过提问、接龙、随机抽签等方式帮助学生回顾线上学习的知识点。另外，可以多增加实践课程，如探访当地社保机构、养老院、人社局、医院等。

课后及时发放课程问卷或采取“课程日记”等形式引导学生积极表达自身在学习中遇到的困难。定期发放课程问卷或收取“课程日记”，了解学生对“课程进度能够适应”“课堂讨论主题新颖具有吸引力”“开设讨论空间交流顺畅”“在线批阅作业情况”“教学资源能满足学习需求”“技术操作流畅程度”等指标的满意度，或者召开以班级为单位的师生教学论坛以共同商讨上述问题，以便从学生的角度发现线上教学中存在问题。

从监管体系方面来说，可以利用随机签到签退、微助教抽签、线上提问、线上抢答、互动留言、线上讨论发言、随堂小测、问答接龙等形式及时提醒和督促学生完成相关任务并监督学生认真听课，提高课堂效率，可以在各功能环节设置奖惩机制，纳入课程考核体系，吸引和引导学生主动学习，提高学生的上课注意力；也可以利用如“学习通”等软件的后台监管数据，对学生退出界面次数和时长做记录，分析学生的学习情况。

(3)教学内容调整。首先，针对劳动与社会保障专业教学实时性的特点，我们需要将上文论述过的社会保障在突发公共事件中的功能发挥、“互联网+社会保障”、社会保障应急机制等紧贴时事的内容纳入后疫情时代的教学，并采用多样化的教学形式提高学生的学习兴趣。在课堂上，除了必要的理论讲解之外，更加需要优化教学过程提高教学效率。如，就“互联网经办模式是否会影响社保基金安全”的主题组织学生展开一场辩论赛，锻炼学生搜索资料、组织语言的能力；也可组织学生利用手机平台或到当地社保经办机构了解在互联网背景下社保经办发生的种种变化；还可以在课堂上组织学生现场讨论，绘制社会保障应急体制设计的思维导图等。更要鼓励将这些内容纳入专题学习研讨，由教师发布调研题目，组织学生进行小组讨论并撰写调研报告，提升学生的思维活跃度和学科专业度。其次，根据课程性质的不同合理运用线上模式，合理调整线上线下教学的课时。上文提到一些课程，如西方经济学、保险精算、公共危机管理、风险管理等，这类课程或是理论性强、难度大、涉及大量的作图和计算，或是需要得到学生的实时效果反馈，或是实践性较强理论性较弱，更适用于线下教学，可将线下教学课时提高到2/3总学时，而其他更侧重于理论体系教学的课程可将线下教学课时缩短到1/2总学时。

四、结语

新冠疫情对社会保障专业的教学内容和教学形式都带来了重大影响。后疫情时代，在教学内容方面，社会保障在疫情中的功能、“互联网+社会保障”、社会保障应急机制等内容应成为劳动与社会保障专业的教学重点；在教学形式方面，线下教学仍为主要形式，但在信息化数据化的大背景下，也需总结线上教学优缺点，使其成为常规教学的重要补充手段，并在高校教育创新和教学改革中发挥重要作用。

◎ 参考文献

[1] 田盛丹．新冠肺炎疫情及其应对政策对我国宏观经济的影响——基于可计算一般均衡

模型的分析[J]. 消费经济，2020，36(3)：42-52.
[2] 莫荣，陈云，鲍春雷，黄湘闽. 新冠疫情与非典疫情、国际金融危机对就业的影响与对策比较分析[J]. 中国劳动，2020(1)：16-30.
[3] 王旭. 分清角色 相互衔接——突发公共卫生事件与医疗保险关系的思考[J]. 中国社会保障，2003(9)：20.
[4] 罗玉兰."互联网+"与社保基金安全[J]. 中国社会保障，2020(4)：76-77.
[5] 鲁全. 重大突发公共卫生事件应对与社会保障治理能力现代化——"抗击新冠肺炎疫情与社会保障研讨会(通讯)"观点综述[J]. 社会保障评论，2020，4(2)：3-6.
[6] 姚贱苟，覃浩文. 新趋势下劳动与社会保障专业课程教学的问题与改进[J]. 教育观察，2019，8(31)：55-57.

辩论出真知，思政更鲜活

——中国近现代史纲要课程“翻转课堂”方案讨论

李明威　王春燕

（武汉大学　动力与机械学院 经济与管理学院，湖北　武汉　430072）

【摘　要】受疫情影响，武汉大学2020年上半年部分课程转为线上进行。在该学期的中国近现代史纲要课程教学过程中，2019级动力与机械学院、2019级经济与管理学院和2019级物理学院部分班级的学生，在宋俭老师的指导下，由各课头课代表合作设计并开展了基于网络平台的“翻转课堂”方案——“半辩论式”课堂讨论。该教学模式充分利用了互联网的优势，最大限度消除了线上课程带来的消极影响。

【关键词】中国近现代史纲要课程；“半辩论式”翻转课堂；线上教学；自主讨论

【作者简介】李明威（2000— ），男，海南琼海人，武汉大学动力与机械学院本科生在读，E-mail：827003783@qq.com；王春燕（2000— ），女，云南昆明人，武汉大学经济与管理学院本科生在读，E-mail：485743769@qq.com。

一、概述

翻转课堂（inverted classroom）是一种重新确定课堂内外时间分配的教学形式。翻转课堂把课堂放置在学生学习阶段之后，将传统教学理念中要在课程结束之后的吸收、巩固等活动调整到学生在上课的过程中完成[1]。学生通过自主查阅书籍、查找网络资料和学习教师发布的教学资源，对新知识进行初步理解；在课堂上，通过教师设置的任务和项目，运用所学知识进行具体实践。总的来说，翻转课堂的特点可以概括为以学助教、以教促学、学以致用。

现今，互联网在课堂尤其是高校课堂扮演的角色越来越重要。过去的教学活动中仅仅将互联网当作发布通知、分发作业的工具（应用如群聊、邮箱）。目前，随着网络的普及，优秀的网络平台和APP（如中国大学MOOC、超星学习通等）成为高校补充课上知识、巩固已有知识的重要工具。在疫情期间，网络会议平台（如腾讯会议等）、网络直播课平台（如腾讯课堂）甚至一体化学习平台（如钉钉等）成为高校有效弥补网上教学弊端的有力手段。

可以预见，在未来，高校办学的重要方向之一便是加快信息化课堂、智慧课堂的建设和发展，完善线上、线下课堂配合的架构，充分发挥"互联网+教学"的有利优势，提供更高效、更多元的教学平台和方法。而在众多方案中，翻转课堂的优势不可忽略：一方面，翻转课堂促进师生提高利用互联网进行学习、获取信息的能力。另一方面，翻转课堂的普及，势必会促进更优质的线上学习资源的增长和更新，最终形成一个良性循环。

在2020年上半年，我们设计并尝试了一种通过翻转课堂形式，以学生自由辩论为主要内容的讨论课程。课前学生自拟主题、自主搜集整理材料，在课上通过辩论的方式，加深对于中国近现代史纲要课程的理解，学会在用宏观角度总结历史的同时，补充具体事实加强观点；在反思历史得失的同时，思考现今建设中国特色社会主义遇到的挑战和可行的方法。在课后，通过有效的总结和评比，学生得以了解知识上的不足和错误认识。在整个过程中，学生不仅是参与者，同时也是组织者、策划者。

二、"半辩论式"翻转课堂探索背景

受2019年年底新型冠状病毒疫情的影响，2020年上半年武汉大学大部分本科教学活动转为线上进行，其中就包括常规课程讲授。在线上课程开展期间，相关问题层出不穷，其中，比较难解决的就是学生到课不积极、课堂参与度不高、授课效率效果难以达到预期等问题。其原因为在全新的平台，即线上平台上，未能充分考虑实际情况，而继续沿用传统的教学方式，导致旧方法不能解决新问题。传统课堂是实体的、立体的，老师能够通过课程签到等方法敦促学生到课；实体课堂的氛围下，老师和学生的实际互动和交流也保证了课堂的学生参与度和授课效率与效果。而线上课堂是虚拟的、平面的，老师并不能实时了解学生的听课状况，学生也不能提供及时的反馈。

为了应对以上情况，充分发挥和利用线上平台带来的优势，同时避免其为教学开展带来的消极影响，"半辩论式"课堂讨论模式成为结合学校传统以及学生特点而探索出来的全新课堂模式。

三、"半辩论式"翻转课堂介绍

(一)特点

与传统课堂中辩论形式不同，线上展开的半辩论式课堂所呈现的特点是流程更简洁，内容更丰富，从而克服了互联网授课在场地和沟通交流上带来的障碍。

在流程上，考虑到线上教学的实际情况和课程实践，我们将主体的辩论环节简化为自由辩论，保证了辩论活动的有序性和可控性。除了辩论环节后的观众提问和教师点评，在辩论开始之前，我们增设了背景介绍环节，由小组展示的形式既向不参与辩论的作为"观众"的学生交代辩题所联系的历史背景，也深化参与辩论的作为"辩手"的学生对辩题的理解，有效防止了观点偏离辩题、论据脱离史实的情况。

(二)具体实施

课前准备阶段。课代表将下一次课上辩论的课题发给某一小班(一个大班分为两个小班)，该小班经过线上讨论和协商后，进一步以小组为单位细分任务：确定一个负责梳理主题脉络(以PPT等形式)的小组和若干负责准备辩论的小组。负责梳理主题脉络的小组兼负设计辩题和活动反馈的任务。另一小班的学生则以小组为单位，提前设计好向辩论小组提出的有关问题。

课程开展阶段。学生准时进入由课代表创建的线上课堂虚拟空间并签到。主持人(课代表)负责维持课前纪律，及时将到课学生麦克风静音、摄像头和屏幕共享关闭。主持人宣布课程开始，首先进入约10分钟的主题脉络梳理环节。在该环节结束后，主持人结合PPT介绍第一个辩题和双方辩手所持立场等信息，进入第一次辩论。每方有10~15分钟(依班级人数和课时而定)的自由辩论时间，轮流进行辩论。在此过程中，主持人须负责计时和提醒工作。一次辩论结束，主持人随机抽选2名学生向任一辩方辩手提问，提问和回答总时间不超过10分钟。若干次辩论结束后，由教师对学生课堂表现进行点评。课程结束。

课后总结阶段。课代表对单次课堂活动进行总结，将课前准备阶段学生线上讨论的情况、课程开展阶段优秀辩手的发言内容等以文字、图片等形式整理成文件，发放到课堂群组中，供学生保存、反思和复习。

总的来说，这样的课堂讨论模式中，学生在课前准备阶段就已经完成了传统课堂上要进行的信息整理和知识学习；课上辩论是以学生为课堂主角，观点交锋、唇枪舌剑地探讨历史问题的精彩阵地，为学生提供运用知识和材料的平台；课下总结则是收获成功、反思自身、改进课堂的重要契机。既有形式创新，又有总结反思，辩论进课堂，提高了学生参与的积极性，充分激发了高校思政课的活力。

(三)优势

1. 课前细致分工，保证学生明确任务、各司其职

“半辩论式”课堂讨论模式涉及不同职能的小组，其中包括辩题准备组、主题脉络梳理组、成果报告组等，参与辩论的小组也需要确定不同的持方，因此，在课堂讨论开始前一周，课代表就会组织小组长进行抽签确定各组分工。明确各组分工后小组长便可以组织组员展开调研，在小组内又各有分工，结合学生自身特长可轮换进行多种任务，充分满足了学生个性化发展的需要。课前的分工越细致，学生越容易明确目标，也会更出色地完成任务。

2. 学生“反客为主”，课堂参与度提高

“半辩论式”课堂讨论模式的方案从提出、研讨到修改成型全部由学生代表完成，课前的小组分工采用完全民主的抽签方式进行，每次辩论的题目由专门的小组提前展开调

研，充分了解历史主题的特点并找出可能产生争论的焦点，最后给出可辩论的题目。辩论开始前的主题脉络梳理虽然采用传统的 PPT 讲解形式，但是给出了清晰的历史时间线，有助于学生形成完整的历史概念，也为后续辩论奠定基础。在课堂辩论时，每一位学生都有充分表达自己看法的时间，老师只是作为一个倾听者，最后起到画龙点睛的作用。这样的课堂讨论模式改变了以往少数人讲、多数人听的局面，为学生搭建了充分展示自己的平台，让学生树立起"课堂主人翁"的意识，提高了学生的课堂参与度，提升了学生的课堂获得感。

3. 引导学生深度研讨，提升学生的自主探索能力

"半辩论式"课堂讨论模式特别强调学生在辩论中的思想交锋，注重引导学生阐发富有深度的见解。比如，在课堂上教师要求学生在课下广泛阅读、深度思考、重点研讨，理解思政课的内在逻辑体系，从而改变了以往学生不重视该课，认为思政课没有思考深度的刻板看法。通过思政课的深度研讨，学生不仅能提升自己的思想政治素养，更能在潜移默化中锻炼自己的自主探索能力，学会与人合作，为日后的科研活动奠定良好的基础。

4. 消除互联网教学弊端，发挥线上课堂优势

"半辩论式"课堂讨论模式以解决线上教学过程中出现的主要问题为主要目标，以"翻转课堂"的以学生为中心的模式，解决了学生到课不积极、学生课堂参与度不高和教学效率低、效果差等问题。

传统课堂中的教学载体是黑板、课本等，教师和学生只有面对面才能完成知识传达，而在翻转课堂中，这样的局面得到了彻底转变[2]。依靠互联网，学生和教师得以打破地域限制，使得教学安排更加灵活。同时，利用科技产品和网络，学生能够以各种形式保存线上课堂的学习资料，如利用录音、录屏功能记录课上内容等。

(四)问题和不足

1. 网络问题对教学活动造成影响

学生与学生、学生与老师沟通的主要途径是网络，而网络故障、设备断电等原因导致生与生、生与师无法及时取得联系的情况时有发生。在线上课堂，网络不稳定或网络故障等原因导致的教学进度延缓偶有发生。

2. 课头人数多与单次课程时长的矛盾

学生人数较多的课头，小班分组较多，一堂课上进行辩论的次数更多。因此，在实施上述方案的过程中，由于课程时长的限制部分环节如自由辩论和观众提问环节的时间就要缩短。这导致了辩论不深入，辩论活动带来的思考不深刻的问题。同时，各个环节之间的衔接也显得比较仓促，不同任务的学生小组的准备时间不充分。

3. 相比实体辩论式课堂的不足

传统的辩论赛程，激动人心的不只是选手语言上的对峙和思想上的交锋。人们关注的还有选手在发言时的面部表情、肢体语言等。线上课堂虽然尽可能地还原辩论场景，但无法完整地将选手的整体状态呈现出来。同时，实体课堂针对辩论式课程进行的教室布置而带来的真实的辩论赛氛围，也是线上课堂难以达到的。

四、总结

高校思政课是充分落实大学生思想政治教育工作的主阵地，如何改变传统说教式的教学，如何避免将思政课变成纯理论课程，是目前高校课改不得不面对的问题。“半辩论式”课堂讨论模式的引进，突破了传统课堂的局限，使得每一位学生都积极参与到课堂中，让思政课变得鲜活具体可感，更让学生从思政课中获得满满的成就感。

◎ 参考文献

[1] 邓静．基于合作学习的“翻转课堂”教学模式在研究生专业英语教学中的思考与探究[J]．科学咨询：教育科研，2019(12)．

[2] 党建宁．基于移动社交网络的大学翻转课堂教学模式研究[D]．兰州：西北师范大学，2016.

从学生视野看网络化下大学“课堂教与学革命”

何　难

（武汉大学　水利水电学院，湖北　武汉　430072）

【摘　要】一场突如其来的新冠肺炎疫情对学校的教与学带来了巨大冲击，总结应对新冠肺炎疫情以来大规模在线教育的经验，利用信息技术更新教育理念、变革教育模式刻不容缓。在疫情防控常态化下，大学教育应贯彻新发展理念，立足网络化开展“课堂教与学革命”，其方向是线上线下混合式教与学模式，学校、教师、学生三个层面都要围绕这一方向适应变化，顺势而为，创新大学教育方式，推动大学教育高质量发展。

【关键词】大学教育；课堂教与学革命；高校线上线下混合式教与学

【作者简介】何难（2001— ），男，湖南株洲人，武汉大学水利水电学院本科在读，E-mail：294279146@qq.com。

一、疫情期间线上教与学的回顾

一场来势凶猛的疫情阻碍了学子们回“珈”学习的步伐。响应教育部“停课不停教，停课不停学”的号召，从2020年2月中旬伊始，武汉大学通过在线教学，保障春季教学的正常进行。无法回“珈”的我们，通过手机、电脑等信息媒介，在家中开启了新学期的学习。

（一）磨合阵痛期面对的问题

磨合阵痛期最大的问题是：无论是学校、老师还是家长、学生，都是被迫应对、毫无准备、缺少经验。作为学校和老师，对于线上教学需要慢慢摸索经验，线上教学课堂管理对学校和老师都是一种全新的挑战，老师们对教学平台的要求也不同：腾讯会议，腾讯课堂，QQ视频通话，中国大学MOOC……作为家长和学生，头一次如此大规模地面对线上教学，我们既有对“家里蹲大学”的自嘲，也有对线上授课的新鲜感。从线下到线上的突然转换，对于刚刚经历了一个特殊的寒假的大一学生来说，是需要一个适应和磨合的过程的。尽管我们提前安装和熟悉了各个教学软件、平台的操作，并在各个软件、平台间不停地切换到位，但在前半个月的上课过程中，还是遇到了很多问题。

1. 师生对线上教学的适应

首先，在家中线上听课，就免不了在上课时间会由于各种原因说话。我们在上课的时候，就经常有同学忘记关闭麦克风，在课堂上发出各种各样的声音从而干扰老师讲课和学生听课。再加上每个班级都有几十甚至上百个学生，所以在线上教学的初期，因为个别同学没有关麦而发出声音的课堂小插曲几乎无法避免。

其次，还有一些和老师配合的问题。喜欢手写板书的老师，有时候会出现写着写着就超出摄像头范围的情况，而更钟情于PPT授课的老师，有时候也会遇到PPT未在共享屏幕上翻面的情况。这时候会有同学在聊天页面提醒老师，可如果老师讲到兴起时，没有看到聊天消息，就需要一个“壮士”勇敢地打开麦克风告诉老师。这种师生配合的不足或多或少降低了上课的效率。

2. 教材与设备的问题

几乎没有人想到放了寒假后会在家里待这么久，很多本学期要用到的教材被放在学校里没有带回来，所以线上教学也绕不开教材的问题。一些同学会选择在网上购买教材，或者打印电子教材。也会有很多同学不得不考虑成本的问题，所以合理地运用电子教材和课件就成为比较好的选择。但电子教材也存在一些问题，比如教材版本与老师授课教材的版本不同，影响听课；比如一些地方会存在输入错误，干扰阅读。

不能忽略的还有设备的问题，大多数同学是能够满足两至三台设备需求的。也有部分同学只有一台设备，他们在直播授课已经占用了一台设备的情况下，是没有办法再打开教材进行辅助学习的，这在一定程度上会对他们的学习效果造成影响。

3. 网络信号的问题

很多同学有相同的感触：线上教学的前半个月遇到的所有问题中，最主要最核心的还是家庭网络不畅的问题。经历过的同学都知道，想要听课而受到阻碍的委屈心理，很容易形成对学习的抵触心理，形成恶性循环。大学的课程难度大，课堂的每一分钟都很重要。而每一节线上直播教学都需要消耗大量的流量，一般的流量套餐很难吃得消，这时候家庭的WiFi就显得非常重要，甚至可以说，WiFi的网速与稳定性直接与听课质量和效果挂钩。笔者家里的WiFi信号忽强忽弱，头一个星期的听课过程中，笔者经常要面对课堂画面与声音的卡顿，甚至直接从课堂掉线的状况，等到信号恢复继续听课的时候，可能已经错过很多知识点甚至已经不知道老师在讲什么了。浑浑噩噩地被折磨了一个星期后，笔者决定更换路由器。在先后更换了两次路由器，甚至安装了宽带的一波三折后，线上听课才终于有了网络上的保障。

办法总比困难多。经过一段时间的协调和磨合，学校、老师和家长、同学们克服了各种困难，慢慢接受并适应了线上教学的模式。上述问题也不仅仅是我们武汉大学遇到了。疫情期间笔者邀请就读于不同大学的高中同学来家里一起上网课，发现中南大学、南方科技大学、天津工业大学等学校在磨合期也遇到了同样的问题。

(二)线上教与学的优势

协调解决了上述客观问题真正进入正常的学习状态后，我们慢慢体会到了相比于线下授课，线上教学的模式对学生有非常积极的影响。

1. 打破空间与时间的束缚

只要有网络、有电脑、摄像头等终端设备，只要师生愿意，随时随地老师就可以教学，学生就可以上课，不受时空的束缚，具有创新性、开放性和共享性。

在家里学习可能是很多人学生时代有过的梦想，我们不用那么早就起床，不用急匆匆赶去教学楼，也不用在教室里正襟危坐。而这一切都成为现实，当课堂打破了空间的束缚时，我们的学习条件和生活质量都能够得到提升。我们可以舒舒服服穿着睡衣，敷着面膜，喝着茶坐在沙发上听课。而录播的慕课和一些具有重播功能的平台(比如腾讯课堂)也是接受能力没那么强的学生的福音，对于课堂上没有听懂的内容，可以在课后反复地观看重播，直到完全明白。线上教学在一定程度上打破时空的束缚，能够让学生有更高的自由度，并更加灵活地安排学习时间。

2. 电子化的教学资源更便利保存和利用

教学资源是教学活动开展的物质基础。我们在学校里能得到的传统的教学资源主要是教案、课件等文本图片类内容，有些课程需要自己主动向老师申请拷贝课件。

线上教学相较于线下授课，另一个很明显的利好，就是电子化的教学资料更便利妥善保存和有效利用，并且对纸张的消耗更少，有利于保护环境。

线上课程中，现代教学资源还包括声音、视频、甚至动画等多媒体资源，而教学资源也扮演了更加重要的角色。线上学习中，我们可以更加容易地得到这些丰富多样的教学资源，并在整理后进行妥善的保存。这些更加全面具体、形象生动的教学资源对我们的课堂理解、课后巩固和期末复习都有非常大的帮助。有心的同学还把微课堂中的讨论、课堂练习和课后作业等内容，以章节或专题为单位进行保存，以逐步构建完整的、有结构和逻辑关系的课程体系，做到更上一层楼。

(三)线上教与学的劣势

1. 作为老师，如何让网上教学有课堂现场教学身临其境的效果是个大问题

课堂现场教学中老师和学生面对面交流、引导和管理，能够通过口头语言、肢体语言、眼神等方式授课、沟通和管理，也可以发挥班级的群体引导作用。而在线上学习中学生各处一方，无法像在教室一样集中在一起；老师无法对全班学生一览无遗，无法知道学生课堂学习的状态，有谁在开小差，有谁在玩游戏都无从得知；学生更多依赖老师的口授，容易忽视老师的肢体语言；班级群体引导个体行为的功能也无法发挥。

2. 作为学生，如何集中注意力学习是个大问题

线上学习的过程中，大部分同学面对着一个相同的难题：如何不受干扰，认真学习。

的确，在家中线上学习，要面对太多的干扰与外来的诱惑。有些同学在学校学习都不能管住自己，在家中就彻底“放飞自我”了。开着电脑放直播，却用手机打游戏，可能部分同学或多或少干过。这也是无法规避的事情。老师管不到，同学也不能提醒，一切都要靠自己自觉。游戏的诱惑本来就很难拒绝，当上课遇到枯燥的内容或无法理解的难题时，我们的自主管理能力就更加不够用了。这种线上学习的劣势，对于始终很认真的、不容易受外界干扰的同学可能没有太多影响；可对于自主管理能力不强、需要学习氛围的学生，简直是毁灭性的打击。

总之，疫情催生了大规模的线上教与学，这是在践行创新、协调、绿色、开放、共享的新发展理念，也引发了社会和教育界对大学教育改革的新思考。

二、网络化下大学“课堂教与学革命”的方向——高校线上线下混合式教与学模式

2020 年 5 月 14 日教育部召开新闻发布会，高教司吴岩司长指出截至 5 月 8 日，全国 1454 所高校开展在线教学，103 万教师在线开出了 107 万门课程，合计 1226 万门次。参加在线学习的大学生共计 1775 万人，合计 23 亿人次，非常好地实现了所有高校大学生时时、处处、人人皆可学的目标。这是疫情逼出来的变革，这是人类历史上从未有过的教育壮举，也是教育改革、课堂革命的一次伟大实践。随着疫情的控制，大多数高校在 9 月实现了复课开学。正如习近平总书记指出的“要总结应对新冠肺炎疫情以来大规模在线教育的经验，利用信息技术更新教育理念、变革教育模式”。在疫情防控常态化下，我们每一个老师、每一个教育工作者都明白，我们的教学可能再也无法回到从前。我们每一个学生也明白，我们的学习与课堂可能再也无法回到从前。课堂教与学革命——高校线上线下混合式教与学模式已经生根发芽。

高校线上线下混合式教与学模式就是课堂教与学革命的方向，其主要特点我认为有以下几点：

一是具有全天候适应能力。可以根据情势的需要，相机抉择采用线下教学还是线上教学，从而不耽误教与学。

二是具有融合发展趋势。随着科技的发展、制度的完善，可以实现在教室现场教学的同时又进行线上直播，让学生不在教室也能同步上课。

三是具有持续创新性。坚持问题导向，在不断解决问题改进效果的同时，不断创新思路、方法、技术，用创新的办法来解决问题。

四是不同主体的任务将重新定位。学校要重在制度创新，在管理层面进行供给侧改革；教师应运用慕课等方式从简单重复的“教书”劳动中解放出来，将精力更多地放到“育人”“解惑”中来；大学生应更多开展自主研究式学习、自主实践式学习。

目前正处于疫情防控常态化时期，推进高校线上线下混合式教与学的“课堂教学革命”正当其时，也顺应了时代要求和科技发展，将极大地推动大学教育高质量发展。

三、深化网络化下高校线上线下混合式教与学模式，建设高质量大学教育体系

大学教育改革应自觉贯彻创新、协调、绿色、开放、共享的新发展理念，坚持以人民为中心的发展思想，坚持系统观念，学校、教师、学生层面应围绕“课堂教与学改革”方向，以线上线下混合式教与学模式为推手，为建设高质量大学教育体系发力，并形成合力。

（一）学校层面

（1）教师队伍的供给上，可以在全国范围内甚至是全世界范围内配置教师资源，做到“不求所有但求所用”。比如我们武汉大学可以聘请北大、清华的名师开课，他们在清北教室上课，武大的学子同一时间在线上听他们的课，在线上向老师们提问或者回答老师们的问题，做他们布置的课堂作业和课后作业。

（2）大学治理制度的供给上，为适应高校线上线下混合式教与学模式的发展，进行供给侧改革，不断推出与之相适应的管理教师、学生、课程等的制度。

（3）技术设施的供给上，应对现有教室、实验室等加装线上教学设施，从硬件和软件两方面满足高校线上线下混合式教与学模式发展的需要。

（4）改革学校选课规则，除体育课、实验课等实践类课程外，采取线下教室现场教学的同时开通线上教学的方式，让学生可以选择自己感兴趣的老师的课程的愿望能够得到满足。

（5）建议继续保留疫情期间线上教学时的开卷考试方式，继续坚持考察学以致用、实际运用理论知识的能力和素质。

（二）教师层面

（1）鼓励教师开展翻转课堂式教学，把现场课堂教学变成研讨式、实践式，让学生成为课堂主角，培养学生自主学习、研究、实践的能力。在整个过程中教师充当着组织者、指导者和促进者的角色。

（2）凡是重复的教学内容，都应该允许老师录制教学视频，并且事先在线上提供给学生预习、学习，从而把老师从重复的“教书”劳动中解放出来，将精力投入育人、释疑解惑、引导学生思考学术问题、共同探究专业问题上来。

（3）教师多向学生提供优质的慕课、本校的教学视频，引导学生自主学习和研究。

（4）在教师因故无法到达教室进行现场教学时，其可以通过线上教学方式开展教学活动。

（三）学生层面

（1）学生首要的任务是要培养自主学习和研究的能力。在预习阶段善用慕课及本校提

供的教学视频。在学分制下，可以允许学生个性化安排本科阶段的学习课程和节奏，也可以提前毕业。

(2)学生应利用好学校的教学资源培植、拓宽、优化自己的知识结构，通过线上上课方式旁听学校其他院系其他专业的任何课程。

(3)班主任或者辅导员应该及时掌握全班同学的学习状态，对学习习惯好、自律性强的学生，作为激励措施可以允许其自由决定是在教室上课还是线上上课，线上上课一样算考勤。

◎ 参考文献

[1] 习近平．在教育文化卫生体育领域专家代表座谈会上的讲话[N]．人民日报，2020-09-23(2)．

[2] 课堂革命——高校线上线下混合式教学模式的生根发芽[EB/OL]．(2020-09-16)．https：//mp. weixin. qq. com/s/q7SY8NiZMrbWHdpni_o02g.

“智慧教室+虚拟实验室”赋能模拟电路课程翻转课堂

江周熹　高　洵

（武汉大学　电子信息学院，湖北　武汉　430072）

【摘　要】模拟电路课程理论抽象、公式繁多、知识体系庞杂，采用老师单向讲授、学生被动吸收的传统教学模式效果并不理想。本文提出一种用高度信息化的智慧教室和虚拟实验室为翻转课堂赋能的教学方法，在模拟电路课程教学中实践，通过翻转课堂发挥学生自主学习能力，充分运用智慧教室和虚拟实验室提高教学成效，培养具有工程思维、专业基础扎实、综合能力出众的学生，打造高校示范性教学翻转课堂。

【关键词】模拟电路；虚拟实验室；智慧教室；翻转课堂

【作者简介】江周熹（1999—　），男，江西吉安人，武汉大学电子信息学院2021级信息与通信工程专业硕士研究生，弘毅学堂2019级电子技术基础课程助教，E-mail：jiangzhouxi@whu.edu.cn；高洵（1981—　），男，湖北武汉人，博士，副教授，武汉大学电子信息学院模拟电路基础课程组长，教育部全国万名优秀创新创业导师、全国创新方法应用优秀指导教师，中国通信学会集成电路专委会副主任，主要研究方向为信息与通信工程、物联网、纳米集成电路设计方法学，E-mail：gaoxun@whu.edu.cn。

【基金项目】本文获教育部电子信息类专业教指委教学改革研究项目“以学生为中心的创新创业教育教学模式与方法及其在电子信息类专业人才培养中的实践”（2020-YB-32）、武汉大学教学研究项目教师教学发展专题研究项目“以学生为中心的课程设计及其在‘模拟电路基础’课程教学中的实践”、武汉大学全英文课程建设项目“模拟电路基础”资助。

一、引言

模拟电路是电子信息类学生的专业基础课程，常被学生戏称为“魔法电路”，是公认的电子信息类专业课“四大天书”之一，具有理论抽象、公式繁多、知识体系庞杂的特点。

通常模拟电路课程教学采用教师单向讲授、学生被动吸收的方法。由于原理复杂抽象、公式多，学生对理论知识的掌握并不理想。同时该课程的学生常习惯于原理推导、参数计算，课程课后习题、章节测试也着重考察这些内容，导致学生在实验、课程设计甚至实际工作中缺乏工程思维和电路设计能力，难以胜任工程师的角色，与高校工科人才培养目标背离。一些教师尝试用翻转课堂的教学模式激发学生主动学习的积极性，提高教学效果[1]，但是存在如何培养学生自主学习能力、发挥信息技术作用、教学与行业前沿如何结合等一系列挑战[2]。

为提高模拟电路课程教学质量，我们用高度信息化的智慧教室结合虚拟实验室为翻转课堂赋能，取得一系列成果与心得体会，本文就原理、教学实践、成效等方面展开探讨。

二、“智慧教室+虚拟实验室”赋能翻转课堂

1. 智慧教室

智慧教室是借助物联网技术、云计算技术、智能交互技术等信息化智能技术构建起来的促进学生获取知识的智慧学习空间[3]。智慧教室以更生动形象的形式向学生展现知识，让灵活多变的教学方式成为可能。

2. 虚拟实验室

虚拟实验室以其实验成本低、不受时空限制、交互性高等特点逐渐成为除实验室亲身参与实践外的一个重要实验方式。对高校工科教学而言，常用 Matlab、Multisim、Protel 等软件作为虚拟实验室进行仿真。本课程选用跨平台、轻量级、图形化的电路仿真工具 iCircuit。

3. 翻转课堂

翻转课堂起源于美国，通过组织学生在课外观看视频学习课堂知识来节约出在课堂上和学生讨论的时间，从而强化知识的消化吸收。这种模式以互动性强、学生积极性高、知识吸收好的优势逐渐被越来越多的教师采用[4]。

4. 赋能模型

“智慧教室+虚拟实验室”为模拟电路课程翻转课堂的教学模式赋能，图 1 为赋能模

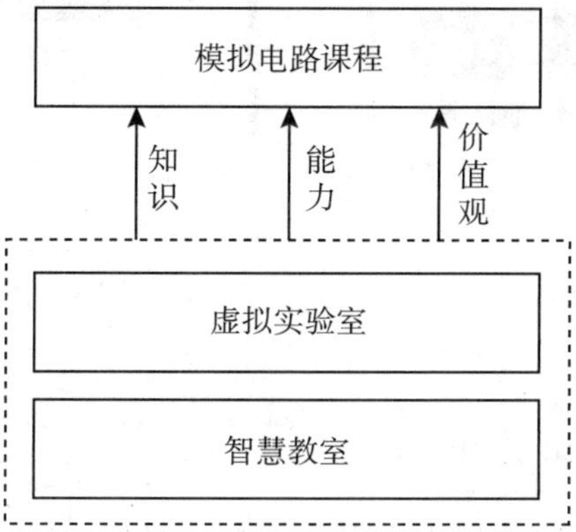

图 1 “智慧教室+虚拟实验室”翻转课堂赋能模型

型。智慧教室是硬件环境，虚拟实验室是在智慧教室基础上的环境拓展，共同赋予翻转课堂教学方式灵活多变、理论实践深度结合的可能性。“智慧教室+虚拟实验室”的翻转课堂模式不仅能向学生传授知识，而且能全方位培养学生的综合能力，引领塑造学生正确的价值观。

三、教学实践

1. 智慧教室赋能翻转课堂

近些年来高校大力推动智慧教室建设，为翻转课堂提供了必要的硬件条件。以本课程使用的武汉大学文理学部教6楼315教室为例，区别于以往传统教室，智慧教室布局见图2。6块环绕教室四周的可触摸显示屏让学生可以在任何角度看到课件内容并参与互动，每块屏幕都可以连接个人设备投屏并共享到其他屏幕。教室前的1块电子白板让教师可以随时书写板书、画示意图。学生桌椅可在教室内按需自由摆放，教师可根据课程需要在上课前或课间变换桌椅摆放方式，让智慧教室呈现出“多种形态”。例如当讲解自由电子和空穴的关系时，可以将课桌视为原子，座椅看做空穴，学生看做自由电子。教室内桌椅摆放方式见图3，通过学生在不同座椅间的移动演示空穴和自由电子的移动，让学生置身于教学内容中，将抽象理论具象化。

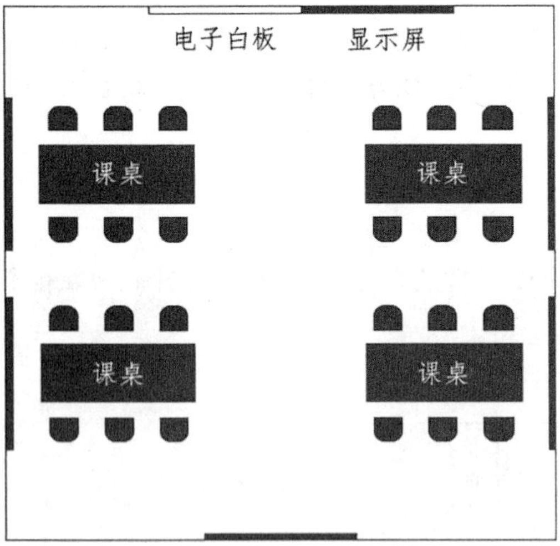

图2　智慧教室示意图

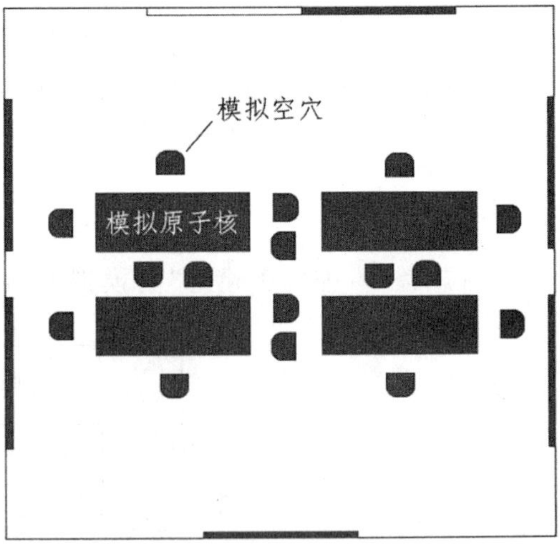

图3　智慧教室的“多种形态”

2. 虚拟实验室让实践出真知

模拟电路作为电子信息类学生的专业基础课程，是培养学生从注重理论推理、公式求解的科学家思维到注重结果、方案设计、允许误差的工程思维的重要转折点。本课堂用跨平台、轻量级、图形化的电路仿真工具 iCircuit 给每位学生搭建起手头的虚拟实验室，让学生从以往复杂的原理推导、参数计算中解放出来，可以随时随地在自己的设备上设计、验证模拟电路。图 4 是电路仿真工具 iCircuit 使用界面。学生可以对自己设想的电路大胆验证，先直接观察性能指标，再由结果倒推涉及的原理和可能存在的错误，有效降低电路设计门槛，激发同学们对课程内容的兴趣。电路仿真软件还改变了以往理论教学和工程实践分离的授课模式，把实验室搬到课堂里，实时验证学到的理论，促进知识被更好地吸收。我们允许并鼓励学生在课堂上随时使用个人设备进行电路设计，把学习知识的主动权交到学生自己手里。

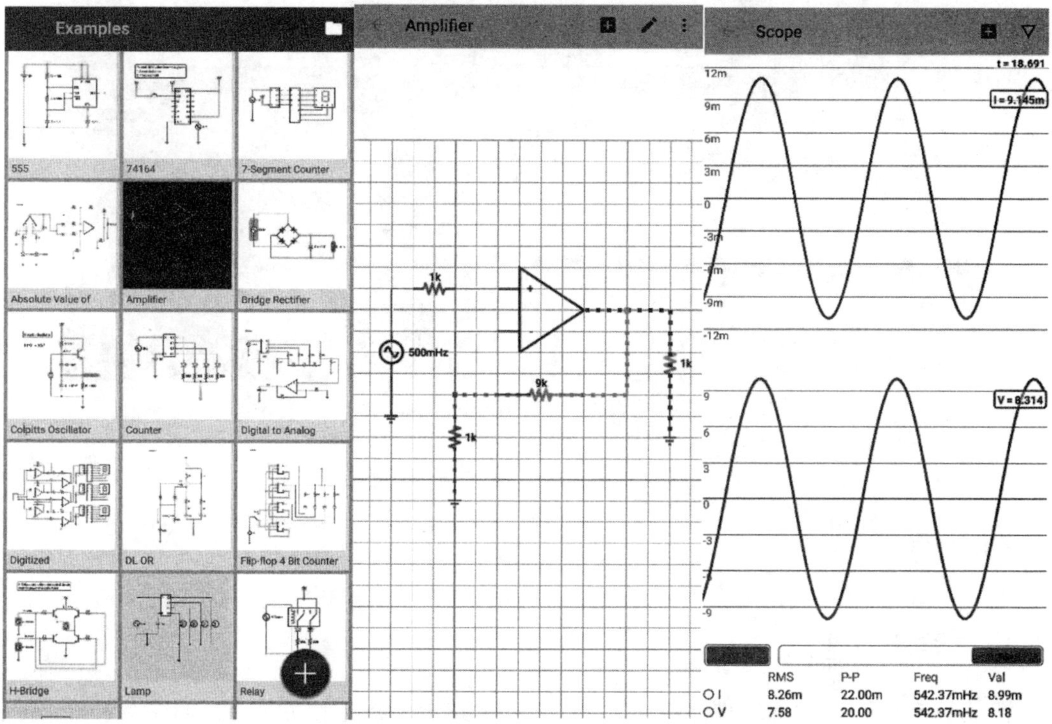

图 4 电路仿真工具 iCircuit 使用界面

3. 翻转课堂上学生也做“老师”

翻转课堂赋予学生发挥主观能动性的机会，鼓励学生在课堂上展示自我，共同探讨，让学生自己当“小老师”。翻转课堂主要流程分为课前自学、课上讨论、课后答疑三个阶段。课前通过 QQ 群、电子邮箱等途径把课堂学习相关资料发给同学们，鼓励大家自学书本上的对应内容，课堂上针对同学们普遍存在困惑的知识点逐个击破，通过设计小游戏、实物演示、分组讨论等形式加强对核心知识的理解。此外，还在课堂中穿插考验知识综合能力的电路设计课题，邀请学生分享自己设计电路的思路、过程和结果，确保学生能够灵活运用所学知识的同时帮助学生查缺补漏，发现知识薄弱点。图 5 是正在给学生们分享所设计电路的学生。

图 5　学生分享自己设计的电路

四、教学成效

1. 夯实专业基础

智慧教室环境下的翻转课堂模式让学生从被动吸收变成主动学习，给学生打下更扎实的模拟电路专业基础。以本课堂 2018 级弘毅学堂先进制造方向的学生为例，课程学习过程中完成手机充电器、LED 小夜灯、迷你卡拉 OK、降噪耳机原型等模拟仿真及原型制造，使学生具备扎实的电路分析、设计、调优能力。在教学反馈中学生普遍表示上课过程新奇有趣、重点知识印象深刻。

2. 萌发工程思维

作为大部分电子信息类学生在大学期间的首批专业基础课，虚拟实验室的使用有效帮助学生从以往数学思维转变为工程思维。通过本课程教学，学生熟练掌握电路设计、参数设定和误差分析等基本工程能力，能解决工程实践中的常见问题，为今后高频电子线路、射频电路、集成电路设计等电路进阶课程的学习埋下工程思维的种子。

3. 提高综合能力

智慧教室环境下的翻转课堂模式利用课堂分享、小组研讨、电路设计、实时演示等一系列新举措全方位多角度锻炼学生综合能力，让学生不只限于会做题、会考试，还能在课堂上敢于分享自己的想法，加强和同学们的交流，提高创新设计能力，成为一专多能、综合能力出色的复合型人才。

五、总结与展望

随着我国电子信息产业的发展，社会对电子信息人才专业能力、工程思维、综合素质提出了更高要求。模拟电路课程翻转课堂利用智慧教室和虚拟实验室发挥信息技术优势，提高学生的自主学习能力以及知识掌握深度和综合能力，探索高校工科基础专业课程翻转课堂新模式，为我国培养一大批工程思维敏捷、专业基础扎实、综合能力出众的电子信息行业复合型顶尖人才打下基础。

未来将进一步发掘信息技术可能带来的进步，促进线上与线下教学、理论与实验教学、专业与综合教学深度融合，增加更丰富多彩的课堂教学方式，提高教学成效，打造高度信息化的高校工科基础专业课程示范性教学翻转课堂。

◎ 参考文献

[1] 商云晶，程春雨，高庆华．基于翻转课堂模式的模拟电路课程设计教学改革与实践[J]．实验室科学，2020，23(3)：129-132，135.

[2] 缪静敏，汪琼．高校翻转课堂：现状、成效与挑战——基于实践一线教师的调查[J]．开放教育研究，2015(5)：76-84.

[3] 张亚珍，张宝辉，韩云霞．国内外智慧教室研究评论及展望[J]．开放教育研究，2014，20(1)：81-91.

[4] 何朝阳，欧玉芳，曹祁．美国大学翻转课堂教学模式的启示[J]．高等工程教育研究，2014(2)：148-151.

以浩然之气驱疫疠之鬼

——浅析疫情期间武汉大学人文班网络教学

李梦源

（武汉大学　弘毅学堂，湖北　武汉　430072）

【摘　要】新冠疫情使高校课程教学面临史无前例的挑战。武汉大学的任课老师在保证课程基本任务完成的同时，注重人文情怀培养，帮助学生在特殊时期获取了知识和精神的双重养分。

【关键词】疫情；高校教学；人文主义；教育观

【作者简介】李梦源（2001— ），女，湖北黄梅县人，武汉大学弘毅学堂人文科学试验班本科在读，E-mail：1261253724@ qq. com。

“疫”，在《说文解字》中释为“民皆疾也”。郑玄注《周礼》曰“疫疠之鬼”①，是传染性极强的恶病邪气。由该字的释义，不难发现，疫情对人的摧残，不仅在于生理和身体上的折磨与损伤，对中国人自古便重视的“浩然之气”同样会产生威胁。疫情期间的线上教学中，师生之间并不局限于书本上知识的传递，更需要人文情怀的关照和精神上的振作。从人文学科的角度，治愈疫情可能带来的心理疾病义不容辞。

疫情期间，武汉大学响应国家号召，坚持“停课不停学”，较为完美地结束了几个月的线上教学活动。作为学生，我深刻感受到了学校在教学过程中细致入微的课程设计。本文主要从“学习”的受众角度浅析武汉大学弘毅学堂人文科学试验班网络教学中的优势与少许需要更多经验积累的地方。

一、古今教育学思想大观

中外的教与学思想历史悠久，在轴心时代，中国有孔子、孟子等；西方有苏格拉底、柏拉图、亚里士多德等人。他们教与学思想的相似点在于：均主张培养德才兼备的治国人才；均重视人的道德品质修养；均注重启发式教育。

两者的相异点在于以下几个方面：

---

① 许慎，段玉裁. 说文解字注[M]. 影印经韵楼藏版. 上海：上海古籍出版社，1981：352.

1. 启发式教育中问答双方的主体地位不同

在孔子的教学过程中，他更多主张激发学生自身的思考，在思考而不得的情况下求助于教师。而苏格拉底的“产婆术”中，教师占据教学过程中的主导地位，按照自己的预设目的，进行引导、追问，更多是在“牵引”着学生思考。

2. 教学形式的多样性不同

孔子在教学过程中的多样性强于苏格拉底。孔子教学中更强的多样性表现在以下两个方面：第一是讨论过程中的多样性。孔子与他的学生们不仅有师生间的简单问答，也有集体问答，以及学生之间的争论等，以达到相互之间取长补短的效果。第二，孔子的教学过程也不仅是言语传授这一个方面，而是有更多的实践活动。例如带领学生周游列国或是对未知事物进行实地考察等。而在苏格拉底的教学过程中实践活动则表现得较少。

3. 教学结果中“存异”与“求同”

孔子在教学过程中更主张“存异”，寻求多样性、特殊性。重要的不是逻辑推理和哲学思辨，而更多关注人文情怀。苏格拉底在教学过程中更主张“求同”。寻求事物的统一性、普遍性。通过严密的逻辑推理，将学生的不同思想引导向某一统一结论。

二、武汉大学疫情期间线上教学基本概况

(一)课程平台的使用

疫情期间，我所在专业的大多数课程的授课在“腾讯会议”应用程序上进行，辅以“腾讯课堂”“中国大学慕课”“珞珈在线(学习通)”以及 QQ 群的语音/视频通话。其中，绝大多数课程能够在上述平台完成所有内容。综合来看，腾讯会议与腾讯课堂的上课效率最佳。如全球史(下)，由两位老师分别在腾讯会议和腾讯课堂进行，课程流畅，几乎未出现任何网络卡顿、掉线的问题。马克思主义中国化的理论与实践(下)，一半通过“中国大学慕课”完成视频观看和课程相关练习、考核，一半由老师组织学生在微信群讨论。由于“中国大学慕课”中课程的观看时间较为灵活，学生多可错峰观看，因此受到网络限制也微乎其微。此外，有一门课的安排要求学生在学习通(珞珈在线)上观看视频，受网络影响也较少，但由于是多年前的通识性录播课，其对课程深度的挖掘不够，学生有意犹未尽之感。其中相对效率较低的课程形式为 QQ 群的语音上课。在本专业所接触的课程中，QQ 群的语音教学网络卡顿现象最为严重。无论是老师方面还是学生方面，网络信号都成为延滞教学进度的一项主要原因。例如有一门课的最后一次上课中，出现了教师断线一个小时，学生也无法与教师及时取得联系，以至于课程任务未能在规定时间内完成的情况。

除开网络因素，平台的“误触率”也在一定程度上影响了课堂的观感。例如 QQ 群聊中，易出现因学生误触而打开麦克风、摄像头的情况。对其他同学的上课体验造成了一定

的影响。在这方面，“腾讯课堂”最佳，腾讯课堂较为独特的界面设置让学生无法自发打开麦克风或视频，因此对课程的影响程度也最低。

虽然不同课程平台的使用效率有所差异，但总体而言，仍能基本完成课堂所需要传达的知识和理念。老师们针对疫情期间独特的教学方式与课程设计也让同学们深受感动。尽管是线上教学，但课程、作业、小组讨论以及考核仍能有条不紊地进行，这得益于老师们的辛勤付出。这也是疫情期间的网络教学带给我们人文学生的第一层人文关怀的传递——尽管面临技术上的困难，师生双方的互动课程依然坚持进行、风雨无阻。

(二)课程内容中所培育的文化自信与民族自信

如前文提及，疫情对人的影响不止于身体发肤，更在于心智。纵观2020年以来的网络生态，不难发现，长期处于“幽禁在家”的状态对网民的情绪波动造成了不容忽视的影响。在此期间，网络生态中更出现了虚无主义和怀疑主义的“抬头”。如何去伪求真、不被歪斜言论混淆视听也是大学生的一门必修课。所幸，在几个月的课程论文中，老师们积极地鼓舞了同学们的爱国热情以及民族自信。于恶病邪风中保持一身浩然正气，也是人文学科同学必需的修为。

其中以中国思想经典研读课程为例。武汉大学哲学院肖航副教授在本课中为我们着重讲解了《大学》《论语》以及《孟子》的部分篇章。肖航副教授格外注重对民族自信心的培养，结合文本与时下所流行的一些纪录片，讲述中国这片土地独特的地理位置，以及因此培育的丰富多彩的物质文明与精神文明。从中国儒释道的思想出发，讲解了中国人独特的天人观以及其中所蕴含的强烈的道德观念，在中西对比中突出展示中国文化的优越性，为疫情期间的我们带来了更多文化和民族的自信。例如，《大学》中提到，“是故君子先慎乎德，有德此有人，有人此有土，有土此有财，有财此有用”。① 除开土地本身所具备的培育农作物的功能，土地更被赋予了一层哲学意义，即“强大的承载力”。土地因为其深厚宽大，可承载世间万物，被赋予了一定的道德隐喻。将道德作为万物之本，如“地势坤，君子以厚德载物”②等，基于课程，又高于课程，向我们重申中华美德的重要性。

此外，在我选修的现代新儒家思潮研究课程中，武汉大学哲学院谢远笋副教授以牟宗三先生的部分观点为核心，向我们介绍了20世纪新儒家的主要思想。课堂内容引经据典，逻辑鲜明。不仅加深了我们对朱子学、阳明学的认知，也让我们从新儒家的思想中汲取了养分。以古托今，正视中国传统文明中的优势，并将其与西方进步思想相结合，以全新的、现代化的视角看待中国传统文化及其呈现出的问题。在这次疫情中，对国家的自信和与国际最新学术接轨的结合便是最好的体现。中国方案最快最好地抑制了疫情的蔓延，与此同时，国内外科学家协作研发疫苗，则是中国传统文化接受西方进步思想并吸取养分的体现。尤为重要的是，谢远笋老师在教学中反复提到的“良知坎陷”等观点，又一次加深了我们对“心体与性体”的认识。较为严格的道德标准也让我们得以在疫情中严于律己，

① 朱熹. 四书章句集注[M]. 北京：中华书局，2012：11.

② 李学勤. 十三经注疏·周易正义[M]. 北京：北京大学出版社，1999：27.

恪守责任。通过介绍先贤的研究成果，让学生的人格、人情、人文主义关怀在疫情中得到充分的滋润。

(三)课程中的国际视野与普世关怀

本学期的全球史(下)以及由文学院张箭飞教授带来的讲座《空间、避难、逃难主义——从〈十日谈〉说起》，从更加开阔的视野探讨了与疫情相关的问题，极大地开阔了人文班同学对世界与社会的关注面。

例如，全球史(下)老师讲述1918—1919年的大流感，并结合此前欧洲发生的较为严重的鼠疫，对世界瘟疫进行了一定的介绍。老师在介绍过程中向同学们传达和教授了赋予人文主义关怀的、不含国别歧视的瘟疫叙述方式。随着时代的发展，我们应对全球性传染病的物质基础和科学实力已经得到了较大提升，对疫情扩散的控制能力也大大加强。这也一定程度反映了习近平总书记所提出的“人类命运共同体”的重要性。当疾病扩散，人与人、国与国之间必然打破隔绝的壁垒和隔岸观火的心态。救援与人道主义不分国界，唯有怀着“与子同袍”①的精神，才能尽快解决国际性的健康、安全威胁。

张箭飞教授为我们人文班开设的讲座，更进一步扩大了时间与空间的范围，以及哲学、宗教等更为开阔的领域。

这些内容的讲解紧扣疫情时事，同时也与弘毅学堂强调多学科交融、贯通古今中外的初衷不谋而合。

三、孔子、苏格拉底教育观在武汉大学线上授课中的体现及线上授课的待完善之处

首先，在教育目的上，教师们的课程设置成功地将知识与道德结合起来。既有课程知识的丰富，也培养了学生们正确的价值观。其次，许多课程皆采用了小组讨论的模式，实现了师生共研，以及同学之间思想交流的碰撞，有利于培养学生学习的自主性，启发思维，增加课程的丰富性与活跃度。这些都与孔子、苏格拉底的教学方式不谋而合。相较来看，武汉大学线上授课还有一个优越性在于，教师通常会在课程外进行阅读任务的布置，从而丰富学生的知识面，充实学生在家学习的日常生活，尽可能地减小因为网络授课给学生带来的懒惰、懈怠等负面影响。总体而言，线上课程的教学较为成功，但仍有部分可待完善之处。

首先是部分授课的机动性有待提高。正如孔子针对不同学生会提供不同的教学方案。在线上授课中，存在部分同学家庭内部的特殊环境问题，如部分同学家中网络质量较差、临时有事情或是设备缺少摄像头、麦克风等特殊情况。然而部分课程因为缺少回放的设置，而没有兼顾此类特殊性，故可能给部分同学带去困扰。

其次是关于体育课的教学。从学生角度来看，线上体育课严重缺乏运动场所。尤其是

① 郑玄. 毛诗正义[M]. 黄侃句读本. 上海：上海古籍出版社，1990：243.

球类运动以及需要多人协作完成的课程，此类课程在考核等方面也较粗疏。

最后是关于学术资源的查找问题。同学们在进行线上论文及其他资料写作时，面临查找文献的困难(尤其是图书类资源)。我本人在上了人文社科文献检索与数字化分析课后，获取了很多技巧和经验。针对此问题，建议学校进行简单的文献检索及规范引用的教学。

总之，我校在疫情期间能够高效地进行课程教学，并结合疫情，进行人文主义情怀和爱国主义教育。正如文天祥《正气歌》所说，“一朝蒙雾露，分作沟中瘠。如此再寒暑，百疠自辟易。哀哉沮洳场，为我安乐国。岂有他缪巧，阴阳不能贼”。① 利用课程的契机，为学生浸润“浩然正气”②，也成为疫情期间的一剂良方。

◎ 参考文献

[1] 刘兆伟．孔子与苏格拉底教育思想之比较[J]．教育评论，2002(5)：88-90.

[2] 许慎，段玉裁．说文解字注[M]．上海：上海古籍出版社，1981.

[3] 朱熹．四书章句集注[M]．北京：中华书局，2012.

[4] 李学勤．十三经注疏·周易正义[M]．北京：北京大学出版社，1999.

[5] 郑玄．毛诗正义[M]．黄侃句读本．上海：上海古籍出版社，1990.

[6] 文天祥全集[M]．北京：中国书店据1936年世界书局版影印，1985.

① 文天祥全集[M]．据1936年世界书局版影印．北京：中国书店，1985：375.

② 朱熹．四书章句集注[M]．北京：中华书局，2012：232.

线上教学促进教学质量提升的调研报告

戚雅婷　戴　宾

（武汉大学　经济与管理学院，湖北　武汉　430072）

【摘　要】2020年是突破革新的一年，受到疫情的影响，高校广泛采用了线上教学的授课方式，保证了“停课不停教、停课不停学”。本文基于这次大规模线上教学实践，针对线上教学的教学内容、教学模式、考核方式以及学生的教学需求进行了调研分析，结合线上教学的优势以及线下教学在教学质量方面的缺陷，从线上教学的交互性、学生参与度以及教师信息技术培训角度提出了有针对性的建议。本次调研分析能为接下来的教与学革命提供可行的经验借鉴。

【关键词】线上教学；混合式学习；翻转课堂；教学质量

【作者简介】戚雅婷(2000—)，女，汉族，安徽六安人，武汉大学物流管理专业本科生，E-mail：2741844910@qq.com；戴宾(1983—)，男，汉族，湖南邵阳人，博士研究生，武汉大学经济与管理学院教授，主要研究方向为物流与供应链管理、电子商务，E-mail：bin_dai@whu.edu.cn。

【基金项目】湖北省教学研究项目(2017040)；武汉大学教学研究项目(ZD-5)。

一、引言

根据《经济与管理学院2019—2020学年第二学期延期开学期间本科教学工作实施办法》[1]，在保障全体师生健康安全的基础上、遵守疫情防控要求的前提下，我校的线上教学工作取得了卓越的教学成效，成功实现“停课不停教、停课不停学”，维护武汉大学本科教学秩序正常运行，使在线教学获得了前所未有的生机。

传统线下教学的时间空间限制明显。同时，线下教学成本飞涨，包括教室的租赁费用、投影仪等教学硬件设备，这都使线下教学面临巨大压力。除此之外，线下教学还存在很多问题，如师资力量短缺、不能满足个性化教学需求等[2]。

而线上教学是科技时代发展的产物，教师通过在网络平台上传资源，然后配合使用有效的直播或录播软件进行教育教学活动。相较于线下教学的痛点，线上教学突破了时间和空间的限制，更好地扩大受众面，实现资源共享。线上教学中，学生的自主性更强，他们可以根据自己的兴趣做出适当的选择，可以对不懂的地方进行反复学习，更加调动了学生的主动性；教师则对每一个学生的关注更多，可以及时发现并解决学生的问题；家长则更多地参与到学生的学习中，更了解学生的学习状况，及时监督并提供帮助。

相关学者和专家提出，随着传统学校教育大规模吸纳网络教育资源，构建成线上线下混合教育模式，教师和学生都将逐步走出学校的“信息孤岛”状态，而进入一个自主提供教学资源与选择教学资源的新阶段[3]。通过在线教学活动的展开，“互联网+教育”的深度融合，成为真正推动教育信息化、更好地探索信息技术和新教学模式的有力支撑[4]。

如何积累此次线上教学的经验，反思过去我国教育信息化建设的能力和水平，查找教育信息化和线上教学的短板，借鉴国外大学线上教学的经验，是做好当前线上教学和持续推动高等教育信息化升级换代的必由之路[5]。

本文基于线上问卷调研结果分析，结合当前线上教育的发展现状，帮助广大师生认识到日后教育信息化建设的重要性、功能性以及策略性，并且通过对混合式学习、翻转课堂等教学改革方法的研究，设计可行的教学内容模式[6]。

二、线上调研

1. 调研目的及问卷设计

由于疫情的影响，在2020年上半年，武汉大学首次采用了全面线上教学模式，这是教学模式的一次大胆尝试，发掘出线上教学的巨大实践潜力。线上线下相结合的混合式学习已成为我国高等教育教学改革的趋势[7]。目前全国各高校正在积极探索有效的具体实施办法，努力提高课堂质量。

为深入调研线上教学的成效，为接下来的教学方式提供可行的改进方向，我们设计了一份线上问卷，对2018级物流管理班和工程管理班等学生进行了详细调研。共发布73份问卷，收回73份有效问卷。

2. 线上调研结果分析

经历了一学期的线上课程，有38.36%的学生偏好线上教学这种教学方式(见图1)，展示出线上教学对学生上课积极性的巨大提升作用。线上教学作为一种新兴的教学方式，也更符合学生的生活偏好，可以在学习工具层面增加学生学习热情。

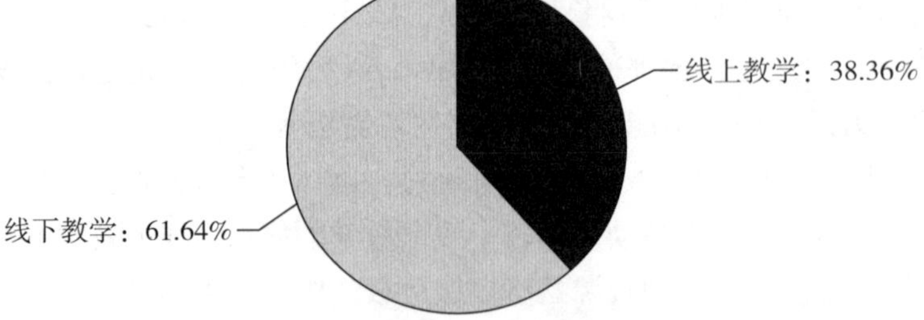

图1　学生教学模式偏好统计

对线上教学中老师布置的作业量，12.33%的同学希望增加一些，54.79%的同学认为目前的任务量刚刚好，32.88%的同学认为目前的作业负担过重，建议减负(见图2)。针对这一问题，教师在布置作业时应综合考虑学生的个人水平，有层次地布置作业，或者设置必做任务和课外拓展任务，赋予学生更多的学习自主性，使其可以选择自己的学习任务量，以此刺激学生学习的积极性，缓解因作业压力产生的焦虑。

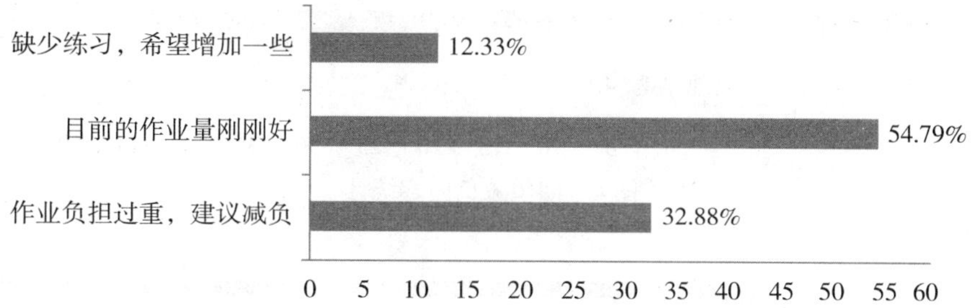

图2　在线教学作业量统计

对于要求增加学习任务的同学，他们期望增加的作业形式主要有：与课本相关的课后练习、学术期刊以及推荐图书的课外阅读和计算机软件相关的能力练习等(见图3)。由此看出，这部分学生不仅仅对课本知识有求知欲，对课外个人素养、科研能力和实操能力也格外注重，注重发展成全方位综合型人才。

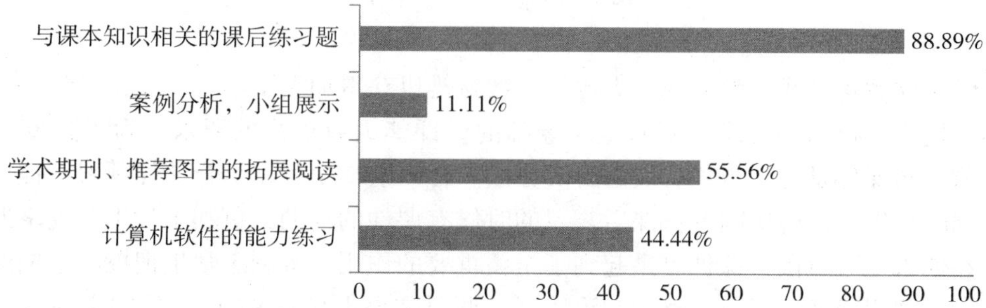

图3　期望增加作业类型的统计

相反的，建议减少作业负担的同学主要认为学术期刊、推荐图书的压力过大，超出能力范畴，暂时不具备研读前沿学术研究成果的基础能力。这部分同学在本阶段学习中更倾向于打好基础，先掌握基础理论知识，再逐步深入实际问题的研究。对待学术期刊这类课外阅读资料截然不同的态度也充分验证了上面我们论述的分类别设置作业的必要性。

在考虑推广混合式教学中，分析得出学生偏好的课堂互动形式丰富多样，趣味性与学术性并存。其中课堂提问、实操性课程共享屏幕、课堂临时小组讨论受到约半数学生的支持(见图5)。其中，课堂临时小组讨论是一种迅速、实时、准确反映学生掌握情况的教学手段，能在短时间内迅速刺激学生大脑的活跃度，提升注意力，展开头脑风暴；同时小组合作的形式也能提升学生团队合作能力，使不同的观点碰撞融合，找出最优解答方案。

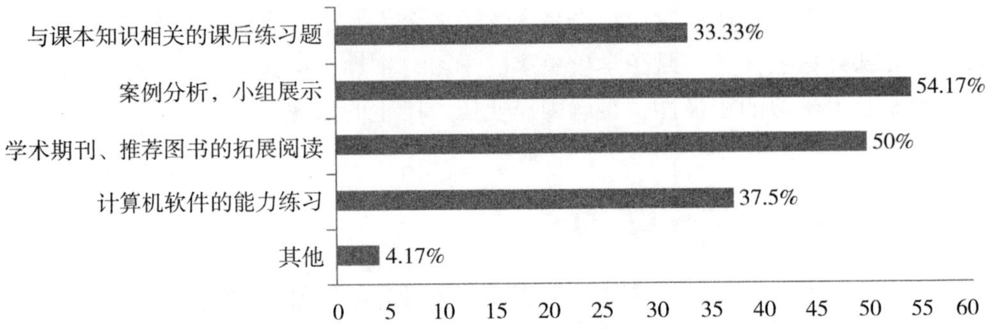

图 4　期望减负内容统计

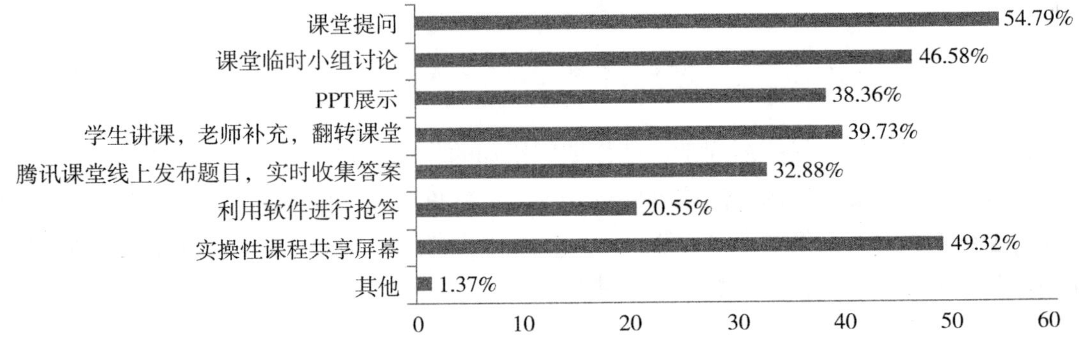

图 5　课堂互动形式统计

缺乏实体教材是线上教学的一大挑战。教材难以获得加大了学习难度，对学生的自学自主能力提出了很高的要求，同时也对老师的讲课能力有更高的要求。为了降低学习难度，提前发布课件是一个行之有效的解决方法。在课前学生可以结合课件预习，提出问题并在上课时加以关注解决问题；课后复习的时候有课件的辅助，更利于学生深度掌握上课内容；在期末复习阶段，课件更是起到了至关重要的作用，有利于学生把握本学期的学习脉络、构建课程框架，形成完整的知识体系。调研结果也显示 87. 67%的同学建议老师在课前发布课件(见图 6)。

针对线上授课媒介我们也进行了调研，结果显示：腾讯会议、腾讯课堂、B 站是排名前三的授课软件(见图 7)，调研结果也给出了受欢迎的主要原因：课程回放、弹幕互动、实时设置问题(见图 8)。这三者都是线上教学独具的特色，区别于传统线下教学。值得一提的是，弹幕互动这一功能具有非常鲜明的年轻化色彩，弹幕的形式使学生更愿意在课堂上表达观点，提升课堂活跃度，也能使教师及时掌握课堂进度是否达到预期从而进行调整。

总的来看，学生对这类直播教学软件功能的探索热情和熟练程度是高于老师的，此次调研也给老师们开辟出新思路，对今后的线上课堂教学质量改进工作助力颇多。

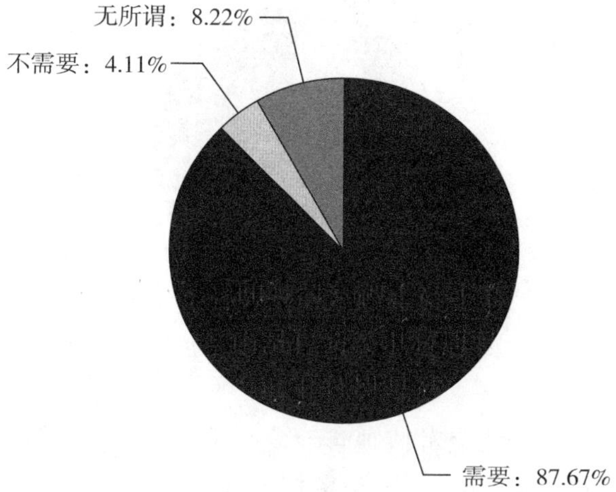

图 6　提前发布课件的必要性统计

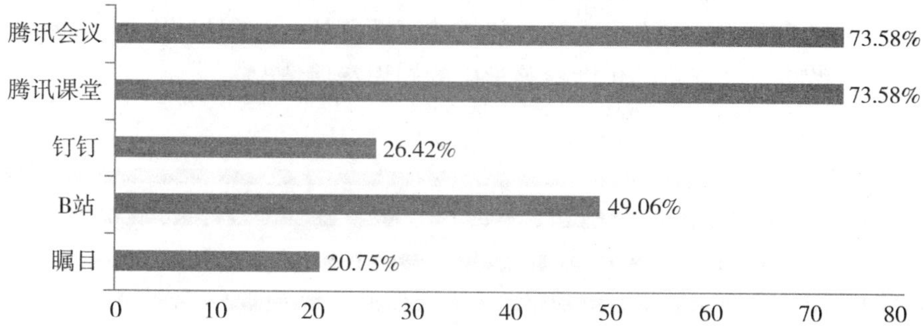

图 7　直播教学软件统计

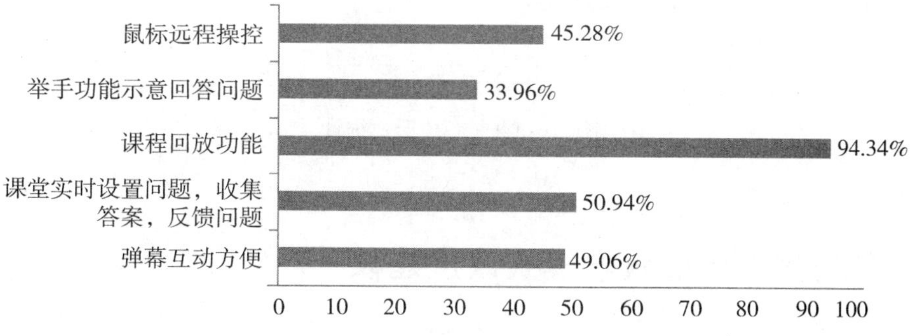

图 8　直播软件功能需求统计

除了中期的教学方案设计，期末的考核方式也是扩大实施线上教学的一大难点。由于线上考核的监管不便会影响考核的公平性，学校在上学期也进行了一系列尝试以维护考核公平公正，但实际效果不尽如人意。调研结果显示有 41.1%同学对上学期的考核方式不太满意(见图 9)。这对我们接下来的线上教学工作的开展提出了要求。

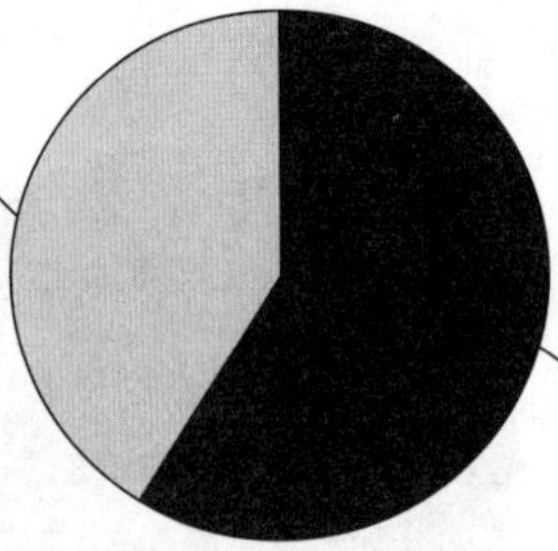

图 9　期末考核方式的满意度统计

调研结果显示，学生对于线上考核倾向于线上开卷考试、案例分析、开放性问题研讨等灵活性较强的考核方式(见图 10)，这类考核方式相较于线上闭卷考试，可以有效降低考核的不公平程度，更多地关注学生的综合能力，包括信息搜集能力、知识应用水平、实操能力、知识整合能力。形式多样的考核更有利于筛选出综合型人才，相较于传统的闭卷考试，涉及的考核范围更深、更广。脱离传统的试题考核，论文报告、小组展示为线上考核形式提供了新思路，以全新的角度检验学生的知识掌握情况。

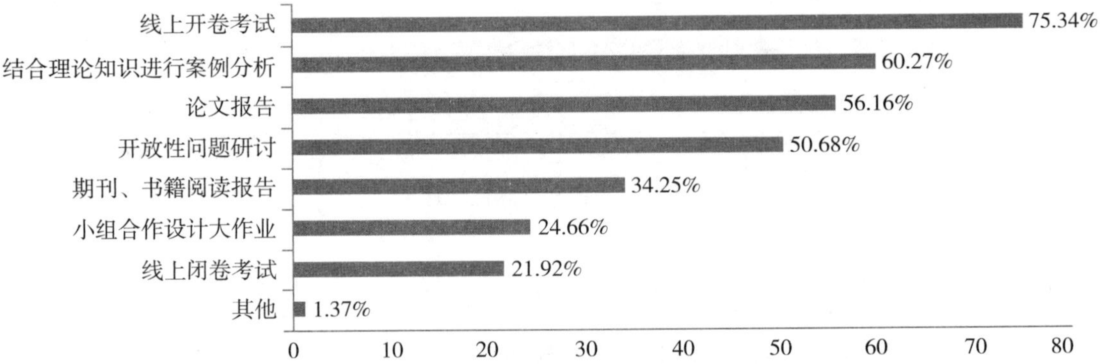

图 10　期末考核形式统计

三、在线教学促进教学模式改进建议

根据疫情期间的线上教学实践和我们分析得到的教学调研结果来看，在线教学模式还存在很大的改进空间。

目前在线教学主要有四种典型的学习方式：网络在线课程、在线直播教学、电视空中课堂、学生自主学习。这四种学习方式各有优缺点。网络在线课程内容由优秀教师授课，但难以根据学生的能力教学，而且存在课程内容更新不及时的现象；在线直播教学内容更新及时，但由于既懂网络又懂教学的人才紧缺，直接影响了网络教学效果。教师面对的是电脑，不知道学生是在听课还是在玩，学生的作业是自己独立完成还是通过其他方法完成；电视空中课堂以电视频道为媒介，稳定性好，覆盖面广，但学习氛围效果较差，看不到其他同学的学习状态；学生自主学习适合于自律性强、独立型学习者，对个人的学习能力要求较高。

针对以上在线教育的不足，我们提出了几点改进建议。

1. 提升在线教育的交互性

一般来讲，交互性越强，学习效果越好。这一结论在学习效率金字塔中也得到了理论证明，即 practice by doing 要比 watching 的记忆留存率高好几倍。同时，学习者的需求和授课者的成本是有限的。学生仅仅观看教学视频时，并不要求自己掌握这门技能，或者临考复习的时候，不需要系统性学一遍这门学科，而只需要找到自己的知识漏洞，查漏补缺即可。

当学习模式由单一的学或者练增加至讲授和练习相结合的层次，学生对整个知识体系会有更全面的认知。在讲授的过程中，会发掘自我学习时难以发现的问题。再加深一点是场景学习，将学练完全融合，更能将理论知识与实际案例结合起来，增强实际运用能力和实操性。

提升线上教学交互性的新模式之一是翻转课堂。在翻转课堂上，知识传授通过信息技术的辅助在课后完成，知识内化则是在课堂中经老师的帮助与同学的协助而完成的[8]。互联网催生了“翻转课堂”的教学模式，它与混合式学习、探究性学习等其他教学方法在含义上有所重叠，都是为了让学习更加灵活、主动，让学生的参与度更强，由此将引发教师角色、课程模式、管理模式等一系列变革。

在这种教学模式下，传统的课堂教学时间不再用于讲授知识，这些知识需要学生在课前通过自主学习掌握，他们可以通过各种渠道获取学习资源进行自学，在上课前完成知识吸收工作。这样在课堂上教师也能有更多的时间与每个人交流。在课后，学生自主规划学习内容、学习节奏、风格和呈现知识的方式，教师则采用讲授法和协作法来满足学生的需要和促成他们的个性化学习，其目标是让学生通过实践获得能力，提高学生主动学习的意识[9]。

2. 提升线上线下课堂学生的参与度

目前在线教学存在的最大问题是物理距离导致沟通困难，课堂实时反馈欠缺，教师很难获得学生的上课状态、对所学知识的掌握情况，从而影响学习效率，这就是课堂低学生参与度的体现。低参与度意味着低学习效率，学生难以集中注意力于课堂。

线上课堂的具体形式之一 MOOC 具备开放性、共享性、可扩容性等特点[10]。对此，为提高 MOOC 的学生参与度，可以参考由两位斯坦福大学计算机学家达夫妮·科勒(Daphne Koller)和吴恩达(Andrew Ng)创立的 Coursera 公司的方法。Courser 公司的特色是互动，它与之前的在线课程的不同之处在于“学生的投入程度”。到目前为止，大多数在线课程很大程度上是录制的讲课，需要用户独自学习，学生无法与同学或老师互动。而 Coursera 公司的视频常被切割成众多短小的片段，中间穿插习题和小测验。除了视频讲解，还有互动功能。只有达到教师制定的标准，才能获得证书。如果学习中遇到了问题，学生可以选择去讨论区借鉴别人的想法，也可以直接提问，等待同学的帮助[11]。

3. 加强对教师的信息技术培训

随着信息技术与教育教学进一步融合应用，教师需要提高自身的信息化水平。通过对教师进行信息技术培训，提高教师的信息素养和信息化教学整合能力，使他们在教学实践中能够有效地运用各种信息化技术手段开展教学活动，能够充分利用线上教学平台，根据学生的实际情况录制一些有针对性的线上教学视频，方便学生在线或者下载学习[12]。

针对教师缺少信息化教学的实际探索和经验的问题，应着重培养教师如何利用信息技术与日常教学活动深度融合开展个性化教学的能力。学校首先需要做的是加大对信息化建设的宣传力度，帮助教师尽快形成大数据思维意识[13]。在平时工作中，需要组织技术支持人员对教师进行专门的培训并实地操作，现场答疑解惑，确保每位教师熟练掌握线上教学平台、工具等相关教学技术。

四、结论

本文基于疫情期间武汉大学“停课不停学”的大规模线上课程实践，运用线上问卷调研的方法对线上教学如何提升教学质量的问题进行了调研，发现大部分同学还是倾向线下教学，线上教学的焦点主要集中在教学内容、课程作业的形式和数量、教学软件以及课程考核形式等方面。线上教学摆脱了时间、空间的限制，使教育资源能被更多人同时获取，同时虚拟教室的低成本解决了线下教学高成本的问题，但是在师生交互性方面存在不足。进一步，本文针对线上教学的短板提出了提升教育质量的建议。

《教育信息化十年发展规划(2011—2020 年)》[14]指出，教育信息化的发展要以教育理念创新为先导，以优质教育资源和信息化学习环境建设为基础，以学习方式和教育模式创新为核心。这次的疫情无意中成为教育信息化建设成果的“试金石”，也成为在线教学蓬勃开展的“助推器”。在国家教育信息化发展过程中，线上+线下的教学模式必将对我国的教学改革产生一定的影响。将线上教学融入传统的教学方式来提升教学质量定能为教育事业注入新动能。

◎ 参考文献

[1] 武汉大学经济与管理学院．经济与管理学院 2019—2020 学年第二学期延期开学期间本科教学工作实施办法［EB/OL］．(2020-02-03)．http：//ems. whu. edu. cn/info/1588/15991. htm.

[2] 蒋大成，王明宇．中国在线教育的现状和发展对策研究[J]．电子商务，2015(9)：68-69.

[3] 卓进，蔡春．混合教育趋势下的未来教师——慕课时代的教师分流、转型与教师教育

思考[J]. 高教探索，2015(4)：105-110.
[4] 刘云生. 论“互联网+”下的教育大变革[J]. 教育发展研究，2015，35(20)：10-16.
[5] 邬大光. 教育技术演进的回顾与思考——基于新冠肺炎疫情背景下高校在线教学的视角[J]. 中国高教研究，2020(4)：1-6，11.
[6] 戴宾，王晶晶. 基于翻转课堂的采购与供应管理课程教学模式研究[J]. 物流技术，2017，36(3)：183-187.
[7] 金燕. 基于翻转课堂的混合式教学模式的构建——以采购与供应管理课程为例[J]. 农村经济与科技，2019，30(24)：263-264.
[8] 张金磊，王颖，张宝辉. 翻转课堂教学模式研究[J]. 远程教育杂志，2012，30(4)：46-51.
[9] 薛成龙，李文. 国外三所大学线上教学的经验与启示[J]. 中国高教研究，2020(4)：12-17.
[10] 房林. 浅谈高校“线上教学”的现状、问题及嵌入路径[J]. 市场研究，2018(12)：15-17.
[11] 王文礼. MOOC 的发展及其对高等教育的影响[J]. 江苏高教，2013(2)：53-57.
[12] 施益华. 打造高校青年大学生“线上+线下”金课教育模式的思考[J]. 产业与科技论坛，2020，19(23)：112-113.
[13] 刘星. 大数据背景下高校教育管理信息化建设探索与思考[J]. 江苏科技信息，2017(33)：38-39，56.
[14] 教育部. 教育信息化十年发展规划（2011—2020 年）[EB/OL]. (2012-05-06). http://www.edu.cn/zong_he_870/20120330/t20120330_760603_3.shtml.

附录

线上教学相关问题调研问卷

为考察2020年上半学年线上教学成效，为今后的教育改革提供借鉴经验，我们结合上半年经济与管理学院管理科学与工程系的教学模式，设计了一份调研问卷。

1. 2020年上半年的线上教学和传统的线下教学你更喜欢哪一种？(　　)

   A. 线上教学

   B. 线下教学

2. 对老师布置的作业量的看法？(　　)

   A. 缺少练习，希望增加一些(跳转到第3题)

   B. 目前的作业量刚刚好(跳转到第5题)

   C. 作业负担过重，建议减负(跳转到第4题)

3. 希望增加什么形式的作业？(　　)

   A. 与课本知识相关的课后练习题

   B. 案例分析

   C. 学术期刊、推荐图书的拓展阅读

   D. 计算机软件的拓展练习

4. 希望减少什么形式的作业？(　　)

   A. 与课本知识相关的课后练习题

   B. 案例分析

   C. 学术期刊、推荐图书的拓展阅读

   D. 计算机软件的拓展练习

5. 希望开展的课堂互动形式？(　　)

   A. 课堂提问

   B. 课堂临时小组讨论

   C. PPT展示

   D. 翻转课堂

   E. 腾讯课堂线上发布题目，实时收集答案

   F. 利用软件进行抢答

   G. 共享屏幕

6. 是否需要老师提前分享教学课件？(　　)

   A. 需要

   B. 不需要

   C. 无所谓

7. 希望老师在哪个软件开展线上教学？(　　)

   A. 腾讯会议

   B. 腾讯课堂

C. 钉钉
D. B站
E. 瞩目

8. 哪项功能让你偏好该软件？（　　）
A. 鼠标远程操控
B. 举手示意回答问题
C. 课程回放
D. 课堂实时设置问题，收集答案，反馈问题
E. 弹幕互动方便

9. 你是否满意之前的线上考核方式？（　　）
A. 满意
B. 不满意

10. 你希望采用什么样的考核方式？（　　）
A. 线上闭卷考试
B. 线上开卷考试
C. 开放性问题研讨
D. 结合理论知识进行案例分析
E. 期刊、书籍阅读报告
F. 论文报告
G. 小组合作完成大作业

自主学习理论下的线上教学提升路径探究

王艺璇

（武汉大学　政治与公共管理学院，湖北　武汉　430072）

【摘　要】受新冠疫情(COVID-19)影响，中国高校全面开展线上教学工作。本文将基于齐莫曼的自主学习理论，探究线上教学的优势和存在的问题。从明晰教学任务，激发学习动机；重视教学策略，促进学生理解；加强自我反馈，强化自我引导；转变学习心态，充分利用资源等四个方面分析研究并给出相应建议。

【关键词】线上教学；教与学改革；自主学习能力；新冠疫情

【作者简介】王艺璇(1998—)，女，重庆人，武汉大学政治与公共管理学院行政管理系2017级本科生，E-mail：386161622@qq.com。

一、问题的提出

2020年年初，随着新冠疫情(COVID-19)在全球范围内的大规模传播，各个行业、各个领域都受到了广泛的影响，教学领域也不例外。

在保证学生安全的前提下，中华人民共和国教育部于2020年2月4日发布指导意见，要求各高校在疫情期间依托各类在线教育平台、网络学习空间开展教学工作。武汉大学也相继颁布了《关于2019—2020学年第二学期开学前教学工作的指导意见》《2019—2020学年第二学期延期开学期间本科教学工作实施办法》《关于开展我校教师线上教学培训的通知》，要求全校师生延期返校，并实施在线教学。师生在校外通过腾讯会议、腾讯课堂、QQ视频、Zoom等平台进行在线学习。

在线教学既是机遇，也是挑战。一方面，线上学习提供了远程学习的机会，为更新教学理念提供了契机。另一方面，在线学习也出现了难以调和的问题。由于使用了多种在线教学平台，设备和网络故障导致授课的灵活性和流畅性受阻，教学平台不统一也给学生的学习带来了困扰。此外，学生个体差异大，自主学习动力不高，在线教学的效果得不到保证[1]。

本文将结合此次新冠疫情期间线上教学情况进行分析：①探索线上教学的优势和问题；②探究线上教学中提高学生自学能力的途径；③通过总结实践中的经验和问题，为后疫情期间线上线下教学融合、推动教学革命提供参考。

二、文献回顾

线上教学的实质效果，以及如何改进线上教学模式始终是引起学界众多讨论的话题。

有关在线教育效果的讨论中，主要有支持和反对两类观点。支持的观点认为，线上互动的优点是线下互动无法替代的，例如突破时空限制、方便文字交流、可记录可回放等。在线教育是未来教育变革的大趋势，能够推进教育教学变革，达成教育现代化的目标。学者朱永新(2020)指出，对于教育信息化和网络教学来说，疫情也许是一次转危为安的契机。邬大光(2020)则通过实证调研，基于334所高校师生的大规模问卷调查指出我国首次大规模线上教学达到甚至超出了预期目标，是一次成功的在线教学实践[2]。而反对派的学者则针锋相对地质疑在线教学的有效性。学者李芒等(2020)认为，大规模的、全方位的、过猛之极的、单枪匹马式的线上教学，一定会出现负面效应，暴露了线上教学之短，进而引发了课程与教学之外的社会性消极体验，使得学生、家长、教师对线上学习产生抗拒[3]。戚耀琪(2020)经对比分析指出，来自行政安排的网课和市场上已经高度成熟的机构网课相比存在很多硬伤，比如环境不允许，授课中的传输卡顿，还有更为核心的是无法对学生的学习状态进行感知[4]。

有关后疫情时期是否继续推进线上教学的讨论中，许多学者认为，疫情期间开展在线教学并非长久之计，是对线下教学的暂时“替代”。学者李芒等(2020)对一味追求复杂、昂贵的高精尖技术产品导致的巨大浪费以及在线教育照搬线下课堂导致的种种乱象进行了剖析[3]。而另有一批学者认为，在线教学的推广是大势所趋，是适应时代发展的，并给出了一些可行的建议。例如，学者王竹立(2020)指出，线下教学应该向线上教学看齐，遵循“线上保底、线下刚需、双线教学、随时切换”的原则开展教学，进而打造混合式教学的“新常态”[1]。

学界对于线上教学的理论研究较为丰富。从20世纪50年代开始，国外的心理学专家开始进行相关研究[5]。例如，操作行为主义学派认为自主学习是学习与自我强化之间的互动。社会认知学派从个人行为、环境交互作用的角度构建了自主学习机制。这些理论的积淀为线上教学的研究提供了研究视角和研究框架。在此次实践中，教育部高教司司长吴岩在新闻发布会上表示，疫情结束后，自主学习能力的强弱将加大学生的成绩差距。由此可知，基础不能说明一切，自主学习是影响成绩的重大因素。

三、理论模型

1989年，美国学者齐莫曼(Zimmerman)提出了比较具有代表性的自主学习模型(见图1)。齐莫曼认为，自主学习是三元交互的结果。一方面，自主学习者对内部进行主动控制和自我调节；另一方面，对行为和外部环境进行反馈，形成环路[6]。

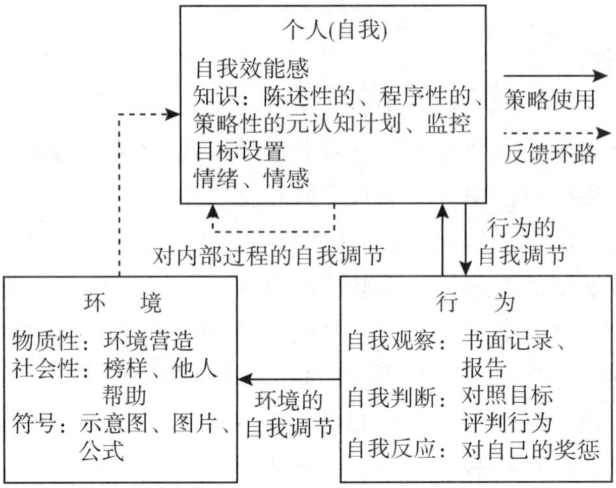

图1　齐莫曼的自主学习模型

本文将基于齐莫曼的自主学习模型，结合线上教学的实践，探讨在学习过程中学生自主性缺失的问题及其原因，为培养学生自主学习能力、改进线上教学实效提出有针对性的建议。

四、优势分析

从内在因素来看，线上教学推进了自主学习和独立思考。线上教学采取远程录播和直播等方式进行授课，教师对学生实时学习情况的监管水平降低，对学生的自主学习能力提出了新的要求。学生的学习由一个时间段变为一个时期，实现了由结果化向过程化转变。

从行为因素来看，教师基于自建在线课程或使用其他教师已建在线课程，特别是基于国家精品在线开放课程等优质资源，将实操技能、案例研讨等内容融入传统课堂中，有效促进教学模式从“知识传输”向“能力培养”转变[3]。

从环境因素来看，各高校纷纷建设智慧课堂，改善教学环境，为线上线下教学的融合发展提供了有力支持。如“慕课”“雨课堂”“学习通”等数字化教学工具支持师生加强教学互动，实现“教”与“学”行为的数据化，提升了课堂活力，受到师生认可，得到广泛应用。

五、问题分析

根据齐莫曼的自主学习模型，自主学习分为计划、行为或意志控制和自我反思三个阶段。而线上教学恰恰对于学生自主学习的不同阶段带来了不小的挑战。

(一)计划阶段：教学任务模糊，学生自我效能低

在任务分析方面，目标设置不够科学，策略不够精确的现象时常出现。借助于远程通信工具，导致知识的内涵、结构、载体等发生了变化，这就必然要求学习的目标和方式发

生相应的转变。但是疫情的突发性导致网课没有先验的技术和经验，许多学校没有对教学内容、目标、方式的整体重构，只是简单地“搬家”，从而导致实际效果不佳。

自我效能感是学习的内生动力。如果学生对于线上教学所要求的不同种类的目标分辨能力不足，不能很好地为自己设置近期目标和远期目标、具体目标和概括性目标等，则会导致学生难以实现自我满足，难以适应网课的节奏，从而产生松懈，并对网课产生抗拒。

(二)行为或意志控制阶段：自我观察缺失，自我控制较低

自我观察是指对学习行为的持续性跟踪。线上教学互动由于依赖技术的中介，受限于技术的条件与水平，在直接性、便利性、多向性、集体氛围形成等方面目前确实比不上线下课堂互动。由于缺乏周围同学的参照，更加依赖于学生的自律性和自主学习能力，学习者之间的差距可能会显著拉大。

自我控制过程是指自我控制和纠偏的过程。在线授课中的传输卡顿和机械化讲解，以及网络上纷繁的诱惑，使得学生分散有限的注意力，自制力不断降低。

(三)自我反思阶段：自我判断迟滞，自我反应消极

目前网课教学中，教师无法实时感知学生的状态，只能凭空猜测学生的理解程度和学习进度，因此学生很难及时地对自己进行一个客观的评判，使得教学效果大打折扣。

此外，线上教学往往会导致学生防御性的消极被动反应。无论采用何种教学平台，都无法捕捉每位同学的实时状态，很难实现有效管理。在无法对学生线上学习进行有效监督的情况下，手机或电脑是被用在学习上还是另有他用，教师不得而知。尽管为了维持正常教学秩序，教师课前都会向学生发布课程签到通知，但约束效果十分有限。学生在完成线上课程签到之后是否还能认真听讲，在某种程度上取决于各自的自觉性和自控力[8]。

六、对策建议

(一)明晰教学任务，激发学习动机

在线上线下教学融合的大背景下，教师应该在以下几方面做出努力：首先，在呈现学习任务时，要提供给学生具体的、能够完成的、近期的学习目标，并且教授学生如何根据现实情况分解目标。例如教师可以将一个学期的任务适当分解为周任务、月任务，引导学生及时完成，减少负担。其次，需要教授学生进行自我强化，将外部控制转化为学生自己进行奖惩。最后，要加强学生的自我效能感，可以提供学习的榜样，并且让学生在学习中体验到自己的进步。例如成立线上教学小组，及时交流网课感想，实现互帮互助。

(二)重视教学策略，促进学生理解

在知识方面，单纯的理论可以留待学生课下自主学习，课堂上老师应当侧重讲知识点的异同及其相互关系；板书内容也不应全用 PPT，而是根据课程内容用粉笔书写，以凸显

思维引导；甚至有的录播视频也有字幕同步显示，对于师生都是互有增益的[7]。此外，在方法方面，学习策略的传授比一般知识的灌输更为重要，比如，复述、分类、头脑风暴、列提纲、画示意图等，让学生经过大量的练习，掌握方法的使用条件，最终达到策略的迁移。

(三)加强自我反馈，强化自我引导

学生应当成为自己学习的“主人”，而非依赖于外部监管，自主记录学习频率、学习时长等。现在网络上出现了众多时间管理类APP，例如forest、番茄ToDo等，不仅有约束力还有趣味性，都可以作为学生养成习惯、自我监控的有效工具。

(四)转变学习心态，充分利用资源

对于学生来说，首先应积极调整心态，适应新的学习模式。特别是在线上教学较为快速的学习节奏下，针对困惑不解之处，更应该向老师同学多多请教。此外，应当尽可能地充分利用线上的有效资源，例如各高校的公开课，比如哈佛公开课、学堂在线等，获取自己需要的信息材料，并不断锻炼提升自己的能力。

◎ 参考文献

[1] 王竹立．替代课堂，还是超越课堂？——关于在线教育的争鸣与反思[J]．现代远程教育研究，2020，32(5)：35-45.

[2] 邬大光．教育技术演进的回顾与思考——基于新冠肺炎疫情背景下高校在线教学的视角[J]．中国高教研究，2020(4)：1-6，11.

[3] 李芒，张华阳．抗疫之中话教学[J]．中国电化教育，2020(4)：8-15.

[4] 戚耀琪．停课不停学在线教育质量监管不可忽视[J]．人民之声，2020(3)：40.

[5] 庞维国．自主学习理论的新进展[J]．华东师范大学学报(教育科学版)，1999(3)：3-5.

[6] 张勇，潘素萍．齐莫曼的自主学习模型理论与启示[J]．高教发展与评估，2006(1)：48-50.

[7] 众告．线上与线下[J]．开放教育研究，2020，26(4)：121.

[8] 韩俊，金伟．疫情背景下高校思政课网络教学的机遇与挑战[J]．学校党建与思想教育，2020(17)：57-59.

后疫情时代的“线上+线下”混合教学思考

王雨润

（武汉大学　资源与环境科学学院，湖北　武汉　430072）

【摘　要】新冠疫情背景下，各高校广泛开展线上教学实践，创新了高校教学方式。线上教学在实施过程中，也暴露出一些现实的困难与问题，如教学资源分散、教学质量下降与学生互助学习难度增大等。因而，在线下教学逐渐恢复秩序的后疫情时代，通过线上教学OA系统搭建、引进优质网络资源以及线上讲座等方式，充分发挥线上教学实践中所获得的有益经验，构建“线上+线下”的混合教学模式，成为值得探讨的议题。

【关键词】教学方法改革；混合教学模式；线上+线下

【作者简介】王雨润（1999—　），女，浙江嘉兴人，武汉大学资源与环境科学学院本科在读，E-mail：1145839257@ qq. com。

受新冠疫情影响，全国多地高校的2020年春季学期无法实现正常开学，而在教育部“停课不停教，停课不停学”的号召之下，一场史无前例的大规模网络线上教学实践在各地高校中广泛开展。在线下交流受阻的疫情防控期间，线上教学活动为高校教学方式提供了信息化时代下推动教学形式改革的新思路与新机遇，但线上教学方式依然存在着学生参与度不高、师生交流较少以及现实技术困难等问题。

李克寒等在疫情背景下通过构建“以学为中心”的线上教学新模式、及时评价教学效果等手段对线上教学作出探讨[1]。郭英剑指出在线上教学过程中依然存在着教师遇到技术难题，网络平台资源利用率低等问题[2]；邬大光等则通过问卷调查方式发现[3]，疫情期间大规模线上教学在大大加速我国信息技术与教育融合步伐的同时，也反映出我国在线教育处于起步和“磨合”阶段，仍有诸多问题与不足有待于在后疫情时代解决。

因此，在后疫情时代，如何从线上教学的实践中吸取相关经验，同时补足相关环节缺陷，充分运用“线上+线下”的混合教学方式，打造高质量的本科教学模式，成为值得探讨的有益话题。

一、疫情下的网络教学实践

疫情期间，笔者所经历的线上教学模式主要可分为三类：直播教学、录制教学以及共享答疑型教学。三种方式对应着不同类型的课程，同时其教学方式也各有不同的特点。

直播教学主要为理论课程老师所选用，通过腾讯课堂以及QQ群视频等功能，实现实时的屏幕共享与课程内容讲解，同时课后借助于QQ群等平台实现课程资源共享与师生交流。站在学生角度，直播教学方式与原有线下教学方式最为接近，具有较为固定的教学时间，同时课堂上师生的实时互动也可在一定程度上保证教学的有效性。

在专业理论课程的授课过程中，也有老师选择录制教学的教学方式，即事先对课程讲解内容进行录制，将课程视频与课程资料同时通过QQ群等平台进行共享，学生可自由选择时间学习；同时在规定的教学时间内，老师则通过QQ群在线答疑，实现师生间的交流与沟通。录制教学能够在规范课程教学进度的同时，一定程度上保证老师的授课质量，同时学习时间的自由选择为学生的学习提供了更大的自由度，可以引导学生进行自我管理与主动学习。

对于主要通过上机实践操作实现教学内容与教学目标的课程设计课程，如WebGIS与地理信息服务课程设计课程，老师则选择了共享答疑型教学模式。通过QQ群等平台进行课程实习任务以及相关资料的发布，利用腾讯课堂对于实习任务以及集中问题进行统一讲解，并利用QQ群实现了全天候的课程答疑。该教学方式进一步打破了固定教学时间的概念，使学生的专业技能在短时间内得到了极大程度的提升，但对老师的教学投入提出了极高的要求，同时在除集中实习以外的多课程教学状态下是否适用仍有待考察。

二、现有困境与不足

疫情期间的线上教学实践为信息化教学模式带来了诸多有益且可行的思考，例如借助网络平台实现教学内容共享与多时间段的答疑交流，同时借助于优质的网络资源，实现教学内容与范围的进一步拓宽。然而，实践过程中同时也暴露出现有线上教学依然有若干不足之处，具体如下：

第一，统一平台缺失，教学资源零散。在线上授课期间，各课程主要通过QQ群、微信群等平台实现授课时间的通知、课程资源的分享以及作业内容的提交。然而由于课程数量较多，且各课程群可能分布在不同的网络平台上，学生同时约需关注管理十余个不同的课程群，可能发生课程通知遗漏、作业提交遇阻以及课程资源失效等问题，无端消耗师生双方精力。若线上教学能实现管理平台的统一，即做到教学资源统一存放与管理、标准化接口实现教学资源下载与上传、课程通知与公告集中发布与多客户端联动，将教学全过程纳入一体化信息化平台管理，教学资源数据实现闭环流通，将大大提升教学规范与教学效率。

第二，网络授课专注度不高，教学质量下降。线上授课更多采用教师投屏的方式进行授课，学生面对网课的形式，缺乏线下教学中老师现场指导督促与课堂的氛围感，不可避免会发生注意力下降、课堂纪律松弛的情况。同时，由于教师无法实现与学生的面对面授课教学，因此不能实时感知学生的学习状态，也无法实时调整教学方式与策略。虽能通过提问点名等方式在线与学生进行交流，但教学质量依然无法如线下一般得到保证。此外，由于网络与各线上教学平台质量参差不齐等技术原因，网络授课的流畅性与完整性无法完全得到保证，也进一步对教学质量产生影响。

第三，学生间交流缺失，小组作业难度增大。在平日教学活动中，除师生间交流外，学生之间的交流学习在学生的自主学习与自我管理中也占据着极其重要的位置。然而受疫情影响，线上教学使学生之间的交流与合作受到影响，尤其是以小组作业与小组展示形式所进行的“翻转课堂”等教学过程中，课题的完成难度有所增大。同时，由于疫情防控等现实因素，需要线下实践与实地操作的教学内容无法完成。因此在线上教学期间，教师应引导学生之间进行课程学习内容的交流，同时考虑到学生间交流受阻与无法达成线下合作的实际困难，在进行课程作业布置与教学内容安排时也应加强引导，在必要时提供相应的帮助或作出相应的改进。

三、“线上+线下”混合教学设想

目前，学校内的线下教学秩序已逐渐恢复正常，回望线上教学实践中的种种经验，笔者为“线上+线下”的混合教育模式提出以下思考与建议：

第一，构建线上教学 OA 系统，凝聚教学资源。对于线上教学过程中所暴露出的平台散布、资源零乱问题，笔者在参考国内外大学课程网页搭建与发布的基础上，建议构建教学专业 OA 系统。系统内实现课程授课通知、教学资料管理、作业上传以及师生答疑等功能，规范教学流程与资源统一管理。系统应基于校园内局域网构建，实现资源的保密管理以及校园用户管理。在线下教学环节，教师可利用该系统进行课堂成员管理、课堂签到、课程资料发布、作业发布等传统教学环节。而在线上教学环节，该系统则可在传统课程教学时间外延续线上教学自由性与自主性的特征，为师生提供全天候的课程资料下载、作业管理、师生答疑等服务，提高学生自主式和协作式学习能力，促进学习成效。

第二，拓宽教学大纲，引进优质网络资源。线下课堂中所采用的课程用书常常出版已有一定时间，其内容可能已不适用于现今的技术发展。同时，伴随着教育迎来信息技术与教育深度融合的 4.0 时代，学生学习将转向个性化、自主化与多样化。因此，教师在准备课堂内容时可考虑引入网络优质教育资源，在线下课堂对课程传统内容进行讲解之外，充分利用如 MOOC 等已有高质量平台资源，以翻转课堂或创新性课题等形式引导学生利用课余时间进行线上自主学习或团队学习，进一步提高本科教学质量，增强学生专业竞争力。

第三，疫情期间，线上教学使得高校师生跨越地理距离开展教学活动，并成功完成了“停课不停教、停课不停学”的目标。而在线下教学活动日益恢复的后疫情时代，线上教学方法同样为不同地域之间的学术交流提供了更为便捷的方式和渠道。借助于网络直播与视频等形式，可在学校现有资源与平台上，进一步开展线上讲座以及线上座谈会等活动。突破地域限制，邀请专业内知名专家与行业相关专业人士开展线上讲座，在线下教学之余，进一步拓宽学生专业视野，提升学校学科教学平台高度。

◎ 参考文献

[1] 李克寒，刘瑶，谢蟪旭，王了，张凌琳，罗恩．新冠肺炎疫情下线上教学模式的探讨[J]．中国医学教育技术，2020，34(3)：264-266.
[2] 郭英剑．疫情防控时期的线上教学：问题、对策与反思[J]．当代外语研究，2020(1)：9-13，25.
[3] 邬大光，李文．我国高校大规模线上教学的阶段性特征——基于对学生、教师、教务人员问卷调查的实证研究[J]．华东师范大学学报(教育科学版)，2020，38(7)：1-30.

新时代城乡规划教学体系改革初探

——“教与学的革命”师生论坛

蒋　曌　龚思聪

（武汉大学　城市设计学院，湖北　武汉　430072）

【摘　要】本文主要讨论了新时代背景下与疫情期间线上教学背景下，城乡规划学本科教育实践过程中遇到的挑战和得到的经验，旨在指导学科体系创新建设、强化教学形式的多元性，并结合武汉大学自身办学特色与注重数字化等独特优势不断提高课堂教学质量。

【关键词】城乡规划；教学改革；线上教学

【作者简介】蒋曌（2000— ），女，云南昭通人，武汉大学城市设计学院城乡规划专业本科生，E-mail：574744200@qq.com；龚思聪（1999— ），男，湖北武汉人，武汉大学城市设计学院城乡规划专业本科生，E-mail：2310073576@qq.com。

一、城乡规划学科背景

1. 城乡规划学科的发展与特征

城乡规划学是一门具有思想高度、理论深度、实践广度的综合性学科。2011 年城乡规划学脱胎于建筑学成为独立的一级学科，代表我国发展模式从传统的建筑工程模式转向社会主义市场经济综合发展模式，具有强烈的时代意义。[1]

近 10 年间，城乡规划学科发展的桎梏被打破，社会各界都对城乡规划学科的教学建设进行了大量的讨论；与此同时，城乡规划学科结合时代特征、适应社会需求，不断从其他学科吸收养分，壮大自身的理论体系；2018 年 3 月，根据第十三届全国人民代表大会第一次会议批准的《国务院机构改革方案》，组建自然资源部，城乡规划学所涉及的领域得到进一步拓展。

武汉大学城乡规划学凭借武汉大学深厚的学术氛围和人文底蕴，将人文化、数字化、国际化和创意产业作为办学特色。同时，在综合应用 GIS、遥感技术和计算机技术辅助城市规划方面，武汉大学城乡规划学被国内同行认定为开辟了新的办学方向。在当前智慧城市与大数据应用迅速发展的大背景下，武汉大学城乡规划专业具有自身独特的优势。

2. 城乡规划学科所面临的挑战

城乡规划学科体系的迅速壮大也带来了相应的矛盾，可总结为以下两点：

(1)迅速的学科发展、丰富的学科内容与学科边界的不明确性的矛盾。规划本身就是一个庞大的系统，随着时代发展与科技进步，特别是逐步独立于建筑学之后，其知识体系在不断扩充与调整。但是规划类型过多，内容重叠冲突，学科边界不够清晰的问题也相应产生。

(2)庞大的理论体系、繁重的实践课业与教学资源不足、学生精力不够的矛盾。任何实践、反馈都需要时间，虽然学院根据社会需求与规划改革方向在不断调整课程安排，但是总会出现调整不及时、不到位的情况。师资力量与学生精力是相对固定的，教学资源如何分配，课程安排如何取舍都是需要谨慎考虑的问题。

二、城乡规划教学体系建设方向

1. 城乡规划——从大通识到小通识

现代多元化的社会为大学的人才培养提出了新的要求：社会不仅需要耕耘于某个尖端领域的专才作为开拓者，也需要学识广博、兼备多种才能的通才作为社会的组织者。2003年，武汉大学将通识教育理论付诸人才培养实践，经过十数年的建设，通识教育取得了卓著的成果，这足以证明通识教育的可取可行。

相比武汉大学的“大通识”，城乡规划专业像“小通识”，根据2013年版城乡规划专业(五年制本科)人才培养方案，通识课程学分为65分，足足占总学分的36%，专业课程中也不乏城市社会学、城市经济学、城市地理学、城市建设史等偏向通识教育的课程。这与武汉大学城乡规划专业厚基础、宽口径、高水平、强能力的人才培养目标是一致的。

当前“一张蓝图，多规合一”的规划改革背景对规划从业人员与学子们的知识面掌控也提出了更高的要求。由于武汉大学城乡规划教学体系注重通识教育的特点，宽口径、多出口的人才培养模式将会长期存在，但体系内课程内容与时序安排应逐步更新，去芜存菁，在契合国土空间规划改革背景的同时，保障学生们有能力充分接受。

2. 强化各方合作的城乡规划教学体系

时代在发展，城乡规划学科也在不断“出圈”，学科领域边界的模糊化有着几乎不可逆转的趋势，但与此同时，这也是改革的突破口：利用规划内容涉猎广泛的特点，将城乡规划学科的部分专业课程纳入通识教育体系，倚仗城乡规划学的强大聚合力，共建学院、学校两个层级的教学体系。

通过强化各院系合作交流、互通内容相近的专业课程，形成质优且精的课程，提高教学效率，解决学生精力不足、课程内容重叠等问题；突破传统学院和专业体系设立的树状结构(见图1)，形成网状结构，丰富学科建设。在促进学科交叉的同时，保留规划学科的独立性与实践本质。

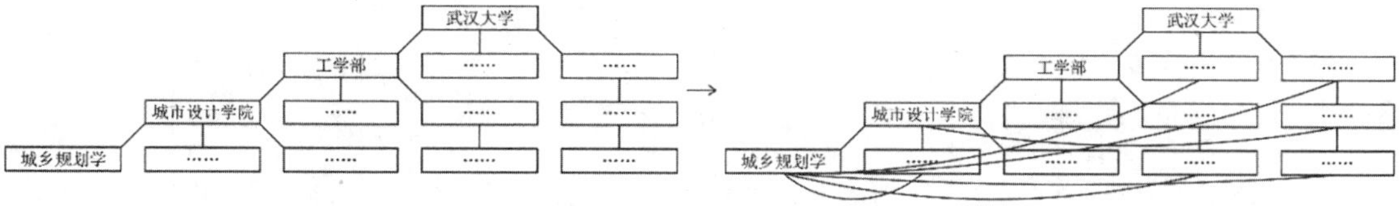

图 1　网状学科体系模型构建

3. 发挥武汉大学规划系自身数字化特色

依托武汉大学遥感测绘等优势学科，武汉大学城乡规划学与数字化结合紧密并在国内一众城乡规划院系中形成自身特色，但在本科课程设置中，地理信息技术、遥感测绘技术等课程的实践时间不足，技术应用与设计结合不紧密，特色未能充分展现。近年各兄弟院系也逐渐开始重视数字化、信息化教学，武汉大学城乡规划本科教学体系中的相关课程内容已不够前沿。而在国土空间规划“一张图”的改革背景下，数字化与技术的重要性得到进一步提升。新一轮改革时，应广泛学习借鉴遥感测绘学院的教学经验，注重理论与实际的结合，使得城乡规划数字化方向的体系构建更加整体、完善、有效。

4. 他山之石——各方学习借鉴

他山之石，可以攻玉。在城乡规划教学体系改革的过程中，除了关注社会大背景的变革，还应多与其他高校交流，相互学习借鉴，在更大的学生基数背景下广泛收集意见建议，这对国内整体的城乡规划教学体系建设是很有帮助的。

三、城乡规划的线上教学实践

庚子年初，突如其来的新冠肺炎疫情蔓延全国，而后在全球大范围流行，高校教育转为线上；经过一学期的线上城乡规划教育实践，积累了宝贵的经验和教训。

线上教学，也叫网络教学、远程教学，是一种利用计算机设备和互联网技术、依托网络教学平台对学生实行信息化教育的教学模式。其最本质的特征就是教学活动的载体从一个完整的大空间被分化为多个小空间(见图 2)。

线上教学的教学本质并未发生变化，仍然要求学习者尽可能接受和积累。但教学活动载体的变化对不同教学内容产生了区别较大的影响。

1. 城乡规划教学方式改革方向

规划系在疫情期间的线上教学主要采用 MOOC、腾讯会议、腾讯课堂等形式。针对疫情期间的规划系在线教育实践，笔者对 2017 级和 2018 级规划系学生进行了调研，结果显示，对于原理类课程与技术类课程，通过线上教学的形式产生的实际效果比线下教学更

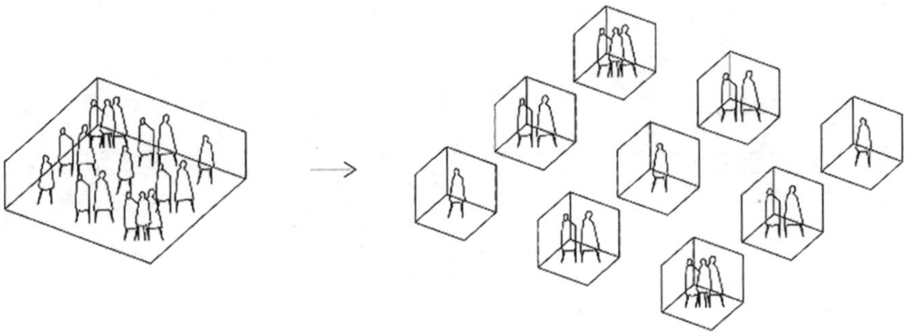

图 2　线上教学与传统教学比较

好。而对于实践类课程，线上教学的实际效果比线下教学差很多。究其原因，实践类课程涉及的问题较为多变，需根据实际情况处理，许多操作也需经实际指导才能更好掌握。一方面线上教学中教师对学生情况掌握不及时、不到位；另一方面师生对在线教学的形式并不熟悉，网络沟通效率较低，多方原因导致整体教学效率低下。

在后续的教学安排中，可将部分原理类课程与技术类课程(通常也是最消耗时间和精力成本的课程)以线上的形式进行安排，方便学生回顾，线下组织相关答疑、讨论与检测。而实践类课程应更多采取线下授课的形式，将网络作为辅助形式，为师生提供一个即时讨论与资料分享的平台(见图 3)。线上线下相结合的教学方式，是提高教学效率、解决学生精力不足的一种新思路。

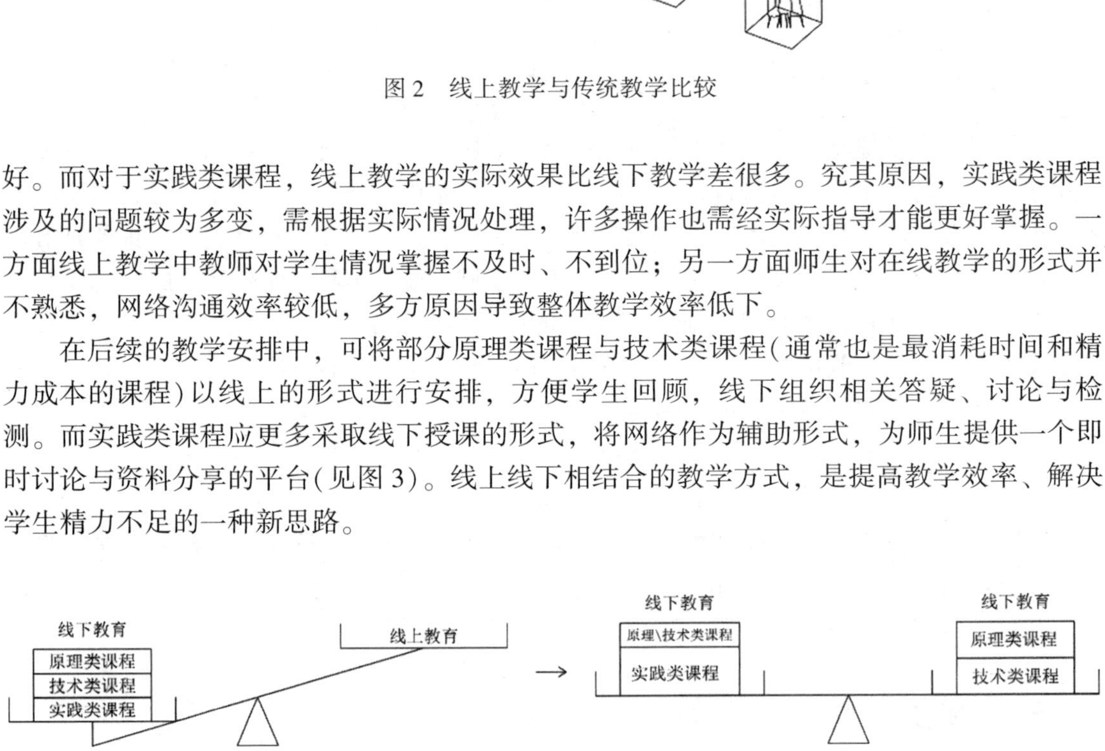

图 3　平衡线下线上教育

调研中还发现，许多同学反映自己在线上提问和回答更加踊跃了，师生互动更加积极了。简而言之，线上教学中师生们的物理距离虽然变远了，但是“心理距离”拉近了。在当下的教学体系中，许多课程也组建有 QQ 群、微信群等交流平台，但除了发布相关通知外没有发挥实际教学效果。后续教学改革中，可为课程开设专门的线上问答平台，鼓励同学们积极提问、参与讨论，还可利用线上平台进行“翻转课堂”，达到“教学相长”的效果。

另外，线上教学由于改变了授课方式，师生在课前应充分做好准备，熟悉要使用的线上教学平台，及时了解和掌握使用方法，更好地利用互联网时代的资源提高教学质量，并避免因操作问题耽误上课时间。

2. 占领城乡规划线上教学的高地

在当前互联网平台，以国匠城等为首的线上规划教育自媒体正逐渐兴起，但它们绝大多数以商业利益为导向，主要针对考研、考公、考证，无法做到规划教育的社会公益性；同时因为无法整合教学资源，这些自媒体线上教育的质量也良莠不齐，时常向相关学子和公众传递落后甚至错误的知识，而本科阶段的学生对相关知识难以充分分辨好坏。

线上教育是否为未来的方向权且不论，但目前城乡规划线上教育急需规范，尽早建立以高校和权威机构为主导的城乡规划线上教学资源平台，占领城乡规划线上教学的高地，不仅是教学改革的方向，也是高校学者、学生社会责任的体现。

四、总结

任何教学体系都是以培养优秀的人才为目的，但是人才培养目标究竟应该是满足经济社会发展与个体谋生需求还是注重精神训练与情操陶冶？培养环节究竟应该是“通”还是“专”、是宽松灵活还是严紧规范？围绕这些问题的一系列关系范畴如自由教育与职业教育、通识教育与专业教育、人文教育与科学教育、学年制与学分制、必修与选修等，从来都是不乏争议且历久弥新的话题。[2]城乡规划也只能不断试错，不断调整。

时代日新月异，我国改革开放40多年，也是各类规划不断发育、演化的过程，规划专业不断发展并越来越受到社会重视，更需要相关人员对其教育体系做出更多的思考，特别是针对基础阶段的本科教育，应结合新时代改革背景、教育模式，勇敢迎接挑战。

◎ 参考文献

[1]《城市规划学刊》编辑部．“空间规划体系改革背景下的学科发展”学术笔谈会[J]．城市规划学刊，2019(1)．

[2] 阎光才．大学本科的教与学：理论与经验、理念与证据[J]．华东师范大学学报，2019(6)．

凝线上教学智慧，助珞珈教学改革

李艺新

（武汉大学　土木建筑工程学院，湖北　武汉　430072）

【摘　要】2020年是不平凡的一年，在这一年里，我们共同经历了长达一个多学期的线上教学生活。在此期间，广大教职工和学生推陈出新，打造了许多不同以往的教学模式，改善了以往专业课枯燥、公选课低头等一系列线下教学的常见缺憾。本文将根据笔者在线上教学期间的所思所想，为我校教学改革提若干建议和意见，助力我校教学水平迈上新台阶。

【关键词】参与互动；线上线下；教与学；学生视角

【作者简介】李艺新(1999—)，男，江西赣州人，武汉大学土木建筑工程学院2018级本科生，E-mail：673888914@ qq. com。

一、线上教学情况总结

线上教学之初，由于我校师生不适应线上教学方式，部分课程经过半堂课的师生共同测试才顺利上课。经过了初期艰难的探索历程，在线上教学中后期，师生通过线上教学的方式，能够实现实时互动；教师能够根据学生反映的问题，提供及时答解，助力学生理解知识点。

故此，究线上教学凡五个月，教学进度整体上未受到疫情影响，全校除实验等线下课程外都能够顺利结课。因此，线上教学的成就不可忽视。

然而，线上教学虽然能够保证进度的顺利完成，却无法很好地确保每一位同学都适应和完全吸收教学内容，导致依旧有不少同学挂科或成绩不理想。

二、线上教学经验延续

线上教学有利也有弊。笔者将自身在线上教学中的所思所想转化为文字，为武汉大学教与学改革建言献策。

(一)提高注意力

首先，线上教学不同于线下教学，没有实体化的黑板，教师只能通过在电子白板上批注的方式对知识细节进行讲解。但是，由于教学进度需要，教师会在较短等候后将批注删除，进入随后的教学。因此，同学们必须高度集中注意力，才能将知识点记录完整，确保不错过重点、考点。

其次，线上教学过程中，教师会根据线上教学需要，安排同学们在讨论区讨论交流或回答问题，并作为平时成绩的一部分。从“功利性”的角度而言，平时分对于学生的吸引力较强。因此，同学们争先恐后地在评论区作答，虽然有对有错，但是都很好地提升了学习的注意力，此外还有助于教师根据学生的实时学习情况调整教学进度。

（二）增进师生关系

线上讨论交流中，师生双方并没有直接见面。不少师生都或多或少存在线下交流时的障碍等问题。在线上，双方通过文字交流时，可以很好地避免线下交流时的某种尴尬。师生可以很好地通过文字开展交流。

再者，部分教师对于线上教学功能和电脑功能了解也存在一些盲区。当教学遇到电子技术方面的问题时，线上课堂中的学生都会积极提出各种建议，在此过程中，师生再次熟悉，教师了解到了学生身上其他的闪光点；学生也发现老师并非无所不能，那种“老师无敌光环”将会部分褪去，更有勇气向老师提问交流等。

此外，在课程期间的互动中，不少富有个人魅力的老师甚至当起了“网红主播”。以西方古典音乐为例，在未开始上课前，同学们几乎没有在钉钉群中发过信息。但是在葛老师热情的“主播气质”的带动下，全班同学瞬时在钉钉群刷起火箭鲜花，很好地活跃了课堂气氛，拉近了师生之间的距离。

师生距离的拉近，不仅有助于构建健康的师生关系，而且有助于让学生“爱屋及乌”，真正爱上这门课，避免出现低头等课堂不良现象，还有助于提升教师的上课热情。试想没有回音的课程，老师的心情自然也会低落，无法很好地完成预期教学目标。

（三）促进教师自我革新

在线上教学开展之初，部分教师事先未曾接触过线上教学平台，故而在教学之初遇到了很多麻烦。

通过同学们的帮助和老师的自学与实践，任课教师的线上教学水平都有了很大提升。无论是线上白板 PPT 批注讲解，抑或是在线答题、抢答，都很好地提升了课堂效率和活跃度。

除此之外，部分教师还充分利用学生互评的交流模式，不仅能够让同学之间发现缺点引以为戒，发现优点裨补阙漏；还可以避免线下教学中只能课前交作业，导致学生作业不能及时批改、补缺等弊病。

（四）经验延续

1. 教师应合理利用网络教学平台

整体而言，疫情期间线上教学过程中，珞珈在线、微助教、钉钉、腾讯课堂等网络教学平台，均以其独特的附加功能脱颖而出，成为师生称赞的网络教学平台。

但是，随着线上教学的持续，网络教学平台的弊病也开始出现。首先，线上教学不能充分展示师生肢体语言的缺陷随着课程难度的深入而逐渐凸显。学生难以通过线上聊天的方式向老师确切表达自我疑惑，教师也时常可能误解学生的问题，导致答疑效率偏低，很有可能由于学生理解不到位造成知识点上的缺憾，同时也会打击学生线上提问的积极性，导致线上教学受挫。

其次，也存在部分教师仅通过慕课视频教学，无实时互动，这也助长了部分同学"刷视频"的习惯，学生无法通过慕课获取知识点，导致考试时一无所知，出现挂科现象。

故此，教师必须充分了解学生的需求，充分重视线下教学，不可过度依靠网络教学平台。以本学年的结构力学为例，周老师吸取疫情期间线上教学模式的经验，开创了全新的线上慕课预习、线下视频讲解、线下即时答题、课后作业学生线上互评、教师线下批改的新型教学模式。此种教学模式可以保证学生通过观看线上慕课对次日教学内容有一个概要理解，在次日课堂上教师绘声绘色的线下慕课视频讲解过程中可以进一步梳理自己的思路，进而加深对知识点的理解。此外，课堂通过网络教学平台即时答题模式，沿袭了线上教学即时互动的优点，有助于提高学生的注意力，便于教师通过数据分析，对学生不理解的问题进一步讲解，提高课堂利用率。同时，课后习题线上互评模式有助于同学间互相取长补短，实现共同进步；教师线下批改可指出学生中的共性问题，确保线上互评的准确性。

2. 学校应发挥教师主观能动性，助力改革

据悉，包括清华大学在内的多所名校均在疫情期间，开展了诸如"基于'雨课堂+腾讯会议'线上混合教学的课程设计与开发"系列项目，推进教学改革。

同为世界一流大学的武汉大学自然也不能落后。经过此次疫情期间教师的自我探索，已经涌现出一批积极创新的教师模范。在线下，我院弹性力学教师王老师也积极向周老师取经，以提高弹性力学教学效率。

由此可见，已经有教师存在对教学改革创新的需求。笔者认为，学校应以这种需求为契机，从各院系中遴选一批积极创新的教师，作为全校教师楷模，并委托这些优秀教师撰写创新心得，供全校教师学习借鉴。在疫情常态化防控等条件允许的情况下，还可以召开多场线下交流会或开展线下示范课等，让优秀教师线下分享成功经验。

同时，在分享创新方法之余，学校还应该推动和鼓励我校教师积极自主学习使用现代化网络教学平台或开办线下教学班，帮助教师学习使用新媒体网络平台，以此避免出现2020年春季教学期间由于教师不能熟练运用网络平台导致教学进度延误、教学效果受挫等情况。

除此之外，还应注意到，在此次疫情期间，教师们所使用的大部分网络教学平台为非教育界人士打造。未来，学校还应该鼓励教师介入网络教学平台的设计中，从而设计出更专业、更有针对性、更适应学校教师教学和学生学习的网络教学平台。从这个角度而言，学校特色教学平台珞珈在线还有很长的路要走。

3. 学生应积极配合，彰显主人翁意识

习近平总书记在党的十九大报告中指出：青年一代有理想、有本领、有担当，国家就有前途，民族就有希望。作为武汉大学的学生，我们享有丰厚和优质的教学资源，也理应承担起时代和民族赋予我们的担当，为学校教与学改革、为全国高校、为全国教育界做出自己的一份贡献。

作为教与学改革的受益一方和接受方，我们应积极配合学校和任课教师的课程安排。在此基础上，应在学习过程中对教学方式进行思考和评价，并及时向任课教师反馈，以促进课程改革，进而促进我校教与学改革。以上学年葛老师的西方古典音乐为例，在开课之初，教师采用了钉钉电话的方式进行教学，取得了较好的教学成果。但是，也有同学反映，钉钉电话形式不能录制课堂内容，无法满足部分同学后期视频复习的需要。由此，葛老师虚心向一位擅长新媒体软件应用的同学学习请教，学会了如何在钉钉开直播教学，由此更好地满足了学生对教学的需要，促进了课程效果的提升。

同时，青年学生具有无限活力和创造力，广大珞珈学子应发扬主人翁意识，积极与任课教师或教学工作战线的其他教师沟通交流，提出切实可行的方案和意见，发挥主观能动性，在助力教与学改革的同时实现自我人生价值。

4. 不忘初心，开拓创新

不知不觉，教与学改革已经随着疫情的到来悄然进行。虽然教学方法在此过程中发生了许多变化，但是无论是教育工作者还是学生，都应该牢记教学改革的根本在于让学生更好地学习知识，让教师更好地传授知识。广大教育工作者和学生群体，应把握住这一初心，不过分追求形式创新，忽视根本，如此才不失为成功的创新。

当然，创新路上坎坷难免，广大教育工作者应以开放创新精神，发扬任劳任怨的中华传统美德，披荆斩棘，实现教学方式的革新。广大青年学生群体也应积极投身其中，接受教师的不完美，共同努力，相辅相成，实现知识和技能双丰收。

三、寄语

武汉大学建校已百廿有七，与时俱进，是作为百年老校的武汉大学自强不息永远矗立于世界顶尖大学之林的必要条件。

随着时代的进步和科技的发展，曾经单纯的线下教学方式已经难以满足师生的教学需求。此次疫情，对于每一个武大人既是挑战，也是机遇。唯有从挑战中寻找到前进的机遇，才能够实现教学的顺利改革。

希望学校领导和广大师生都能够为我校教与学的改革踊跃建言献策，共筑新时代双一流之武汉大学教学方法。为培养又红又专、德才兼备、全面发展的社会主义建设者和可靠接班人提供全新的制度保证。

“雄关漫道真如铁，而今迈步从头越”，站在新时代的武大人，必将开辟一条更加适

合新时代武大学子成才进步的教学道路，带领武大学子开创更加壮阔的新征程。

四、致谢

经过一周的忙碌，终于将这篇论文完成。作为对学校教与学改革的建议性论文，这篇论文包含参与线上教学的每一位成员的汗水和收获，由于经验的匮乏，难免有许多考虑不周全的地方，如果没有辅导员刘老师的循循善诱；没有上课师生的积极探索，想完成这篇论文肯定没这么容易。

同时，我还要感谢参与论文评审的各位老师和同学，感谢他们在百忙之中对我的论文予以点评和指导。

◎ 参考文献

[1] 习近平．决胜全面建成小康社会 夺取新时代中国特色社会主义伟大胜利——在中国共产党第十九次全国代表大会上的报告[N]．人民日报，2017-10-18(1)．

[2] 郭巍，杨建新，井平安，张余益．基于"雨课堂+腾讯会议"线上混合教学的课程设计与开发[J]．电子世界，2020(22)：32-33．

[3] 何小贤，奎晓燕，刘卫国．混合教学模式下基于建构主义学习理论的教学内容设计——以插值与拟合知识点为例[J]．工业和信息化教育，2020(11)：34-39．

[4] 李兴国．疫情时代艺术类专业线上教学的"变"与"不变"[J]．艺术教育，2020(6)：15-18．

[5] 任文．疫情和后疫情时代的口译教学：基于教师视角的案例分析与反思[J]．中国翻译，2020，41(6)：69-74．

[6] 邬大光，李文．我国高校大规模线上教学的阶段性特征——基于对学生、教师、教务人员问卷调查的实证研究[J]．华东师范大学学报(教育科学版)，2020，38(7)：1-30．

[7] 吴刚．作为风险时代学习路标的教育技术：困境与突破[J]．开放教育研究，2020，26(3)：11-25．

[8] 本书编写组．中国共产党第十九次全国代表大会文件汇编[M]．北京：人民出版社，2017．

疫情下网课制度带来的新教学模式与问题

杨　俊

（武汉大学　水利水电学院，湖北　武汉　430072）

【摘　要】本文主要从学生视角以2020年新冠疫情为背景，首先介绍疫情下的网课制度。网课是一种对学生实行信息化教育的教学模式，有其自身的利与弊，利在于为之后紧急情况的发生积累经验、易于分享资料、可跨越时间与空间；弊在于上网课不积极、硬件无法保障、实践课程难以开展。由网课之利提出结合网课制度的新教学模式，线下教学与线上直播同时进行、创立课程QQ群，同时提出其中可能存在的直播效果和个人知识产权问题。

【关键词】疫情教学；网课制度；新教学模式。

【作者简介】杨俊(2001—)，男，湖北咸宁人，武汉大学水利水电学院本科在读，E-mail：94396240@ qq. com。

一、引言

2020年上半年由于疫情影响，大多数人居家自我隔离，而各高校的大学生们也第一次在家中迎来了自己的大学春季学期。由于学生们无法返校从而难以进行线下教学，许多高校在此期间纷纷采取线上网课教学，让同学们能在家就接收新知识而不会耽误学业。由于疫情缘故，我们开始了新的教学方式，但是这次新的教学经历会启发我们之后对于本科生“教与学革命”的思考。

二、网课制度简介

什么是网课？网课可以称为线上教学，网络教学、远程教学，是一种利用计算机设备和互联网技术、依托网络教学平台对学生实行信息化教育的教学模式。最典型的特征是“打破时空限制，实现异地实时互动交流”[1]。

在疫情发生之前，其实就已经出现了这类网课教学。有与中国大学MOOC类似的将讲授内容录制好的视频教学形式，也有这次疫情期间大多数课程所采取的直播教学形式，例如许多线上培训平台或者是教育部为部分学校开设的“第二课堂”教学。但是这些网课教学均是在学生空闲时间进行，并不占据学生学习的主要时间。

而这次疫情期间各高校的网课教学，其时间安排与正常教学时间大致相当，所以学生在家学习的主要时间就是上网课，在其效果上可能就会与上述网课教学模式不太一样。

三、疫情期间网课教学模式的利与弊

由于疫情带来的网课模式，必然存在它的有利处。

首先，这种新的网课教学模式的出现，为之后紧急突发情况发生时奠定了一个可以参考的教学基础。在之后再有类似紧急突发状况发生的时候，我们拥有了一定的经验后可以反应更加迅速。

其次，疫情期间网课教学模式可以为学生提供更为丰富的教学资料。在疫情期间各个课程均建立了自己的 QQ 群以及微信群，在这些群内，教师可以将自己的课程资料上传上去供同学们课下复习参考，同学们也可以随时观看部分教学视频和与老师进行交流。而通过类似于中国大学 MOOC 这样的网课，我们可以学习其他名校名师同类课程的讲解，所有人都可以享受到同种教育资源。[2]

最后，疫情期间网课教学模式让同学们可以突破时空的限制学习新知识。无论学生在哪，有多少，只要经过老师的允许，学生们就可以在课程直播期间进入旁听。在本次的第三学期课程当中，日本动漫文化赏析课堂学生爆满，许多同学想前去体验这门课程，在线下教学中旁听人数受到限制，但是线上教学中就可以有数百名同学旁听。

但是，这种网课教学制度也存在弊端。

第一，部分大学生对待网课的态度消极，认为网课没有实体课程重要。[3]由于学生与老师、学校相隔遥远，因此在平时的教学管理中难以对学生进行有效的管控。上课迟到旷课现象增加、上课分心刷剧打游戏、期末考试中出现作弊现象等。

第二，部分学生或老师的硬件设备无法保障正常运作，导致教学效果受到较大影响。部分老师只能用自己的手机进行直播教学，没有电脑硬件支持，同学们网络信号差，上课断断续续。

第三，许多实践类课程，如测量学实验、大学物理实验开课困难，教学效果不佳。测量学实验在这种情况下无法上课，而大学物理实验虽然有虚拟实验平台，但是其效果并没有实际操作的效果好。

四、结合网课制度的新教学模式

疫情期间，网课教学制度有利有弊，但是这样一个新的教学制度可以为我们传统教学模式提供一些改革思路，从而更高效地开展本科生教学。现就这一想法，从学生角度对网课教学制度新模式提出一些想法，尽可能取网课制度之利，避网课制度之弊。

1. 对部分课程进行线下授课的同时开展线上直播

对于同学们来说，选课时选不上自己感兴趣的课程会有遗憾，很多同学抱有学习新知识的想法想去旁听但因教学管理与教室座位有限而无法实现自己的愿望。为解决这一问题，可以借鉴网课制度中的直播教学，将其与线下教学一起同步进行。

让选上课的同学像往常一样进行线下教学，这样对于正常管理不会造成困难，但是在老师进行授课的同时，可以像疫情期间在电脑上开启直播软件，在武汉大学虚拟教室中或者新建 QQ 群进行直播授课，给想要旁听的同学一个听课的平台。这样不会影响到正常上课的同学，同时也满足了旁听同学想要学习更多新知识的愿望，从而激发学生们的求知欲和动力，营造良好的学风。

2. 课程创立 QQ 群进行课程资源分享和联系

在部分较难的课程学习中，有些同学学习起来会存在一些困难，在进行完课堂教学后无法有效地联系老师寻求解答，课下也只能看书而没有有效的资料进行自我巩固，这时就体现出了疫情期间建立 QQ 群的优势所在。

建立 QQ 群，可以有机地将网课课堂组织流程和课后跟进这两个环节与线下教学结合起来，从而取得较好的教学效果。[4] 在 QQ 群中，在课前，对于课程安排老师可以提前在群内告知同学，从而让同学们及时预习该部分内容；而在课后，老师可以将课程资料分享到群中，同学们可以在群中进行学习方面的探讨，老师在其探讨的过程当中也可以适当进行指导或者指正，这样可以有效地提升本科教学的效率，让同学们可以切切实实学扎实、学透彻。

五、新教学模式可能存在的问题

在这种新教学模式下，还是存在着一些不可避免的问题。

第一，在线下教学和线上直播同时进行的时候，我们无法很好地保证线上直播的教学质量。有些教师可能会在黑板上写板书，这在电脑中的直播软件上无法有效地体现出来。同时对于教室麦克风的要求也比较高，老师在进行提问的时候下面同学的回答可能无法被有效地直播。

在武汉大学图书馆的每周培训中，就有部分培训已经采用了线下教室培训和线上 B 站直播的模式，在现场的同学可以与老师及时互动，然而在 B 站观看直播的同学可能就是一脸茫然，发送留言弹幕来进行互动老师有时会没有注意到，所以武汉大学图书馆仍推荐大家到教室进行培训。

第二，在建立 QQ 群分享资料的时候，可能会有一些广告号在群中产生干扰，同时由于课程资料是老师的个人知识产出，所以还需要保证课程资料不会流出到互联网上，否则容易产生各类盗版网课，侵害老师的个人知识产权，从而对老师甚至学校带来严重的利益损害。[5]

六、结语

最后，希望个人对于结合网课制度的新教学模式的一些想法可以为将来更高效地进行本科教育、促使学生全面发展、激发学生学习动力做出一些小的贡献，也希望对于该新教学模式的不足之处可以提出改进建议。

◎ 参考文献

[1] 何小蕾，莫名月，朱裕林，景婷．基于新冠肺炎疫情下的高校在线教学实践探索[J]．科技视界，2020(16)：14-16.

[2] 陈璞．大数据开创教学科研新范式[J]．数字教育，2017，3(6)：6-9.

[3] 冯宜强，于志慧，孟凡，包先焰．大学生网课学习存在的问题及对策研究——基于三个网课平台的使用数据分析[J]．山西农经，2017(19)：124-126.

[4] 刘立军．全面网课背景下教学模式的创新推进实践探索[J]．科技风，2020(34)：61-62.

[5] 戴先任．要合力割除盗版网课这颗“毒瘤”[N]．中华读书报，2020-04-08(8).

“线上自习室”提高大学生学习效率的探究

聂嘉玮
（武汉大学　第二临床学院，湖北　武汉　430071）

【摘　要】新冠肺炎疫情期间，信息技术与课堂教学深度融合的线上教学模式在高校被广泛使用和推广，对教师如何“教”、学生怎么“学”提出了新的挑战，也带来了新的发展契机。学生除了利用各类教学软件接受“线上课堂”远程授课以外，预习和复习等学习环节也对应发展出了新的方式，“线上自习室”即为典型代表。“线上自习室”是利用信息技术构建的虚拟线上教室，以“云自习”的模式实现同学陪伴、系统监督、师生交流等目标。本研究在前期问卷调查的基础上，拟通过对“线上自习室”开展现状的分析，讨论借助“线上自习室”提升大学生学习效率的具体对策，并对其应用前景做初步展望。

【关键词】“线上自习室”；学习效率；教学改革；信息技术

【作者简介】聂嘉玮(1999—　)，女，湖北武汉人，武汉大学第二临床学院本科生，E-mail：772976144@ qq. com。

一、前言

“线上自习室”即网络化的自习教室，利用信息技术营造出虚拟的自习氛围。与传统的线下自习教室不同，“线上自习室”开创“云自习”新模式，方便学生随时随地进入自习室学习，从而实现系统监督、同学陪伴，帮助学生提高学习效率。受新冠肺炎疫情影响，多所高校在“停课不停教，停课不停学”指导下开展线上教学的同时，利用“线上自习室”巩固学生学习成果，激励学生自主学习。“线上自习室”目前主要通过在线学习软件来实施，以 CoStudy 为例，该软件设置虚拟自习室，营造多人学习氛围，设定学习和休息时间，帮助学生科学管理时间并提升学习专注度，同时通过虚拟语音加油等方式实现休息时间的在线互动。此外，“线上自习室”能统计学习数据，记录学习总结和感想，帮助学生管理自习习惯，反思、改进自习效率。

二、“线上自习室”使用现状

“线上自习室”平台有很多，主要包括 CoStudy、番茄 ToDo、timing 及高校自主投入使用的各类自习软件。随着我国互联网信息技术的快速发展，“线上自习室”平台功能逐步完善，并被推广运用于高校中，且能逐渐满足高校师生个性化需求。疫情期间，武汉大学医学部同学利用番茄 ToDo 软件以小班为单位组建线上自习室，通过规定每周最少学习时长，线上相互监督，充分提高了学习效率和积极性。

但是目前还未出现针对“线上自习室”的理论研究，下面针对“线上自习室”在高校学生中的应用情况做简要分析。

1. “线上自习室”特点

随着时代的进步和社会的快速发展，全国高校逐步扩招，在校生数量明显增加，就业竞争日益激烈，学生需要获得各种证书提升自我就业竞争力。因此自习室供不应求的现象频频出现。一方面自习室座位不足甚至出现“押座、占座”等现象[2]，另一方面全天候自习需求指向了 24 小时自习室。此外，目前一些高等院校教学楼的教室存在灯光常开、多开的电能浪费现象，如何避免自习室用电的浪费也成为热点话题。[3]

“线上自习室”给予学生时间与空间上的相对自由。通过信息技术创造的“线上自习室”平台，还原真实的校园场景，按照不同阶段设立教学楼、教室课堂。既解决了座位供不应求的问题，大幅度提升了节能效益，提供 24 小时无间断式服务，也方便学生随时随地开始静心学习。

线上教学期间，居家自习环境缺乏同学鼓励、陪伴，通过“线上自习室”模拟集中自习环境，能很好缓解居家自习的弊端——线上教学时同学们在家中松懈的情况。“线上自习室”激发了学生的自学兴趣，良好的虚拟学习环境、小组竞争激发学习热情，培养学生自身的时间规划能力，使其更加自律地学习。

在“共享经济”理念备受关注的当下，共享自习室也进入了大众的视野，“共享自习室”已然成为一种趋势，[4] 自习教室的供求失衡，使兴起的“共享自习室”有着庞大的需求人群。共享性是信息时代的显著特点之一，教学改革正在呼唤信息技术，而“线上自习室”就很好地诠释了“互联网+教育”新模式，将教育资源与信息时代的特征完美融合，带动教育事业的现代化发展进步。

2. “线上自习室”应用需求分析

为充分了解线上自习室使用现状，笔者在武汉大学两个学院不同专业大二大三年级本科生中各随机抽取 60 人进行“‘线上自习室’提高大学生学习效率的探究”线上问卷，共回收有效问卷 223 份。其中 195 名学生(87.44%)表示期待“线上自习室”的应用与推广(见图 1)。199 名学生表明如果学院开通“线上自习室”会参加，其中 105 名学生表示愿意参加，28 名学生表示很愿意参加，大部分学生表达了强烈的参加意愿(见图 2)。虽然了解“线上自习室”的学生只占 40.36%，但这些数据说明“线上自习室”有着广阔的潜在及受益人群。

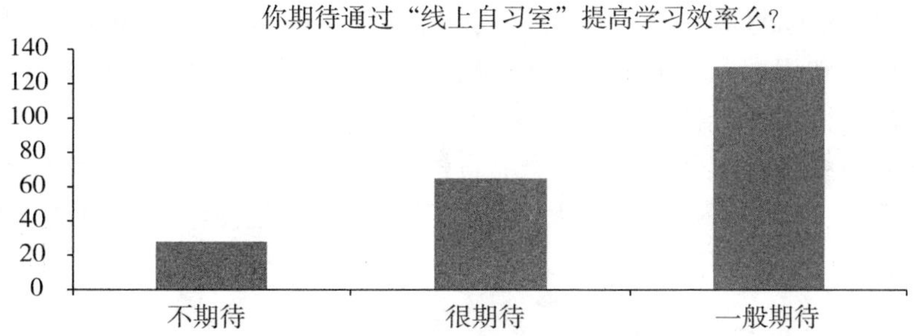

图 1　学生期待通过“线上自习室”提高学习效率结果分析

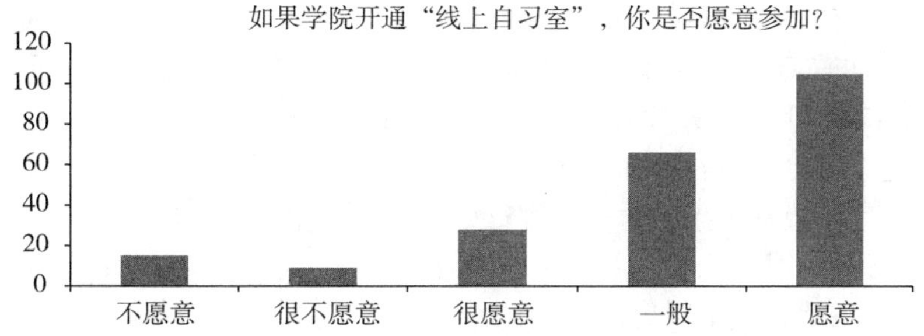

图 2　学院开通“线上自习室”，学生参加意愿结果分析

3.“线上自习室”应用优势分析

关于“与传统的自习室相比，‘线上自习室’最吸引学生的地方”的问卷结果显示，“不受时间、场地约束”“系统记录学习状态(学习及休息时间、离座次数等)和进度，便于了解学习情况”“学习内容和呈现方式多样化，激发学习动力”排在前三名。

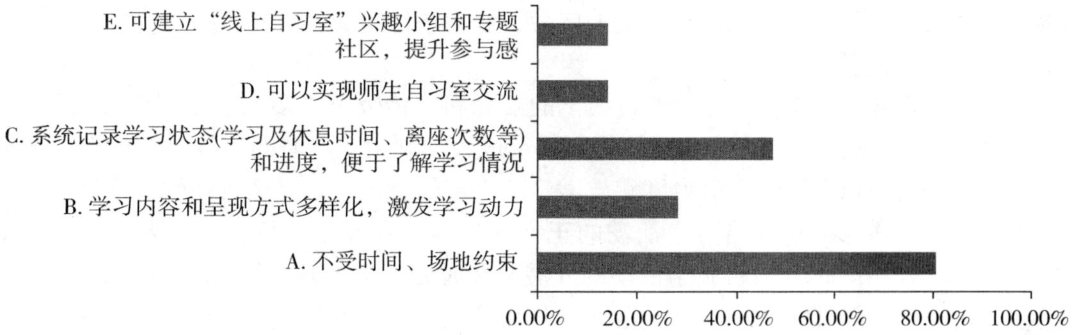

图 3　与传统的自习室相比，“线上自习室”最吸引学生的地方

三、“线上自习室”应用对策

手机已经成为学生群体社交娱乐以及学习中不可或缺的工具。一项针对 259 名高校大

学生的研究指出，83%的学生表示自己会在课后利用手机学习，67.6%的学生倾向于使用手机搜索课程相关知识。[5] 2020年春季学期，大学生利用手机完成网络学习成为主流方式，进一步增加了大学生群体使用手机参加学习活动的比例。

结合前期调研结果，如何利用好“线上自习室”提升大学生学习效率对于教学部门和学生而言意义重大，影响深远。针对大学生学习过程中广泛使用手机的现状和“线上自习室”的特点，特提出以下应用对策。

1. 充分激发学生自学兴趣，提高学习效率

当前，高校的学生管理普遍以传统型管理模式为主，即老师管理学生，学生的自主管理参与度低，学生依赖于老师，缺乏自主管理的能动性，自主思考能力欠佳。[6] 近几年“手机依赖症”比较普遍，“碎片化”的时间和知识让学习效率变低，学习质量变差。应用“线上自习室”培养学生自主式学习习惯，有助于解决上述难题。

第一，设定学习专注时长，确定每日学习目标计划。“线上自习室”可显示个人专注时长以及排名以达到激励效果，这样的排行榜和实时数据公开会让用户感觉到与他人的差距。[7] 通过设置各种学习模式来控制手机使用时长，激励学生学习时做到静心、专心。

第二，应用“线上自习室”结伴学习。“线上自习室”是不受时空限制的结伴学习平台，有利于学生间形成相互监督、互相比拼的良性竞争，实现学业上的共同进步。

第三，充分利用“线上自习室”的监督功能，严格遵守相应规则。学习时主动关闭手机娱乐功能，避免消息干扰，培养自主学习意识，提升自制力。

2. 优化教室设置，加强管理引导，注重功能升级

第一，优化教室设置，建立不同专业、不同学科的私人化定制教室，创建资源共享学习交流平台，形成在线开放课程共建共享长期合作模式。如引入大学生慕课等线上平台的课程资源等。学生根据自己的实际情况进入不同教室学习，有针对性地对相关的丰富的课程资源反复复习。学习智慧课堂建设相关内容，将“线上自习室”由传统的“班级授课”延伸发展至“私人订制”。

第二，加强管理引导。首先是通过线下的活动和宣传吸引更多的学生了解和使用“线上自习室”，充分发挥“线上自习室”的优势，形成合理利用学习时间、线上互助自习的良好氛围。接着是加强学生的自治力度和教学管理人员的管理，日常运行期间以学生自治为主，以“管理员”等形式保障自习室活动的正常开展和信息发布；教学管理人员定期收集“线上自习室”运行数据，监督教学活动的开展并及时处理学生遇到的困难。

第三，注重功能升级。一方面，定期收集用户意见，根据运行效果对APP进行必要的功能维护和系统升级；另一方面，广泛调研其他高校开展“线上自习室”的成果，优化APP功能。

四、展望

线上授课和“线上自习室”是很好的教学融合模式，除了提供学习氛围外，通过这样

的平台可以有效成立专业课、通识课自习室，满足不同学生的需求和意向。教师通过"线上自习室"中学生学习情况的反馈，可促进直接应用于线上教学的改进，并有针对性地做好学生的在线指导，比如资源共享和在线答疑，充分发挥教师课后指导学生的职能。

信息技术能够辅助教学改革，近年来，以慕课、翻转课堂、微课堂等为代表的教学平台应运而生且发挥着重大作用。合理有效应用"线上自习室"将有利于提高大学生学习效率，突破学习时间空间上的局限，实现个性化教学、自主式学习，充分体现信息技术引导教学革命的内涵所在。

◎ 参考文献

[1] 董苗苗，董思佳．新型付费自习室创立可行性研究与分析[J]．经济师，2020(7)：199-200.

[2] 阳晖．高校图书馆自习室管理存在的问题与对策[J]．办公室业务，2019(21)：175-176.

[3] 王天硕，张冬梅，张跃然．基于单片机的自习室智能灯控系统设计[J]．电大理工，2017(3)：71-72.

[4] 单寅．共享自习室：共有空间的出现与付费服务的兴起[J]．中国电信业，2020(1)：15.

[5] 丁建辰，韩春晖．利用手机新媒体学习提升大学生自主学习效率[J]．黑龙江科学，2020，11(11)：10-12.

[6] 李淼．提升大学生自我管理及激励能力的途径和方法[J]．现代交际，2020(8)：186，185.

[7] 欧楚颖．学习时间管理 APP 的用户构成、行为与评价分析[J]．新媒体研究，2019，5(22)：8-12.

[8] 梁胜，刘晓．依托人体生命科学馆建立医学自习室的探索[J]．卫生职业教育，2016，34(6)：34.